Denn Gott war in Christus und versöhnte die Welt mit sich selbst.

2. Korinther 5, 19

E. F. Ströter

•

Das Evangelium Gottes von der Allversöhnung in Christus

Neu bearbeitet und herausgegeben von Jürgen Krafzik

März 2002

Philemon-Verlag Mülheim/Ruhr

Alle Bibelzitate sind, sofern nicht anders angegeben, der Elberfelder Bibel, revidierte Fassung, entnommen.

Prof. E. F. Ströter:
Das Evangelium Gottes von der Allversöhnung in Christus

Original erschienen unter dem gleichnamigen Titel
im Verlag Gottlob Koezle, Chemnitz, 1915

Überarbeitete Neuauflage 2002:
Philemon-Verlag e.K.
Postfach 10 15 46 • D-45415 Mülheim/Ruhr
www.philemon-verlag.de
Textliche Bearbeitung: Jürgen Krafzik
Fotographie: Heike Krafzik
Fotographie Ströter: Unbekannt
Umschlagentwurf: Jürgen Krafzik

Herstellung: Books on Demand GmbH, Norderstedt
Printed in Germany

ISBN 3-936461-00-7

Inhalt

Vorwort zur Neuauflage

»**D**as Evangelium Gottes von der Allversöhnung in Christus« – welch herrlicher Titel! In ihm ist in Kürze folgendes zusammengefasst und ausgedrückt: Die Versöhnung (oder Aussöhnung) des gesamten Alls mit Gott ist keine Erfindung mystisch oder esoterisch veranlagter Gläubiger, sondern nachweislich biblische Wahrheit. Eben ein Evangelium, eine Frohbotschaft Gottes in Christus Jesus und nicht ein »Evangelium« von Menschen erdacht und erfunden, wie oft behauptet.

Dieses Evangelium zieht sich wie ein roter Faden durch die gesamte Heilsgeschichte, wie sie uns die Schrift offenbart, und will uns in allen Stücken den vollen Glanz, die Glorie, die Größe, Herrlichkeit und Allmacht der Liebe Gottes vor Augen führen. Dass dieselbe sich dabei Wegen, Mitteln und Werkzeugen bedient, die im ersten Augenblick einen möglicherweise anderen Ausgang als den einer vollständigen Versöhnung der Gesamtschöpfung vermuten lassen könnten, hindert den vom Geiste Gottes erleuchteten und in die volle Wahrheit geführten Gläubigen nicht, ihrem eigentlichen Ziel und den entsprechenden Verheißungen und Zusagen Gottes zu vertrauen.

H. Schaedel schrieb in dem von ihm verfassten Lebensbild E. F. Ströters: »Nach jahrelangem Forschen und Beten war Ströter zu der Erkenntnis gelangt, dass die Bibel die Allversöhnung in Christo lehre. Seine Veröffentlichungen über die Bedeutung des Wortes 'Ewigkeit' erregten nicht geringes Aufsehen und drohten zu schweren Kämpfen zu führen. ... Nach den Voruntersuchungen der ganzen Frage, die im 'Prophetischen Wort' erschienen waren, gab er dann das große Buch heraus 'Das Evangelium Gottes von der Allversöhnung in Christus'. An diesem Buch mussten sich die Geister scheiden. Wurden ihm auch manche Türen verschlossen, so öffneten sich ihm doch immer wieder neue.«

Eine erneute geöffnete Türe möchte die vorliegende überarbeitete Wiederauflage eben dieses Buches bieten.

Die Überarbeitung beschränkt sich hierbei weitestgehend darauf, einige zu des Autors Zeit gängige, heute jedoch nicht mehr gebräuchliche Wörter zu ersetzen und hin und wieder Ausführungen und Satzbau sachte anzupassen, um die spezielle Eigenart, Wucht und Würde des ströter'schen Stils ja nicht zu entstellen, zu dessen wunderbarsten Merkmalen beispielsweise eine Syntax zählt, deren Satzlänge dank eingeschobener, verstärkend wirkender, fernerhin erklärender oder den Inhalt in noch größere Weiten führender Nebensätze – gelegentlich an paulinische Strukturen der Grundtexte erinnernd – oft freilich auch ganze Absätze zu füllen vermag und den Leser geradezu auffordert, das möglicherweise schnell Überflogene doch noch einmal aufmerksam und konzentriert zu lesen, um so die dargelegte Aussage im Zusammenhang und inhaltlich korrekt zu erfassen, wobei ab und an sogar eine direkt anschließende Fragestellung mit knapp formulierter, selbst gegebener Antwort diese kunstvolle literarische Leistung krönt. Und das sollte der Bearbeiter zerstören? Niemals!

Zitierte Bibelverse wurden der rev. Elberfelder Bibel entnommen und der Gottesname JHWH (Tetragramm) mit »Jahwe« wiedergegeben, der somit die in diesem Buche ursprüngliche Bezeichnung »Jehova« ersetzt.

Möge der wunderbare Herr Jesus Christus dem Leser Gnade schenken zum Hören, Prüfen und Aufnehmen der herrlichen Wahrheiten, die Er dem großen Lehrer der Gemeinde und Ausleger des prophetischen Wortes E. F. Ströter in tiefgehender Weise durch Seinen Geist aufschloss und zur Weitergabe ans Herz legte.

Und wer aufrichtigen und gerechten Herzens die große göttliche Thematik des vorliegenden Buches betrachtet, dem sät der himmlische Vater ganz gewiss Licht und Freude und eine beglückende Erkenntnis der Bedeutung von 1. Kor. 12, 3 (niemand kann sagen Herr ist Jesus Christus, außer im Heiligen Geist) für die in Phil. 2, 10.11 Genannten.

Mülheim, im März 2002 *Jürgen Krafzik*

Vorwort der Erstausgabe

Der bekannte Verfasser, in seinem »Evangelium Gottes von der Allversöhnung« mannigfache frühere Darlegungen ähnlicher Art ergänzend und vertiefend, regt damit von neuem die Erörterungen einer Frage an, welche von jeher innerhalb der Kirche streitig gewesen ist und wohl bleiben wird, solange die Gemeinde nicht hinangekommen ist zu einerlei Glauben und Erkenntnis des Sohnes Gottes.

Das Buch wird Widerspruch finden, aber es muss mit Ernst gefordert und darf mit Bestimmtheit erwartet werden, dass die Kritiker dem Verfasser zugestehen, dass ihn bei seiner bis an die äußersten Grenzen gehenden Hoffnung nicht ein seichter, sentimentaler Optimismus geleitet hat, sondern dass es für ihn maßgebend gewesen ist allein das Suchen der Ehre Gottes und das Verständnis der Heiligen Schrift.

Zweifellos enthält das Buch tiefgründliche biblische Erörterungen, es ist ein großangelegter Versuch, eine Theodizee zu bieten, welche Denken und Empfinden vollauf befriedigt, ein Versuch, schrille Dissonanz in Harmonie aufzulösen und eine Synthese zu schaffen zwischen der Gratia universalis und der Gratia irresistibilis der Dogmatik. Viele scheuen das Nachdenken über die in dieser Schrift erörterten Dinge wie das Betreten eines Minenfeldes oder Irrgartens; aber wir sind gehalten, dem ganzen Worte Gottes die Aufmerksamkeit zu schenken, die ihm gebührt, und es ist frommer Selbstbetrug, wenn man sich dessen entschlägt mit der Begründung, es sei Vorwitz und strafbare Neugierde, wenn man es täte.

So seien hiermit dem Buche viele Leser gewünscht von der Art der Beröer, von denen es heißt: »Sie forschten täglich in der Schrift, ob sich's also hielt.« Wie immer deren Urteil ausfallen möge, ein Segen wird für sie nicht ausbleiben.

So zieht sich durch das Erleben der Christenheit wie ein roter Faden hindurch die Erfüllung des Herrenwortes: »Wenn aber jener, der Geist der Wahrheit, kommen wird, der wird euch in alle Wahrheit leiten.« Wir dürfen erwarten, dass, je näher das Ende des gegenwärtigen Weltlaufes kommt, der Geist umso helleres Licht wird fallen lassen auf die letzten Dinge des Menschen und der Welt.

Berlin, im Juli 1915 — *Israel*, Pastor an St. Matthäi

Einleitung

Das Evangelium Gottes! Was für eine Fülle von Gedanken ruft das in ins wach! Was für Tiefen und Höhen müssen in demselben liegen, wenn es seinem Namen entspricht! Wer kann sie ausdenken, wer sie aussagen? Und doch, wie einfach und fassbar muss es sein, wenn es das ist! Denn alles Göttliche ist groß und ist einfach, alles Menschliche klein und gekünstelt.

Evangelium heißt »Frohe Botschaft«, »Gute Nachricht«. Gottes Evangelium kann ja auch nichts anderes sein. Es entspräche gar nicht seinem Wesen, wenn es etwas anderes enthielte, wenn es vom ersten bis zum letzten Ton nicht lauter frohe Saiten dem erklingen ließe, der es vernimmt. Es kann nach keiner Seite hin einen üblen, herben, bitteren Ausklang haben.

Ist es eine Botschaft, dann kann, dann darf, ja dann muss sie verkündet werden. Botschaften sind nicht zum Verschweigen da – wenigstens nicht für alle Zeiten. Es kann Umstände geben, die einer Verkündigung Maß und Schranke setzen, aber immer nur zeitweise und zu bestimmten Zwecken. Letztlich aber muss die Botschaft hinaus, denn Gott will an Seinem Evangelium erkannt werden. In dieses hat Er alles hineingelegt, was Er ist, was Er hat und was Er vermag. Soll Sein Recht zustande kommen, dann kann es nur dadurch geschehen, dass Sein Evangelium bekannt und gehört wird.

Sechsmal spricht Paulus, der Apostel Jesu Christi, zu uns, den Nationen, von dem »Evangelium Gottes«, d. h. so oft bedient er sich in seinen Briefen dieser Bezeichnung seines Evangeliums. Der Übersichtlichkeit wegen nennen wir hier die Stellen in der Reihenfolge, wie sie uns in seinen Briefen begegnen:

Röm. 1, 1-4: »Paulus, Knecht Christi Jesu, berufener Apostel, ausgesondert für das *Evangelium Gottes*, das Er durch Seine Propheten in heiligen Schriften vorher verheißen hat über Seinen Sohn, der aus der Nachkommenschaft Davids gekommen ist dem Fleische nach und als Sohn Gottes in Kraft eingesetzt dem Geiste der Heiligkeit nach aufgrund der Toten-Auferstehung: Jesus Christus, unseren Herrn.«

Röm. 15, 16: Hier nennt sich Paulus einen »Diener Christi Jesu für die Nationen, der priesterlich am *Evangelium Gottes* dient, damit das Opfer der Nationen angenehm werde, geheiligt durch den Heiligen Geist.«

2. Kor. 11, 7 fragt der Apostel: »Oder habe ich eine Sünde begangen, als ich mich selbst erniedrigte, damit ihr erhöht würdet, indem ich euch das *Evangelium Gottes* umsonst verkündigt habe?«

Die nächsten und noch übrigen Vorkommen dieses Ausdrucks stammen alle aus dem zweiten Kapitel seines ersten Briefes an die Thessalonicher, d. h. aus einem seiner frühesten, wenn nicht sogar dem allerersten seiner Briefe, der noch dazu an eine erst seit ganz kurzer Zeit gläubig gewordene Gemeinde gerichtet ist.

1. Thess. 2, 2 sagt er, wie er trotz der in Philippi erlittenen Verfolgungen und Misshandlungen Freimütigkeit fand »in unserem Gott, das *Evangelium Gottes* zu euch zu reden unter viel Kampf.«

Vers 8: »So, in Liebe zu euch hingezogen, waren wir willig, euch nicht allein das *Evangelium Gottes*, sondern auch unser eigenes Leben mitzuteilen, weil ihr uns lieb geworden wart.«

Vers 9: »Denn ihr erinnert euch, Brüder, an unsere Mühe und Beschwerde: Nacht und Tag arbeitend, um niemand von euch beschwerlich zu fallen, haben wir euch das *Evangelium Gottes* gepredigt.«

Außer diesen paulinischen Zeugnissen finden wir auch noch eines aus der Feder des Apostel Petrus, 1. Petr. 4, 17, das einen sehr ernsten Ton anschlägt: »Denn die Zeit ist gekommen, dass das Gericht anfange beim Haus Gottes; wenn aber zuerst bei uns, was wird das Ende derer sein, die dem *Evangelium Gottes* nicht gehorchen?«

Wir haben diese sieben Worte hier angeführt, nicht weil wir glauben, dass uns aus diesen irgendein besonderer Aufschluss über den Charakter des Evangeliums Gottes gegeben würde, sondern nur, um uns mit dem Gedanken an die vielsagende Einfachheit dieses Ausdrucks vertraut zu machen. Gerade in seiner Allgemeinheit liegt sein besonderer Wert und Reiz. Gerade weil damit nichts Konkreteres über den speziellen Inhalt dieser frohen Botschaft ausgesagt wird als nur, dass sie göttlicher Herkunft ist, dass sie somit also von Gott ausgeht und Ihm entspricht, eben weil sie Ihm entspringt, darum ist uns das Wort so lieb und teuer.

Es war dem Apostel Paulus ein besonderes Anliegen, mit großem Nachdruck zu betonen, dass er nicht ein von Menschen berufener und erwählter Apostel war, sondern durch den Willen Gottes. So haben wir es bei seinem Evangelium auch nicht mit einem von Menschen erdachten, durch menschliche Mitwirkung oder Hilfestellung zustande gekommenen zu tun, sondern einem allein durch Gottes Willen, den Tiefen Seines allmächtigen Liebeswillens entstammenden Evangeliums als Ergebnis Seines wundervoll weisen, unergründlichen Liebesratschlusses, als Summe Seiner göttlichen Gedanken.

Und was haben die Menschen, für die dieses Evangelium bestimmt ist, aus diesem und mit diesem gemacht? Gilt da nicht auch heute noch die ergreifende Frage und Klage des Propheten Jesaja: »Wer hat unserer Verkündigung geglaubt? An wem ist der Arm des Herrn offenbar geworden?« (Jes. 53, 1). Wenn am Gesetz von Sinai die Sündhaftigkeit der Sünde recht offenbar werden sollte, wenn es im Vorsatz Gottes nur Zorn und Fluch anrichten konnte, so bringt das Evangelium Gottes in der Menschheit die Tatsache mit überwältigender Beweiskraft zum Ausdruck, dass Gott allein gerecht, wahrhaftig, heilig, gut und vollkommen ist. Sein Evangelium bedeutet Seine vollendetste Selbstrechtfertigung in und vor der Menschheit; und nicht nur vor der Menschheit allein, sondern auch vor der ganzen unsichtbaren Welt, vor Engeln, Mächten und Gewalten. So steht auch geschrieben, dass Gott durch die Gemeinde, welche ihr Dasein allein Seinem Evangelium verdankt, eben diesen höchsten Intelligenzen Seiner Schöpfung einen großartigen Anschauungsunterricht Seiner mannigfaltigen Weisheit geben will (Eph. 3, 10; vgl. auch 1. Kor. 4, 9).

Die Aufnahme, die Sein Evangelium bis zum heutigen Tag in der Menschheit gefunden hat, bezeugt schlagkräftig, dass es eben *Sein* Evangelium ist und nicht ein menschliches oder eine Kombination menschlicher und göttlicher Potenzen oder Kräfte. »Wenn ihr von der Welt wäret«, sprach der, der das Evangelium Gottes in Seiner ganzen Person darstellt – Jesus Christus, »würde die Welt das Ihre lieben; weil ihr aber nicht von der Welt seid, sondern Ich euch aus der Welt erwählt habe, darum hasst euch die Welt« (Joh. 15, 19). Aber: »Wenn die Welt euch hasst, so wisst, dass sie mich vor euch gehasst hat« (Joh. 15, 18).

Das ist es, was die fromme Welt bis heute dem Evangelium Gottes nicht verzeihen kann und nie verzeihen wird, bis Gottes Gerichte an ihr offenbar werden, dass sie selbst nämlich überhaupt keinen Anteil an seinem Zustandekommen hat, dass sie dabei nicht auf ihre Rechnung kommt. Und aus diesem tiefwurzelnden Hass, dieser unversöhnlichen Feindschaft des natürlichen, wenngleich noch so moralisch und religiös veranlagten Menschen, entstammen alle titanenhaften Versuche, aus dem Bewusstsein der Menschheit heraus ein Evangelium zu konstruieren, das dem Evangelium Gottes nicht nur Konkurrenz, sondern schlicht den Garaus machen soll. Antichristliches Evangelium gegen das Evangelium

Gottes ist die Parole des heftigsten Geisterkampfes, den die Welt je gesehen hat. Es ist das Evangelium einer veredelungs- und gottgleichwerdungsfähigen Menschheit gegen das Evangelium vom Gekreuzigten und Auferstandenen.

Im tiefsten Grunde handelt es sich dabei um das alte, vom Paradies her bekannte Spiel: »Ihr werdet sein wie Gott!« (1. Mose 3, 5). Seit sechstausend Jahren hat der Erzfeind seine Taktik nicht geändert, sie auch nicht zu ändern brauchen. Die fortschrittliche Menschheit des zwanzigsten Jahrhunderts geht wie die frühere mit derselben Begierde in die alte Falle. Es bleibt ja ein Geheimnis göttlichen Waltens, dass es sich der Allerhöchste von den ersten Anfängen an gefallen lässt, dass der Fürst der Finsternis, der Lügner von Anfang, der nicht in der Wahrheit besteht, Ihm bei Seinen Menschenkindern beständig und äußerst wirksam reinreden darf. Dass dies nicht von ungefähr geschieht, oder ohne dass Gott sich über die Bedeutung und Tragweite einer solchen zielbewussten Opposition durchaus Rechenschaft gab, bedarf keines weiteren Beweises. Und ebenso sicher ist, dass unser Gott auch dabei dennoch auf Seine Rechnung kommen und nicht das Nachsehen haben wird. Bis heute verläuft doch jeder Tag nach Seinem Wort und Seinen Ordnungen, denn Ihm muss alles dienen (Ps. 119, 91).

Das Evangelium Gottes hat in der Welt aber nicht allein mit offener Feindschaft, mit organisiertem Widerstand zu kämpfen. Das war und ist beiweitem nicht das Schlimmste, was ihm begegnen kann. Die übelste Behandlung widerfährt ihm dort, wo man sich zum Vertreter, Verteidiger und Hüter des Evangeliums aufsteigt, wo man sich berufen glaubt, das Evangelium Gottes in Schutz nehmen, ihm den Beistand menschlichen Wissens, menschlicher Weisheit, menschlicher Macht angedeihen lassen zu müssen. So sagte jemand einmal geradezu: »Das größte Hindernis des Evangelium Gottes in der Welt ist – das Christentum!« Daran ist leider sehr viel Wahres. Davon wissen nicht nur treue Missionare in fremden Ländern ein schmerzliches Lied zu singen, sondern überall wiederholt sich in hohem Maß diese ergreifende Wahrnehmung in scheinbar endloser Vielfalt.

Die Zeiten blutiger Verfolgung wahrer Christen zählen nicht zu den gefährlichen für den gesunden Bestand des Evangeliums Gottes, wohl aber die Zeiten, in denen die Gunst der Großen und Mächtigen auf Erden sich der Kirche Christi zuwandte, Zeiten, in denen man tausende Anhänger gewann, weil es populär wurde, sich »Christ« zu nennen.

Was hat sich das Evangelium Gottes im Lauf der Kirchengeschichte nicht alles gefallen lassen müssen, – nicht von erklärten Feinden, sondern von bewundernden Freunden und Beschützern! Wie hat man es verstanden, seine göttliche Einfachheit und Schlichtheit zu verbrämen, ja schier völlig unter allerlei ästhetischem, liturgischem, kultischem Formwesen zu verbergen. Wie hat sich die klare und ungekünstelte Verkündigung des Wortes vom Kreuz hin zu einer rhetorischen, die Sinne bezaubernden, in allen Farben menschlicher Kunstfertigkeit schillernden Kanzelvorträge verbiegen lassen müssen. Wieviele zahllose Bände wurden mit allen möglichen theologischen Spitzfindigkeiten, mit dogmatischen, kultischen und kirchenpolitischen Streitfragen gefüllt. Welche Triumphe haben Rechthaberei, Ehrgeiz, Größenwahn, Herrschsucht und noch schlimmere Dinge in der Kirche Christi gefeiert – und feiern sie heute noch?

Kirchen- und Dogmengeschichte liefern Beweismaterial für die Rechtfertigung des Evangeliums Gottes in seiner ursprünglichen, göttlichen Einfachheit und Erhabenheit, wie es überzeugender kaum gedacht werden kann. Aber nicht, als ob diese Zweige menschlicher, theologischer Wissenschaft darauf ausgewesen wären, Gott dadurch zu rechtfertigen. Nein, ihre namenlosen, endlosen Verirrungen sind es, die beredtes Zeugnis für die unvergleichliche Weisheit und Majestät Gottes ablegen, der sich solche Behandlung Seiner herrlichsten, unaussprechlichen Gabe bieten lässt, der Menschen die Freiheit gibt, an Seinem Evangelium all ihr Unvermögen, Gott zu begreifen, zu offenbaren, und der dabei dennoch Recht behalten und Sein Evangelium siegreich durchführen wird, ungeachtet aller Schmach, die diesem durch der Menschen Hände angetan wurde.

Aber es sind auch nicht die Großen, die Weisen und Klugen allein, die ihr Unvermögen, Gott zu begreifen, an Seinem Evangelium erwiesen haben; selbst im Kreise derer, die es lieb haben, hat man ihm tiefe Wunden geschlagen, es hoch- und gleichmütig verkannt, verstümmelt, verwässert, verraten, verleugnet. Sogar ein bekenntnisfreudiger Petrus konnte dreimal verleugnen, dass er »diesen Menschen« kenne (Matth. 26, 70-75; Mark. 19, 68-72; Luk. 22, 57-62; Joh. 18, 17.18.25-27) und ein Judas ihn um dreißig Silberlinge seinen Feinden überantworten (Matth. 26, 15; 27, 3.5.6.9; s. a. Mark. 14, 10.11; Luk. 22, 3-6).

Es ist psychologisch wohl begründet, das übelste Verkennen, die traurigsten Vermischungen und Verkürzungen des Evangeliums Gottes gerade in den Kreisen zu finden, wo man von ihm zutiefst erfasst und ergriffen wurde. Die Apostel Jesu Christi hegten diesbezüglich keine andere Erwartung. Paulus beispielsweise ermahnte die Ältesten der Gemeinde von Ephesus bei seinem Abschied: »Und aus eurer eigenen Mitte werden Männer aufstehen, die verkehrte Dinge reden, um die Jünger abzuziehen hinter sich her« (Apg. 20, 30); und es waren »Gläubige« aus der Beschneidung, von denen sich die Jünger in Galatien bezaubern ließen.

Das lauteste Bekenntnis von »reiner Lehre« war noch nie eine Gewähr gegen die bedenklichen Verkehrungen der Wahrheit des Evangeliums Gottes. Die Ketzergeschichten und Ketzergerichte der vergangen Jahrhunderte legen davon beredtes Zeugnis ab.

Eine der häufigsten, scheinbar harmlosen, aber nichtsdestoweniger bedenklichsten Verfälschungen des Evangeliums Gottes ist die, welche sich auf gewisse unzweifelhafte Teile daraus festlegt, aber diese Teile als das Ganze erklärt und ausgibt. Da hütet man sich sehr sorgfältig vor fremden Beimischungen, man steht fest und treu zu den erkannten und erfahrungsmäßig bewährten Heilstatsachen, man bekundet großen Eifer in der Verkündigung und Verbreitung des »einfachen Evangeliums von Sünde und Gnade«, wie es gern genannt wird, lehnt aber mit einer Beharrlichkeit, die einer besser Sache wert wäre, jeden Versuch ab, die Grenzen der Erkenntnis der Gläubigen bis zu einem völligen Erfassen der Breite, Länge, Tiefe und Höhe des Evangeliums Gottes zu erweitern.

Unstrittige Worte des Herrn und Seiner Apostel werden zur Rechtfertigung und Begründung solcher Einschränkungen herangezogen. Aus dem Wort: »Denn eng ist die Pforte und schmal der Weg, der zum Leben führt, und wenige sind, die ihn finden« (Matth. 7, 14), wird gefolgert, dass es niemals anders sein wird. Aus dem Urteilsspruch des Herrn über Sein ungläubiges Volk und dessen Führer: »... wer aber dem Sohn nicht gehorcht, wird das Leben nicht sehen, sondern der Zorn Gottes bleibt auf ihm«, liest man heraus, dass Jesus damit das unwiederbringliche Geschick aller Ungläubigen habe festlegen wollen, während gerade dem ehemals ungläubigen Israel explizit verheißen ist, dass es sich einmal ganz zum Herrn bekehren wird (z. B. Röm. 11, 26). Aus dem apostolischen: »... siehe, jetzt ist der Tag des Heils« werden für die Erweisungen göttlicher Gnade an der Menschheit Schranken aufgerichtet, die dieser keinen Raum mehr jenseits des gegenwärtigen Zeitalters, weder rückwärts noch vorwärts, lassen. Wer vom körperlichen Tod unbekehrt überrascht wird, gilt als hoffnungslos verloren, für den Sohn Gottes unerreichbar. Aus der unstrittigen Tatsache, dass durch das Evangelium heute nur eine Auswahl aus der Menschheit berufen und zubereitet wird, hat man die Folgerung gezogen, die jetzt Auserwählten seien die einzigen Geretteten überhaupt.

Kurz gesagt hat man es in verschiedenen Richtungen verstanden, den Rahmen des Evangeliums Gottes zu verengen, den Gnaden- und Heilsabsichten des großen Retter-Gottes Schranken zu setzen, obgleich solche Einschränkungen etlichen bedeutsamen Aussagen Seines untrüglichen Wortes aufs deutlichste widersprechen.

Demgegenüber kann es nur eine lohnende Aufgabe sein, möglichst unbefangen und mit sorgfältiger Gründlichkeit anhand der Schrift die Breite, Länge, Tiefe und Höhe der Liebe Gottes festzustellen, welche in Jesus Christus, unserm Herrn, ist. Dieser Aufgabe sind die folgenden Seiten gewidmet.

Teil I
Der Vorsatz der Ewigkeiten

Geht hin ihr gläubigen Gedanken
Ins weite Feld der Ewigkeit!
Erhebt euch über alle Schranken
Der alten und der neuen Zeit!
Erwägt, dass Gott die Liebe sei,
Die ewig alt und ewig neu!

Dieser Aufforderung des frommen Sängers müssen wir Folge leisten, wenn wir klare Einblicke haben wollen in die großen Zusammenhänge, die das Wesen des Evangeliums Gottes ausmachen. Unser Gesichtspunkt darf keinesfalls von vornherein der beschränkte geschöpfliche sein, sondern wir müssen – soweit uns möglich – den göttlichen Standpunkt einzunehmen und zu behaupten bereit sein. Es kommt bei der uns obliegenden Untersuchung alles auf den richtigen Standpunkt an. Wir wollen erkennen, welche Bewandtnis es mit dem Evangelium Gottes hat, und wir wollen uns über seinen Inhalt vergewissern. Da darf kein anderer Maßstab angelegt werden, als der, den uns das Wort Gottes selbst an die Hand gibt, der göttliche Maßstab.

Das könnte auf den ersten Blick nicht nur als ein gewagtes, sondern sogar als ein unmögliches Unterfangen erscheinen. Denn wie kann sich das sterbliche und nach allen Seiten begrenzte Geschöpf auf den göttlichen Standpunkt stellen, denselben einnehmen und sich von dort aus das Urteil über die wahre Lage der Dinge bilden?

Wenn wir allein auf unser eigenes Geistesvermögen angewiesen wären, müssten wir allerdings tatsächlich von vornherein darauf verzichten, hier irgendetwas zu erreichen. Denn der natürliche, auch noch so hochbegabte oder durch Erziehung und Bildung geförderte Mensch »nimmt nicht an, was des Geistes Gottes ist, denn es ist ihm eine Torheit, und er kann es nicht erkennen, weil es geistlich beurteilt wird (oder: werden muss)« (1. Kor. 2, 14). Dieselbe in dieser Weise urteilende Schrift bestätigt jedoch, dass Gottes Kinder »nicht den Geist der Welt empfangen haben, sondern den Geist, der aus Gott ist, damit wir die Dinge kennen, die uns von Gott geschenkt sind« (1. Kor. 2, 12). Und von diesem Geist wird zum einen durch den ihn sendenden Herrn selbst ausgesagt, dass er die Seinen in die ganze Wahrheit leiten wird (Joh. 16, 13), und durch den geisterfüllten Apostel Paulus, dass eben dieser Geist alle Dinge erforscht, auch die Tiefen Gottes, und dass Gott uns durch Seinen Geist offenbarte, was kein Auge gesehen, kein Ohr gehört und was in keines Menschen Herz gekommen ist (1. Kor. 2, 9.10).

Dementsprechend steht vom geistlichen Menschen geschrieben, dass dieser »alles erforscht (oder: beurteilt)« (1. Kor. 2, 15). Das heißt, der vom Heiligen Geist bewohnte und wirklich geleitete Gottesmensch besitzt das Vermögen, die in der Schrift geoffenbarten Dinge in der Kraft dieses Geistes geistlich zu erfassen, sich ihren Inhalt innerlich anzueignen und die großen Gedanken seines Gottes in sich aufzunehmen. Nicht, dass er diese nun verstandesmäßig nach den Gesetzen des natürlichen Denkens ergründen und beherrschen könnte, er lässt jedoch sein Denken, seinen Geist und seine Beurteilung göttlicher Dinge von diesen Gedanken befruchten, bestimmen und beherrschen, d. h. er unterwirft sich den geoffenbarten göttlichen Aussagen im Glaubensgehorsam, nimmt alle eigenen und anderen menschlichen Gedanken und Vorstellungen unter den Gehorsam Christi gefangen (2. Kor. 10, 5) und gibt Gott in Seinem Wort unter allen Umständen Recht.

Damit ist als Grundvoraussetzung angenommen, dass Gott selbst von diesen Dingen durch Seine heiligen Apostel und Propheten geredet hat und diese Worte für uns völlig unbedingte, unverkürzte Autorität besitzen. Denn die dem Heiligen Geist vom Herrn selbst gestellte Aufgabe an Seinen Jüngern ist nicht die, dass er (der Geist) von sich selber reden soll, wozu er gewiss wunderbar befähigt wäre, sondern er es von dem, was des Herrn ist, nehme und uns offenbare (Joh. 16, 13; s. a. Joh. 15, 26). Inhalt und Gegenstand der gesamten Schriftoffenbarung ist der Sohn und dessen Verherrlichung. Sie ist es, die von Ihm zeugt. Jede Geistesleitung, die uns neben die Schrift oder gar über die Schrift hinaus führen möchte, richtet sich dadurch selbst als ungöttlich. So ist die vom Heiligen Geist eingegebene Schrift für alle wahrhaft geistgewirkte Gotteserkenntnis zugleich Inhalt und Korrektiv, denn dieser Geist band sich für sein ganzes wunderbares Wirken in den Gläubigen in großer Demut und Keuschheit vollkommen an die von ihm selbst mit Christusherrlichkeit erfüllten Schriften. Uns diese zu erschließen und Christus aus der Schrift groß zu machen, ist seine Mission in diesem ganzen Zeitalter. *Und Christus ist das Evangelium Gottes.*

Was hat uns nun das Wort Gottes zu sagen von dem Vorsatz der Ewigkeiten, der den Untergrund für das Evangelium Gottes bildet?

Es ist nicht von ungefähr, dass wir die ersten deutlichen Aussagen über dieses tiefe göttliche Geheimnis erst im Neuen Testament finden, und zwar auf dem Boden der Gemeinde, die als die »Fülle« des Christus erscheint. Wohl steht schon früh, in der Geschichte Abrahams, davon zu lesen, dass der Allerhöchste vor Seinem Freund Abraham Seinen Ratschluss, an Sodom das Gericht zu vollstrecken, nicht verbergen mochte (1. Mose 18, 17). Da wird ja gewiss bereits der Grundsatz anerkannt, nach welchem eine Mitteilung auch Seiner verborgensten, tiefsten Ratschlüsse eben nur den Gläubigen offenbart sein soll. Aber von einem vorweltlichen Plan und Vorsatz Gottes, der die untersten Gründe Seines Handelns in sich birgt, ist dort doch noch nicht die Rede. Eine Abschattung dessen, was in ausgiebiger Weise der eigentlichen Gemeinde der in Christus Auserwählten vorbehalten war, liegt da vor, noch nicht aber das wirkliche Wesen der Sache.

Dies begegnet uns nach dem Gesetz des organischen Werdens und Wachstums aller Gottesoffenbarung erst da, wo diese ihren höchsten Zielen nahegekommen ist, wo es sich um eine Körperschaft handelt, die dem zur Rechten des Vaters erhöhten Herrn und Haupt Seines Leibes in einer Weise beigeordnet und einverleibt ist, dass aus beiden nur *ein* Ganzes sich ergeben soll, der »Christus Gottes«, im Zusammenhang von Haupt und Gliedern (1. Kor. 12, 12.13).

Erst dort, wo es sich um die Zubereitung eben dieser Gemeinde zur Gleichgestaltung mit Ihm, dem Erstgeborenen unter vielen Brüdern, handelt, ist der Boden gegeben, auf dem der Geist Gottes frei und ohne verhüllendes Bild oder Gleichnis von den Tiefen Gottes, Seiner Gedanken, Ratschläge und Vorsätze reden kann und redet.

Seine Gemeinde, welche Sein Leib ist, kann, darf und soll wissen, worin das Evangelium Gottes gründet, durch das sie in erster Linie berufen ist. Ihr soll beständig vor der Seele stehen, welchen Platz sie nicht nur einnimmt in Seinen Gedanken, sondern auch, welche weiteren Gedanken Gottes sich noch an ihre Berufung und Vollendung knüpfen, in welcher Weise sie selbst zur Mithilfe berufen ist, jene Gedanken Gottes in zukünftigen Zeitaltern zu verwirklichen.

So schreibt denn Paulus gleich zu Beginn seines Briefes an die Gemeinde in Ephesus, welcher wohl die tiefgehendste Unterweisung über die Herrlichkeit des Leibes Christi, der Gemeinde, enthält: »Gepriesen sei der Gott und Vater unseres Herrn Jesus Christus! Er hat uns gesegnet mit jeder geistlichen Segnung in der Himmelswelt in Christus, wie Er uns in Ihm auserwählt hat vor Grundlegung der Welt ...« (Eph. 1, 3.4). In diesen Worten liegt die Selbstverständlichkeit ausgedrückt, mit der Paulus die Tatsache anschaut, dass der gläubigen Gemeinde in Christus jeder geistliche Segen gewährleistet und dargeboten ist. Das gebührt sich, vom göttlichen Standpunkt aus, für die, welchen ein solcher Anteil an dem Christus Gottes selbst bestimmt und verordnet ist, dass sie *einen Leib* mit Ihm bilden sollen.

Der gleiche Gedanke kommt in Röm. 8, 28 zum Ausdruck: »Wir wissen aber, dass denen, die Gott lieben, alle Dinge zum Guten mitwirken, denen, die nach Seinem Vorsatz berufen sind.« Das ist derselbe Zusammenhang zwischen dem hohen Ziel, das sich Gott nach Seinem Vorsatz mit ihnen steckte, und diesem Ziel dient in ganz naturgemäßer Weise der gesamte Lauf der Dinge im Himmel und auf Erden und unter der Erde. Alles, was geschieht, dient den Auserwählten, damit der ewige Vorsatz Gottes durch Gnade an ihnen verwirklicht wird (2. Tim. 1, 9).

Daraus ergibt sich auch, dass es keineswegs der Wahl oder Willkür der gläubigen Gemeinde überlassen ist, ob sie sich mit diesem Vorsatz der Ewigkeiten ihres Berufers vertraut machen will oder nicht. Sie hat niemals das Recht, sofern sie sich wirklich von Gott für die Gemeinschaft Seines Christus ergriffen weiß, sich unter irgendeinem Vorwand der Aufgabe zu entziehen, ihre Berufung und Erwählung festzumachen, d. h., sich erkenntnismäßig diesen Vorsatz zueigen zu machen, auf ihn in steigender Klarheit des Blickes gehorsam einzugehen, ihren ganzen Wandel und ihr ganzes Tun auf Erden in das Licht dieses Vorsatzes zu stellen und dadurch bestimmen zu lassen.

Es ist völlig ausgeschlossen, dass sie erfahrungsmäßig alles erleben könnte, was Gott in diesen Vorsatz eingeschlossen hat. Seine Himmel und Erde, Menschen und Engel umfassenden Pläne, Ziele und Gedanken überragen alles menschliche Erlebenkönnen beiweitem. Damit ist von vornherein eine Stellung gerichtet, die Gläubige sich vielfach anweisen lassen und nicht ungern einnehmen, in der sie sich auf die erfahrungsmäßigen Heilstatsachen beschränken, soweit sie Inhalt göttlicher Offenbarung sind. So wenig die gläubige Gemeinde diesen Heilstatsachen je anders, als durch persönliches Erleben gerecht werden kann, so unstatthaft ist es für sie, sich darauf festlegen und sich weigern zu wollen, tiefer in die Gedanken ihres himmlischen Berufers einzugehen. Das Maß persönlicher Erfahrung reicht nicht aus für das gläubige, gehorsame Erfassen der göttlichen Gedanken, die von uns niemals in den bescheidenen Rahmen unseres Erlebens auf Erden gebracht werden können.

Damit berühren wir einen der wundesten Punkte im Leben der gläubigen Gemeinde auf Erden. Sie hat das allerbeste Recht, auf klare, nüchterne, reiche und vollste Heilserfahrung zu dringen; aber sie verkümmert ihr eigenes Leben, sie ermangelt ihrer höchsten Aufgabe, wenn sie beim christlichen Erfahrungsleben Halt macht und nicht darüber hinausgehen mag. Die tatsächliche Weigerung ungezählter Gläubiger, sich hier berufs- und standesgemäß zu führen, ist hauptsächlich verantwortlich für einen verkürzten und verengten Horizont in Sachen des großen Evangeliums Gottes, das auf dem Vorsatz der Ewigkeiten gründet, der sich nun einmal erfahrungsmäßig nicht erreichen lässt.

Im weiteren Verlauf der apostolischen Ausführungen im Epheserbrief begegnen wir noch reicheren Darlegungen betreffs des Vorsatzes der Ewigkeiten. Nicht nur tritt uns die Gemeinde als Gegenstand desselben entgegen, sondern es wird uns auch mit großer Bestimmtheit gesagt, worauf Gott mit diesem Vorsatz abzielt und hinaus will.

Das geschieht in ganz hervorragend deutlicher Weise in Eph. 1, 9-11: »Er hat uns ja das Geheimnis Seines Willens kundgetan nach Seinem Wohlgefallen, das Er sich vorgenommen hat in sich selbst für die Verwaltung bei der Erfüllung der Zeiten: alles zusammenzufassen in dem Christus, das, was in den Himmeln, und das, was auf der Erde ist – in Ihm. Und in Ihm haben wir auch ein Erbteil erlangt, die wir vorherbestimmt waren nach dem Vorsatz dessen, der alles nach dem Rat Seines Willens wirkt ...«

Diese Worte enthalten Unterweisung über die tiefsten Dinge Gottes nach verschiedenen Seiten.

Im Vordergrund steht das, worauf wir oben bereits hinweisen durften, dass nämlich Gott das Geheimnis Seines Willens uns tatsächlich kundgetan hat. Die gläubige Gemeinde ist also gewürdigt und berechtigt, sich durch den Geist der Wahrheit in die Geheimnisse göttlicher Entschlüsse einführen zu lassen, wie sie auf dem Wege des rein natürlichen, menschlichen Denkens und Forschens niemals zu erkennen sind. Anders würden sie eben keine »Geheimnisse« sein. Das Wort Geheimnis wiederum bedeutet aber in der Schrift nicht etwas, was überhaupt nicht erkannt werden kann oder soll, sonst würde es hier nicht heißen können, Gott habe uns das Geheimnis Seines Willens kundgetan. Damit ist keineswegs gesagt, dass es in der Gemeinde, dem Haushalt des Glaubens, Geheimlehren gibt, die nicht für alle Gläubigen da sind, sondern etwa nur für eine besonders bevorzugte Klasse. Auch ist hier kein Raum für die Vorstellung von etwas dermaßen Geheimnisvollen, dass es für einfache Gläubige nicht erreichbar wäre. Nein, es sind Dinge Gottes, die den Weisen und Klugen dieser Welt verborgen, aber den Unmündigen geoffenbart sind, zugänglich für alle, die in der Zucht und Weisung des Geistes der Wahrheit und Christi stehen wollen (Matth. 11, 25; Luk. 10, 21; vgl. a. 1. Kor. 1, 18-31).

Die Kundgebung dieses Geheimnisses Seines Willens geschieht in Übereinstimmung mit und gemäß dem Ratschluss Gottes, den Er bei sich selbst gefasst hat. Aus dieser Übereinstimmung ergibt sich, was wir oben von der Aufgabe der gläubigen Gemeinde, sich in diese Tiefen Gottes einführen zu lassen, anführen durften. Denn dazu ist sie berufen.

Ferner lernen wir, dass es sich um einen Ratschluss handelt, den Gott bei sich beschlossen hat, d. h., der den verborgenen Tiefen Seines göttlichen Wesens entstammt, und über den sich Gott bei sich selbst volle Rechenschaft gegeben hat. Ein Ratschluss also, bei dem alles, was an Weisheit, Liebe und Allvermögen in Gott ist, aufgeboten wurde. Wir werden bei der Betrachtung weiterer Schriftworte hierzu noch Gelegenheit haben, näher darauf einzugehen.

Was uns aber jetzt besonders interessiert, ist die weitere Erklärung, die uns über den Inhalt und das Ziel eben dieses göttlichen Ratschlusses gegeben wird. Da wird zunächst gesagt, dass seine Ausführung in der Fülle der Zeiten beschlossen ist. Darüber ist vorläufig nichts weiter zu sagen, als dass diese Ausführung der Zeit nach eine Sache von nicht unbedeutender Ausdehnung sein wird, denn sonst wäre kein Raum und Anlass, von einer Fülle von Zeiten zu reden. Es ist offenbar eine ganze Reihe von Zeitläufen gesetzt und verordnet, welche alle dazu da sind, dass sich diese Ausführung ordnungs- und planmäßig vollzieht. Das heißt, die ganze Zeitordnung, unter der sich alles Geschehen auf Erden und in den Himmeln vollzieht, besteht zu diesem einen Zweck, dass in ihrem Verlauf der Ratschluss Gottes ausgeführt wird. Damit hängt auch zusammen, was uns an anderen Orten der Schrift gesagt ist, dass Gott eben diese Weltzeiten oder Weltalter (Ewigkeiten) in dem Sohn und für den Sohn geschaffen hat (Hebr. 1, 2; 11, 3; an beiden Stellen steht statt »Welt« das Wort »Weltzeit« oder »Äon« im Text).

Weiter aber hören wir mit großer Deutlichkeit, welches Ziel Gott sich in diesem Ratschluss der Ewigkeiten gesteckt hat: nämlich alles, was im Himmel und auf Erden ist, unter ein Haupt zusammenzufassen in Seinem Christus. Wir werden in späteren Kapiteln noch auf die kostbare Bedeutung und Tragweite dieses Ausdrucks »unter ein Haupt« zurückkommen müssen. Soviel darf aber schon hier gesagt werden, dass damit der Vater Seinem erstgezeugten Sohn, welcher der Christus ist, d. h. der mit dem Geist Gesalbte, von dem alle Schrift zeugt, eine Stellung an der Spitze des ganzen geschaffenen Alls zugedacht und zugesprochen hat, die jeden Gedanken an einen erfolgreichen Widerstand oder Widerspruch gegen den Sohn, sei es im Himmel oder auf der Erde, vollständig ausschließt.

Ebenso darf hier bereits darauf hingewiesen werden, dass die einfache Sprache der Schrift ihrem schlichten Wortlaut nach, ohne Zwängen oder Pressen, das gesamte Weltall umschließt. Wenn gleich im ersten Vers der Bibel geschrieben steht: »Im Anfang schuf Gott die Himmel und die Erde«, so kommt gewiss kein vorurteilsfreier Schriftgläubiger auf den Gedanken, es gäbe im weiten Weltall doch Geschöpfe, die in diesem Ausdruck »Himmel und Erde« nicht mit inbegriffen wären, seien es leblose oder lebende Wesen, Menschen oder Engel. Und es ist stets eine gute Regel, dass man einen in der Schrift häufiger gebrauchten Ausdruck am sichersten in demselben Sinn versteht, in dem er das erste Mal vorkommt.

Somit liegt vor unserm gläubigen Blick ein durchaus verständliches, in einfache Sprache gekleidetes, keineswegs rätselhaftes Programm unseres großen Gottes und Herrn, ein Programm, von dem jedermann bezeugen muss, dass es Seiner durchaus würdig und Seinem Wesen durchaus entsprechend veranlagt ist. Wenn es im Bereich der Heiligen Schrift selbst nicht ganz bestimmte, unzweideutige Erklärungen gibt, die uns hindern, den einfachen Wortlaut dieser ersten, ausgiebigen Darlegung über den göttlichen Vorsatz der Ewigkeiten gelten zu lassen, dann ist es gewiss berechtigt, aufgrund derselben für die Liebesgedanken Gottes mit Seinem ganzen geschaffenen All, mit allem, was Himmel und Erde einschließen, einen Umfang und eine Ausdehnung anzunehmen, die keine Grenzen kennt. Soviel darf wohl jetzt schon gesagt werden.

Bevor wir in unserer Betrachtung der apostolischen Worte an die Gemeinde weitergehen, wollen wir noch einen Blick auf einige beachtenswerte Aussagen aus dem Munde des Herrn und verwandte Stellen der Schrift legen, die uns wertvolle Auskünfte geben über die Tiefen der Ewigkeiten, die bereits hinter uns liegen, und für deren Berechnung uns selbstverständlich jeglicher Maßstab fehlt. Dennoch dürfen wir getrost solchen Aussagen folgen, die uns das Wort Gottes selbst darbietet.

So hören wir mit heiliger Ehrfurcht dem, was der Sohn Gottes in Seinem hohepriesterlichen Gebet Seinem Vater ausspricht: »Und nun verherrliche Du, Vater, mich bei Dir selbst mit der Herrlichkeit, die Ich bei Dir hatte, *ehe die Welt war*« (Joh. 17, 5).

Vergessen wir nicht, dass es der Mensch Jesus Christus ist, der solches vor den Ohren Seiner staunenden Jünger redet. Es gehört also zweifelsfrei zu dem, was Jesus nicht nur selbst aus der Schrift erkennen und erfassen durfte, in der Er sich durch den Geist, der in Ihm war, immer klarer und wahrer erkannte und fand, sondern was Er auch vor den Ohren der Seinigen aussagen durfte; denn sonst hätte Er es gewiss nicht gesagt. Durfte Er es aber sagen, dann dürfen die Seinigen es hören und vernehmen, auch wenn es über alles Vermögen unseres verstandesmäßigen Erfassens geht.

Es sind ja Tiefen Gottes, in die wir mit heiliger Ehrfurcht, aber auch mit kindlicher Ruhe und Zuversicht schauen dürfen, ohne dass es uns zu schwindeln braucht. Solche Worte machen uns nicht nur unsern herrlichen Herrn, den Erstgeborenen unter vielen Brüdern, unbeschreiblich groß, sondern sie werfen auch einen hellen Schein hinein in die unermessliche Tragweite solcher Worte, wie die, die uns gerade beschäftigen, vom Vorsatz der Ewigkeiten. Sie bieten uns eine Möglichkeit, uns einigermaßen darüber zu orientieren, was in einer solchen Bezeichnung beschlossen ist.

Jenes Wort aus dem Munde Jesu bringt vor unser geistiges Auge einen Vorgang, der sich im Schoße der Gottheit vollzog, bevor die Welt war, d. h., als außer Gott selbst noch nichts von all dem war, was heute besteht und je bestanden hat. Es gab weder Raum noch Zeit, weder Himmel noch Erde, weder Engel noch Menschen, noch irgendetwas anderes Geschaffenes – nur den, der sagte: »Im Anfang war das Wort, und das Wort war bei Gott, und das Wort war Gott. ... Alles wurde durch dasselbe, und ohne dasselbe wurde auch nicht eines, das geworden ist« (Joh. 1, 1-3).

Nun wollen uns die Geologen aus den Eingeweiden der Erde herauslesen, dass diese schon Jahrtausende oder Jahrmillionen bestand, bevor es Menschen auf ihr gab. Und die Schrift enthält nichts, das dem widerspräche. Im Buch Hiob aber fragt Gott seinen schwergeprüften Knecht: »Wo warst du, als Ich die Erde gründete? Teile es mit, wenn du Einsicht kennst! Wer hat ihre Maße bestimmt, wenn du es kennst? Oder wer hat über ihr die Meßschnur ausgespannt? Worauf sind ihre Sockel eingesenkt? Oder wer hat ihren Eckstein gelegt, als die Morgensterne miteinander jubelten und alle Söhne Gottes jauchzten?« (38, 4-7). Danach haben also die Morgensterne und ihre Bewohner, die Söhne Gottes, d. h.

die himmlischen Heerscharen von Engeln und Erzengeln, längst schon bestanden, als Gott endlich den Grund der Erde legte. Wie lange, entzieht sich allem Berechnungsvermögen. Es ist auch unbedeutend, ob wir es wissen oder nicht. Weit hinter allem zurück liegt das, wovon Jesus mit Seinem Vater redet, die Herrlichkeit, die Er bei Ihm hatte, bevor die Welt war. Das genügt uns.

Auf dasselbe beziehen sich auch alle jene Worte, in denen gesagt wird, dass Gott Seine Gemeinde vor Grundlegung der Welt auserwählt hat, oder dass das Lamm vor Grundlegung der Welt geschlachtet wurde (Offb. 13, 8; vgl. a. Offb. 17, 8; Eph. 1, 4; 1. Petr. 1, 20). Unter jener Herrlichkeit aber, die der Sohn im Schoße des Vaters hatte, bevor die Welt war, werden wir uns wohl nichts anderes zu denken haben als gerade den Umstand, dass der ganze tiefe und unermessliche Wunderrat Gottes in Schöpfung, Erlösung und Vollendung in dem Sohn beschlossen wurde. Alles, von den frühesten Anfängen bis in die weitesten Fernen der Verwirklichung, wurde da in die Hände des Sohnes gelegt. In Ihm sollte alle Fülle der Gottheit wohnen, sich offenbaren, sich erweisen. Ihm galt der große Auftrag, sogar einer gefallenen, in Sünde, Tod und Verderben verstrickten Schöpfung das Heil und Leben wiederzugeben.

Und weil Gott alle Seine Werke von Anbeginn bewusst sind, ist es durchaus selbstverständlich, dass alle nur erdenklichen Möglichkeiten, selbst die schaurigsten und folgeschwersten, bis in die äußersten Konsequenzen mit eingerechnet wurden. Es kann für unseren Gott und Seinen Gesalbten und Gesandten niemals eine Überraschung, nie eine Enttäuschung geben. Unser Gott kann niemals, bis an das Ende der Tage, in die Lage kommen zu sagen: Das habe Ich nicht erwartet, das nicht berechnet, darauf bin Ich nicht vorbereitet. Sonst wäre Seine Weisheit nicht vollkommen, Sein Rat nicht makellos und unfehlbar.

Zur Ausführung einer solchen Himmel und Erde umspannenden, die Ewigkeiten erschöpfenden Aufgabe stehen dem Sohn alle Kräfte, Gewalten und Mächte zur Verfügung. »Mir ist alle Macht gegeben im Himmel und auf Erden« (Matth. 28, 18). »... wie Du Ihm Vollmacht gegeben hast über alles Fleisch, dass Er allen, die Du Ihm gegeben hast, ewiges Leben gebe« (Joh. 17, 2).

Angesichts solcher Tatsachen kann doch wahrlich keine Rede davon sein, dass irgendein Teil, und wenn es der allerkleinste und untergeordnetste im großen göttlichen Ratschluss wäre, jemals fehlgehen oder missraten, vereitelt oder hintertrieben werden könnte. Des Herrn Rat ist wunderbar, aber Er führt alles herrlich hinaus.

Was Er sich vorgenommen,
Und was Er haben will,
Das wird auch endlich kommen
Zu Seinem Zweck und Ziel.

Noch etwas anderes können wir lernen aus dem Umstand, dass die Ratschlüsse Gottes aller Schöpfung weit vorausgehen, und damit natürlich auch jedem Sündenfall, sei es unter Engeln oder unter Menschen, und zwar, dass unser Gott warten kann. Seine Pläne sind vor den Ewigkeiten gelegt, denn die Ewigkeiten (= Äonen) sind Gebilde Seiner Weisheit, die auch durch den Sohn und für die Entfaltung des Sohnes Herrlichkeit entstanden. Und die Ewigkeiten dienen keinem anderen Zweck, als in ihrem Schoß den ganzen Reichtum dessen zu bergen und allmählich plangemäß hervorgehen zu lassen, was an Schätzen der Weisheit und Erkenntnis Gottes im Sohn verborgen liegt.

Kein sterblicher Geist kann ermessen, wieviele Äonen bei der Erschaffung des Menschen bereits abgelaufen waren, während deren die Empörung in der Engelwelt schon stattgefunden hat. Niemand kann ausdenken, wieviele Ewigkeiten lang Gott jene Gefäße Seines Zorns bereits mit unsäglicher Geduld und Langmut trug, bevor Er das Geschöpf aus dem Staub der Erde bildete, durch das Sein Geist zur Ruhe kommen und der furchtbare Zwiespalt, den der Sturz Satans und seiner Scharen in der Himmelswelt verursachte, endgültig beseitigt und aufgehoben werden sollte. Wenn wir an die Betrachtung der ersten Seite der Bibel kommen, werden wir auf diese Erwägung nochmals eingehen. Hier diene sie nur, um uns zu ermahnen, in all diesen großen, Himmel und Erde umspannenden Fragen, zu deren Lösung Gott den Vorsatz der Ewigkeiten gefasst und verordnet hat, einen anderen Maßstab als den kurzen menschlichen von Jahren, Jahrzehnten oder Jahrhunderten anzuwenden. Gott rechnet mit Ewigkeiten über Ewigkeiten. So will Er auch beurteilt sein.

Im selben Brief an die Epheser wird uns aber noch ein weiterer Aufschluss zuteil, der den Vorsatz Gottes in ein wunderbares Licht stellt, und zwar nach einer besonderen Seite hin. Der Apostel schreibt im 3. Kapitel, Verse 9-11: »... und ans Licht zu bringen, was die Verwaltung des Geheimnisses sei, das von den Zeitaltern (Ewigkeiten) her in Gott, der alle Dinge geschaffen hat, verborgen war; damit jetzt den Gewalten und Mächten in der Himmelswelt durch die Gemeinde (oder auch: an der Gemeinde, mithilfe der Gemeinde) die mannigfaltige Weisheit Gottes kundgetan werde, nach dem ewigen Vorsatz, den Er verwirklicht hat in Christus Jesus, unserem Herrn.«

Da steht zunächst wieder deutlich zu lesen, dass alle Gläubigen über diese Sache erleuchtet werden sollen, nicht nur eine Auswahl aus ihnen, die dazu besondere Neigung oder Begabung haben. Sodann wird in einer Weise von Gott geredet, die Gewicht auf die Tatsache legt, dass Er alles geschaffen hat, d. h. es wird dadurch wieder die gesamte Schöpfung als solche in den Bereich dieses Vorsatzes gezogen und nicht etwa nur die auserwählte Gemeinde oder das auserwählte Volk Israel.

Was aber besonders auffällt und zu beachten ist, sind die Worte, die den erzieherischen oder belehrenden Zweck, den Gott für die übermenschliche Engelwelt im Auge hat, deutlich angeben. Ihr (der Engelwelt) soll an der Gemeinde, d. h. mit Hilfe dessen, was sie im Rat und Willen ihres Herrn und Hauptes ist und werden soll, die mannigfaltige Weisheit Gottes gezeigt werden. Gott beabsichtigt also offenbar einen großartigen Anschauungsunterricht für diese himmlischen Wesen durch die und an der aus allen Völkern gesammelten, mit dem Blut Seines Sohnes erkauften und gereinigten Gemeinde.

Man darf es dahingestellt sein lassen, ob vielleicht die Veranlassung zu einem solchen Verfahren Gottes darin liegt, dass in der Engelwelt die Weisheit Gottes irgendwann und irgendwie infrage gestellt worden ist. Wundern würde uns das nicht angesichts der Tatsache, dass es Satan, die alte Schlange, in den Anfängen der Menschheit ganz bestimmt darauf anlegte, den Charakter Gottes, seines Schöpfers, in den Augen des Menschen herabzusetzen und zu verdunkeln.

Wie dem aber auch sei, soviel ist uns deutlich gesagt, dass gerade die göttliche Weisheit in dieser Angelegenheit vor den wohl höchsten Intelligenzen, die Gott geschaffen hat, seien es nun gefallene oder schuldlos gebliebene, durch den Vorsatz Gottes mit der Gemeinde gerechtfertigt und ins Licht gestellt werden soll. Was immer sonst hieraus gefolgert werden mag, das eine ist sicher: die göttliche Weisheit, also diejenige Eigenschaft Gottes, die für die zu erreichenden Ziele stets die besten und wirksamten Mittel zu wählen und zu gebrauchen versteht – denn das ist Weisheit –, soll in dieser Sache auf ihre bedeutendste Probe gestellt werden. Mit welchem Ergebnis, darüber kann unter Gläubigen doch wohl keine Meinungsverschiedenheit aufkommen.

Hören wir in diesem Zusammenhang das Zeugnis der Schrift Alten Testaments von dieser Weisheit Gottes, wie es uns von Salomon in seinem Buch der Sprüche aufgezeichnet wurde:

»Der Herr hat mich geschaffen als Anfang Seines Weges, als erstes Seiner Werke von jeher. Von Ewigkeit her war ich eingesetzt, von Anfang an, vor den Uranfängen der Erde. Als es noch keine Fluten gab, wurde ich geboren, als noch keine Quellen waren, reich an Wasser. Ehe die Berge eingesenkt wurden, vor den Hügeln war ich geboren, als Er noch nicht gemacht die Erde und die Fluren, noch die Gesamtheit der Erdschollen des Festlandes. Als Er die Himmel feststellte, war ich dabei. Als Er einen Kreis abmaß über der Fläche der Tiefe, als Er die Wolken droben befestigte, als Er stark machte die Quellen der Tiefe, als Er dem Meer seine Schranke setzte, damit die Wasser Seinen Befehl nicht übertraten, als Er die Grundfesten der Erde abmaß: da war ich Schoßkind bei Ihm und war Seine Wonne Tag für Tag, spielend vor Ihm allezeit, spielend auf dem weiten Rund Seiner Erde, und ich hatte meine Wonne an den Menschenkindern« (Spr. 8, 22-31).

Und eine andere Schrift bezeugt von dem erstgezeugten Sohn des Vaters, dass Er das Ebenbild des unsichtbaren Gottes, der Erstgeborene aller Schöpfung, dass in Ihm alles erschaffen ist und besteht (Kol. 1, 15.16), und dass in Ihm alle Schätze der Weisheit und der Erkenntnis verborgen liegen (Kol. 2, 3). Darum ist Er uns von Gott auch geradezu zur Weisheit geworden (1. Kor. 1, 30). Er ist das Α und Ω aller Wege Gottes in Schöpfung, Erlösung und Vollendung (Offb. 1, 8).

Das alles liegt in dem gewaltigen Wort vom Vorsatz der Ewigkeiten, den Er gefasst hat in Jesus Christus, unserm Herrn, inbegriffen. Man sieht ohne Mühe, welch große Aufgaben in dem Sohn beschlossen liegen, was für Ihn wie auch für den Vater angesichts der Fürstentümer und Gewalten in den Himmeln auf dem Spiel steht, dass Seine Weisheit in unantastbarer Vollendung, in restlosem Siegestriumph erwiesen wird.

Aber damit ist noch nicht all das ausgeschöpft, was uns die Schrift über den gewaltigen Inhalt dieses Vorsatzes der Ewigkeiten zu sagen hat. Wir hören noch ein weiteres Zeugnis. Im ersten Kapitel des Kolosserbriefes, das wir soeben schon anführten, wird das, was von dem Erstgeborenen der ganzen Schöpfung, dem Ebenbild des unsichtbaren Gottes, gesagt ist, in sehr bestimmte Beziehung zu Seinem Tod am Kreuz gebracht, und zwar in einer Weise, die keinen Zweifel lässt, dass die Bedeutung und Rechtswirkung des Opfertodes Jesu auf Golgatha nicht nur auf diese Erde und ihre Bewohner zu beschränken ist, sondern auch die Himmel ergreift und umfasst.

In diese Richtung wird erstmals vom Apostel Paulus durch den

Geist der ganze Umriss, der die Gesamtschöpfung als Sein Werk umschließt, klar und bestimmt gezogen: »Denn in Ihm ist alles in den Himmeln und auf der Erde geschaffen worden, das Sichtbare und das Unsichtbare, es seien Throne oder Herrschaften oder Gewalten oder Mächte: alles ist durch Ihn und für Ihn (oder zu Ihm hin) geschaffen; und Er ist vor allem, und alles besteht durch Ihn« (Kol. 1, 16.17).

Diese Sprache ist von solcher Klarheit, dass jede Möglichkeit eines Missverständnisses ausgeschlossen scheint. Es kann dabei kein Zweifel aufkommen, dass es die ausgesprochene Absicht des Geistes Gottes ist, dem Sohn die Erschaffung jedes Geschöpfes im Himmel und auf Erden zuzuschreiben. Von irgendwelchen Ausnahmen kann da überhaupt keine Rede sein. Das größte wie das geringste Geschöpf ist hier eingeschlossen. Diese Tatsache kann einfach nicht geleugnet werden, wenn man dem Wort seine Bedeutung lässt.

Nach dieser Aussage aber ist alle Schöpfung nicht allein durch Ihn erschaffen, sondern auch *in* Ihm und *zu* Ihm hin. Damit sind noch gewaltigere Wahrheiten ausgesagt, als die der bloßen Erschaffung und Entstehung des Alls; es wird dadurch alles Geschaffene ohne irgendwelche Ausnahme in Beziehung der innigsten Art zu dem herrlichen Sohn gesetzt. Wohl fällt es unserem Denken nicht leicht, sich darüber volle Rechenschaft zu geben, was das heißt: Alles, was geschaffen ist, *ist in Ihm* geschaffen. Aber es kann gewiss nicht weniger bedeuten, als dass das Verhältnis des Sohnes zu dieser ganzen Schöpfung ein solches ist, das Sein eigenes, innerstes, göttliches Wesen auf das Tiefste berührt und in Anspruch nimmt. Ist das All in Ihm geschaffen, dann liegt es in Seinen Gedanken, beansprucht Seine fortgesetzte, innige Teilnahme, kann Ihm niemals gleichgültig sein oder werden; Er weiß sich irgendwie tief an das Werk Seiner Hände gebunden; in diesem liegen für Ihn Werte und Möglichkeiten, die nur Er versteht und ermisst, denen nur Er gerecht werden kann. Die Schöpfung mag sich in ihren einzelnen Wesen noch so weit von Ihm abwenden, sich sogar in feindseligster Weise gegen Ihn verhalten – sie bleibt in Ihm geschaffen, d. h., sie hört nie auf, einen unabweislichen Anspruch auf Seine Liebe, Seine Allmacht, Seine Weisheit zu haben, die ja alle dabei betätigt waren, als Er sie ins Dasein rief.

Da liegen Grundrechte und Grundansprüche beiderseits, die niemals außer acht gelassen werden dürfen, wenn wir zu einem richtigen Verständnis dafür kommen wollen, was es mit dem endgültigen Geschick der gesamten Schöpfung auf sich hat.

Es läge ja eine gedankliche Möglichkeit nahe, dass die Schöpfung allerdings durch ihren Abfall jedes Anrecht auf Ihn, ihren Urheber, verloren hat. Und es darf wohl gesagt werden, dass die von Ihm abgefallenen, Ihm jetzt feindlich gesinnten Geschöpfe, seien es Menschen oder Engel, allerdings keinen Rechtsgrund unter den Füßen haben, auf welchen hin sie irgendetwas Gutes von Ihm beanspruchen könnten.

Aber es handelt sich im letzten Grunde gar nicht um die Ansprüche des Geschöpfes an Ihn, sondern um die Seinigen an die in Ihm geschaffene Welt, Himmel und Erde umfassend. Es sei denn, man fände irgendwo in der Schrift ein deutliches Wort der Absage betreffend dieser tiefsten Ansprüche des Sohnes an das in Ihm geschaffene All – ansonsten wird man dieses Urrecht des Sohnes einfach gelten lassen müssen.

Menschliche Gerichtshöfe erkennen das Schöpferrecht des Geistes menschlicher Erfinder, Dichter und Komponisten an, und das ist ein gesunder Rechtsgrundsatz. Was ich schuf, ist im tiefsten Verständnis mein. Und es bleibt mein, solange es überhaupt besteht. Selbst wenn ich mich jeden Rechtes auf Entschädigung durch den Gebrauch anderer an meiner Geistesarbeit entsage, so kann ich niemals meine Urheberschaft loswerden; ich bleibe stets für das Produkt meines geistigen Wirkens verantwortlich. Und hier sollte auf einmal ein anderes Recht gelten können? Niemals! Man würde auch die ganze Schrift vergebens nach irgendeiner Erklärung durchsuchen, die darauf hinausliefe, dass der Sohn des Vaters sich um des bösen Ausgangs willen, den es mit so vielen seiner Geschöpfe nahm, deshalb aller und jeder Urverantwortlichkeit für das ursprünglich in Ihm Geschaffene entschlagen, geschweige denn, dass Er auf Sein Urrecht an alles verzichten wolle. Davon weiß die Schrift nichts.

Im Gegenteil, hier steht noch ein Wort, das jeden derartigen Gedanken von vornherein unmöglich machen soll, nämlich die schlichte, aber wohl verständliche Erklärung: »*... alles besteht in Ihm*« Das ist nicht in der Vergangenheitsform geschrieben, als wäre das nur früher, im ersten Anfang, als es noch keine Sünde, keinen Tod, kein Verderben in seiner weiten Schöpfung gab, so gewesen. Nein, das Wort redet deutlich von der heute noch bestehenden Gegenwart mit all ihrer menschlichen und satanischen Aufsässigkeit, Empörung, Hass, Todfeindschaft und Entfremdung. Bei all dem und trotz all dem besteht auch heute noch das gesamte All allein in Ihm. Zöge Er nur für einen Augenblick Seine erhaltende Hand ab, würde alles in Nichts zerfallen, vergehen, verschwinden. Er trägt alles durch das Wort Seiner Macht (Hebr. 1, 3).

Darin liegt der schlagkräftigste Tatbeweis, dass der Sohn niemals daran denkt, sich in irgendeinem Sinn oder unter irgendwelchen Umständen Seiner *in* Ihm gewordenen Schöpfung zu entziehen.

Zumal noch weiter ausgesagt ist, dass alles *zu* Ihm hin geschaffen ist. Wenn uns die Worte »alles ist in Ihm geschaffen, und alles besteht in Ihm« Christus als den Urgrund der ganzen sichtbaren und unsichtbaren Schöpfung im Himmel und auf Erden offenbaren, dann liegt in diesem Wort, dass alles *zu* Ihm geschaffen ist, die ergänzende Wahrheit, dass der Zweck und das Ziel alles Geschaffenen wiederum ausschließlich Christus ist. Diese Vorstellung ragt weit über unser Vermögen hinaus, sie zu ergründen oder gar zu erschöpfen. Unser Wissen und Verstehen von der Bedeutung und Zweckmäßigkeit alles Geschaffenen ist so eng und begrenzt. Wir haben auch auf diesem Gebiet den Menschen und seine natürlichen Bedürfnisse zum Maß der Dinge gemacht. Wir konnten auch nicht anders. Unser Begreifen des Wertes der uns umgebenden Schöpfung bewegt sich in dem engen Rahmen der Verwendbarkeit für den natürlichen Menschen, für die Befriedigung seiner Bedürfnisse, für seinen Komfort und Genuss. Es ist schon richtig, dass der Mensch ursprünglich als Krone und Herrscher der gesamten übrigen Schöpfung gedacht war – aber nicht der Mensch, wie er letztlich wurde, sondern wie Gott ihn in Christus sich dachte, der Mensch nach Gottes Bild. Wir aber vermögen von Natur aus nicht, uns auf einen höheren Standpunkt zu stellen in der Beurteilung der Zwecke, denen alle Schöpfung Gottes dienen soll. In Christus allein ist auch dafür das richtige Maß, die rechte Norm gegeben. Aber der Christus Gottes ist eben noch nicht zu Seiner gottgewollten Größe und Vollendung gelangt; Er wartet noch auf die Darstellung und Verherrlichung nach Seinem eigenen Bild der Gemeinde, die Sein Leib ist, die Fülle dessen, der alles in allen erfüllt (Eph. 1, 23).

Immerhin können wir aber so viel aus diesem Wort erfahren, dass wir auch nach dieser Seite hin gut daran tun, unsern Blick nur nicht zu eng zu halten. Wir dürfen sicher sein, dass der Gottmensch das vollste Verständnis für die ursprüngliche Veranlagung alles Geschaffenen auf Ihn und zu Ihm selbst hin hat. Und wenn der erhöhte Herr bis heute noch nicht in der Lage war, von diesem Seinem Erkennen und Verstehen in Bezug auf die zu Ihm geschaffene Engel- und Menschen, Tier- und Pflanzenwelt im weitesten Umfang Gebrauch zu machen, so darf das für unser Denken niemals bedeuten, dass es dazu überhaupt nicht kommen werde. Allein das Wort des Apostel Paulus an die Römer von dem sehnlichen Harren der Schöpfung auf die Offenbarung der Freiheit und Herrlichkeit der Söhne Gottes (Röm. 8, 21) sollte uns abhalten, hier unserm großen und herrlichen Herrn Schranken setzen zu wollen, inwieweit Er einmal von der zu Ihm geschaffenen Fülle lebendiger Wesen Gebrauch zu machen verstehen wird. Sind sie alle zu Ihm geschaffen, dann liegen in ihnen Möglichkeiten, die bis jetzt unter dem Regiment der Eitelkeit, des Todes und der Vergänglichkeit noch gar nicht zu ihrer rechten Entfaltung kommen konnten. Und es ist keine müßige Spekulation oder törichte Phantasterei, wenn man erwartet, dass der, in welchem alle Fülle Gottes leibhaftig wohnt, sich noch einmal in der Schöpfung und mit der Schöpfung als ihr Herr erweisen wird, sodass Himmel und Erde Ihn darüber anbeten und preisen. Und wir dürfen gewiss sein, dass dabei erst offenbar werden wird, welche Tiefen göttlicher Weisheit bereits in der ursprünglichen Anlage alles Geschaffenen auf Ihn wirksam waren. Das alles sind Dinge, für die uns das Maß des erfahrungsmäßigen Erkennens schlicht fehlt. Wir haben die Schöpfung nie wirklich gekannt, und lernen sie auch nach unserer Zuwendung zum Herrn nicht erschöpfend kennen; denn noch warten wir ja mit ihr auf die Erlösung unseres Leibes, dieses wunderbaren Mikrokosmos, in dem sich die gesamte übrige Schöpfung wiederspiegelt und wiederfindet. Denn sie dient trotz aller Verkehrtheit, die in sie eingedrungen ist, dennoch der Erhaltung und Entwicklung unseres Lebens. Und auch die Engelwelt besteht aus lauter dienstbaren Geistern, ausgesandt zum Dienst um derer willen, die das Heil erben sollen (Hebr. 1, 14).

Eines aber steht mit großer Bestimmtheit vor unseren Augen, dass nämlich die Frage, ob Christus noch einmal Seinen Zweck mit der ganzen zu Ihm hin angelegten Schöpfung erreichen wird, vom Boden der gefallenen Schöpfung aus niemals richtig beantwortet werden kann. Unter keinen Umständen hat der Mensch das Recht, sich selbst und das Maß seines Erkennens auf diesem Gebiet als bestimmend anzusehen oder zu setzen, was die letztendliche Durchführung der ursprünglichen Gedanken, Pläne und Absichten Gottes mit der Gesamtschöpfung der Himmel und der Erde betrifft. Da müssen wir von dem hohen Ross unserer nach eigenen Maßen getroffenen Beurteilung herunter. Ist alles zu Ihm geschaffen, dann liegt es allein an Ihm, ob Er nach Gottes ursprünglichen Rat und Willen alles je wieder in Seine allmächtige Hand bekommen wird, oder ob Er darauf verzichtet. Solange jedoch die Schrift von einem solchen Verzicht nichts offenbart, tun wir gut daran, es als ganz selbstverständlich anzusehen, dass der Christus Gottes sich und den Vater auch darin verherrlichen wird, weit hinaus über menschliches Verstehen und Begreifen. Es steht uns nicht zu, Ihm irgendwelche Schranken, sei es des Wollens oder des Vermögens, zu ziehen.

Doch die uns vorliegenden Worte sprechen sich darüber noch deutlicher und vernehmlicher aus. Hören wir weiter.

Nachdem uns gesagt wurde, dass alles in Ihm besteht, wie auch alles in Ihm und zu Ihm geschaffen ist, wird Er uns nun zunächst als das Haupt seines Leibes, der Gemeinde, vorgeführt, Er, der der Anfang ist, der Erstgeborene aus den Toten, damit Er in allem den Vorrang habe (Kol. 1, 18).

Da begegnen wir wieder der ganz eigenartigen, intimsten Beziehung der Gemeinde zu ihrem Haupt in all diesen großen Dingen und Aufgaben. Er steht ja als der Erste im Mittelpunkt. Er hat in allem den Vorrang, wie es sich gebührt. Aber Er steht nicht allein da, die Gemeinde ist Ihm als wesentlich zum Haupt über das All zugehörig beigeordnet. Sie steht neben Ihm, als mit Ihm aus den Toten auferweckt, mit Ihm in das Himmlische versetzt (Eph. 2, 6), als mitberufen zur vollsten Anteilnahme und Mitwirkung in allem, was die Erreichung der hohen Ziele betrifft, die Ihm gesteckt sind.

Der Boden, auf welchem sich all das vollziehen soll und wird, ist nicht der der alten, dem Tod verfallenen Schöpfung, sondern der der neuen, aus dem Tode gerufenen. Nun ist aber mit der Auferweckung aus den Toten nur erst ein Anfang geschehen. Er ist der Erstgeborene. Und abgesehen von einer ganz kleinen Zahl frühester Erstlinge, die nach Seiner Auferstehung aus ihren Gräbern stiegen (Matth. 27, 53), warten selbst die, welche die Erstlingsgabe des Geistes haben, bis heute noch auf die Sohnesstellung, die Erlösung des Leibes aus Grab und Sterblichkeit (Röm. 8, 23). Daraus ergibt sich ohne Widerspruch, dass alles, was hier in Aussicht gestellt ist, durchaus der großen Zukunft angehört, sich also unserem erfahrungsmäßigen Urteil vollständig entzieht. Es will allein geglaubt, d. h. nur auf das Wort hin gehorsam erfasst werden. Die Gemeinde selbst wandelt auf dieser ganzen Linie im Glauben, sofern ihre Beziehung zu Ihm, dem Auferstandenen, innig ist. Sie hat ihren erwartenden Blick nicht auf sich selbst zu richten, um sich an sich und dem Maß ihres gegenwärtigen Lebens, auch nicht des neuen Geisteslebens, richtig zu orientieren; sie hat ihren Blick gerade und unverwandt auf das feste, prophetische Wort zu lenken; sie hat zu vertrauen, dass nicht umsonst alles zu Ihm hin geschaffen wurde, welcher der Anfang, der Erstgeborene aus den Toten ist.

So hat sie denn auch ohne Rückhalt oder Vorbehalt das folgende Gesagte gelten zu lassen, angesichts der so verheißungsvollen Einführung, nämlich die Erklärung: »... es gefiel der ganzen Fülle (eigentlich: es war ihr Beschluss), in Ihm zu wohnen und durch Ihn alles (oder: das All) mit sich zu versöhnen ...« (Kol. 1, 19.20).

Das Wort darf von uns wohl etwas näher ins Auge gefasst werden. Der Gedanke an eine Versöhnung des gesamten geschaffenen Alls ist ein solch großer, dass er uns schier überwältigen möchte. Doch er ist durchaus unseres großen und herrlichen Gottes würdig – das muss man sicher anerkennen. Und wenn er biblisch begründet ist, wer sollte dann nicht aus tiefster Seele darüber jauchzen und im Staube anbeten!

Können die hier gebrauchten Ausdrücke ohne Zwang in dieser Weise gedeutet werden? Haben sie in der Schrift überhaupt ein solches unbestreitbares Gewicht? Das ist die entscheidende Frage, auf die wir jedoch mit einem ganz zuversichtlichen »Ja« glauben antworten zu dürfen, wie wir nun im Folgenden zu zeigen versuchen.

Das in Vers 20 gebrauchte griechische Zeitwort (ἀποκαταλλάσσω) kommt außer an dieser Stelle im Ganzen nur noch zweimal im Neuen Testament vor. Wir haben also bei der Feststellung seiner Bedeutung eine verhältnismäßig leichte Aufgabe vor uns.

Gleich im nächsten Vers steht es erneut: »Und euch, die ihr einst entfremdet und Feinde wart ... hat Er aber nun *versöhnt* in dem Leib Seines Fleisches durch den Tod ...« Welchen Umfang, welche Ausdehnung und Tiefe, welche unbegrenzte Kraft und Vollständigkeit die durch den Tod Jesu Christi für Gläubige bewirkte Versöhnung hat, darüber gibt es bei Gotteskindern doch gewiss kein unterschiedliches Urteil. Niemand, dem das selige Geheimnis von Golgatha insgesamt aufgegangen ist, wird im Stillen bezweifeln, dass es für diese Versöhnung nach keiner Seite hin irgendeine Grenze oder Schranke gibt. Wir wissen uns auf das Äußerste und Vollkommenste versöhnt, ohne jeden Abstrich oder Vorbehalt. Und wir sind auch darüber ganz sicher, dass von unserer Seite aus nicht das Geringste geschah oder zu geschehen hatte, um diese Versöhnung rechtskräftig und wirksam zu machen. Geschah sie doch längst am verfluchten Holz, bevor wir da waren oder je gesündigt hatten. Selbst unser Glaube, so wichtig dieser für unser bewusstes Ergreifen des uns frei dargebotenen Heils auch war, konnte nicht das Mindeste beitragen oder hinzutun zu der Vollwichtigkeit, dem Vollwert des auf Golgatha ein für allemal vollbrachten Opfers Seines Leibes durch den Tod.

Die letzte Stelle, in der das genannte Zeitwort vorkommt, ist Eph. 2,

16: »... die beiden (Juden und Heiden, die unter dem Gesetz nie Gemeinschaft haben durften) in einem Leib mit Gott zu *versöhnen* durch das Kreuz, durch das Er die Feindschaft getötet hat.« Hier ist von dem wunderbaren Geheimnis der vollendeten Einheit des Leibes Christi die Rede, der aus gläubigen Juden und Nichtjuden besteht, für die früher jede Gemeinschaft vollständig ausgeschlossen, ja geradezu Sünde war. Diese völlig neue, von keinem alttestamentlichen Propheten geschaute Körperschaft, der Leib des Christus, ist nach diesem Wort zustande gekommen, rechtskräftig und wirksam, ohne jedes Zutun einer der beiden beteiligten Parteien, durch das Opfer Jesu Christi auf Golgatha. Dort sind beide zu *einem* neuen Menschen geschaffen worden. Das ist eine Tatsache, die noch nicht einmal von dem Glauben der Betreffenden abhängig ist, dank der die Gläubigen, ob Juden oder Nichtjuden, ohne irgendein Zutun oder inneres Mitwirken oder Zustimmen Glieder jenes wunderbaren Leibes werden.

Wir haben es hier also offenkundig mit einem Wort Gottes in Christus zu tun, wie es mit dem griechischen ἀποκαταλλάσσω ausgedrückt wird, das für sein Zustandekommen nach jeder Richtung hin durchaus sogar von dem subjektiven Glauben oder Nichtglauben der dabei Beteiligten unabhängig ist. Denn es ist völlig unleugbar, dass, wo es irgendwelche wirklich aus Gott gezeugte, geheiligte Kinder Gottes gibt, diese, ob sie es wissen oder nicht, ob sie es wahrhaben wollen oder nicht, ob sie sich bewusst dieser kostbaren Wahrheit beugen oder nicht, einfach Glieder eben dieses Leibes Christi sind. Damit soll ja nicht gesagt werden, dass solche Kinder Gottes, die sich aus Unwissenheit, Engherzigkeit oder Verkehrtheit weigern, diese köstliche Tatsache gläubig anzuerkennen, nicht einen sehr großen Fehler begehen, sich selbst nicht reicher Segnungen und unerkannter Freuden berauben. Das tun sie ohne Zweifel. Aber wir wollen und dürfen hervorheben, dass es sich hier um das Zustandekommen einer tatsächlichen, wunderbaren Neuschöpfung handelt, für die Gott nicht einmal die Zustimmung der davon höchstpersönlich Betroffenen zur Bedingung setzte.

Das ist deshalb so grundlegend und wichtig, weil in gläubigen Kreisen angesichts der großartigen Zusagen Gottes immer wieder in einer Weise der Glaube als Grundbedingung für das Zustandekommen göttlicher Absichten betont wird, die ja eine gewisse Berechtigung hat, oft massiv ausgebeutet wird, dass dadurch den göttlichen Liebes- und Heilsgedanken unüberwindbare Schranken gezogen werden. Gottes heiliger und vollkommener Retterwille soll vor dem bewussten Unglauben Seiner Geschöpfe einfach halt- und kehrtmachen müssen. Dagegen berufen wir uns unter anderem auf die vor uns liegende Tatsache, dass der Sinn des hier gebrauchten Wortes von der Versöhnung eine derartige Beschränkung keineswegs fordert oder nur ansatzweise gestattet.

Das Ergebnis dieser kurzen Untersuchung über die Bedeutung des Wortes ἀποκαταλλάσσω im Neuen Testament ist somit folgendes: Es bezeichnet eine Versöhnungstat oder einen Versöhnungsakt Gottes in Jesus Christus auf Golgatha, dessen Rechtskraft, Bedeutung und Tragweite in keiner Weise von der Zustimmung oder Ablehnung der beteiligten feindseligen Geschöpfe abhängig ist, und deren aktuelle Verwirklichung ebenfalls nach keiner Seite hin irgendwelchen Beschränkungen untersteht. Diesen unleugbaren Sinn hat das Wort in den beiden Schriftstellen, die neben der uns vorliegenden von Kol. 1, 19.20 die einzigen Vorkommnisse dieses Wortes ausmachen.

Somit steht exegetisch nichts im Weg, dem Wort auch in dieser Stelle diese Bedeutung beizulegen. Danach ist hier deutlich ausgesprochen, dass in dem göttlichen Ratschluss die Tragweite des einen Opfers des Leibes Christi auf Golgatha eine das ganze geschaffene All umfassende, wirksame Versöhnung ist, für deren Zustandekommen nicht etwa das Verhalten der feindseligen Schöpfung, sei es im Himmel oder auf Erden, maßgebend oder bestimmend ist, sondern die in sich selbst die Gewähr trägt, dass sie ebenso sicher verwirklicht werden wird wie die wunderbare Einheit des Leibes Christi selbst, der sich ja aus lauter Persönlichkeiten zusammensetzt, deren innere Stellung des Glaubens oder Nichtglaubens jedoch nicht das Mindeste beiträgt oder hinwegnimmt von der unbestrittenen Tatsache, dass Jesus Christus Seine Gemeinde ohne Flecken oder Runzel in vollendeter Reinheit vor Seinen Vater darstellen wird.

Das ist im Angesicht der bis auf diesen Tag in der geschichtlichen Entwicklung der Gemeinde Gottes auf Erden herrschenden Zustände der Zerrissenheit, der Jämmerlichkeit, der Hinfälligkeit und Untüchtigkeit ebenfalls ein Glaubensgegenstand, d. h. etwas, das sich durch keinerlei sinnfällige Beobachtung oder Vernunftschlüsse annehmbar macht, sondern das einfach aufs Wort hin geglaubt werden will und muss. Genau dasselbe ist der Fall bezüglich der Wirksamkeit und letztlichen tatsächlichen Verwirklichung der durch Jesus Christus auf Golgatha rechtskräftig vollzogenen Versöhnung alles dessen, was im Himmel und auf Erden ist, durch das Opfer Seines Leibes. Da wird uns schon etwas klar von der mannigfaltigen Weisheit Gottes, der gerade Seiner Gemeinde in Christo solche Glaubensaufgaben stellt, wie sie sich an ihrem eigenen Zustandekommen abspiegeln.

Nun haben Gläubige das Recht, hinsichtlich der Gemeinde allem Zweifel und allem Bedenken, ob diese auch wirklich eines Tages ohne Flecken oder Runzeln, ohne Zerspaltung als eine vollendete Einheit dargestellt werde, durchaus Lebewohl zu sagen und im unerschütterlichen Glauben zu ruhen, dass der Heiland Seines Leibes dennoch mit all unserem tiefen Jammer fertig werden und uns mit Freuden vor Sein Angesicht stellen wird. – Sowie es aber auf die übrige Schöpfung übergeht, und wir hier unserem großen Rettergott genau dasselbe, auch nur auf Sein Wort hin, glauben sollen, da zucken wir die Schultern und wissen nichts Besseres zu tun als zu fragen: Ja, wenn sie aber nicht wollen? Wird Gott sie auch zwingen? Wäre es nicht unsittlich, wenn Gott dem freien Willen Seiner Geschöpfe nicht Rechnung trüge? O ja, wir verstehen uns auf solche Fragen meisterlich, solange es andere angeht. Für uns selbst aber, die wir doch wahrlich nichts zu rühmen haben, wenn es sich um die Verwirklichung der großen Gottesgedanken mit Seiner Gemeinde handelt, für uns können wir alles glauben!

Ist denn auch je ein Kind Gottes gezwungen worden, Glied am Leibe Christi zu werden? Ist da irgendeinem Gläubigen Gewalt angetan worden? Man braucht doch nur solche Fragen stellen, um sofort zu erkennen, wie belanglos sie sind.

Wir haben nun aber für die beiden Tatsachen, die der zukünftigen Darstellung der vollendeten Einheit des Leibes Christi auf der einen, und der zukünftigen vollendeten Versöhnung des gesamten geschaffenen Alls auf der anderen Seite, genau die gleiche Sprache der Schrift als unsere einzige Gewähr. Steht die eine infrage, dann auch die andere. Darf ich an die wirkliche Durchführung, an das fraglose Gelingen des göttlichen Vorhabens mit der Gemeinde fest glauben, dann geschieht das lediglich auf das hier gebrauchte Wort hin, das von vielen anderen nur bestätigt wird. Ich habe aber genau das gleiche Recht, nach der deutlichen Aussage derselben Schrift, alle meine Gedanken gefangen zu nehmen unter den Gehorsam des Christus und mit derselben Zuversicht auf die endliche, wirksame Versöhnung des ganzen geschaffenen Alls zu rechnen, wie auf die Vollendung des herrlichen Leibes Jesu Christi. Steht die Versöhnung des gesamten Alls infrage, dann steht mit unerbittlicher Logik die Vollendung der Gemeinde Gottes nicht minder infrage. Denn um das auszudrücken, was für beide auf Golgatha geschah, bedient sich der Heilige Geist genau der gleichen Sprache, wie wir gesehen haben.

Wenn noch etwas fehlte, um uns zu vergewissern, dass mit der hier bezeichneten Versöhnung wirklich eine restlose Beseitigung aller bis heute noch bestehenden Feindschaft zwischen Geschöpfen Gottes (in den himmlischen Regionen und auf Erden) und ihrem Schöpfergott gemeint und ausgesprochen ist, dann wird das durch die nun folgenden Worte erstattet: »... indem Er Frieden gemacht hat durch das Blut Seines Kreuzes, durch Ihn, sei es, was auf der Erde oder was in den Himmeln ist« (Kol. 1, 20 b).

Nun wissen wir alle, die wir gläubig wurden – und niemand sonst weiß es –, welche Bewandtnis es mit diesem kostbaren Frieden hat. Menschen reden und träumen sehr viel, besonders um die Weihnachtszeit, wenn man vom Lobgesang der Engel auf den Gefilden bei Bethlehem singt und sagt, von der Friedensbotschaft des Christentums für die Völkerwelt. Wir wissen es genauer und verstehen, dass die Welt bis auf diesen Tag in das selige Geheimnis dieses Friedens noch nicht eingedrungen ist und dass für sie vielmehr das andere Wort des berufenen Friedefürsten gilt: »Meint nicht, dass Ich gekommen sei, Frieden auf die Erde zu bringen; Ich bin nicht gekommen, Frieden zu bringen, sondern das Schwert« (Matth. 10, 34). Und die Geschichte des Evangeliums Jesu Christi in der Welt gibt Zeugnis dafür, dass Jesus in diesen Worten ein rechter Prophet war; denn bis heute gibt es überall dort Zwietracht und Feindschaft, wo sich Sein kostbares Evangelium wirksam erweist.

Wir wissen aber auch, dass wir, die wir wahrhaftig Friedenskinder geworden sind, das nie und nimmer unseren eigenen Bemühungen, unserer höheren Weisheit, unserer größeren Würdigkeit oder irgendwelchem eigenen Verdienst zu verdanken haben. Wir haben den Frieden Gottes ausschließlich als Gnadengeschenk empfangen, der erst dann in unsere friedlosen Herzen einkehrte, als wir uns von der Liebe Gottes in Christus Jesus überwinden ließen. Es war für uns alle nur eine Frage der eigenen Bankrotterklärung unserm großen Gott gegenüber.

Wie lang hab ich mühsam gerungen,
Geseufzt unter Sünden und Schmerz!
Doch als ich mich Ihm überlassen,
Da strömte Sein Fried' in mein Herz.

Das heißt, unter allen, die jemals zum Frieden mit Gott und in Gott gekommen sind, hat auch nicht ein Einziger sich selbst zum Frieden gebracht; es war von den ersten Anfängen an *Sein* wunderbares Gnadenwirken. Und als uns die Augen über das einfache, schlichte Evangelium von der Gnade in Jesus Christus aufgingen, wie haben wir uns da geschämt und gewundert, als wir erfassten, dass wir schon längst tatsächlich versöhnt waren, ohne es zu wissen, ohne etwas davon zu haben oder zu erkennen. Wir waren eben blind und völlig unvermögend, unseren Gott auch nur ansatzweise zu verstehen. Und hätte sich unser Gott unserer nicht so herzlich angenommen, uns immer wieder mit dem Hauch Seines Geistes bearbeitet, uns auf den Weg des Friedens geführt, wir wären niemals dorthin gelangt.

Steht denn die blinde, gottentfremdete Welt heute anders, als wir alle einmal standen? Sagt denn nicht die Schrift, dass der »Gott dieser Welt« der Ungläubigen Sinne verblendet, damit sie das helle Licht der Klarheit Gottes im Angesichte Jesu Christi nicht sehen (2. Kor. 4, 4)? Und ist nicht dennoch der wunderbare, allmächtige Herr mit so vielen tausenden ebensolcher Blinden, Verfinsterten und Feindseligen bereits triumphierend fertig geworden? Und sind sie denn ausnahmslos etwas anderes als Erstlingsproben Seiner mächtigen Gnade, die an sich selbst ermessen lernen sollen, aus welchen Tiefen der Verfinsterung die Gnade Gottes erretten kann und will?

Und wenn hier nun deutlich ausgesprochen ist, dass nach dem Vorsatz der Ewigkeiten Christus sowohl das im Himmel als auch das auf Erden durch sich selbst zum Frieden bringen soll, wie kann es dann unter denen, die die überschwängliche Größe Seiner Gnade empfangen und geschmeckt haben, irgendeinen geben, der Seinem Vermögen, zum Frieden zu bringen, eine Schranke setzen wollte?!

Dabei bleibt dem Glauben durchaus sein Recht und seine Bedeutung gewahrt. Nur wird unverbrüchlich festgehalten, was geschrieben steht: »Dies ist das Werk Gottes, dass ihr an den glaubt, den Er gesandt hat« (Joh. 6, 29). Und ein anderer Vers bestätigt das: »Denn Gott ist es, der in euch wirkt sowohl das Wollen als auch das Wirken zu Seinem Wohlgefallen« (Phil. 2, 13). Und abermals steht geschrieben: »Denn Gott hat alle zusammen in den Ungehorsam eingeschlossen, damit Er alle begnadige« (Röm. 11, 32).

Für uns alle aber gab es eine Zeit, wo das, was Jesus Christus auf Golgatha für uns und die ganze Schöpfung vollbracht hat, genauso wenig Wert und Bedeutung hatte, was unser Wissen und Bekennen, Haben und Empfinden anbetrifft, wie das heute noch für die ungläubige, gottentfremdete Welt, für gottlose, gotthassende Menschen, Teufel und Dämonen der Fall ist. Und wir alle wissen, dass unsere Gläubigkeit nicht das

Allermindeste zu der wahren, ewigen und vollgültigen Bedeutung und Kraft des einen Opfers Christi auf Golgatha beigetragen hat noch beitragen konnte. Dort wurden wir durch den Tod Seines Sohnes mit Gott versöhnt, nicht erst im Moment unseres Glaubens oder Erlebens. Somit löst sich auch diese Frage wieder in die eine auf: Wird es der Sohn schaffen, alles, was bis heute noch nicht auf die Friedensgedanken Gottes eingegangen ist, in Ihm schließlich ohne Rest und Abstrich wirklich zum Frieden zu führen?

Sind wir, die wir hinter eine solche Frage tatsächlich noch immer ein Fragezeichen setzen, ganz sicher, dass uns unsere Eigenliebe hier nicht unbewusst einen bösen Streich spielt? Sind wir vor Ihm ganz und gar frei von jedem tiefverborgenen Gedanken: Ja, mit *mir* hat Er es wohl auch nicht ganz so schwer gehabt, ich gehörte auch nicht zu den allerverteufeltsten Exemplaren! Oder aber: Ja, ich habe auch *geglaubt*!

Würde das nicht bedeuten, dass dein Friede im tiefsten Grunde offensichtlich auf etwas ruht, was in dir entstand, was von dir ausging, was letzten Endes dein eigen war und ist?

Wir werden ja später noch Gelegenheit haben, uns weiterhin zu der Bedeutung des Glaubens als Bedingung des gegenwärtigen Heils in Christus zu äußern, wollten jedoch in diesem Zusammenhang die Frage wenigstens andeuten und zu ernstem Nachdenken darüber anregen.

Bevor wir aber weitergehen, müssen wir bezüglich dessen noch etwas Aufmerksamkeit aufwenden, was von dem im Himmel und auf Erden gesagt ist. Wie sind diese Worte einzuordnen? Darf man dabei wirklich an die gefallene und bis heute noch immer in der Empörung und Feindschaft gegen Gott begriffene Engelwelt denken? Und gibt es weitere Schriftworte, die das aussagen und bestätigen?

Um dabei nicht von vornherein fehlzugreifen, müssen wir festhalten, dass es sich nach dem eben betrachteten Wort in Kol. 1, 20 sehr deutlich um Wesen oder Geschöpfe handelt, die zum Frieden gebracht und versöhnt werden sollen. Das verbietet uns natürlich, sowohl an bereits Erlöste oder in die himmlischen Regionen aufgenommene Menschen zu denken, wie auch an ungefallene, heilig und selig gebliebene Engel. Beide Gruppen bedürfen keiner Versöhnung, die einen, weil sie derselben Früchte bereits genießen, und die anderen, weil es bei ihnen nie Feindschaft oder Abfall gab.

Greifen wir nun zunächst auf das oben schon erwähnte Wort aus Eph. 1, 10 zurück, wo uns als Inhalt des göttlichen Ratschlusses entgegentrat, dass alles in Christus Jesus unter ein Haupt zusammengefasst werden soll, was im Himmel und auf Erden ist. Da ist von einer Stellung Christi als Haupt die Rede, die sowohl alle Bewohner himmlischer Welten wie auch die Erdenbewohner und die ihrer Tiefen (des Hades) umschließt.

Derselbe Gedanke, aber in anderer Form und Fassung, begegnet uns am Ende des ersten Kapitels des Epheserbriefes, wo uns gesagt wird, dass Gott Seinen Christus nicht nur aus den Toten auferweckte, sondern Ihn auch zu Seiner Rechten in den Himmeln setzte, »hoch über jede Gewalt und Macht und Kraft und Herrschaft und jeden Namen, der nicht nur in diesem Zeitalter, sondern auch in dem zukünftigen genannt werden wird« (Vers 21). Für all diese ist Jesus Christus als das Haupt bestimmt.

Dieselbe Aussage tätigt der Apostel Paulus auch im Philipperbrief, wo er weissagt, dass »in dem Namen Jesu jedes Knie sich beuge, der Himmlischen und Irdischen und Unterirdischen, und jede Zunge bekenne, dass Jesus Christus Herr ist, zur Ehre Gottes, des Vaters« (Phil. 2, 10.11).

Der Seher von Patmos schaut im Geiste der Weissagung das gleiche Resultat: »Und jedes Geschöpf, das im Himmel und auf der Erde und unter der Erde und auf dem Meer ist, und alles, was in ihnen ist, hörte ich sagen: Dem, der auf dem Thron sitzt, und dem Lamm den Lobpreis und die Ehre und die Herrlichkeit und die Macht in alle Ewigkeit!« (Offb. 5, 13).

Eine sehr merkwürdige und wichtige Aussage, die ebenfalls hierher gehört, enthält der Hebräerbrief in den Ausführungen über die Bedeutung des *einen* Opfers Jesu Christi: »Es ist nun nötig, dass die Abbilder der himmlischen Dinge (die Geräte der Stiftshütte, des irdischen Heiligtums) hierdurch (d. h.: durch Blutvergießen) gereinigt werden, die himmlischen Dinge selbst aber durch bessere Schlachtopfer als diese (d. h.: als durch Opfertiere)« (Hebr. 9, 23). Hier ist ganz deutlich von einer notwendig gewordenen Reinigung des Heiligtums des Allerhöchsten im Himmel selbst die Rede, und diese wurde unzweifelhaft durch das *eine* Opfer des Sohnes Gottes auf Golgatha bewirkt.

Aus diesen Worten ergibt sich ohne jeglichen Zwang die Berechtigung, bei dem, was im Himmel und was auf Erden ist, sehr wohl an die gesamte sündhafte, abtrünnige und feindselige Schöpfung zu denken, seien es Engel oder Menschen. Wir halten dafür, dass sie samt und sonders mit in dem inbegriffen sind, was von der durch Jesus Christus ein für allemal vollbrachten Versöhnung und davon, dass Er alle durch sich selbst zum Frieden bringen wird, ausgesagt wird.

Bevor wir nun zu einem neuen Gedankengang übergehen, sollten wir noch einige andere biblische Zeugen betreffs des Vorsatzes der Ewigkeiten ins Auge fassen, auch wenn wir diesen nicht die gleiche eingehende Behandlung zuteil werden lassen können wie den bisher betrachteten.

So möchten wir zunächst auf ein Wort aus dem Munde des geisterfüllten Apostel Petrus hinweisen, das dieser in seiner gewaltigen Rede am großen Tag der Pfingsten gebrauchte: »Diesen (Jesus von Nazareth), der nach dem bestimmten Ratschluss und nach Vorkenntnis Gottes hingegeben worden ist, habt ihr durch die Hand von Gesetzlosen an das Kreuz geschlagen und umgebracht« (Apg. 2, 23). Was diesen Worten für unsere Betrachtung einen besonderen Wert verleiht, ist der Umstand, dass in ihnen der Heilige Geist in ganz einfacher, ungezwungener Weise die beiden gewaltigen Probleme göttlichen Ratschlusses und Vorsehung sowie menschlicher, sittlicher Verantwortung und Verschuldung nebeneinander stellen lässt. Da wird überhaupt kein Versuch gemacht, sich philosophisch mit diesen großen Fragen auseinanderzusetzen. Wie zwei gewaltige, massive Granitsäulen stehen sie hoch aufragend vor unserem geistlichen Auge. Von einem unversöhnlichen Gegensatz oder Konflikt zwischen beiden ist keine Spur angedeutet. Petrus redet von beiden Tatsachen als von ganz fraglosen Dingen. Ihm sind der bedachte Rat und die Vorsehung Gottes in der Dahingabe Seines Sohnes nicht weniger selbstverständlich als die furchtbare Blutschuld, die Israel in seinen Obersten auf sich lud, als sie baten, dass man ihnen den Mörder schenke und den Fürsten des Lebens kreuzige (vgl. Apg. 3, 18; 4, 28)!

Warum wollen wir daraus nicht lernen? Warum darauf bestehen, dass sich der Glaube an einen unwandelbaren Rat und Vorsatz Gottes im Grunde und Wesen niemals mit der Freiheit des menschlichen, kreatürlichen Willens vereinigen oder zusammenreimen lasse? Unsere Gelehrten und Denker haben die Formel ganz gewiss noch nicht gefunden, die uns über diese Denkschwierigkeit hinweghelfen kann. Aber haben sie denn überhaupt schon irgendeine Formel entdeckt, die uns die Verstandesprobleme aller Offenbarungstatsachen wirksam beseitigt? Soweit uns bekannt, nicht.

Müssen wir denn unsere Gedanken nicht auf der ganzen Linie unter den Gehorsam Christi gefangen nehmen? Warum dann hier nicht?

Oder ist die grundsätzliche Schwierigkeit bei einer bisher nur geweissagten Vorherbestimmung Gottes größer als bei einer, die bereits ihre geschichtliche Erfüllung fand? Ist der scheinbare Zwiespalt zwischen der sittlichen Freiheit des Handelns in jenem Fall, bei dem es sich um den Mord an Jesus Christus handelte, tiefer und unlösbarer als der, der sich aus der Frage ergibt, wie es geschehen soll, dass Jesus Christus letztendlich alles zum Frieden bringt, wenn doch die feindseligen Geschöpfe nun einmal nicht wollen?

Kein wahrhaft gläubiger Mensch wird im Ernst behaupten wollen, Gott habe, um Seinen bedachten Rat und Seine Vorsehung durchzusetzen, dem freien Willen Satans, dem des Judas, dem der Hohenpriester und Schriftgelehrten oder dem des Pontius Pilatus Gewalt und Zwang angetan oder antun müssen. Auch wird kein Gläubiger zu verneinen wagen, dass sich alle auf diese Vorgänge am Kreuz beziehenden Worte der Weissagung, wie die Verlosung des ungesäumten Gewandes Jesu oder das Nichtzerbrechen Seiner Beine, bis in die kleinsten Details mit der präzisesten Buchstäblichkeit erfüllt haben. Es ist unseres Glaubens Ruhm und Freude, dass wir auf die Genauigkeit hinweisen können, mit der unser Gott es verstand, Sein Wort wahrzumachen, zu erfüllen. Sowie es nun jedoch um etwas geht, was noch der fernen Zukunft angehört, da straucheln wir und fragen, wie solches zugehen kann!

Haben wir nicht vielmehr Ursache zu fragen, ob uns nicht etwa das Wort des Herrn trifft: »O ihr Unverständigen und trägen Herzens, zu glauben an alles, was die Propheten geredet haben!« (Luk. 24, 25)?

Ein weiteres Wort, das es zu beachten gilt, steht in Hebr. 6, 17.18: »Deshalb hat sich Gott, da Er den Erben der Verheißung die Unwandelbarkeit Seines Ratschlusses noch viel deutlicher beweisen wollte, mit einem Eid verbürgt, damit wir durch zwei unveränderliche Dinge, bei denen Gott doch unmöglich lügen kann, einen starken Trost hätten, die wir unsere Zuflucht dazu genommen haben, die vorhandene Hoffnung zu ergreifen.«

Nun redet der Verfasser dieses Briefes an dieser Stelle nicht von dem Vorsatz der Ewigkeiten im weitesten Sinn, so wie er uns beschäftigt, aber was er sagt, lässt sich grundsätzlich sehr wohl auf das anwenden, was uns momentan bewegt und interessiert. Denn auch hier handelt es sich um die Unwandelbarkeit eines einmal bei Gott gefassten und aus Seinem Munde hervorgegangenen Ratschlusses.

Steht es erst einmal fest, dass das Wort göttlicher Offenbarung in völlig unzweideutiger Sprache von einem solchen Vorsatz der Ewigkeiten redet, dessen Inhalt die endliche wirksame Versöhnung des gesamten geschaffenen Alls ist, dann gilt hierfür derselbe Grundsatz, den auch der Hebräerbrief hervorhebt, dass nämlich Gottes unwandelbares Vorhaben unser Trost, unsere Ermutigung ist.

Der Umstand, dass unser Gott sich veranlasst sieht, uns Gläubigen gegenüber eine solche Sprache zu sprechen, uns solche Bekräftigungen Seines Ratschlusses zukommen zu lassen, legt ein überdeutliches Zeugnis von den Gott wohlbekannten Schwierigkeiten ab, die wir im Angesicht so großer, unfassbarer Verheißungen, wie sie wiederholt aus Seinem Munde kamen, haben. Der Herr weiß, welcher Art wir Geschöpfe sind, Er gedenkt, dass wir aus Staub wurden. Es ist Ihm bewusst, wie tief wir von unseren ersten Eltern her mit dem tödlichen Gift des Unglaubens durchsetzt sind, mit allerlei Fragen und Bedenken gegenüber den Zusagen unseres wahrhaften Gottes. Das Wort göttlicher Offenbarungen enthält, soweit uns bekannt, nirgends Warnungen, uns bei göttlichen Aussprüchen ja nicht zuviel oder zu Großes vorzustellen. Keiner der heiligen Männer Gottes, die durch den Heiligen Geist getrieben geredet haben, sah je Anlass, das Volk des Herrn von übertriebenen Erwartungen und Hoffnungen oder unbegründeten Folgerungen aus den Worten der Weissagung zurückzuhalten.

Wenn man heute aber viele teure Gotteskinder und -knechte von diesen Dingen reden hört, sollte man meinen, die Zeiten hätten sich radikal geändert, und man müsse heute bremsen, damit man sich bezüglich Gottes Heilsgedanken mit Seiner ganzen intelligenten Schöpfung im Himmel und auf Erden nicht zu hohen Erwartungen und zu großen Hoffnungen hingebe. Selbst da, wo man aus dem Wort Gottes so unbegrenzte Erwartungen geschöpft zu haben glaubt, wagt man es kaum, darüber den Mund zu aufzutun, sie laut auszusprechen, als ob es gänzlich unpassend wäre, sich damit zu kompromittieren. Es ist, als wäre man sich der Sache doch noch nicht hundertprozentig sicher, auch wenn man sie aus tiefster Seele gern glaubt.

Genau hier hat eine solche Ermutigung, wie sie uns im oben genannten Hebräerwort gegeben ist, ihren richtigen Platz. Die einzige Frage ist: Hat Gott geredet, hat Gott verheißen, ist sich Gott schlüssig geworden und hat Er sich an das geschriebene Wort gebunden? Hat Er das, dann haben wir Ihn sicher – um einmal menschlich zu reden. Denn eher werden Himmel und Erde vergehen, bevor auch nur ein Jota oder ein Strichlein vergehen von dem, was aus Seinem Munde ausgegangen ist.

Teil II
Plan und Grundzüge (Anbahnung)

A. Die erste Seite der Bibel

1. Die Schöpfung als Wiederherstellung

Das erste Buch der göttlichen Offenbarung ist ohne Zweifel das wichtigste für das Verständnis aller folgenden göttlichen Kundgebungen an die Menschheit. Man hat es nicht mit Unrecht Gottes große Fibel genannt. Wer darin nicht zu Hause ist, wird sein Leben lang massive Schwierigkeiten haben, sich mit allen späteren Mitteilungen Gottes zurechtzufinden, wie ein Schüler, der glaubte das Alphabet nicht gründlich lernen zu müssen.

Damit steht in völligem Einklang, dass uns gleich auf der ersten Seite der Bibel grundlegende Unterweisung über, oder Hinweisung auf das gewaltige, alle Offenbarung durchziehende Thema vom Zweck und Ziel göttlicher Rede durch Seinen Heiligen Geist gegeben ist. Gott hat es wohl verstanden, Seine Schriftoffenbarung richtig zu beginnen, d. h. Er hat sie in absoluter Übereinstimmung mit Seiner vollkommenen Weisheit angelegt.

Es liegt durchaus eine gewisse Berechtigung darin, dass man sagt, die Bibel wolle kein Lehrbuch menschlicher Wissenschaften sein, sei es der Geologie, der Astronomie oder irgendeines anderen Zweiges philanthropischen Forschens. Die Kinder Gottes sind für ihre gesicherten Erkenntnisse gottlob durchaus unabhängig von dem, was Menschen unter Wissenschaft und Gelehrsamkeit verstehen. Insofern ist das im vorherigen Satz Genannte durchaus richtig. Denn die Gläubigen bedürfen zu ihrer gottgewirkten Heranbildung in das Ebenbild des Sohnes Seiner Liebe nicht der Wissenschaft als solcher, d. h. nicht des rein verstandesmäßigen Erkennens einleuchtender Tatsachen, Erscheinungen und Begebenheiten. Wer in der Bibel etwa nur Natur- oder Geschichtskenntnisse suchen und sammeln will, der wird mit ihr niemals zurechtkommen. Nicht, weil sie mit den Ergebnissen echter Wissenschaft in Widerspruch steht oder Aussagen enthält, die sich vor dem Forum menschlicher Erkenntnis niemals rechtfertigen lassen, sondern aus dem einfachen Grund, weil sie nur das eine Ziel kennt, die Erkenntnis des lebendigen Gottes zu ermöglichen, Ihn zu offenbaren und in die Tiefen Seines Wesens und

Seiner Wege einzuführen.

Wer Gott kennenlernen will, zu welchem Preis auch immer, der kommt in der Schrift auf seine Kosten. Und wer sorgfältig auch auf die kleinsten Hinweise und Züge des Wortes Gottes achtet, der wird sehr bald durch Gewohnheit geübte Sinne bekommen, in allem die wunderbare Weisheit des Gottes zu unterscheiden, dessen Geist die gesamte Schrift in sämtlichen Einzelheiten durchzieht und beherrscht.

Die erste Information, die uns Gott in Seinem Wort gibt, handelt von der Erschaffung des Himmels und der Erde. Das ist naturgemäß und selbstverständlich, denn es ist von grundlegender Bedeutung, dass wir den erkennen, der der alleinige Schöpfer und Herr Himmels und Erde ist. Die Fragen nach Ursprung und Herkunft alles Bestehenden machten von jeher dem denkenden Menschengeist viel zu schaffen. Auf dem Gebiet der Kosmogonie, d. h. der Lehre von der Entstehung und der Entwicklung des Weltalls sowie der Himmelskörper und aller anderen kosmischen Objekte in ihm, der geordneten und gegliederten Schöpfung, werden heute noch die hitzigsten Geisteskämpfe ausgefochten. Mit unnachahmlicher Einfachheit und Größe bezeugt die Schrift: »Im Anfang schuf Gott (wörtl.: Elohim) die Himmel und die Erde« (1. Mose 1, 1). Das ist bis heute die befriedigendste Lösung der vor unserem Geiste liegenden Schöpfungs- und Daseinsgeheimnisse geblieben und wird es wohl bis ans Ende der Tage immer bleiben. Eine bessere werden sämtliche Gelehrten und Denker der Welt niemals finden.

Mit diesen Worten ist dem einfältigen, kindlichen Glauben genug gesagt, ohne dass damit dem tiefsten Denken und Forschen gewehrt wäre. Sie machen wissenschaftliche Forschung weder überflüssig noch wertlos. Sie eröffnen dem gläubigen Denken und Hineinversenken in die Werke und Wege Gottes unermessliche Tiefen und Höhen. Denn »die Himmel erzählen die Herrlichkeit Gottes, und das Himmelsgewölbe verkündet Seiner Hände Werk« (Ps. 19, 2). Und während ja ein Kind Gottes keineswegs auf reiche Kenntnisse der Schöpfungswerke angewiesen ist, und obwohl sich sein geistliches Leben gar reich und wertvoll gestalten kann, auch wenn es weder den Lauf der Himmelskörper zu messen noch die Molekularstrukturen jeder Pflanze zu zählen befähigt ist, so bietet sich dem gläubigen Beobachter der Natur in allen ihren Formen eine übergroße Fülle von Gelegenheiten, die Wahrheit des Psalmwortes verwirklicht zu sehen. Eine gründliche Erforschung der gesamten Schöpfung, die sich an den Glauben an einen persönlichen, allmächtigen Gott und Schöpfer gebunden weiß, gehört zu den köstlichsten Betätigungen des menschlichen Geistes. Von einem grundlegenden Gegensatz zwischen reichstem göttlich bestimmten und orientierten Wissen die Schöpfung Gottes betreffend und demütigem, einfältigem Glauben an den Herrn des Himmels und der Erde kann niemals die Rede sein.

Nun begegnet uns gleich zu Beginn der biblischen Geschichte etwas sehr Auffallendes, das allerdings lange Zeit weniger Beachtung fand, als es verdient hätte, und das auch heute noch von vielen gläubigen Bibellesern leicht übersehen wird. Es ist der merkwürdige Sachverhalt, dass uns der zweite Vers des ersten Kapitels der Genesis die von Gott im Anfang geschaffene Erde als wüst und leer schildert, Finsternis auf ihrer Tiefe lagernd und den Geist Gottes über den Wassern schwebend.

Da steigen gleich mehrere berechtigte Fragen auf. Ist es denn wahrscheinlich, dass Gott die Erde im Anfang wüst und leer schuf? Warum dann lediglich die Erde und nicht auch die Himmel? Oder ist dieser Chaoszustand etwa erst später, nach der ursprünglichen Schöpfung, entstanden? Gibt uns die übrige Schrift hierüber irgendein Licht? Und wenn ja, was will uns dieser Bericht dann sagen?

Wir nannten diese Fragen berechtigt und müssen das vorab bestimmt erst einmal begründen, da es unter den Lesern dieses Buches sicherlich nicht an solchen mangelt, die geneigt sind, diese als unnütz zu erachten. Aus besonderer Rücksicht auf solche Leser haben wir die diesem Abschnitt voranstehenden Bemerkungen vorausgeschickt. Die Bibel will nicht nur ein wissenschaftliches Buch sein, d. h. sie möchte nicht ausschließlich unser Wissen von den geschaffenen Dingen bereichern. Wollte sie das, dann dürfte ihr der Vorwurf der wissenschaftlichen Unklarheit und Unvollständigkeit nicht erspart bleiben. Dann hätte sie sich in viel eingehenderer Weise über die grundlegenden Vorgänge zu Beginn der Schöpfung auslassen, oder wenigstens mit größerer Bestimmtheit erklären müssen, nach welcher Methode Gott bei der ursprünglichen Erschaffung vorgegangen ist. Das sind Fragen, die der menschlichen Wissenschaft und Philosophie berechtigten Stoff zur Betätigung geben.

Wir haben aber hervorgehoben, dass die Schrift in erster und letzter Linie der Erkenntnis des allein wahren und lebendigen Schöpfergottes dienen will, denn diese Erkenntnis bedeutet nicht Gelehrsamkeit, – sondern ewiges Leben! Deshalb ist jede Frage, die wir über die Gedanken und Wege Gottes auch in der Schöpfung richten, sehr wohl berechtigt, weil Gott in all Seinem Handeln von uns erkannt sein möchte. Je größer

Gott uns wird, desto reicher gestaltet sich unser inneres Leben. Denn Er selbst ist unser Leben in Jesus Christus, durch den und zu dem alle Dinge geschaffen sind.

An und für sich betrachtet, kann man es nicht als sehr wahrscheinlich erachten, dass die Erde bei der Urschöpfung – wenn wir uns diesen Ausdruck erlauben wollen – wüst und leer aus der Hand ihres Schöpfers hervorging. Die beiden für wüst und leer im Hebräischen stehenden Wörter »tohu wabohu« bezeichnen einen Zustand, der sich kaum mit der Vorstellung des Gottes, der ein Gott der Ordnung ist, vereinbaren lässt. Das erste Wort »tohu« bedeutet »wüste, öde, wilde Gegend« oder »große Unordnung«; und das zweite, »bohu«, »Leere«. »Bohu« kommt nur in Verbindung mit »tohu« vor und bezeichnet dabei wohl die Wirkung oder Folge des mit »tohu« Ausgedrückten, d. h. die Leere infolge der Verwüstung.

Das ganze Alte Testament erwähnt »tohu« etwa achtzehnmal, davon etwa neunmal in abgeleiteter Form: »Nichts, nichtig, eitel, vergeblich«. In den übrigen Fällen überwiegt der Grundgedanke der Zerstörung, der Verwüstung, wie z. B. bei Jes. 34, 11 b: »Und er spannt darüber die Meßschnur der Öde (tohu) und das Senkblei der Leere (bohu).« Ebenso Jer. 4, 23 a: »Ich schaue die Erde, und siehe, sie ist wüst und leer (tohu wabohu; dieselbe Verbindung wie 1.Mos. 1, 2) ...«

Speziell in den beiden letztgenannten Stellen ist die Verwüstung und Verödung unverkennbar der Zustand von etwas, das zuvor blühend, fruchtbar und bevölkert war, sei es eine Stadt oder eine Landschaft. Somit liegt überhaupt kein Grund vor, der Verbindung »tohu wabohu« in 1. Mose 1, 2 eine andere Bedeutung zu unterstellen. Aus dem Wortsinn, den die hier gebrauchten Ausdrücke bei ihrem übrigen Vorkommen in der Schrift übereinstimmend haben, erscheint daher folgende Frage wohlbegründet: Wie ist die im Anfang geschaffene Erde in diesen Zustand des Chaos (tohu wabohu) geraten?

Dazu kommt noch das andere Indiz, dass das hebräische Zeitwort in dem Satz »die Erde war wüst und leer«, ebenso mit »die Erde *wurde* wüst und leer« wiedergegeben werden kann. Grammatikalisch und lexikalisch ist gegen eine solche Lesart des Verbums nichts einzuwenden. Bei dieser Lesart liegt die genannte Frage bereits im Satz angedeutet.

Weiteres Licht fällt aus dem Wort Jes. 45, 18 auf diese Sache: »Denn so spricht der Herr, der die Himmel geschaffen hat – er ist Gott –, der die Erde gebildet und sie gemacht hat – er hat sie gegründet, nicht als eine Öde (tohu) hat er sie geschaffen, sondern zum Bewohnen hat er sie gebildet.« Damit ist in aller Deutlichkeit belegt, dass der ursprüngliche Zustand der von Gott geschaffenen und gebildeten Erde nicht der gewesen sein kann, den wir im zweiten Vers von 1. Mos. 1 ausgesagt finden. Somit ist die Lesart »sie *wurde* wüst und leer« im vollsten Umfang gerechtfertigt.

Im selben zweiten Vers steht aber noch etwas, das für die Beantwortung unserer Frage nicht bedeutungslos ist. Wir lesen: »... und Finsternis war über der Tiefe ...« Wie und was kann das sein? Woher dieses unheimliche Vorhandensein einer die Tiefe bedeckenden Finsternis?

Wie haben wir uns diese Tiefe vorzustellen? Wir reden von stillen Tiefen des Himmels, des Äthers, der Sternenwelt. Verbindet sich mit dem Wort, das hier Verwendung findet, der Begriff der Ruhe, des Friedens – oder vielmehr ein anderer?

Dieses Wort (hebr.: תהום) finden wir im Alten Testament etwa dreißigmal, sodass seine gewöhnliche Bedeutung unschwer zu erkennen ist. Es wird von einer Wurzel (הום; verwandt mit המם) abgeleitet, welche folgende Grundbedeutung hat: »einen Aufruhr anstiften, etwas heftig bewegen«; dann auch »zerstören, tief beunruhigen, stören«.

Gleich die beiden ersten Vorkommen des Wortes (nach unserer Stelle), sind für den überwiegenden Sinn, der ihm beiwohnt, bezeichnend. Es geschieht in dem Bericht des furchtbaren Weltgerichts der Flut (1. Mose 7, 10-22), wodurch nahezu die gesamte Menschheit vom Erdboden vertilgt wurde. Da brechen die Fluten der »Tiefe« hervor, aus den Brunnen der Tiefe strömen Wasser, in denen alle Lungenatmer untergingen. Dieselbe Bedeutung hat es dort, wo berichtet wird, dass die »Tiefen« des Roten Meeres die Pferde und Reiter Pharaos verschlangen (2. Mose 15, 4.5). Aus denselben »Tiefen« des Gerichts wendet Jona sein Gebet zu dem Gott, der ihn daraus erretten konnte (Jon. 2, 4). Nur einige wenige Male ist auch von Segnungen der Tiefe die Rede. In den allermeisten Fällen herrscht bei dem Vorkommen des Wortes der Begriff des Schaurigen, Unruhigen, Drohenden und Schreckenden vor.

Somit greifen wir sicher auch hier nicht daneben, wenn wir dem Wort »Tiefe« die gleiche Bedeutung der störenden Erregung, der drohenden, schreckhaften Bewegung des Wallens und Siedens beilegen, d. h. Bewegungen, deren Ursache und Voraussetzung in furchtbaren Umwälzungen in den Tiefen oder Eingeweiden der Erde lagen. Dass unsere Erde vor langer Zeit tatsächlich solche schrecklichen Konvulsionen (Erschütterungen) durchlebte, kann man heute deutlich genug in ihren geologischen Schichten erkennen.

Der Schöpfungsgedanke jedoch erfordert keineswegs eine solche Methode zur Schaffung einer bewohnbaren Stätte für allerlei Lebewesen. Es gehört nicht zu den unerlässlichen Bedingungen für die Entstehung eines Weltkörpers, dass er eine solche furchtbare Geschichte erleidet, wie sie unsere Erde offenbar durchmachte, bevor sie der Menschheit als Lebensraum zugewiesen wurde. Man kann in Ermangelung jeder erfahrungsmäßigen Erkenntnis unmöglich behaupten oder beweisen, dass der chaotische Zustand der einzig mögliche oder zu erwartende Durchgang für die Bewohnbarkeit unseres oder irgendeines anderen Planeten oder Himmelskörpers ist.

Hören wir noch ein weiteres Schriftzeugnis, das sehr weit zurückreicht. Es sind Worte Jahwes an Seinen schwergeprüften Knecht Hiob, der sich daran wagte, den Allerhöchsten herauszufordern. Da antwortet ihm Gott aus dem Gewittersturm und fragt: »Wo warst du, als Ich die Erde gründete? Teile es mit, wenn du Einsicht kennst! Wer hat ihre Maße bestimmt, wenn du es kennst? Oder wer hat über ihr die Meßschnur ausgespannt? Worauf sind ihre Sockel eingesenkt? Oder wer hat ihren Eckstein gelegt, als die Morgensterne miteinander jubelten und alle Söhne Gottes jauchzten?« (Hiob 38, 4-7).

In diesen Worten ist deutlich von den Vorgängen während der Erschaffung der Erde die Rede, und zwar zu einer Zeit, als es bereits intelligente Zeugen und Zuschauer Gottes bei Seinem wundervollen Werk gab. Die Morgensterne, d. h. ihre Bewohner, werden geschildert, wie sie jauchzten; diese Söhne Gottes (das alttestamentliche Wort für die Engel), wie sie über das, was sie sahen, jubelten.

Nun gibt es offensichtlich nur zwei Möglichkeiten für solche Kundgebungen der Engelwelt. Sie waren entweder anwesend, als unsere Erde durch das sogenannte Sechstagewerk geführt wurde, das in der Sabbatruhe Gottes seinen Abschluss fand oder aber früher, bei der Urschöpfung, wie sie in 1. Mos. 1, 1 erwähnt ist.

Vergleichen wir mit diesen Vorgängen das, was über denselben Gegenstand in den Sprüchen von der Weisheit Gottes ausgesagt wird: »Der Herr hat mich geschaffen als Anfang Seines Weges, als erstes Seiner Werke von jeher. Von Ewigkeit her war Ich eingesetzt, von Anfang an, vor den Uranfängen der Erde. Als es noch keine Fluten gab, wurde Ich geboren, als noch keine Quellen waren, reich an Wasser. Ehe die Berge eingesenkt wurden, vor den Hügeln war Ich geboren, als Er noch nicht gemacht die Erde und die Fluren, noch die Gesamtheit der Erdschollen des Festlandes« (Spr. 8, 22-26). Das beschreibt ganz unverkennbar das, was wir Urschöpfung genannt haben. Und weil Jahwe sich Hiob gegenüber gerade auf Seine Weisheit beruft, die Er bei der Grundlegung der Erde zum Jubel und Jauchzen der Engel bewies, deshalb glauben wir den besten Grund zu haben, das dem Hiob gesagte Wort auch auf die Urschöpfung beziehen zu dürfen und nicht auf das, was uns in 1. Mose 1 erst vom dritten Vers an berichtet wird.

Damit erbrachten wir sicherlich ausreichend Schriftgrund für die Annahme einer Urschöpfung von Himmel und Erde, die dem, was 1. Mose 1, 2 vom damaligen Zustand der Erde bezeugt, um unermessliche Äonen vorangegangen ist, einer Urschöpfung, in der von Gott zuerst die himmlischen Heerscharen ins Dasein gerufen wurden, samt den Morgensternen, die ihnen zu Behausungen dienen sollten. Hierbei scheint der Schöpfer mit der Grundlegung der Erde in ganz besonderer Weise die anbetende Bewunderung der Engel herausgefordert zu haben, die sie dann mit Jubel darbrachten.

Haben aber die Morgensterne den Söhnen Gottes von jenen Anfängen her als Orte des Aufenthalts und der Betätigung gedient, wie es sich doch einwandfrei aus dem Wort Jahwes an Hiob ergibt, dann besteht wohl auch kein Zweifel daran, dass unsere Erde ursprünglich für einen ähnlichen Zweck bestimmt war, da es völlig ausgeschlossen erscheint, dass sich die Weisheit Gottes anders kreativ betätigt haben sollte, als in der so wunderbaren Zweckmäßigkeit dieses Planeten für die ihm zugedachte Bestimmung. Eine solche Annahme widerspricht in keiner Weise dem, was die Schrift uns sonst von der Art göttlicher Regie zu sagen hat. Wir behalten dabei stets im Auge, dass alle bisher von uns betrachteten Schriftworte gerade von der Weisheit Gottes in den Werken Seiner Urschöpfung handeln, wie wir es bei Hiob und in den Sprüchen sahen.

Damit ist keineswegs der weitere Gedanke ausgeschaltet, dass Gott in der ursprünglichen Anlage der Erde, bevor sie ihre spätere furchtbare Geschichte erlebte, nicht schon an die noch sehr fern liegende Möglichkeit ihrer künftigen Aufnahme der Menschheit gedacht haben sollte. Gott sind doch alle Seine Werke von vor Ewigkeit her bekannt.

Wir dürfen in unserer Untersuchung nun wohl einen Schritt weiter gehen. Wir erkannten, dass die Frage, wie die Erde wüst und leer wurde, eine durchaus berechtigte ist. Es wird sich jetzt darum handeln, welche weiteren festen Anhaltspunkte uns die göttliche Offenbarung zu ihrer Beantwortung gibt.

Dabei schicken wir voraus, dass es für die Klärung der uns vorliegenden Frage grundsätzlich keinen Unterschied machen würde, ob sich herausstellte, dass unsere Erde früher die Wohnstätte anderer als menschlicher Wesen war, d. h. also Engelwesen, oder ob, wie Viele in unseren Tagen geneigt sind anzunehmen, es eine prä-adamitische Menschheit gegeben habe, die vor den in 1. Mose 1, 3 berichteten Vorgängen (der Neuschöpfung oder Umschöpfung) ihren völligen Untergang fand – wobei aber die gegenwärtige Menschheit dennoch von dem einen Menschen Adam abstammte, wie es die Schrift hervorhebt (Apg. 17, 26; Röm. 5).

In beiden Fällen würde es dabei bleiben, dass die Urschöpfung aus irgendeiner Ursache heraus in einen chaotischen, d. h. gestörten, unerträglichen Zustand hineingeraten ist, aus dem sie erst durch ein weiteres schöpferisches Wirken Gottes wiederhergestellt wurde, unabhängig davon, wer der Verursacher der Katastrophe oder Katastrophen war, durch die die Erde tohu wabohu wurde.

Die Schrift scheint uns aber eine nicht unbedeutende Anzahl deutlicher Spuren aufzuweisen, die darauf hinausführen, diese unsere Erde als die ursprünglich herrliche Behausung des Engelfürsten anzusehen, der diese zwar verlor, aber in der Schrift trotzdem auf Schritt und Tritt als zur Erde in besonderer Beziehung stehend erscheint.

Es ergäbe sich dann eine sehr merkwürdige Parallele zwischen jenen oben angeführten Jubelausbrüchen der Söhne Gottes (Hiob 38), die wegen der Weisheit Gottes jauchzten, welche sich bei der Urschaffung und Urbestimmung der Erde für einen der hervorragendsten Engelfürsten offenbarte, und dem erschütternden Fakt, dass gerade dieser Engelfürst der Anstifter und das Haupt einer Rebellion in den Reihen der Gottessöhne wurde, die bis heute noch besteht, und er zugleich für das Eindringen der Sünde und des Todes in die Menschheit verantwortlich ist, nachdem Gott sie aus dem Staub der Erde gebildet und die Erde den Menschenkindern gegeben hatte.

Hören wir, welche Spuren und Hinweise uns die Schrift darüber bietet.

Gleich auf der ersten Seite der Bibel begegnet uns die sehr beachtenswerte Tatsache, dass sich Satan ohne jede Schwierigkeit sowohl der Schlange als eines Verführungsorgans für den Menschen bedienen kann, als auch ohne weiteres Eingang ins Paradies Gottes findet, das dem Menschen zu bebauen und zu bewahren anvertraut war. Wir lassen es dahingestellt, ob ein Anfang des Verschuldens, ein direktes Pflichtversäumnis darin lag, dass Adam der Schlange den Zutritt ins Paradies gestattete. Die Schrift enthält nach unserer Erkenntnis nichts, das uns zu einer solchen Annahme berechtigt. Jedenfalls spricht sie von keinem dahingehenden Verbot oder auch nur von einer besonderen Warnung vor der Schlange.

Man bekommt immerhin den Eindruck, dass Satan, der Verführer, in einer Weise auftritt, die sich nur dadurch erklären lässt, dass alles, was der Erde entstammt oder ihr angehört, ihm in besonderer Weise bekannt und durchaus vertraut gewesen sein muss, schon bevor es ihm gelang, den eingesetzten Herrn über die Schöpfung (Adam) zum Ungehorsam gegen Gottes Verbot zu verführen und somit die unheimliche Herrschaft über den Lauf dieser Welt zu erlangen, die nach dem Grundsatz der Schrift als ein gerechtes Gericht anzusehen ist: »Wisst ihr nicht, dass, wem ihr euch zur Verfügung stellt als Sklaven zum Gehorsam, ihr dessen Sklaven seid, dem ihr gehorcht? Entweder Sklaven der Sünde zum Tod oder Sklaven des Gehorsams zur Gerechtigkeit?« (Röm. 6, 16; vgl. a. Eph. 2, 2).

Auch in den Heimsuchungen, die Satan über Hiob heraufbringen darf, tritt uns mit großer Deutlichkeit entgegen, dass er in einer Weise über die sogenannten Naturkräfte, Stürme aller Art, Blitz und andere Unwetter, wie auch über die Leidenschaften der Menschen in allerlei Verbrechen und Krieg, ferner über Krankheitserreger und -stoffe, die dem menschlichen Körper zusetzen, zu verfügen, sie seinen Zwecken dienstbar zu machen versteht, was ebenfalls auf ein sehr intimes Verhältnis zu allem, was diese Erde in sich birgt und auf sich trägt, schließen lässt.

Am deutlichsten aber treten uns diese Beziehungen in seinen Begegnungen mit dem Menschensohn entgegen, den er als einen zweiten Adam vor sich sah, jedoch unter für Satans Verführungsziele weit günstigeren Verhältnissen, als es die paradiesische Umgebung beim ersten Adam war, dem Gegenbild des zukünftigen. Er darf dem Sohn Gottes in der Wüste ein Angebot unterbreiten, das man doch wohl nur als eine realistisch begründete und nicht nur lügnerische oder erschwindelte Vorhaltung ansehen kann. Er sagt: »Ich will dir alle diese Macht und ihre Herrlichkeit geben; denn mir ist sie übergeben, und wem immer Ich will, gebe Ich sie« (Luk. 4, 6). Läge in diesen Worten Satans nicht eine tatsächliche Berechtigung, die sich wirklich auf ein formales Besitzrecht gründet, würden sie einem in der Schrift so bewanderten Knecht Jahwes, wie Jesus es war, sicher kaum als echte Versuchung erschienen sein. Dazu kommen dann noch biblische Bezeichnungen Satans als »Fürst«, ja sogar als »Gott dieser Welt« (2. Kor. 4, 4), die ebenfalls nicht einer gewissen Rechtsgültigkeit entbehren können, ohne dass man die Schrift in bedenklicher Weise des Gebrauchs von Ausdrücken bezichtigt, die keinen Wahrheitsgehalt hätten.

Es ließen sich noch weitere Hinweise finden und aufzählen, die alle in dieselbe Richtung weisen, aber die hier genannten mögen genügen. Einsichtige Schriftforscher werden sicher zugeben, dass in dem bisher Angeführten genug Grund zu der Annahme vorliegt, dass Satan früher einmal der Besitzer und Bewohner dieses unseres Planeten war; dass er durch seine Rebellion gegen Gott und seinen anschließenden Fall nicht nur einen großen Teil der Engelwelt mit sich riss, sondern dass sein Sturz auch die Ursache des furchtbaren Schicksals war, das unsere Erde durch ungeheure Kataklysmen (erdgeschichtliche Katastrophen) in den Zustand des »tohu wabohu« brachte.

Unter solchen Umständen erhält der vor uns liegende Bericht des großen Sechstagewerkes Gottes an der wüst und leer gewordenen Erde eine ganz besondere Bedeutung. Diese liegt schließlich schon sehr nahe in den sonst eher unverständlichen Worten: »... und der Geist Gottes schwebte über den Wassern (der Tiefe)« (1. Mose 1, 2 b). Wir wissen genug von der Art und Wirksamkeit des Heiligen Geistes, um zu verstehen, dass es derselben völlig entspricht, dort zu schweben, d. h. auf belebende Tätigkeit bedacht zu sein, wo Tod und Verderben eingedrungen sind, wo es etwas zu beleben gilt, das dem Tode verfallen ist, von der Finsternis bedeckt und bedrückt.

Auch ein nur flüchtiger Überblick über das, was uns die Schrift in großen Umrissen von der Wirkungsweise des Heiligen Geistes aufzeigt, bestätigt uns die Auffassung, dass es sich dabei insbesondere um Wiederbelebung, Wiederherstellung, Wiederaufrichtung dessen handelt, was durch eigenes oder fremdes Verschulden dem Tod, dem Verfall, dem Verderben ausgeliefert wurde.

So spricht die Schrift von dem Geist Christi, der in den Propheten und Männern Gottes war, die von der zukünftigen Gnade geweissagt haben. Diese Gnade aber wurzelt in dem Leben, das aus dem Tod erwachsen sollte und auch erwuchs.

Eines der bedeutendsten Beispiele dieser Art ist die große Weissagung im Propheten Hesekiel, ihm vermittelt durch das Gesicht des weiten Feldes voller Totengebeine, in deren Verlauf es heißt: »Weissage dem Odem (d. i. der Geist), weissage, Menschensohn, und sprich zu dem Odem: So spricht der Herr, Herr: Komm von den vier Winden her, du Odem, und hauche diese Erschlagenen an, dass sie wieder lebendig werden! Da weissagte ich, wie er mir befohlen hatte; und der Odem kam in sie, und sie wurden lebendig und standen auf ihren Füßen, ein sehr, sehr großes Heer« (Hes. 37, 9-10).

Das Neue Testament stellt es überaus klar vor unsere Augen, dass die großartigsten Wirkungen des Heiligen Geistes durchaus an die vorherige Verherrlichung Jesu Christi durch Totenauferstehung gebunden sind, welche selbst wiederum durch den Geist der Herrlichkeit zustande kam. Und seither zielt alles Wirken des Heiligen Geistes dahin, die todbezwingenden Lebenskräfte des auferstandenen Herrn in eine sterbende Welt hineinzusenken und in sie hinein die Möglichkeiten eines zukünftigen, herrlichen und sieghaften Durchbruchs der vorläufig noch verborgenen Kräfte des Lebens bis zur totalen Überwindung jedes Todeswesens in der ganzen Schöpfung zu wirken.

Die Schlussfolgerung, dass die Gegenwart des über den Wassern schwebenden Heiligen Geistes das Vorhandensein von Todesmächten in der chaotischen Schöpfung beweist, kann nach dem bisher Gesagten nicht von der Hand gewiesen werden. Sie ist durch das übereinstimmende Zeugnis der Schrift unbedingt berechtigt.

Demnach steht in erhabener Einfachheit und Deutlichkeit die Tatsache vor uns, dass die erste uns von Gott ausführlich berichtete schöpferische Tätigkeit keine eigentliche Schöpfung im engeren Sinne war, d. h. keine Hervorbringung von etwas, das zuvor noch gar nicht existierte, sondern das Werk Gottes in jenen sechs »Tagen«, dessen Ziel die »Ruhe Gottes« am siebten Tag war, bestand in *Wiederherstellung*. Das bedeutet, Gott gibt uns auf der ersten Seite der Bibel den denkbar eindruckvollsten Anschauungsunterricht darüber, dass es für Ihn keine Ruhe geben kann, bis Sein Ebenbild in Seiner gesamten Schöpfung wieder zur Herrlichkeit gelangt sein, bis Er aus Tod und Verderben, aus Chaos und Leere neues Leben gezeugt haben wird, von dem Er selbst bezeugt: »... und siehe, es war sehr gut« (1. Mos. 1, 31).

Damit hat Gott dann auch zugleich das große Thema und Programm all Seines Wirkens, Regierens und Schaffens in der Schöpfung vor unserem anbetenden Auge entrollt. Und dieses Thema der ganzen Bibel, der ganzen unausforschlichen Gottesoffenbarung aller Zeiten lautet: Wiederherstellung aus Tod und Verderben zu einem Leben, das nur der Ehre seines Schöpfers dient.

Auch stehen auf derselben ersten Seite der Bibel die großen Grundzüge Seines wunderbaren Verfahrens zur Erlangung dieses herrlichen, Seines überaus würdigen Zieles nicht minder deutlich vor unserem jauchzenden Geist. Das zu zeigen soll die Aufgabe der nun folgenden Betrachtungen sein.

2. *Alles eingeschlossen unter die Sünde*

Es ist ein merkwürdiges Wort, das wir als Überschrift dieses Abschnitts gewählt haben. Das hier verwendete Zeitwort »beschlossen«, »einschließen«, begegnet uns lediglich einmal im buchstäblichen Sinn, beim Fischfang in Luk. 5, 6. Ansonsten wird es nur noch von Paulus dreimal gebraucht; zweimal im Galaterbrief und einmal in Röm. 11. An allen drei Stellen ist der Sinn im Wesentlichen derselbe.

In Röm. 11, 32 bezeugt der Apostel: »Denn Gott hat alle (Juden und Heiden, nach dem Zusammenhang) zusammen in den Ungehorsam *eingeschlossen*, damit er alle begnadige.«

In Galater 3, 23 schreibt er: »Bevor aber der Glaube kam, wurden wir unter Gesetz verwahrt, *eingeschlossen* auf den Glauben hin, der geoffenbart werden sollte.«

Und im vorangehenden 22. Vers dieses Kapitels steht: »Aber die Schrift hat alles unter die Sünde *eingeschlossen*, damit die Verheißung aus Glauben an Jesus Christus den Glaubenden gegeben werde.«

In allen drei Versen ist der beherrschende Gedanke ganz offenkundig der eines göttlichen Ratschlusses und Vorsatzes, über den Er sich bei sich selbst jedenfalls vollste Rechenschaft gab, auch wenn unser Denken dahinter zurückbleiben muss. Die Sprache ist von einer solchen Deutlichkeit, dass jeder Gedanke daran, dass möglicherweise sowohl der Ungehorsam (Röm. 11) als auch die Sünde (Gal. 3) der Menschheit in einer für Gott unerwarteten, unberechenbaren oder unvorhersehbaren Weise zu solcher Machtentfaltung, wie sie sich nun tagtäglich zeigt, gelangt seien, von vornherein ausgeschlossen ist.

Wir sind natürlich himmelweit davon entfernt, Gott für die Sünde, den Ungehorsam und den Unglauben der Menschen verantwortlich zu machen. Ein solcher Gedanke wäre Lästerung und eine Zerstörung des biblischen Gottesbegriffs. Denn der Gott der Schrift ist heilig uns treu.

Sehr wohl aber ist es für uns von größter Bedeutung, dass wir den obigen Aussagen der Schrift, die nichts Zweifelhaftes oder Ungewisses in sich tragen, ihr ganzes Gewicht lassen und uns demselben unweigerlich beugen.

Besondere Beachtung findet gerade für unsere Untersuchung der Umstand, dass Paulus in Gal. 3, 22 sagt: »... die Schrift hat alles unter die Sünde eingeschlossen ...« Das läuft ja wie selbstverständlich genau auf das Gleiche hinaus, als wenn er gesagt hätte (wie er es in Röm. 11 tut), *Gott* habe das getan. Denn für alles, was in der Schrift und von der Schrift her geschieht, übernimmt Gott selbst die komplette Verantwortung. Aber die Formulierung hat uns dennoch etwas zu sagen. Es liegt darin, wenn wir es recht vernommen haben, ein Hinweis auf den Sachverhalt, dass in dem Aufbau und der Anordnung der Schrift dieses tiefe Geheimnis göttlichen Waltens mit Sünde, Ungehorsam und Unglauben als Gottesoffenbarung in bestimmter Weise zum Ausdruck, zur Darstellung kommt. Als wollte der Apostel sagen: Lest nur die ganze Schrift, und ihr werdet es bestätigt finden, was ich sage.

Das hätte er jedoch nicht andeuten können, wenn er selbst nicht in ebendieser Weise die Schrift gelesen und verstanden hätte; und das war wieder unmöglich, wenn die Schrift nicht tatsächlich so abgefasst wäre, dass man es deutlich aus ihr entnehmen kann.

Wir gehen also sicher nicht fehl, wenn wir uns dort, wo uns die Schrift die ersten Informationen über das Eindringen der Sünde in die Menschheit gibt, auf dieses Wort besinnen und uns desselben als eines zuverlässigen Schlüssels bedienen, um über das tiefe, schaurige Geheimnis des Bösen in der Menschenwelt sichere Unterweisung zu bekommen.

Eine eingehende Erörterung zur Frage nach dem Ursprung des Bösen überhaupt, liegt bei der zu untersuchenden Thematik dieses Buches nicht in unserer Absicht. Dafür enthält die Schrift auch, soweit wir sie verstehen, zu wenig konkrete Offenbarungen über diesen Gegenstand. Wohl aber bringt sie uns gleich auf ihren ersten Seiten mit ganz unzweideutigen Tatsachen in Kontakt, die uns viel über die Frage zu sagen haben, wie sich Gott mit dem in Seiner Schöpfung nun einmal vorhandenen Bösen auseinanderzusetzen, resp. damit fertigzuwerden gedenkt. Diesen Fakten dürfen, ja müssen wir unsere volle Aufmerksamkeit zuwenden, um uns über ihre Bedeutung und Tragweite möglichst klar zu werden. Zumal es ja von ungleich größerer Wichtigkeit ist, zu erkennen, ob und wie das Böse einmal endgültig überwunden und restlos aus der Schöpfung Gottes hinausgetan wird, als zu erkennen, wie es im ersten Anfang hineinkam.

Es kann einem Kind Gottes, dem die Ehre seines Gottes und Heilandes das Höchste ist, unmöglich gleichgültig sein, ob es unserem großen Retter-Gott wirklich gelingen wird, jede Spur von Sünde, Tod, Feindschaft und Verderben schließlich und vollständig, auf Nimmerwiedersehen, aus dem ganzen Bereich des geschaffenen Alls zu entfernen, oder ob Er dazu nicht in der Lage ist. Und das umso mehr, wenn sich herausstellen sollte, dass unsere Gotteskindschaft von Gott gerade dazu ausersehen ist, dass wir bei der Lösung dieser gewaltigen, alle Himmel und Äonen umspannenden Frage einen herausragenden Anteil haben sollen. Eine solche Erwägung hebt uns sofort aus allen engen, rein subjektivistischen Auffassungen von der Bedeutung unserer Erlösung in Jesus Christus heraus. Es macht sowohl für meine Gottes- wie für meine Weltanschauung einen ganz gewaltigen Unterschied, ob ich glaube, dass ich aus dieser gegenwärtigen bösen Welt deshalb herausgerettet wurde, damit ich danach aus sicherer Himmelshöhe nur zuschauen muss, wie Gott den unbezwinglichen Zerstörungsmächten in der Welt und Menschheit schließlich ungehindert freien Lauf lässt und sich damit zufrieden gibt, eine mehr oder weniger geringe Zahl von Auserwählten auf Seine Seite gebracht zu haben, – oder ob ich begründete, klare Zuversicht habe, dass Gott Seine Auserwählten deshalb jetzt durch eine dem Tod verfallene Welt hindurchgehen und von ihr aufs Äußerste versuchen und anfechten lässt, damit Er eben mit dieser verteufelten Welt letztendlich durch Seine Überwinder vollständig fertig wird und sie ganz auf Seine Seite bekommt, d. h. sie im Grundbestand und Wesen erneuert.

Es wird oft und mit vollem Recht hervorgehoben, dass nur Gerettete Rettersinn haben können, aber auch haben und üben müssen. Das unterschreiben wir voll und ganz. Nur können wir nicht verstehen, wieso dieser Rettersinn sein Betätigungsfeld lediglich in dieser gegenwärtigen bösen Weltzeit haben soll, die heute doch von fast allen Gläubigen nicht als der Äon der Weltbekehrung angesehen wird, sondern als der der Herausrufung und Zubereitung eben jener Gemeinde von Auserwählten, denen Gott Seinen eigenen Rettersinn gibt.

Wenn dieser Zeitlauf der insgesamt einzige ist, in dem die Gemeinde der Gläubigen ihren Rettersinn an einer verlorenen Welt ausüben kann, dann besteht ein empörendes Missverhältnis zwischen der gottgegebenen Anlage und der Möglichkeit ihrer Betätigung und weitgehendsten Ausübung, zumal die allerwenigsten Kinder Gottes lange genug leben, um den in sie gelegten Fähigkeiten entsprechend wirksam sein zu können. Unzählige tausende Seiner eifrigsten, begabtesten und tüchtigsten Kinder rafft ein frühzeitiger Tod dahin, noch bevor sie im Entferntesten geleistet haben, was man ihrer Veranlagung gemäß erwarten durfte. Ist Gott ein solch verschwenderischer oder unweiser Haushalter? Niemals!

Von hier aus wird es dann auch verständlich, warum uns wohl die nähere Auskunft über den Ursprung, die Herkunft und Entstehung des Bösen im Bereich der göttlichen Schöpfung verborgen blieb, nicht aber der bestimmte, zweifelsfreie Aufschluss über den letztlichen Ausgang der großen, Himmel und Erde umfassenden Kontroverse zwischen Gut und Böse, Gott und Satan, Tod und Leben, Licht und Finsternis. Es spielt für eine mutige Armee nicht die geringste Rolle, ob sie weiß, woher all die feindlichen Truppen stammen, die sich ihr in den Weg stellen; aber das Entscheidende ist, dass sie das unbedingte, unerschütterliche Vertrauen in ihren Heerführer hat, dass er seine Armee unfehlbar zum Sieg und völligen Triumph führen kann und wird! Solches Überzeugtsein aber haben wir durch Jesus Christus zu dem einen wahren und lebendigen Gott (vgl. 1. Tim. 4, 10).

Auch in dieser Sache gilt es zu beachten, dass wir im Glauben wandeln und nicht im Schauen. Möglicherweise sind wir versucht zu meinen, es bedeute eine Zunahme unserer Widerstands- und Überwinderkraft, wenn wir über den Hergang beim Fall Satans und seiner Heerscharen genau Bescheid wüssten. Daran, dass uns Gott darüber mit derselben Deutlichkeit hätte informieren können, wie Er es bei der Versuchung und dem Fall unseres eigenen Adams-Geschlechtes getan hat, besteht kein Zweifel. Dass Er es unterließ, steht ebenso deutlich vor uns. Gott aber weiß wohl, was Er tut. Und wir ehren Ihn sicher mehr, wenn wir Ihm im Angesicht unserer sehr bruchstückhaften Erkenntnis, besonders auf diesem Gebiet, dennoch felsenfest vertrauen, als wenn wir versuchen wollten, durch mehr oder minder gewagte Vermutungen und spekulative Konstruktionen unserer Wissbegierde ungezügelt Spielraum zu gestatten.

Wäre es nach der Weisheit Gottes zu unserer Aus- und Zurüstung notwendig gewesen, dass wir über den Sturz Satans und das erste Eindringen des Bösen in die Schöpfung eine detaillierte Unterweisung erhalten, dann hätte sie uns die Schrift ganz gewiss gegeben. Da dies nun aber nicht geschehen ist, wollen wir uns gerne begnügen, uns jedoch umso sorgfältiger mit den Dingen beschäftigen, die geoffenbart sind, auch wenn sie weit über den Rahmen dessen hinausgehen, was wir jemals in diesem Leben erfahren und uns aneignen können.

Höher als jegliche Erfahrung steht die allen Kindern Gottes weit geöffnete überschwängliche Erkenntnis Christi Jesu, unseres Herrn, in welchem alle Schätze der Weisheit und Erkenntnis unseres Gottes verborgen liegen (Kol. 2, 3). Zu wissen, was die Hoffnung Seiner Berufung und was der Reichtum der Herrlichkeit Seines Erbes in den Heiligen ist, sind die Ziele, die der Apostel Paulus mit großer Deutlichkeit unserem gläubigen Erkennen steckt (Eph. 1, 18).

Es bestehen nachweislich die tiefsten Zusammenhänge zwischen den allerfrühesten Offenbarungstatsachen, wie sie uns auf der ersten Seite der Bibel begegnen, und eben dieser Hoffnung Seiner Berufung. Da bedarf es ja nur der Erinnerung an die Erklärung, dass Adam, der erste Mensch, ein Gegenbild des zukünftigen zweiten (und letzten) Adams ist (Röm. 5, 14), oder des Hinweises darauf, dass »des Weibes Same« der Schlange selbst in Aussicht gestellt wird als der, der ihr den Kopf zertreten wird (1. Mose 3, 15). In solchen und vielen anderen Worten liegt für uns die Berechtigung, uns gerade mit diesen frühesten Demonstrationen göttlicher Gedanken und Ratschlüsse in eingehender Weise zu beschäftigen, um aus ihnen anhand späterer Unterweisungen des untrüglichen Wortes der Wahrheit zu erkennen, wie Gott von vornherein an die Lösung der Frage von der Enthebung des Bösen und seiner endlichen Beseitigung aus dem Bereich der gesamten Schöpfung herangetreten ist.

Die Bibel ist der vollkommenste Organismus seiner Art. Das soll heißen, dass jede geoffenbarte Wahrheit, von den frühesten Anfängen an, mit allen folgenden Wahrheiten im innigsten, lebensvollen Zusammenhang steht, und dass keine spätere Offenbarungswahrheit jemals richtig ergriffen werden kann, als nur in ihrem Kontext mit allem, was ihr vorausging. Die Schrift ist kein Konversationslexikon, das man nach Bedarf an jedem beliebigen Ort aufschlägt, um dort über irgendeine Frage vollständigen Aufschluss zu erhalten.

So fraglich daher jeder Versuch ist, hinter die uns vorliegende Offenbarung über den Eintritt des Bösen in die Menschheit zurückzugreifen, so unverzeihlich ist es auf der anderen Seite, wenn man versäumt, die uns dargelegten Tatsachen auf ihre Bedeutung und Tragweite hin gründlich zu untersuchen. Gott hätte sie uns nicht geoffenbart, wenn es

Ihm unwichtig wäre, von Seinen Kindern in Seinem Handeln und Regieren erkannt und verstanden zu werden.

Welche Fakten sind es nun, die uns im Zusammenhang mit dem Eindringen der Sünde und des Bösen in die Menschheit auf den ersten Seiten der Bibel entgegentreten?

1. Das Böse muss in der Schöpfung bereits unzählige Äonen vor der Erschaffung Adams bestanden haben. Diese Tatsache als solche bedarf keines besonderen Beweises. Auf die Frage, wie lange zurück der Fall Satans und seiner Engel in etwa datieren mag, gibt uns die göttliche Offenbarung im prophetischen Wort keinerlei konkrete Auskunft. Den einzigen Anhaltspunkt für die Annahme eines sehr langen Zeitraums des Bestehens der bewussten Rebellion in der Engelwelt gegen Gott bietet uns vielleicht die Geologie, insofern sie unwiderlegbare Indizien für das hohe Alter nicht nur unseres Planeten aufzuweisen hat, sondern auch für das sehr frühe Vorhandensein ungeheurer Störungen und Umwälzungen, die sich mit unserer Erde vollzogen haben müssen. Diese können leicht mit dem Sturz des früheren Bewohners und Besitzers der Erde in Verbindung gebracht werden, und dies umso mehr, weil uns Paulus in Röm. 8, 20 ff. klar sagt, dass die gesamte gegenwärtige Kreatur auf Erden, obwohl am Fall des Menschen nicht mitschuldig, auf Hoffnung hin der Nichtigkeit unterworfen ist. Wenn es statthaft ist, dieses göttliche Verfahren auch auf die frühere Schöpfung auszudehnen, dann wäre eine ganz einfache Erklärung für die in den Eingeweiden der Erde mit großer Deutlichkeit zu lesende Mitleidenschaft ihres kosmischen Bestandes gefunden, die der furchtbare Sturz ihres ehemaligen Bewohners und Fürsten verursachte.

Genaue Daten lassen sich natürlich nicht feststellen. Es lässt sich sogar, wie wir auch schon in einem früheren Abschnitt ansprachen, nicht einmal ohne weiteres feststellen, ob jene furchtbaren Katastrophen und Konvulsionen, durch die unsere Erde unzweifelhaft ging, auf den Fall Satans oder auf den einer voradamitischen Menschheit zurückzuführen sind. Wie auch immer, eines steht jedenfalls über allem Zweifel fest: Die Sünde, das Böse, ist als vorhandene Macht im Weltall von unberechenbar älterem Datum als die Entstehung der Menschen, wie wir sie aus der Schrift kennen.

Jedem denkenden Christen muss es aber sofort einleuchten, dass es für die Beurteilung und das Verständnis des göttlichen Verfahrens mit dem Bösen in der Welt einen sehr wesentlichen Unterschied macht, ob wir es mit einer Menschheit zu tun haben, bzw. ob Gott es mit einer Menschheit zu tun hat, der das Böse als eine bereits bestehende finstere Macht gegenübertritt, oder mit einer solchen, die das Böse erst hervorgerufen und ursächlich erzeugt hat.

Auch ist es völlig unmöglich, sich der Erkenntnis zu verschließen, dass das Vorhandensein des Bösen vor der Erschaffung des Menschen nicht ohne Bedeutung sein kann für die ganze Art und Weise, wie Gott mit derselben verfährt. Alleine das Wort aus der Feder des Apostel Johannes: »Hierzu ist der Sohn Gottes geoffenbart worden, damit er die Werke des Teufels vernichte« (1. Joh. 3, 8 b), genügt als Garantie dafür, dass die gesamte Veranlagung der Menschheit, welcher der Sohn Gottes dereinst organisch angehören und in der Er die Stellung und Bedeutung eines zweiten Adams einnehmen sollte, zum Problem des Bösen in der Schöpfung in allerdirektester Beziehung gestanden haben muss. Denn der Rat und Vorsatz Gottes in Christus Jesus datiert noch weiter zurück als die Erschaffung des ersten Engels oder irgendeines anderen Geschöpfes, zumal alles, was geworden ist, durch den Sohn und für den Sohn (zu Ihm hin) wurde (Kol. 1, 16).

Zugleich erinnert uns die unleugbare Tatsache des unberechenbar langen Bestehens des Bösen in der Welt an ein Wort des Apostels Paulus, das wohl auch ohne es zu Verbiegen eine Verlängerung nach rückwärts verträgt: Dass nämlich Gott jene Gefäße des Zorns mit unendlicher Geduld getragen haben muss, in der Absicht, Seinen Zorn zu erweisen und Seine Macht kundzutun (vgl. Röm. 9, 22).

2. Der nächste Fakt ist der, dass unsere Erde vor der Erschaffung Adams irgendwie und irgendwann bereits unter die Herrschaft der Finsternis und des Todes geraten sein muss; jedoch nicht hoffnungslos, wie wir bereits weiter oben erläutern durften. Denn während Finsternis über der Tiefe lag, schwebte der Geist Gottes auf den Wassern.

Diese Tatsache widerspricht keineswegs den apostolischen Ausführungen in Röm. 5 über das Eindringen des Todes in die gegenwärtige adamitische Menschheit durch die Sünde des Einen, Adams. Sie bleiben davon völlig unberührt. So innig der Zusammenhang der übrigen Schöpfung mit dem Menschengeschlecht auf Erden auch ist, so wenig ist es notwendig zu denken, es könne sich doch unmöglich auf der dem Tode bereits verfallenen Erde eine Menschheit entwickelt haben, die von jeglicher Berührung mit Tod und Verderben frei geblieben wäre. Dass dies nicht der Fall ist, steht ja mit unerschütterlicher Deutlichkeit vor uns. Dass aber ein vom Weibe geborener Mensch in der Person Jesu tatsächlich ein sündloses Leben auf dieser Erde führte, steht ebenso widerspruchslos fest für den, der der Bibel glaubt. Was dem zweiten Adam gelang, hätte dem ersten gelingen sollen.

Hierin liegt aber wiederum ein sehr wichtiges Moment für die Beurteilung der Wege Gottes mit der Menschheit im Angesicht der Todesmächte, die in der Schöpfung bereits wirksam geworden waren. Denn wir können uns sehr wohl vorstellen, dass Gott nicht nur zuerst, ehe es einen Engel oder Satan gab, die Menschen hätte schaffen können, sondern sie auch auf einen Planeten setzen, der in keiner Weise von der tödlichen Macht der Sünde angetastet oder vergiftet wäre.

Dass der große Schöpfer in Seiner Weisheit und Vollkommenheit aber auch diesen Schritt mit reiflicher Überlegung vollzog, unterliegt für uns erneut keinerlei Zweifel. Er kann ihn aber folglich nur dann mit Überlegung und Vorbedacht getan haben, wenn Er sich über alle daraus resultierenden Konsequenzen vollste Rechenschaft gab. Ja, wir dürfen sogar getrost noch weiter folgern, dass Er diesen Schritt also nur dann vollzogen haben kann, wenn die Erschaffung des Menschen für die von Todesmächten durchzogene Erde eine ganz bestimmte Bedeutung, einen tiefen Sinn und Zweck haben soll. Und das bereits vorhin erwähnte Wort des Johannes sagt uns, welcher Zweck das nur gewesen sein kann: Die Zerstörung der Werke des Teufels.

3. Dritter Fakt ist, dass Gott den Menschen auf dieser Erde erst dann erscheinen lässt, nachdem Er an ihr einen großartigen Umwandlungsprozess, eine Umschaffung, eine Wiederherstellung vollzogen hat, in der, wie wir im vorigen Hauptabschnitt andeuteten, eine gewisse Ankündigung Seines gewaltigen Weltprogramms gegeben war: »Siehe, Ich mache alles neu!«

Von diesem Wiederherstellungsprozess, der uns mit großer Ausführlichkeit geschildert wird, waren selbstverständlich keine anderen intelligenten Wesen Zeugen, als ausschließlich die Engelwelt. Uns Menschen aber hat Gott Sein Verfahren sehr eingehend dargestellt, damit wir darin etwas merken können von den Geheimnissen Seines wunderbaren Waltens. Denn es handelt sich hier offenbar wieder um Dinge, die komplett außerhalb des Bereichs menschlicher Erfahrung liegen. Die ersten Menschen erfuhren davon nichts, und Kinder Gottes müssen ganz sicher nicht wissen, wie das alles zugegangen ist, um gerettet und erlöst zu werden. Wenn also meine Heilserfahrungen für mich das Maß all meines Erkennens abgeben, dann hätte Gott sich wahrscheinlich die Mühe sparen können, uns das alles aufzeichnen zu lassen.

Wenn aber vom Anbeginn an in jedem einzelnen Zuge der göttlichen Führung mit dieser unserer Erde etwas von Seinen ewigen Grundgedanken und Liebeszielen mit ebendieser ganzen Schöpfung liegt, dann gebührt es uns, mit der größten Sorgfalt darauf zu achten und die Lektionen zu lernen, die für uns darin enthalten sind.

Inwiefern diese merkwürdige Umgestaltung der dem Tode verfallenen Erde aus dem chaotischen Zustand in eine der Aufnahme des in Gottes Bild und Gleichnis geschaffenen Menschen würdige Wohnstätte für die Engelwelt bedeutsam gewesen sein mag, entzieht sich ja wohl unserem Erkennen. Wenn aber jene Worte Gottes an Hiob, die wir oben schon anführten, auf diese Vorgänge weisen, dann kann all das nicht ohne tiefen Eindruck an der Engelwelt, ob gefallen oder treu geblieben, vorübergegangen sein.

Und wenn uns der Apostel der Gemeinde, des Leibes Christi, eröffnen darf, dass Gott an der Gemeinde den Fürstentümern und Gewalten in den Himmeln Seine mannigfaltige Weisheit kundtun will (Eph. 3, 10), so ist damit auch etwas gesagt, was sich selbstverständlich genauso gut nach rückwärts verlängern lässt, insofern es ja zum Wesen des Hauptes wie zum Wesen der Gemeinde gehört, dass beide in den Augen und Gedanken Gottes waren, als Er den Menschen in Seinem Bilde – und zwar für diese dem Tod verfallene Erde – schuf.

4. Als vierter bedeutsamer Fakt steht der Umstand vor uns, dass sich der große Weltenschöpfer, als Er nun dazu überging, den Menschen nach Seinem Bilde und zu Seinem Gleichnis als Herrn der umgestalteten Erde zu schaffen, als Basis für dessen Substanz und Wesen den Staub der Erde wählte, eben der Erde, die bereits seit Äonen den Mächten der Finsternis und des Todes verfallen war.

Denn auch aus einer noch so sorgfältigen Untersuchung des (sogenannten) Sechstagewerkes, das Gott mit der ins Chaos geratenen Erde vornahm, ist nicht zu erkennen, dass durch dieses die materielle Substanz der Erde einer wesentlichen Erneuerung oder Verwandlung unterzogen wurde. Gott nahm verschiedene grundlegende Scheidungen vor, zwischen Licht und Finsternis, zwischen den Wassern über und unter der Tiefe, zwischen Meer und trockenem Land, bevor es zur Hervorrufung pflanzlichen und tierischen Lebens auf Erden kam.

Aber nirgendwo ist eine Spur davon zu finden, dass die Grundstoffe, aus denen dieser Erdkörper bestand, zuerst geläutert, gereinigt oder in ihrer Zusammensetzung irgendwie verändert worden sind. Es wurden lediglich neue Ordnungen eingeführt, die der Finsternis wie auch dem Licht, den Wolken oben wie den Wassern unten, dem festen Land wie dem wogenden Meer bestimmte wechselseitige Beziehungen (Korrelationen) zuwiesen. Doch weder wird die Finsternis in Licht umgewandelt noch wird aus irgendeiner der vorhandenen Substanzen eine vollständig neue, noch nie dagewesene. Das Vorhandene wird neu geordnet, aber nicht in seinem Grund und Wesen erneuert.

Was das für die menschliche Leiblichkeit bedeutet, wie sie damals aus der Hand des Schöpfers hervorging, ist entsprechend leicht ersichtlich. Der Apostel Paulus, dem es gegeben war, in Verbindung mit seiner Verkündigung von der Auferstehung des Leibes von diesen Dingen ungemein wertvollen Lehrgebrauch zu machen, bedient sich eines Ausdrucks, der uns trefflich sagt, um was es sich dabei gehandelt hat: »Der erste Mensch ist von der Erde, irdisch« (1. Kor. 15, 47 a). Damit ist der erste Mensch als ein solcher gekennzeichnet, dem das Grundwesen der Erde, von der er genommen wurde, durchaus zu eigen ist. Genau das liegt ja auch in dem Urteil, das Gott später über ihn fällt und folgendermaßen begründet: »Denn Staub bist du, und zum Staub wirst du zurückkehren« (1. Mose 3, 19 b).

In diesem Sachverhalt liegt ebenfalls, dass Gott es für gut befand, im Paradies einen Baum des Lebens zu pflanzen, von dem zu essen Unsterblichkeit des Leibes bedeutete, wie sich aus 1. Mos. 3, 22 ergibt – ein Beweis, dass leibliche Unsterblichkeit nicht zu der ursprünglichen Art des ersten Menschen gehörte, wohl aber, dass sie als Frucht des Gehorsams für ihn bestimmt war.

Nun kann es für einen bibelgläubigen Menschen wiederum keine Frage sein, dass unser Gott den ersten Menschen in seiner physischen Substanz von Anfang an gegen jede Möglichkeit des Sterbens hätte wappnen können. Dass Er es bewusst und mit Vorbedacht nicht tat, ist ebenfalls offenkundig. Somit steht in großer Deutlichkeit vor uns, dass Gott bereits in der Anlage des ersten Menschen diesen in besonderer Weise für das Eindringen von Todesmächten in sein Wesen zugänglich oder empfänglich machte. Mit anderen Worten: Gott hat es diesen finsteren Mächten grundsätzlich nicht überaus schwer oder gar unmöglich gemacht, sich der menschlichen Natur in wirksamer Weise zu nähern und den Menschen zur Sünde zu verführen.

Das soll und darf nicht als Entschuldigung oder gar als mildernder Umstand für die Beurteilung der menschlichen Verschuldung angesehen werden. Es ist keine Rede davon, dass der Mensch, so wie er geschaffen wurde, sündigen musste. Das wäre wieder eine Lästerung des Schöpfers. Der andere Adam, der in der Gestalt des sündigen Fleisches unter unsäglich schwierigen Verhältnissen dem Versucher sieghaft entgegentrat, hat den Beweis geliefert, dass Gehorsam gegen Gott auch im Paradies möglich war, selbst unter schärfsten Angriffen des Feindes, die ja wohl sicher gerade dann nicht ausgeblieben wären, wenn ihm der erste Anlauf gegen das Weib nicht gleich gelungen wäre.

Aber wir haben es hier nicht mit der Frage menschlicher Schuld zu tun, sondern mit den wunderbaren Wegen Gottes in Sachen der Erschaffung des Menschen angesichts der bereits in Seiner Schöpfung bestehenden Sünden- und Todesmächte.

5. Als fünften und letzen Fakt nennen wir die von Gott geordnete solidarische Einheit und Zusammengehörigkeit des ganzen adamitischen Geschlechtes, die darin gründet, dass die gesamte Menschheit auf Erden aus einem Blut stammt. Auch hier liegt wieder auf der Hand, dass eine solche Anordnung angesichts der Möglichkeit des Eindringens der Sünde und des Bösen in die Menschheit von tief einschneidender Bedeutung und Tragweite sein musste. Soweit wir aus der Schrift erkennen können, hat bei der Erschaffung der Engelwelt ein anderes Prinzip geherrscht, d. h. es gab in dieser keine Väter und Mütter, von denen andere Engelkinder gezeugt und geboren werden konnten. Sie scheinen, soweit unsere Erkenntnis reicht, als durchaus selbständige Einzelwesen, unabhängig voneinander, ins Dasein gerufen worden zu sein (Luk. 20, 36).

Dass Gott eine ähnliche Entstehung und Gliederung auch der Menschheit hätte angedeihen lassen können, steht außer Frage. Dass Er es jedoch völlig anders geordnet und eingerichtet hat, muss wieder mit Seinem ganzen wunderbaren Plan und Rat in Verbindung stehen, durch den Fleisch gewordenen und der gesamten Menschheit solidarisch zugehörigen Sohn die Werke des Teufels endgültig zu zerstören.

Nun leuchtet es bei einigem Nachdenken schnell ein, dass Gott mit einer solchen Organisation wie der Gesamt-Menschheit der einmal in diese eingedrungenen Sünde eine ungemein größere Stoßkraft gab, als das der Fall wäre, wenn sich jeder einzelne Mensch sittlich-moralisch für oder gegen Satan hätte entscheiden müssen, wie das offenbar bei den Engeln geschehen war.

Darin liegt für uns erneut ein schlagkräftiger Beweis dafür, dass in der ganzen Art und Weise, wie Gott das von Ihm zuvor ersehene Eindringen von Sünde, Feindschaft, Tod und Verderben in die Menschheit absolut nach Seiner eigenen Weisheit überschauend regierte und derart steuerte, dass der Verführer niemals zu sagen imstande sein wird, Gott habe ihm in der Menschheit den Weg ungemein erschwert, ihm die stärksten Dämme und Hindernisse in den Weg gelegt, ihm ein möglichst vollständiges, machtvolles Ausleben und Auswirken seiner Kräfte fast unmöglich gemacht. Vielmehr das Gegenteil ist Tatsache.

In der zuversichtlichen Annahme, dass Gott alle Seine Werke von Anbeginn an bewusst sind, und dass Er in Seinem geliebten Sohn von den Ewigkeiten her bei sich selbst beschlossen hatte, die Werke des Teufels zu zerstören, steht Er wie ein Feldherr vor uns, der mit unvergleichlicher Ruhe, Sicherheit und Bravour Seinem Feind die denkbar günstigsten Bedingungen zur Entfaltung aller seiner Kräfte schafft, ihm die großartigsten Gelegenheiten selbst bereitet, das Höchste und Äußerste an List und Macht, Feindschaft und tödlichem Hass, an satanischen Intrigen und unsäglicher Bosheit zu leisten, um ihn dann auf seinem eigenen Boden mit seinen eigenen Waffen gründlichst und für immer aufs Haupt zu schlagen und endgültig unmöglich und unschädlich zu machen.

Hier liegen dann die Antworten, und zwar, soweit wir erkennen können, die einzig befriedigenden, wenn nicht sogar die einzig möglichen, auf schwere Fragen wie: Warum hat Gott den Satan nicht gehindert, die Menschheit überhaupt zur Sünde zu verleiten? Konnte Er ihn nicht daran hindern oder wollte Er es nicht? Wenn Gott doch voraussah, dass der größte Teil Seiner Menschheit schließlich auf Satans Seite landet, warum erlaubt Er dann in Seiner Schöpfung eine solche entsetzliche Mehrung satanischer Potenzen, deren Er niemals innerlich Herr werden kann?

Das sind Fragen, auf die uns die bei Gläubigen vorherrschende Sichtweise vom letztendlichen Ausgang des Riesenkampfes zwischen Licht und Finsternis, Tod und Leben, Gott und Satan eine lösende und befreiende Antwort ewig schuldig bleiben wird. Sie kann nur in stummer Resignation der schwachen Hoffnung, für die sie selbst aber jeden Schriftgrund verneint, Ausdruck verleihen, dass man der Barmherzigkeit Gottes vielleicht doch etwas mehr zutrauen dürfe, als sich theologisch nachweisen lasse! Sie ist niemals fähig, ihren Gott von dem unheimlichen Verdacht zu befreien, Er habe eine Arbeit begonnen, deren endgültigen und geplanten Abschluss Er nicht zu erreichen imstande sei. Er habe mit den möglichen Folgen nicht in einer Weise gerechnet, dass sich eine allseitig befriedigende Lösung des großen Weltproblems ergeben könne.

Offenbar hat aber die Schrift, wie wir sahen, alles unter die Sünde zusammengeschlossen; das heißt, in der ganzen Veranlagung der Menschheit, aus der dem Fleische nach der Christus hervorgehen sollte, ist Vorsorge getroffen worden, dass die Sünde nach allen Seiten hin jede erdenkliche Gelegenheit hatte, sich schnellstens und wirksamst in der solidarisch verbundenen Menschheit auszuleben, in ihrem Schoß in dem Mord des Sohnes Gottes die grauenhafteste Höhe zu erreichen, von Satan angestiftet, von »frommen« Menschen ausgeführt. Aber auf dieser Höhe findet sie ihr absolutes Gericht, gibt sie sich selbst für immer den Todesstoß. Denn durch Seinen Tod hat Jesus den zunichte gemacht, der des Todes Gewalt hat, den Teufel (Hebr. 2, 14 b). Auf Golgatha hat Er nicht nur über die Weisen und Großen der Welt, Hohepriester, Staatsmänner und Weltbeherrscher, sondern auch über die himmlischen Fürstentümer und Herrschaften triumphiert und sie öffentlich zur Schau gestellt (Kol. 2, 15; 1. Kor. 2, 8).

Als Schlussergebnis unserer Untersuchung über den Inhalt der ersten Seite der Bibel steht also Folgendes vor unserem geistigen Auge: Die gesamte Darstellung des göttlichen Schöpfungswerkes in Himmel und Erde erscheint dem prüfenden Blick als ein großartiges Modell, als gewaltiges, zielbewusstes Schema für Seine unermesslichen, aber unfehlbar sicheren Wiederherstellungsgedanken und -pläne mit einer Schöpfung, die unter die Gewalt des Bösen und des Todes geriet. Die ganze Welt- und Reichsgeschichte hat kein anderes Motiv, als die endliche Lösung all der verwickelten, für das rein menschliche Denken unergründlichen und für menschliches Können unerreichbaren Probleme, die aus der Herrschaft des Bösen in der Welt der Geschöpfe erwuchsen. Gott kommt schließlich in Seiner Schöpfung zur Ruhe.

Die Erschaffung des Menschen aus dem Staub der Erde bildet die vollkommene Bürgschaft dafür, dass in der Menschheit und durch die Menschheit, wie sie von Ihm in dem zweiten und letzten Adam erschaut war, die furchtbare Macht und Herrschaft des Bösen im ganzen All endgültig gebrochen und überwunden werden wird. Die Schöpfung des Menschen wurde durch den Bestand des Bösen in der früher geschaffenen Engelwelt veranlasst und bedeutet die restlose Behebung aller Finsternis- und Todesmächte, welche von dorther in die Schöpfung drangen.

B. Abraham und Melchisedek

Nachdem wir unsere Aufmerksamkeit bisher auf die großen Grundzüge gerichtet haben, die das Verfahren Gottes bei der Erschaffung der Welt und des Menschen beinhalteten, wenden wir uns nun etlichen Betrachtungen und Untersuchungen über eine Reihe von Grundzügen zu, wie sie uns in der Darstellung gewisser Persönlichkeiten begegnen, die im göttlichen Haushalt eine unverkennbar hohe, typologisch-prophetische Bedeutung haben.

Wir gehen dabei von der Annahme aus, dass uns Gott mit Seiner Führung und Vorgehensweise bei großen heiligen Prophetengestalten viel über die Leitmotive Seines Handelns mit der ganzen Menschheit und Seiner Schöpfung im weitesten Rahmen zu sagen hat. Auch sind wir überzeugt, dass ein derartiger Umgang mit bedeutenden alttestamentlichen Charakteren mindestens so viel, wenn nicht sogar mehr, Berechtigung hat als jene, die sich vornehmlich darauf beschränkt, persönlich-erbauliche Elemente aus dem Leben solcher Männer Gottes hervorzuheben und sie der gläubigen Gemeinde ans Herz zu legen. Man sollte das eine tun, aber das andere nicht lassen.

Wir erdreisten uns sogar zu behaupten, dass unsere hier beabsichtigte Weise, an diesen biblischen Gestalten Gottes Gedanken und Wege mit der Menschheit zu erforschen, vielleicht noch weit mehr zur wahren Auferbauung der Gemeinde des lebendigen Gottes beiträgt, als jene so beliebte Art, die das persönliche Erfahrungsleben auch darin zum Maß der Dinge machen zu dürfen glaubt, und die dabei nicht selten meint, sie sei die einzig wirklich erbauliche Weise der Verwertung dessen, was Gott in das Leben und die Stellung der Gottesmenschen früherer Tage hineinwirkte.

Denn für die neutestamentliche Gemeinde bedeutet Erbauung im tiefsten Sinn Umgestaltung in das Ebenbild dessen, der sie zur vollsten Anteilnahme an allem erwählte, was der Vater an Herrlichkeiten in Ihn gelegt hat. Diese Herrlichkeiten sind aber im weitesten Umfang bis heute noch zukünftige, prophetische. Es ist noch nicht erschienen, was Er einst sein wird, noch was die Seinen mit Ihm sein werden. Wohl aber hat der Heilige Geist, der Geist der Herrlichkeit, in geistlich vernehmbarer Weise Abbilder, Schattenrisse und Modelle in großer Zahl entworfen, die dem geistlich gesinnten Menschen eine tiefe Einsicht in das gestatten, was der Vater an jenem Tag im großartigsten Stil und Umfang zur Verherrlichung des Sohnes zur Ausführung bringen wird.

Bei einer wie der von uns beabsichtigten Untersuchung wird der gläubige und anbetende Blick nicht auf das eigene Innenleben gerichtet, sondern vielmehr auf die Offenbarung göttlicher Gedanken, wie sie in Seinem Christus vollendeten Ausdruck finden sollen. Dabei tritt das Ichleben in den Hintergrund, während sich Christi Herrlichkeitsgestalt immer klarer und reiner dem anbetenden Geist enthüllt. »Wir alle aber schauen mit aufgedecktem Angesicht die Herrlichkeit des Herrn an und werden so verwandelt in dasselbe Bild von Herrlichkeit zu Herrlichkeit, wie es vom Herrn, dem Geist, geschieht« (2. Kor. 3, 18). Das ist die gesündeste, nüchternste Erbauung, die nicht von den Bewegungen des eigenen Inneren bestimmt wird, sondern die allein von jedem Wort aus dem Munde des lebendigen Gottes lebt.

1. Der auserwählte Same als Gerichtsvollstrecker

Die Gestalt Abrahams, des Vaters aller Gläubigen, ist eine solch großartige und vielseitige, dass man an derselben, wie sie der Geist der Weissagung entworfen hat, nicht so schnell auslernen wird.

Unsere Absicht hier ist nicht, uns mit dem zu beschäftigen, was Vater Abraham tat oder glaubte, noch mit dem, was ihm über seine Aufgabe für die Tage seines Lebens und Wandelns vor Gott bewusst und klar geworden sein mag. Wir wollen ihn von einer ganz anderen Seite aus betrachten, nämlich als den Träger gewisser großer Grundgedanken und Grundsätze, die für das göttliche Verfahren mit der Menschheit im Verlauf der Weltzeiten als maßgebend anzusehen sind.

Jedem denkenden Bibelleser muss es klar sein, dass sich die Bedeutung Abrahams im göttlichen Haushalt noch keineswegs erschöpft haben kann. Es bedarf ja nur eines Hinweises auf jene große und umfassende Zusage Gottes an ihn: »... und in dir sollen gesegnet werden alle Geschlechter der Erde« (1. Mose 12, 3 b), um sich das zu vergegenwärtigen. Abraham ist der persönliche Ausdruck, der Träger und Repräsentant für mehr als *ein* Prinzip, das in der göttlichen Weltregie und im Heilswirken Geltung hat.

So steht er in großer Klarheit und Schönheit als der Vater aller Gläubigen vor uns, als das göttliche Musterexemplar eines Menschen, der Gott auf Sein Wort hin alles glaubt, auch das Höchste und Unwahrscheinlichste, der im Gehorsam des Glaubens auch den eigenen Sohn nicht verschont und an dem sich auf diese wunderbare Weise der in den Tiefen Gottes verborgen liegende Liebesratschluss in der Dahingabe Seines erstgezeugten Sohnes deutlich wiederspiegelt.

Daneben ist er der Träger und Erbe bedingungsloser Verheißungen Gottes, die bis heute noch nicht zu ihrer vollen Durchführung gelangten. Das alles sind Dinge, bei denen die persönliche Stellung Abrahams seinem Gott gegenüber mehr oder minder bestimmend oder ausschlaggebend war. Wir möchten unseren Blick aber insbesondere auf Beziehungen richten, die sich durchaus unabhängig von Abrahams eigener Stellungnahme zu ihnen aus einer rein sachlichen Wertung und Beurteilung seines Platzes im Gefüge der göttlichen Offenbarung ergeben.

Da stehen in erster Linie seine *Berufung* und *Erwählung* vor uns, die ganz offenbar weder direkt noch indirekt auf seine Initiative zurückzuführen sind, d. h. bei denen er sich zunächst rein passiv zu verhalten hatte. Sie geschahen an ihm ohne sein Zutun, ohne dass sich Gott vorab mit ihm darüber beraten oder besprochen hätte. Hier gilt ohne Einschränkung das Wort: »Aus Gnaden des Berufers« (Röm. 9, 12).

Mit Abraham tritt ein völlig neues göttliches Verfahren mit der verlorenen, immer tiefer in die Verstrickung der Sünde geratenen Menschenwelt in Kraft: die Erwählung. Vor der Berufung Abrahams gab es keine Auserwählten im biblisch-technischen Sinn, d. h. keine von Gott besonders Ausersehenen, deren Er sich als Organe zur Ausführung Seiner großen Heils- und Reichsgedanken mit der übrigen Welt und Schöpfung bediente.

Das wird uns an einem Vergleich zwischen der Bedeutung Noahs und der Abrahams im göttlichen Haushalt deutlich. Bei der Errettung Noahs aus dem Flutgericht tritt uns eindeutig die Tatsache entgegen, dass er und sein Haus allein in der Arche Sicherheit fanden, während die übrige Menschheit um ihres unverzeihlichen, leichtfertigen Unglaubens willen unterging. Gerade deshalb bezeichnet die Schrift Noah nicht als einen Auserwählten, im Gegensatz zu den Nichterwählten, d. h. Nichtgeretteten.

So wichtig daher die Durchrettung Noahs und seines Hauses zur Ermöglichung eines neuen Anfangs jenseits des Weltgerichts der Flut auch war – eine Wahrheit, die uns in einem späteren Abschnitt beschäftigen wird –, so ist der Sachverhalt hier doch ein solcher, dass wir auf den ersten Blick richtig unterscheiden können zwischen dem Gedanken der Erwählung im eigentlichen Sinn, der bei Abraham das wesentliche Moment ausmacht, und dem gewaltigen Anschauungsunterricht über Gerettetsein und Verlorengehen, wie er sich an der noachitischen Menschheit für uns ergibt.

Zugleich liefert uns diese Parallele den deutlichen Beleg dafür, dass es sich bei der Auserwählung Abrahams keinesfalls um die Frage des Gerettet- oder Verlorenseins gehandelt haben kann. Es sind ganz andere Momente bestimmend und maßgebend in der Stellung, die Abraham als Gottes Auserwählter einzunehmen berufen war, wie wir noch erkennen werden. Noah und seine Nachkommen dienten lediglich dem Zweck einer Fortführung göttlicher Verwaltung mit derselben verdorbenen Menschheit auf der durch Gericht gleichsam unerneuerten Erde. Durch sie sollte die Menschheit in ihrem status quo antea, d. h. in ihrem früheren unerneuerten Zustand, fortgepflanzt werden. In Abraham und seinem Samen wird auf dem Grund des Glaubens an den, welchen Gott aus den Toten erwecken würde, eine vollständige Erneuerung des gesamten menschlichen Geschlechts ins Auge gefasst.

Es ist augenfällig, dass ein solches Verfahren Gottes zur Rettung Seiner Menschheit, die ja nur ein ganz kurzes Erdenleben führt, großen zeitlichen Aufwand erfordert. Dass Gott eine wesentlich kürzere und dennoch ebenso wirksame Methode hätte ersinnen und verfolgen können, steht für uns ohne jeden Zweifel fest. Aber Er hat offensichtlich vorgezogen, auf einem solchen Weg an das große Werk der Welterlösung zu gehen, der zu seiner Vollendung Äonen in Anspruch nimmt. Er wird hierfür Seine Gründe haben.

Denn wenn die Auserwählung zum Zweck der Errettung anderer, resp. aller geschieht, dann ist es handgreiflich, dass unermessliche Zeiträume vergehen werden, bevor das große Ziel erreicht wird.

Gott muss also, das versteht sich auch von selbst, durchaus damit gerechnet haben, dass der Tod inzwischen sein grausiges Werk in der ihm verfallenen Menschheit durch Jahrtausende fortsetzen wird, ehe es dazu kommen kann, ihm endgültig das Handwerk zu legen.

Es ist nahezu unbegreiflich, wie man es in der Christenheit fertiggebracht hat, wo man sich natürlich über die eigene Erwählung in Christus ausgesprochen freut, die Sache dahingehend auszulegen, dass alle außerhalb Jesus Christus gestorbene Menschengeschlechter somit rettungslos dem ewigen Tod verfallen sind; dass alle Menschen aller Zeitalter, die nie etwas von Gottes Gedanken in Christus gehört haben, hoffnungslos der endlosen Verdammnis anheim gefallen sind!

Wohl darf und soll gern anerkannt werden, dass man diese Töne heute nicht mehr ganz so laut und heftig anschlägt. Man übt etwas mehr Zurückhaltung als früher. Man gibt sogar in vielen Kreisen zu, dass alle jene verstorbenen Geschlechter irgendwie und irgendwann doch noch eine Gelegenheit erhalten werden, sich für oder gegen Jesus Christus zu entscheiden. Dabei verfehlt man aber nicht, auf die allerschärfste Weise zu betonen, dass für alle, die in diesem Leben mit dem Heil in Christus in Berührung kamen und es nicht annahmen, jede Hoffnung auf Errettung für immer ausgeschlossen sei.

Dass solche Einsprüche in bester Absicht und zu dem Zweck geschehen, leichtfertige Menschen zu warnen, die Gnade Gottes doch ja nicht zu versäumen oder mutwillig abzulehnen, ist gern zugestanden. Aber wir vermissen dabei dennoch etwas, das sich aus einer ruhigen, sorgfältigen Erwägung der Sachlage, wie sie uns Gottes Wort in schlichter Klarheit darlegt, ergeben würde, nämlich eine gläubige, vertrauende Anerkennung der Tatsache, dass unser großer Rettergott, dem das Heil Seiner gesamten Menschheit doch gewiss ebensosehr am Herzen liegt wie uns, mit Vorbedacht einen Weg zur Erreichung Seines Zieles gewählt und bis heute verfolgt hat, der nichts von Eile oder Ungeduld verrät, und der doch darauf angelegt sein muss, dass Er nicht im Nachteil bleibt, so großen und gewaltigen Vorsprung Er auch den Todes- und Verderbensmächten in der Menschenwelt eingeräumt hat.

In der geschäftigen Christenheit unserer Tage ist so wenig zu spüren von der stillen Besonnenheit, dem festen Vertrauen des Sohnes Gottes, das in Seinem Wort zum Ausdruck kommt: »Alles, was mir der Vater gibt, wird zu mir kommen ...« (Joh. 6, 37). Hinter der Maske eines sich verzehrenden Eifers verbirgt sich – und verrät sich doch – gar viel innerer Unglaube gegenüber dem so langwierigen, aber zielbewussten und unfehlbar sicheren Verfahren Gottes, durch Seine Auserwählten mit der Menschheit fertigzuwerden. Und ehe man sich versieht, spricht man dem grimmigen Tod eine Macht und Bedeutung zu, vor der sogar die Macht des Lebensfürsten die Fahne senken und sich zurückziehen müsste.

Wenn Gott, wie wir im vorherigen Kapitel zeigten, wirklich alles unter die Sünde eingeschlossen hat, dann hat Er damit selbstverständlich zugleich alles unter den Tod verschlossen, der ja der Sünde Lohn ist, und der zu allen Menschen durchdrang, weil alle sündigten. Und nun sollte dieser wohlüberlegte Akt unseres Gottes bedeuten können, dass Ihm der

Tod bei irgendeinem Menschen ein unüberwindbares Hindernis für die Erreichung Seiner Liebes- und Heilsgedanken wäre? Das würde in der Tat wenig Weisheit des großen Rettergottes verraten.

Zu welch seltsamen Vorstellungen hinsichtlich unseres Gottes ist man doch herabgesunken, seit man das Verständnis für die großen Grundzüge der göttlichen Methodik nahezu verloren und die eigene persönliche Errettung zum Maß aller Gotteserkenntnis erhoben hat.

Dazu kommt, dass Gott gleich bei seiner Berufung Sein die gesamte Menschheit umfassendes Programm, wie es durch Auserwählung zustande kommen soll, in großen Umrissen vor Abraham ausbreitet: In dir und in deinem Samen sollen alle Geschlechter der Erde gesegnet werden (vgl. 1. Mos. 12, 3). Nun eröffnet uns Paulus, dass unter »dem« Samen der Christus Gottes, der Sohn Abrahams, zu verstehen sei (Gal. 3, 16). Weiterhin aber steht fest, dass dieser Christus das, was Er im Rat und Vorsatz Gottes als zweiter Adam ist, d. h. als Leben spendendes Haupt einer erneuerten Menschheit, nur kraft Seiner Auferweckung aus den Toten ist. Somit ist die Schlussfolgerung durchaus berechtigt, dass jenes Wort im göttlichen Programm des Segens getrost auf alle, auch die schon längst vor Abraham gestorbenen Geschlechter der Menschen bezogen werden darf und muss.

Damit ist von vornherein der so köstlichen, wenn auch tief geheimnisvollen Wahrheit von der Auserwählung jeder Stachel, jeder Verdacht göttlicher Parteilichkeit innerhalb Seiner Menschheit genommen. Trotzdem bringen es Menschen, fromme und gelehrte Menschen, fertig zu lehren, dass nur die Auserwählten zur Rettung, Erlösung und Vollendung bestimmt seien; alle Übrigen, nicht Auserwählten, seien dagegen zu endloser Verdammnis vorherbestimmt. Wir wissen sehr wohl, dass diese schaurige Lehre heute fast nicht mehr wagt, auf irgendeiner Kanzel oder Plattform ihr Haupt zu erheben. Aber in theologischen Lehrbüchern steht sie noch unwiderrufen und unbereut. Sie wird noch gelehrt und gelernt, wenn auch oft nicht mehr ernst genommen.

Wir führen diese Dinge nur an, damit wir nicht vergessen, zu welchen Ungeheuerlichkeiten sich der erleuchtete Menschengeist versteigen konnte, nachdem ihm einmal der Blick für die das All umfassende Retterliebe Gottes in Jesus Christus abhanden gekommen war. Dies lehrt uns, von Menschen hinsichtlich der herrlichen Erkenntnis Gottes in Seinem Evangelium nicht zuviel zu erwarten.

Was immer nun die Auserwählten nach dem göttlichen Ratschluss sonst noch sein mögen, eines ist sicher: Sie sind, was sie sind; nämlich »Auserwählte«. Und das niemals um ihrer selbst oder um ihrer Seligkeit willen, sondern für andere, die durch sie gesegnet werden sollen. Nach der Schrift ist also das Gegenteil von Auserwählung nicht das Verlorensein, sondern das Unbrauchbarsein zum Zweck des Segens für andere. Das tritt uns sehr anschaulich aus dem Beispiel des Lot neben dem des Abraham entgegen. Lot ist zweifelsfrei eine gerettete und gerechte Seele, aber kein Auserwählter Gottes, denn in ihm hat sich nie ein Mensch gesegnet oder wurde gesegnet, nicht einmal seine eigene Familie.

Ein ganz eigenartiger Zug im göttlichen Verfahren mit Abraham ist der Umstand, dass Gott ihn aus seinem Vaterland und aus seiner gewohnten Umgebung heraus in ein ihm fremdes Land führt, das Er ihm und seinem Samen zum ewigen Besitztum verheißt. Wir fragen: Was hat diese Bestimmung mit der Erlösung der ganzen Menschheit aus Sünde und Verderben zu tun? Welche Rolle spielt es, in welchem Land Gott sich Seine Auserwählten erzieht? Hat denn vielleicht das Land auch einen besonderen Anteil an dem, was Gott hier vorhat?

Dass Gott auch in Chaldäa, der ursprünglichen Heimat Abrahams, nicht nur bewahren und segnen, sondern sogar wiederherstellen kann, davon legt die Geschichte Daniels sowie die Heilung des beharrlich abtrünnigen, götzendienerischen Israel von seiner nationalen Sünde der Abgötterei durch die 70-jährige Gefangenschaft in Babel beredtes Zeugnis ab.

Uns begegnet in 1. Mose 15 in der von Jahwe dem Abraham wiederholten Verheißung, dass er das Land erblich besitzen werde, ein sehr merkwürdiges Wort. Wir setzen den ganzen Abschnitt hierher, weil er überhaupt für den Aspekt bezeichnend ist, unter welchem wir Abrahams Stellung zu erkennen suchen. Jahwe eröffnet ihm: »Ganz gewiss sollst du wissen, dass deine Nachkommenschaft (oder: dein Same) Fremdling sein wird in einem Land, das ihnen nicht gehört; und sie werden ihnen dienen, und man wird sie unterdrücken vierhundert Jahre lang. Aber Ich werde die Nation auch richten, der sie dienen; und danach werden sie ausziehen mit großer Habe. ... Und in der vierten Generation werden sie hierher zurückkehren; denn das Maß der Schuld des Amoriters ist bis jetzt noch nicht voll« (1. Mose 15, 13-16).

Gericht und Heimsuchung nach drei verschiedenen Seiten hin tritt uns in diesen wenigen Worten entgegen. Zuerst soll Abrahams Same in Ägypten gerichtet und schwer unterdrückt werden. Dann aber soll das

Volk der Ägypter ebenfalls Gottes Zuchtrute erfahren. Und drittens wird die Vollstreckung eines ganz furchtbaren Vertilgungsgerichtes an den Völkerstämmen in Aussicht gestellt, in deren Land Gott den Abraham als Fremdling einführt, und das Er ihm und seinem Samen als erblichen Besitz zuspricht.

Da stehen wir inmitten eines Kreises von Gerichtsoffenbarungen, deren Mittelpunkt der verheißene Same ist, sowohl aktiv als auch passiv. Dieser Tatsache müssen wir uns mit besonderer Aufmerksamkeit zuwenden. Sie kann uns viel zu einem richtigen Verständnis der Wege Gottes mit Seinen Auserwählten beitragen.

Wir setzen bei dem letzten der hier ausgesprochenen Gedanken ein: *Das Maß der Amoriter* (oder: des Amoriters) *ist noch nicht voll.* Was wollen uns diese Worte sagen? Was haben sie mit Abrahams Aufenthalt im Land zu tun? Warum darf und muss Abraham schon jetzt davon wissen? Und welche Verbindung besteht zwischen dem Land mit seinen bisherigen Bewohnern und deren sittlichem und religiösem Charakter? Ferner zwischen dem in Aussicht gestellten Vertilgungsgericht über die damaligen Einwohner und den weiteren Absichten Gottes mit diesem Land? Welches besondere Interesse hat Gott überhaupt an irgendeinem speziellen Landstrich dieser Erde?

Wenn man die Geschichte Israels sorgfältig liest, kommt man nicht umhin zu erkennen, dass sich auf dem Boden des ihnen verheißenen Landes eine Verderbtheit, eine Häufung namenloser Gräuel ausgebildet und eingenistet hatte, wie sie wohl in der ganzen Menschheitsgeschichte ihresgleichen sucht. Es ist, als ob sich der Mörder und Verderber von Anfang in ganz besonderer Weise gerade diesen Landstrich und dessen Bevölkerung ausgesucht hätte, um in ihnen sein höchstes Unwesen zu treiben. Abraham selbst bekam eine anschauliche Probe davon mit Sodom und Gomorrha, deren entsetzlichen Untergang im Feuer- und Schwefelgericht selbst seine treue Fürbitte nicht zu verhindern vermochte. Jahwe musste sie hinwegtun, wie Er sagte (Hes. 16, 50).

Es ist wohl nicht zu gewagt anzunehmen, dass Satan die Absichten Jahwes bezüglich gerade dieses Landes nicht unbekannt waren. Auch nicht, wenn wir sagen, Gott habe ihm gestattet, sich gerade auf dem von Ihm auserwählten Boden in einer Weise auszuleben, wie es sich schauriger vielleicht kaum denken lässt.

Jedenfalls liegt in den Worten: Das Maß der Sünden der Amoriter (die hier wohl nur als Repräsentanten aller kanaanitischen Stämme genannt werden) ist noch nicht voll, die Tatsache deutlich vor uns, dass Gott die entsetzliche Entwicklung der satanischen Gräuel nicht nur sorgfältig beobachtet, sondern durchaus auch in Seine Rechnungen einkalkuliert hat. Auch ersehen wir daraus, dass Er nicht daran dachte, dieser schaurigen Entwicklung irgendwie hinderlich im Weg zu stehen, was Er doch zweifelsfrei vermocht hätte. Gott hätte ja nur an allen Kanaanitern dasselbe Gericht zu vollziehen brauchen, das Er (wohl als warnendes Beispiel für die Übrigen) an Sodom und Gomorrha vollstreckte.

Es ist daher völlig unverkennbar, dass Seine abwartende Haltung gegenüber den unheimlichen Verheerungen, die das satanische Götzenwesen und die ungezügelte Fleischeslust anrichteten, eine ganz konkrete erzieherische Bedeutung gerade für Abraham und seinen Samen hatte, die zu Seiner Zeit bestimmt waren, das Gericht der vollständigen, schonungslosen Vertilgung an den kanaanitischen Völkern zu vollstrecken.

Damals aber, als die entsetzlichsten Gräuel unter göttlicher Geduld standen, war es ganz klar nicht die Aufgabe des Auserwählten Jahwes, Gericht zu üben oder auch nur Reformen innerhalb der ihn umgebenden verteufelten Völkerwelt ein- und durchzuführen. Als Seine Erwählten führten die Väter inmitten der sie umgebenden bösen, gottlosen Welt ihren stillen Wandel im Glauben. Wer da will, mag sie tadeln, weil sie nicht mehr Missions- und Werbeeifer an den um sie her dem Verderben entgegenreifenden Menschen an den Tag gelegt haben. Sie verstanden ihren Gott allerdings nur besser als die heutige Christenheit ihre Berufung in der Welt. Auf der einen Seite, in der römischen und orthodoxen Christenheit, ist man auf zwangsweise Ausbreitung resp. Aufrechterhaltung des »Evangeliums« (?) unter den Völkern bedacht. Auf der anderen, in den protestantischen Kirchen, glaubt man die gegenwärtige böse Welt durch soziale und andere Reformen aus dem Schmutz heben und vor der Gerichtskatastrophe bewahren zu müssen.

Sage niemand, dabei bliebe aber kein Raum für wirklich gottgewollte Missions- und Evangelisationstätigkeit. Denn diese kann keinen anderen Sinn haben als den, die Gemeinde der Auserwählten herauszurufen, zu sammeln und aufzubauen. Für diese Arbeit ist ausreichend Raum, egal wie sich die Kirchen- oder Weltverhältnisse gestalten mögen. Allerdings ist kein Raum für Welt- und Völkerbekehrung oder Christianisierung nach beliebter moderner Weise.

Somit steht deutlich vor uns, dass es zur göttlichen Berufung des auserwählten Samens gehört, in der Fülle der Zeit das unerbittliche, schonungslose Gericht Gottes an der dazu ausgereiften übrigen Menschheit auszuüben. Zu diesem Zweck müssen sie aber zuerst lernen und üben, das von Gott mit Vorbedacht getragene und gestattete Böse um sich her zu erleiden. Und weiterhin ist unverkennbar, dass sie selber erst dann zur Gerichtsvollstreckung taugen, wenn auch sie gerichtet wurden. Nur Gerichtete dürfen und können richten.

Es hat etwas Ergreifendes an sich, wahrzunehmen, dass Menschen berufen sind, an ihresgleichen solch Gericht zu vollstrecken. Die Ägypter dürfen an dem Hause Jakobs, das sich schwer an seinem Bruder Joseph versündigt hatte, Gottes Gericht vollziehen, allerdings ohne sich dessen bewusst zu sein. Mose und Aaron sind dann wieder berufen, die Plagen heraufzubeschwören, mit denen Jahwe Ägypten und seine Götter richtet und zuschanden macht. Und später bekommt ganz Israel den Auftrag, da die Missetat der Amoriter voll wurde, nun alle jene Völkerschaften im Land mit Stumpf und Stiel zu vernichten. Dass sie in der Vollstreckung dieses Gerichtes nachlässig und säumig waren, brachte ihnen und der ganzen folgenden Menschheit Verderben ein. Die sittliche und religiöse Entwicklung der Menschheit wäre sicher anders verlaufen, wenn Israel an diesen vom Satanismus durchseuchten Völkerstämmen keine schonende Nachsicht geübt hätte.

Auch muss jedem denkenden Christen auffallen, dass die zur Gerichtsvollstreckung berufenen und erwählten Kinder Israels, der Same Abrahams nach dem Fleisch, keineswegs selbst vor dem Gericht bewahrt, von ihm verschont werden. Im Gegenteil, Gott hat an Seinem auserwählten Volk das schonungsloseste, furchtbarste Gericht vollzogen. Heißt das etwa, Gott habe Sein Volk endlosem Verderben oder gar der Vernichtung preisgegeben? Heißt das, Gericht bedeutet hoffnungslosen Untergang oder ein Abbrechen aller göttlichen Gnaden- und Heilsbeziehungen zu den Gerichteten? Niemals! Wir werden das an späteren Beispielen aus der Schrift noch deutlicher erkennen.

Und das Land? Was hat es mit diesem auf sich? Es hat für unser Denken etwas Befremdliches, wenn wir uns vorstellen sollen, dass der große Gott, der Schöpfer Himmels und der Erde, sich als den besonderen Herrn und Besitzer eines kleinen Stückchen Landes im Südostwinkel des Mittelmeeres gelegen bezeichnet. Wir fragen uns, welche Veranlassung Gott haben mag, das so zu betonen. Dass Er es tut, steht natürlich außer Frage. So begründet Jahwe das Verbot, Grund und Boden endgültig zu verkaufen, folgendermaßen: »... denn mir gehört das Land; denn Fremde und Beisassen seid ihr bei mir« (3. Mose 25, 23). Im Gegensatz zum Land Ägypten, aus dem Gott sie führte, rühmt Mose das Land Kanaan dieserart: Es ist »ein Land, auf das der Herr, dein Gott, Acht hat. Beständig sind die Augen des Herrn, deines Gottes, darauf gerichtet vom Anfang des Jahres bis zum Ende des Jahres« (5. Mose 11, 12). Neben diesen Worten ist noch an mindestens zwölf anderen Stellen der Schrift nachdrücklich von Jahwes Land die Rede, abgesehen von Versen, in denen Gott von Seinem heiligen Berg Zion usw. redet (vgl. Ps. 85, 2; Jes. 8, 8; 14, 2.25; Jer. 2, 7; 16, 18; Hes. 36, 5; 38, 16; Hos. 9, 3; Joel 1, 6; 2, 18; 4, 2).

Man mag solchen Worten in überlegener Geistlichkeit (?) keine reale Bedeutung beimessen oder sie höchstens im uneigentlichen, übertragenen Sinne gelten lassen, wir dagegen können nicht umhin, nach allem, was wir im Kapitel zuvor über Gottes Führung in und mit dieser Schöpfung erkannten, auch hier unverkennbare Spuren desselben Verfahrens zu sehen.

Satan hat sich, wie er einst diese ganze Erde mit in seinen Sturz zog und aus ihr ein Tohu wabohu machte, so auch hier beim Herannahen der Einführung des Auserwählten Jahwes in das ihm und seinem Samen versprochene Land, mit dem Gott große und wunderbare Dinge plante, vorher in gerade diesem Land eine Hochburg seines verderblichen Wesens nach der anderen angelegt. Er hat eben das Terrain besetzt, das sich der Allerhöchste zum Boden ausersah, auf dem die höchste Offenbarung Gottes in dem Sohn Abrahams und Davids geschehen sollte. Denn die Tatsache steht ganz klar und offensichtlich vor uns, dass der Sohn Gottes für Sein gesamtes Erdenleben fast ausschließlich auf den Boden des dem Abraham verheißenen Landes angewiesen war. Es ist eben der Boden, der in Gethsemane Seinen blutigen Schweiß trank; der Boden, in den man das verfluchte Holz steckte, an welchem Er erhöht wurde, um sie alle zu sich zu ziehen; der Boden, in dem man Ihm Sein Grab grub bei den Reichen.

Das sind solch reale Beziehungen, über die uns so leicht keinerlei vermeintliche Geistlichkeit hinweghilft. Sie bekunden göttliche Absichten und Ratschlüsse, deren äußerste Konsequenzen sich unserer Berechnung noch entziehen mögen, die aber ganz im Rahmen dessen liegen, was wir bereits über Gottes große Heilsgedanken mit Seiner gesamten Schöpfung, soweit diese unter die Gewalt der Finsternis und des Todes geriet, erkennen durften.

In diesem Zusammenhang darf beiläufig noch darauf hingewiesen werden, dass alle großen welt- und kulturgeschichtlichen Bewegungen seit Jahrtausenden ihren Herd und Ausgangspunkt gerade in den Ländern nahmen, die rings um das von Jahwe geliebte und Israel zugeschworene Land liegen. Ob Chaldäa oder Ägypten die Ehre der ältesten Kultur gebührt, sei dahingestellt. Beide sind Nachbarländer und -völker, die mit der Geschichte Israels in innigsten Beziehungen standen. Die ganze Welt- und Völkergeschichte hatte bis zum heutigen Tag ihren Mittelpunkt in der östlichen Hälfte jenes Länderkomplexes, der von den Wassern des Mittelmeeres bespült wird. Es ist die Nahost-Politik, die die Staatsmänner aller Nationen bis heute in ihrem Bann hält.

Die Freilegung der zum Teil verschütteten Wasseranlagen Mesopotamiens, der Bau der Bagdadbahn mit ihren Verbindungslinien, die kolossalen Staudämme der Engländer am oberen Nil, die Arbeiten an der ganz Afrika durchquerenden Bahnlinie vom Kap bis Kairo, das alles sind Erscheinungen, die eine sehr deutliche Sprache sprechen für den, der wissen möchte, wo eigentlich der Nabel der großen Weltbewegungen liegt. Er findet sich auf einer Linie, die unter keinen Umständen das Land Jahwes umgehen und auslassen kann. Denn Gott hat Seinen König auf Seinem heiligen Berg Zion eingesetzt, und »von Zion wird Weisung ausgehen und das Wort des Herrn von Jerusalem« (Jes. 2, 3; Micha, 4, 2; s. a. Ps. 2, 6; 110, 2).

Das aber kann für einen bibelgläubigen Christen keine andere Bedeutung haben, als dass man an jenem großen Tage Gottes und Seines Christus, an dem das Reich und die Herrschaft unter dem ganzen Himmel dem Volk der Heiligen und des Höchsten übergeben werden, nicht erst eine Volksabstimmung durchführt über die Frage: Von wo aus werden die Gerichte und die Weltgeschichte dirigiert?!

Nun bleibt uns noch eine wichtige Erwägung, bevor wir weitergehen dürfen. Abraham hat nach der Schrift einen zweifachen Samen, einen irdischen und einen himmlischen. Darauf weisen schon die sehr merkwürdigen bildhaften Bezeichnungen hin, die in der Schrift dort gebraucht werden, wo von seiner zahlreichen Nachkommenschaft die Rede ist. Sie seien wie die Sterne des Himmels und wie der Sand am Ufer des Meeres, beide nicht zu zählen (1. Mos. 15, 5; 22, 17; 26, 4). Hier und da kommt auch das Bild vom Staub der Erde vor (1. Mos. 13, 16; 28, 14). Wir wollen hier nicht darauf eingehen, ob es berechtigt ist, zwischen zweierlei irdischer Nachkommenschaft zu unterscheiden, wovon die eine mit dem

Staub des (verheißenen) Landes, die andere mit dem Sand am Ufer des (Völker-)Meeres verglichen wird.

Jedenfalls steht klar vor unserem geistigen Auge, dass die Zweiteilung zwischen irdischem und himmlischem Samen durchaus berechtigt ist. Was will sie uns in diesem Zusammenhang sagen?

Dass es zu Seiner Zeit Israels, des irdischen Samens, gottgewollte Aufgabe war, Sein Gericht an den Bewohnern eben des verheißenen Landes zu vollstrecken, ist nicht zu bestreiten. Somit haben wir keine Schwierigkeit, dies auf die zukünftigen Zeiten anzuwenden, wenn sich Gottes unbereubare Liebesgedanken mit dem Volk Seiner Wahl erfüllen werden: Israel wird nach der Verheißung das schonungslose und gerechte Gericht Gottes an seinen und Gottes Feinden auf Erden unweigerlich vollstrecken. Solche Ehre, nämlich Rache zu üben an den Völkern, Strafe an den Nationen, ihre Könige mit Ketten zu binden und ihre Edlen mit eisernen Fesseln, um das aufgeschriebene Gericht an ihnen zu vollziehen, sagt Ps. 149, werden alle Seine Heiligen haben. Und Jesaja darf weissagen: »Denn die Nation und das Königreich, die dir (Jerusalem) nicht dienen wollen, werden zugrunde gehen. Diese Nationen werden verheert werden, ja verheert. ... Und gebeugt werden zu dir kommen die Söhne deiner Unterdrücker, und alle, die dich geschmäht haben, werden sich niederwerfen zu deinen Fußsohlen. Und sie werden dich nennen: Stadt des Herrn, Zion des Heiligen Israels« (Jes. 60, 12.14).

Und auf welchem Gebiet wird sich dann diese Berufung der gläubigen Gemeinde, die Gott heute durch den Geist des Glaubens Seinem Sohne aus allen Nationen sammelt und für den Tag Jesu Christi zubereitet, erfüllen? Gibt uns die Schrift auch darüber klaren, unzweideutigen Aufschluss? Jawohl. Paulus eröffnet den Korinthern: »Oder wisst ihr nicht, dass die Heiligen die Welt richten werden? ... Wisst ihr nicht, dass wir Engel richten werden ...?« (1. Kor. 6, 2.3).

Die Gemeinde ist es, die ihr Bürgerrecht, ihr Politeuma (πολίτευμα), ihre Zugehörigkeit in den himmlischen Regionen hat, in denen während dieses gegenwärtigen Zeitlaufs der Satan und sein Anhang ihr Unwesen treiben und von wo aus sie den Lauf dieser gottentfremdeten Welt beherrschen (nach Eph. 2, 2; 6, 12; 2. Kor. 4, 4). Denn Gott hat uns samt Christus auferweckt und mit Ihm in die himmlischen Örter oder Regionen versetzt (Eph. 2, 6). Unser Kampf ist eben gegen die Fürsten und Gewaltigen, die dort hausen und herrschen (Eph. 6, 12). Ihnen sieghaft zu widerstehen, über sie im Glauben zu triumphieren, ist unsere derzeitige Berufung. Und dem entspricht auch unsere zukünftige, nämlich diese Engelwesen und -mächte zu richten, wovon der Apostel in 1. Kor. 6 deutlich zeugt.

Damit ist die Parallele vollständig. Israel für die Bewohner der Erde, die Gemeinde für die himmlischen Lufträume und Welten. An dieser einfachen Aussage ist nichts zu rütteln. Man mag sie ablehnen, an ihr achtlos vorübergehen, sich über sie hinwegsetzen, als stände sie nicht da; aber des Herrn Wort bleibt. Eine solche Ehre werden Seine Heiligen haben. Für die Glieder der gläubigen Gemeinde kann also keine Rede davon sein, sich dem zu entziehen, wenn sie sich nicht des direkten Ungehorsams schuldig machen wollen.

Soll aber die Gemeinde Christi eines Tages die Engel richten, dann kann und darf sie sich nie und nimmer allein auf sich selbst beziehen und besinnen, darf sie sich nicht ständig um den engen Kreis der eigenen Heilserfahrungen drehen wollen, muss vielmehr über sich selbst hinaus auf die großen, alle Seine geschaffenen Wesen umfassenden Gedanken ihres Rettergottes eingehen lernen.

Welchen Sinn kann es aber haben, dass die Gemeinde die Engel richten soll? An die guten, heiligen, sündlos gebliebenen ist dabei doch nicht zu denken. Wenn aber an die anderen, die gefallenen, die Teufel und Dämonen, die Finsternismächte dieses Weltlaufs, dann kann man doch sicher nicht davon ausgehen, dass deren Schicksal bereits jetzt unwiederbringlich und unwiderruflich besiegelt ist. Das kann und wird doch erst durch die dazu bevollmächtigte und beauftragte Gemeinde bestimmt werden, und zwar erst dann, wenn sie dem Ebenbild des Sohnes Gottes gleichgestaltet ist, welcher dann der Erstgeborene unter vielen Brüdern sein und das Gericht und die Herrschaft mit Seinen Brüdern teilen wird.

Dieses Gericht wird dann nicht nach den Rubriken und Schablonen sterblicher, kurzsichtiger, befangener Menschenkinder gehalten werden, sondern nach der vollkommenen Heiligkeit und Gerechtigkeit dessen, der ein verzehrendes Feuer, weil die Liebe, ist.

Aus unseren bisherigen Betrachtungen über die unzweifelhafte, zukünftige, richterliche und gerichtsvollstreckende Aufgabe der Auserwählten Gottes fällt ein helles Licht auf ein Wort des Herrn Jesu, das sich auf genau dieser Linie bewegt. Nachdem Er sagte: »Denn wie der Vater Leben in Sich selbst hat, so hat Er auch dem Sohn gegeben, Leben zu haben in sich selbst«, fährt Er fort: »... und Er hat Ihm Vollmacht gegeben, Gericht zu halten, weil Er des Menschen (also Abrahams) Sohn ist« (Joh. 5, 26.27).

Er wurde aber des Menschen Sohn, damit Er gerichtet, verurteilt und getötet werden konnte. Und als Gerichteter und dem Tode Überlieferter ist Er des Todes Überwinder geworden. Darum hat Ihm der Vater die Vollmacht zum Gericht übergeben und mit Ihm auch den Seinen, die als Menschensöhne und ebenfalls Gerichtete zu Richtern berufen sind.

Was jedoch »richten« und »Gericht halten« bedeutet, werden uns die weiteren Betrachtungen noch deutlicher aufzeigen.

2. Der dem Fluch Geweihte als Segnender

In Melchisedek, dem Priesterkönig im Land Kanaan, begegnen wir einer der wunderbarsten und bedeutungsvollsten Persönlichkeiten der göttlichen Offenbarung. Von ihm und seiner Größe spricht der Brief an die Hebräer eine deutliche Sprache. Er wird mit dem Sohne Gottes verglichen. Sein Priestertum stellt eine höhere Ordnung dar, als das Levis, des Sohnes Abrahams, sodass Christi ewiges und vollkommenes Hohepriestertum nach der Ordnung Melchisedeks benannt wird. »Schaut aber, wie groß dieser ist, dem Abraham, der Patriarch, den Zehnten von der Beute gab ... Ohne jeden Widerspruch aber wird das Geringere von dem Besseren gesegnet« (Hebr. 7, 4.7).

Melchisedeks erstes Auftreten in der heiligen Geschichte ist völlig unvermittelt und unvorbereitet. Als Abraham von der siegreichen Niederwerfung jener östlichen Könige wiederkam, die seinen Bruder Lot gefangen und verschleppt hatten und zu dessen Rettung er 318 seiner eigenen Männer satteln ließ, da begegnete ihm im Tal Shaveh, im Königstal, erstmals der König von Salem. Aber, so lesen wir da, der König von Salem, Melchisedek, brachte Brot und Wein herbei. Und er war ein Priester Gottes, des Allerhöchsten (1. Mose 14).

Ohne Geschlechtsregister, ohne Angabe von Vater oder Mutter, was doch sonst fast immer Brauch in den göttlichen Schriften ist, besonders bei hervorragenden Persönlichkeiten wie Königen und Priestern, tritt er dem Vater aller Gläubigen, dem Auserwählten Gottes, entgegen. Und das nicht als Empfangender, sondern als ein Gebender, Höherer, der im Namen des allerhöchsten Gottes den segnen darf, der der berufene Erbe eben jenes Landes war, auf dem diese Begegnung stattfand und in dem Melchisedek selbst seinen königlichen und priesterlichen Dienst ausübte. Und dieser von ihm gesegnete Abraham ist im Rat und Willen Gottes bestimmt, künftig durch seinen Samen das furchtbarste Vertilgungsgericht am Volk genau dieses wunderbaren Priesterkönigs zu vollstrecken. Geheimnisse über Geheimnisse! Was wollen sie uns sagen? Kann man in sie überhaupt hineinschauen? Sind das nicht gänzlich unlösbare Rätsel?

Wir bleiben dessen eingedenk, was wir bereits zu Beginn unserer Betrachtungen über das Evangelium Gottes sagen durften, dass der uns geschenkte Geist der Sohnschaft alle Dinge erforscht, auch die Tiefen Gottes. Für berufene Söhne Gottes gibt es keine verborgenen Winkel, in die sie nicht freien Zugang zur Erfassung alles dessen hätten, was der Geist Gottes an Herrlichkeiten ihres erstgeborenen Bruders dort niederlegte. Wenn auch in tiefer, heiliger Ehrfurcht und Scheu, so nahen wir uns aber doch auch mit großer Freimütigkeit und betrachten mit Anbetung und Beugung, was Gott uns durch Sein Wort und Seinen Geist geoffenbart hat.

Bei allem Geheimnisvollen heben sich dennoch mit großer Deutlichkeit eine Reihe einleuchtender Tatsachen ab, deren Aussagen klar zu fassen sind.

Zunächst steht fest, dass das Priester- und Königtum Melchisedeks geschichtlich viel weiter zurück liegt, als irgendetwas Derartiges in der Linie des auserwählten Samens. Denn hier begegnet der geheimnisvolle Priesterkönig unserem Vater Abraham, bevor dieser auch nur einen einzigen Sohn hatte. Was immer also Melchisedek im göttlichen Haushalt mit Welt und Menschheit bedeutet, liegt viel weiter zurück, als die Tatsache der Auserwählung und Zubereitung eines Volkes oder einer Gemeinde von Auserwählten.

So hoch daher die Auserwählung zu werten ist, muss dennoch gesagt werden, dass sie nicht das Höchste in der Summe göttlicher Heilsgedanken mit der Welt bedeutet. Denn über ihr liegen Absichten des allerhöchsten Gottes, der Himmel und Erde besitzt, mit der gesamten Menschheit, die so weit reichen, dass das Priestertum des Sohnes Gottes unter dieser Ordnung erscheint.

Ganz gewiss fließen in der Person des Sohnes Gottes diese beiden Linien harmonisch zusammen. Ein unversöhnlicher Widerspruch zwischen beiden ist unter keinen Umständen nachweis- oder behauptbar. Wohl aber darf und muss zwischen ihnen unterschieden werden, und zwar so, dass dem Gedanken der Auserwählung nicht der Vortritt vor jenem gegeben wird, der die Beziehungen des allerhöchsten Gottes zu all Seinen Menschen wiedergibt und deren Verwirklichung das ganze unvergleichlich kostbare System der Erwählung dienstbar gemacht und unterstellt ist.

Von dieser Seite aus betrachtet darf also selbst den Auserwählten höchster Art, d. h. den erwählten Gliedern der himmlischen Gemeinde, nie in den Sinn kommen, sich selbst sowie ihre Aufgabe und Stellung als das Ziel und Ende der Wege Gottes mit der Menschheit in Gericht und Gnade anzusehen. Vielmehr lehrt uns dieser schlichte Sachverhalt des schon lange währenden Vorhandenseins eines von Gott bestellten Priester- und Königtums auf Völkerboden, dass Gottes weltumfassende Heilsgedanken in der Völkerwelt bereits eine Darstellung und Abbildung hatten, längst bevor es einen Auserwählten gab. Alles aber, was Gott je und je abschattet, führt Er auch aus.

Nun muss dieser Melchisedek dem Auserwählten Gottes begegnen, und so geschieht es auch. Am Brot und Wein, die er dem Abraham entgegenbringt, darf sich der Auserwählte stärken und erfrischen. Und vom Geber dieser Gaben darf er sich segnen und rüsten lassen zu seiner wichtigen Begegnung mit dem König von Sodom, dem Typus des Gottes und Fürsten dieser Welt.

Daraus können wir Auserwählte lernen, welche Segnungen uns von Gott darin bereitet sind, dass wir einem Melchisedek begegnen dürfen, d. h. uns an seiner Person und Gestalt Dinge Gottes sagen lassen, die noch tiefergehendere Blicke in den Reichtum göttlicher Liebesgedanken gestatten, als selbst Sein wunderbarer Rat mit den Auserwählten.

Zum anderen erscheint dieser Melchisedek als König von Salem. Das wird im Hebräerbrief symbolisch auf den Friedenscharakter seiner Herrschaft gedeutet, schließt aber nicht aus, dass wir uns unter Salem seine wirkliche historische Residenz vorstellen dürfen. Und wir finden in einem der ältesten geschichtlichen Büchern des Alten Testaments, im Buch Josua, eine Persönlichkeit als König von Jerusalem, deren Name eine eigenartige Verwandtschaft mit Melchisedek aufweist. In Jos. 10, 1 nämlich ist die Rede von Adoni-Zedek, einem (kanaanitischen) König Jerusalems, der auf die Botschaft von Josuas Sieg über Ai vier weitere Könige der Amoriter zu Hilfe ruft, um sich der eindringenden Kinder Israels zu erwehren, allerdings umsonst. Das Maß der Sünden der Amoriter war nun voll und der Tag ihrer Heimsuchung gekommen. Auf das Wort des Josua hin steht die Sonne still in ihrem Lauf und er darf an diesen fünf Königen vor dem versammelten Volk ein Exempel statuieren. Er spricht zu den Obersten des Kriegsvolks, die mit ihm gezogen waren: »Tretet heran, setzt eure Füße auf die Nacken dieser Könige! ...

Danach erschlug Josua sie. Er tötete sie und hängte sie an fünf Bäumen auf; und sie blieben an den Bäumen aufgehängt bis zum Abend« (Jos. 10, 24 b.26). Unwillkürlich wird man an das Wort erinnert: »Verflucht ist jeder, der am Holz hängt!« (Gal. 3, 13; 5. Mos. 21, 23).

Die Ähnlichkeit des Namens Adoni-Zedek (Herr der Gerechtigkeit) mit Melchisedek (König der Gerechtigkeit) ist so überraschend, dass wohl als sicher angesehen werden darf, dass wir es hier mit zwei Persönlichkeiten derselben Gattung und Stellung zu tun haben. Das heißt, wir erkennen in Melchisedek wohl ebenfalls einen der Könige der Kanaaniter oder Amoriter. Damit decken sich ja auch die Worte, die Jahwe durch den Propheten Hesekiel an Jerusalem richten lässt: »Deine Herkunft und deine Abstammung sind aus dem Land der Kanaaniter; dein Vater war ein Amoriter und deine Mutter eine Hetiterin« (Hes. 16, 3).

Somit steht eine der ergreifendsten Tatsachen vor uns, dass nämlich Gott auf dem Boden eben des Volkes oder der Völker, in denen sich der furchtbarste Satanismus eingewurzelt hatte und die infolgedessen dem völligen Vertilgungsgericht anheim gegeben wurden, ein königliches Priestertum der allerhöchsten Ordnung eingerichtet und aufrechterhalten hatte, von dem wir allerdings nur diesen einen hervorragenden Träger, flüchtig kennenlernen, aus dessen Vergleich mit dem Sohne Gottes uns aber eine Flut von Licht über Gottes wunderbare Wege mit der allgemeinen, tiefst gesunkenen Menschheit aufgeht, noch bevor von Auserwählung die Rede ist.

Im Licht dieser Tatsachen erscheint der Umstand, dass Abraham von Melchisedek gesegnet wird, von ganz besonderer Bedeutung. Der Hebräerbrief appliziert dabei so, dass der Segnende unzweifelhaft höher steht als der Gesegnete. Somit wird lediglich das bestätigt, was wir bereits über das gegenseitige Verhältnis dieses Priesterkönigs und dessen, was er im göttlichen Ratschluss hinsichtlich des Vaters der Auserwählten darstellt ausgesprochen haben.

Das heißt aber doch nicht weniger, als dass die höchsten und tiefsten Gedanken des Allerhöchsten nicht an den Auserwählten verstanden und erkannt werden sollen, so hoch deren Stellung und Bedeutung im göttlichen Haushalt auch zu bemessen ist, sondern sie liegen weiter und tiefer zurück in dem, was Gott schon lange vorher in dem königlichen Priestertum Melchisedeks auf kanaanitischem oder amoritischem Volksboden zum prophetischen, typischen Ausdruck brachte. Dass sich diese Gedanken erst in den Ewigkeiten erfüllen und voll entfalten werden, dafür bürgt die wiederholte Rede Gottes: »Du bist Priester in Ewigkeit (genauer: für den Äon) nach der Ordnung Melchisedeks« (Hebr. 7, 17.21; Ps. 110, 4). Was immer auch in Melchisedek vorgebildet und abgeschattet war, kann und wird erst durch den ewigen Sohn zur vollendeten Darstellung und Ausführung gelangen.

Und während uns die Schrift Melchisedek nur als Priesterkönig zeigt und nennt, so war er doch auch gewiss zugleich ein geistgesalbter Prophet des Allerhöchsten. Das versteht sich eigentlich von selbst, wie es ja auch das Neue Testament als etwas Selbstverständliches anzusehen scheint, dass der Hohepriester Kaiphas in seiner Amtsfunktion weissagte, dass Jesus für das ganze Volk sterben sollte (Joh. 11. 50.51). So spricht denn auch Melchisedek in seinem Segen über Abraham Worte, die unbestritten prophetischen Wert und Bedeutung haben: »Und gesegnet sei Gott, der Höchste, der deine Bedränger in deine Hand ausgeliefert hat!« (1. Mose 14, 20).

Da findet die Anerkennung Abrahams als berufener Vollstrecker der göttlichen Gerichtsgedanken an seinen Feinden Ausdruck. Und wer sind sie, diese Feinde? Ihre Repräsentanten waren ja sicherlich jene Könige des Ostens, die den gerechten Lot fortgeschleppt hatten. Abrahams persönliche oder politische Feinde waren sie jedoch nicht. Die ganze Feindschaft bestand eben darin, dass sie verheerend, raubend und plündernd in das Land eingefallen waren und dabei Abrahams Bruder geschädigt und in Lebensgefahr gebracht hatten. Es kann noch nicht einmal gesagt werden, dass Lot völlig unschuldig in die Hände dieser Horden fiel. Was hatte er in Sodom zu suchen? Nicht sein Gott setzte ihn dorthin, sondern das Verlangen seines eigenen Herzens, obgleich er dabei ein gerechter Mann blieb.

Ist dies alles typisch, dann fällt ein merkwürdiges Licht auf die Feindschaft, die sich für Abraham und seinen Samen, die Auserwählten, gegen all die feindlichen Mächte ergibt, die, ob verschuldet oder unverschuldet, verheerend, raubend und plündernd einherfahren. Dafür, dass der Allerhöchste sie alle in Abrahams Hände gab, lobpreist Melchisedek den Besitzer von Himmel und Erde.

Und dann ist Abrahams glänzender Sieg nur ein Abbild noch viel größerer Triumphe, die Gott seinem (Abrahams) Samen einmal ausnahmslos über alle seine Feinde geben wird.

Das Wunderbarste an der ganzen Begebenheit aber ist, dass Melchisedek auf das innigste mit gerade dem Volk oder den Völkern verwachsen und verbunden ist, unter welchen die tiefste und entsetzlichste Gottentfremdung Einzug hielt und über die im Rate Gottes beschlossen war, dass sie vom Erdboden ausgerottet werden sollten, damit das Volk göttlicher Wahl durch sie nicht vergiftet und in ihr heidnisches Wesen und ihre Gräueltaten hineingezogen würde.

Darin liegt eine unverkennbare Abschattung des Geheimnisses, dass der Sohn Gottes, mit dem Melchisedek ja verglichen wird, nicht nur in der Gewalt des sündhaften Fleisches und um der Sünde willen erscheinen musste, sondern dass, wie Paulus kühn ausspricht, Gott Ihn für uns zur Sünde machte, damit wir in Ihm Gerechtigkeit Gottes würden (2. Kor. 5, 21). Also eine vollständige Identifizierung des Heiligen und Reinen mit der verfluchten Menschheit. Melchisedek mit seinem dem Fluch und Verderben preisgegebenen Volk identisch – ein Segnender für den gläubigen Abraham, den berufenen Vater des Volkes, dem das Gericht an den Amoritern anvertraut wird! O Tiefen, unergründliche Tiefen göttlicher Heilsgedanken, die mit erschütternder Deutlichkeit durch die untersten Gründe von Gericht, Verderben und Verdammnis führen, aber eben dadurch zur Ausführung gelangen sollen!

Erst der am Holz zum Fluch Gewordene kann Quelle des Segens werden für Seine Auserwählten, unter deren Händen Er Sein Leben als Lösegeld für Viele gibt (Mark. 10, 45). Denn gleichwie Melchisedek anerkennt, dass sein Volk nach Gottes unerbittlicher Gerechtigkeit vom Samen Abrahams gerichtet und vertilgt werden muss, so verstand der Sohn, der nach der Ordnung Melchisedeks ein Priester für die Ewigkeiten werden sollte, Seinen Vater ganz richtig, dass das Volk Seiner Wahl Ihn ans verfluchte Holz zu überliefern hatte, damit Er für sie auf ewig der Segnende werden könne. Was aber auf Golgatha geschah, war nicht allein Israels, sondern der gesamten Menschheit und satanischer Mächte Tat (Kol. 2, 15; 1. Kor. 2, 8).

Eine gewichtige Frage in diesem Zusammenhang: Wenn in den Gedanken Gottes das Hohepriestertum nach der Ordnung Melchisedeks weiter zurückliegt und höher steht als das, was Seinen Plan und Rat mit den Auserwählten betrifft – obwohl beides, wie wir bereits bemerkten, in Christus harmonisch verbunden ist –, für welche Zeit ist dann wohl die eigentliche große Erfüllung und Durchführung dieses Melchisedek-Priestertums im Plan Gottes bestimmt? Lässt sich auch das aus der übrigen Schrift heraus feststellen? Wir glauben ja.

Wir beachten dabei wieder, was wir schon früher erwähnten, dass es nämlich von Bedeutung ist, wann und wo uns ein biblischer Begriff zuerst begegnet. Das ist für die korrekte Bedeutung eines solchen immer maßgebend.

Während nun die Persönlichkeit Melchisedeks im ersten Buch Mose schon früh erscheint, erfahren wir erst im 110. Psalm von dem Eidschwur Jahwes, mit dem Er Seinem Sohn dieses Priestertum für die Ewigkeiten zusagte (Ps. 110, 4). Das ist der Psalm, der mit den Worten beginnt: »Spruch des Herrn (Jahwes) für meinen Herrn: Setze dich zu meiner Rechten, bis Ich Deine Feinde gemacht habe zum Schemel Deiner Füße!« Ganz unverkennbar also kein Psalm zukünftiger Leiden, Knechtsgestalt, Verworfenwerdens, sondern des Sieges und Triumphes. »Den Stab deiner Macht wird der Herr (Jahwe) aus Zion ausstrecken. Herrsche inmitten deiner Feinde!« (Vers 2). Die sind als solche dann also noch nicht innerlich vollständig überwunden.

Aber etwas ist bereits geschehen: »Dein Volk ist voller Willigkeit am Tage deiner Macht. In heiliger Pracht, aus dem Schoß der Morgenröte habe Ich dich wie Tau gezeugt« (Vers 3). Dann erst folgen die Worte des vierten Verses: »Geschworen hat der Herr (Jahwe), und es wird ihn nicht gereuen: Du bist Priester in Ewigkeit nach der Weise Melchisedeks!« Und daran schließen noch Zusagen über gewaltige und furchtbare Gerichte an Königen und Völkern, wobei Leichen die Täler füllen und das Haupt über ein großes Land zerschmettert wird.

Ein ewiges Priestertum also inmitten der furchtbaren Offenbarungen göttlichen Zorngerichts; eine eigenartige Kombination, die sich ganz gewiss nicht an unseren dogmatischen Vorstellungen orientiert! Denn nach diesen, so wurden wir gelehrt, hört mit dem Hereinbrechen des Zorngerichts über eine feindselige Welt sämtliches Erweisen von Gnade und Erbarmen, von Vergebung und Vertretung bei Gott auf. In diesem Gotteswort aber setzt das Priestertum des Gesalbten nach der Ordnung Melchisedeks gerade unter diesen Kundgebungen Seines gerechten, heiligen und verzehrenden Zornes erst recht ein.

Es ist absolut unverkennbar, dass für die eigentliche Darstellung dessen, was in dem Priestertum nach der Ordnung Melchisedeks liegt, eine Zeit in Aussicht gestellt ist, die jenseits der Vollendung der erwählten Gemeinde aus allen Völkern liegen muss. Denn Ganz-Israel wird erst dann hereingebracht und errettet, nachdem die Vollzahl der Nationen eingegangen ist (Röm. 11, 25.26).

Damit steht keineswegs im Widerspruch, was uns der Hebräerbrief über die gegenwärtige, heute gültige Ausübung Seines Priestertums im himmlischen Allerheiligsten seitens unseres großen Hohenpriesters Jesus mitteilt. Es ist völlig unleugbar, dass Er sich zur Rechten der Majestät in der Höhe gesetzt hat, wartend, bis Gott Ihm alle Seine Feinde zum Schemel Seiner Füße geben wird, d. h. auf die endgültige Erfüllung von Ps. 110, 2 harrend; ebenso, dass Er *nun* als unser Fürsprecher vor dem Angesicht Gottes, unseres Vaters, erscheint.

Aber auch nicht zu leugnen ist, dass die gegenwärtige Heilszeit mit ihren unermesslichen und großartigen Darreichungen und Möglichkeiten an die Nationen gleichzeitig für das Volk göttlicher Wahl die Zeit ihrer furchtbarsten, aber letzten nationalen Gerichtsheimsuchung ist. Israel widerfuhr Verstockung, bis die Vollzahl, der Leib Christi, gesammelt und vollendet ist.

Diese bedeutsame Tatsache wird leider viel zu wenig beachtet. Ansonsten gäbe es wesentlich mehr Klarheit und Verständnis für die wunderbaren Wege Gottes in Gericht und Gnade. Mit unseren althergebrachten Vorstellungen von Gnaden- und Gerichtszeit kommen wir da einfach nicht durch. Denn für einen bibelgläubigen Christen ist es offenkundig und unzweifelhaft, dass Israel heute in der äußersten Finsternis liegt, wo Heulen und Zähneklappern ist. Ebenso offenbar aber ist, dass dieser Gerichtszustand niemals so gedeutet werden darf, als ob es nun für Israel selbst heute überhaupt keine Gnade gäbe.

Sicherlich wird heute nur ein Überrest aus Israel durch den Glauben in die Gemeinde Gottes einverleibt, aber aus den Nationen sind es ja auch nicht die breiten Maßen, die in dieser Zeit gesammelt und eingebracht werden. Und Paulus kommt kaum nach mit Warnungen und Mahnungen an die Gläubigen aus der Völkerwelt, sich doch nur nicht über Israel zu überheben, weil Gott sie *zeitweilig* ausgehauen hat (Röm. 11, 17.18).

Aus der ganzen alt- und neutestamentlichen Prophetie geht aber mit größter Klarheit hervor, dass die gegenwärtige Gerichtszeit der Verblendung unzweifelhaft die letzte für Israel sein wird. Noch eine furchtbare, kurze, intensivste Zeit entsetzlichster Verfolgung und Bedrängnis – und dann die große nationale Wiederherstellung, Heilung und Erlösung aus allen ihren Sünden und Übertretungen.

Dieser melchisedek'sche Dienst umfasst und umschließt also ohne jeden inneren Konflikt oder Gegensatz beide Momente, Gericht und Gnade, und zwar, wie es schon im jetzigen Zeitlauf ersichtlich ist, gleichzeitig.

Oder kann irgendeinem gläubigen Kind Gottes der Gedanke kommen, dass der erhöhte Messias Israels auch nur einen einzigen Tag, ja nur eine Stunde Seines verblendeten Volkes in Seinem hohepriesterlichen, fürbittenden Dienst bei Seinem Vater im Himmel vergessen haben sollte? »Vergisst etwa eine Frau ihren Säugling, dass sie sich nicht erbarmt über den Sohn ihres Leibes? Sollten selbst diese vergessen, Ich werde dich niemals vergessen. Siehe, in meine beiden Handflächen habe Ich dich eingezeichnet. Deine Mauern sind beständig vor mir« (Jes. 9, 15.16).

Was also in jenem 110. Psalm als eigentlich bezeichnende Lage für die Erweisung des Melchisedek-Priesterums dargestellt ist, davon haben wir schon heute die deutliche Probe vor Augen. Nur wird sie in diesem prophetischen Gemälde unverkennbar noch weiter hinaus gezeichnet, bis in jene zukünftigen Zeiten hinüber, da Gottes auserwähltes Volk in Seine Ruhe eingegangen sein und sich seinem Gott für alle weiteren Gerichtsheimsuchungen an den Völkern im Schmuck der Heiligkeit willig zur Verfügung gestellt haben wird. Und das geht, bis alle Seine Feinde dem zu Füßen liegen, dem Sein Herr sagte: »Setze dich zu meiner Rechten«! Das heißt, das Priestertum Melchisedeks in Jesus Christus ist gerade für die Zeiten bestimmt, in denen Seine Gerichte die Erde treffen, damit deren Bewohner daran Gerechtigkeit lernen (Jes. 26, 9 b) und aus aller Ungerechtigkeit und Sünde wieder zurechtgebracht werden.

Israel ist darin lediglich Gottes erstgeborener Sohn unter den Völkern. Jetzt lernen sie durch Gericht, was sie einst nicht lernen wollten: die Gerechtigkeit Gottes. Die übrigen Völker müssen und werden denselben Lehrgang mit dem gleichen Ergebnis durchlaufen.

Solange es daher auf Erden etwas zurechtzubringen gibt, solange gilt das Priestertum nach der Ordnung Melchisedeks. Und der Grundsatz, den wir oben herausfanden, wird seine dauerhafte Anwendung finden, nämlich: Die dem Fluch und Verderben Geweihten werden für andere die Segnenden sein. Wie deutlich springt das ja am Volk seiner Wahl in die Augen, das heute unter Fluch, Verderben und Verdammnis schmachtet, auf dem der Zorn Gottes *bleibt*, weil sie Ihn verwarfen in den Tagen ihrer Heimsuchung, damit sie nach unserer Begnadigung auch Begnadigte werden und ein Segen sein mögen für alle Völker der Erde. Nachdem geschrieben steht: »Wie ihr ein Fluch unter den Nationen gewesen seid, Haus Juda und Haus Israel, so werde Ich euch retten, und ihr werdet ein Segen sein« (Sach. 8, 13; Röm. 11, 30.31)!

Und gilt denn mit der gläubigen Gemeinde ein anderes Gesetz? Nein! Sondern gerade in dem Maße, als wir erkennen, dass wir ans verfluchte Holz gehören und gekommen sind, das heißt mit Christus Verfluchte wurden unseres Eigenlebens wegen, in eben dem Maße sind wir Gefäße des Segens und des Lebens für andere.

C. Typische Gerichte und Richter

1. Das erste Weltgericht: Die Sintflut

Alles Fleisch hatte seinen Weg verdorben auf Erden, welche voll Frevel geworden war. Wie konnte das so rasch geschehen? Die Schrift gibt uns darüber deutliche und sehr beachtenswerte Hinweise. Beachtenswert für unsere heutige Generation, weil Jesus mit großer Bestimmtheit vorhersagte: »Aber wie die Tage Noahs waren, so wird auch die Ankunft des Sohnes des Menschen sein« (Matth. 24, 37). Diese Worte dürfen gewiss nicht nur auf das Moment der Plötzlichkeit und des unerwarteten Hereinbrechens des Gerichtes bezogen werden, sondern haben wohl auch ihre berechtigte Anwendung auf die jenem Gericht vorangehenden Zustände in der Menschheit, wie uns das ja auch die Apostel des Herrn mit großer Deutlichkeit vorhergesagt haben. Es werden in den letzten Tagen grauenhafte und gefährliche Zeiten sein (2. Thess. 2, 3-12; 1. Tim. 4, 1.2; 2. Tim. 3, 1-9; 2. Petr. 3, 3 ff.).

Die Übereinstimmung zwischen dem, was sich damals in der Menschheit vollzog und den unheimlichen Strömungen und Bewegungen unserer Tage ist ganz offensichtlich. In 1. Mose 6, 1.2.4 wird uns mitgeteilt: »Und es geschah, als die Menschen begannen, sich zu vermehren auf der Fläche des Erdbodens, und ihnen Töchter geboren wurden, da sahen die Söhne Gottes die Töchter der Menschen, wie schön sie waren, und sie nahmen sich von ihnen allen zu Frauen, welche sie wollten. ... In jenen Tagen waren die Riesen auf der Erde, und auch danach, als die Söhne Gottes zu den Töchtern der Menschen eingingen und sie ihnen Kinder gebaren. Das sind die Helden, die in der Vorzeit waren, die berühmten Männer.«

Was hier von Riesen und Helden gesagt ist, deckt sich auffällig mit den mythologischen Gebilden, welchen wir bei fast allen alten Kulturvölkern der Erde begegnen. Die gelten auch, wie Herkules und andere, für Abkömmlinge von Göttern und weiblichen Menschenwesen. Auch liegt kein triftiger Grund vor, warum sich in jenen alten Mythologien der Völker nicht Dinge hätten fortpflanzen sollen, wenn auch nach manchen Seiten hin verzerrt und entstellt, die man nicht ohne weiteres für reine Phantasiegebilde halten darf. So finden sich in all jenen mythologischen Überlieferungen der Völker unzweifelhafte Erinnerungen an das Paradies, an den Baum des Lebens, an die Schlange und den Baum der Erkenntnis. Bei dem sehr hohen Alter der damaligen Menschen war die verhältnismäßig treue Weitergabe dieser Begebenheiten aus dem Gedächtnis keineswegs so schwierig oder fraglich, wie sie manchem scheinen möchte.

Man hat ja versucht, unter der »Söhnen Gottes« die Nachkommen des frommen Seth zu verstehen; und die »Töchter der Menschen« wären dann die weiblichen Nachkommen der kanaanitischen Reihe von Vätern. Leider stört dabei, dass in der ganzen Schrift alten Testaments die Bezeichnung »Söhne Gottes« übereinstimmend für die Engel verwendet wird (außerdem wird nur noch Israel Gottes erstgeborener Sohn genannt); siehe z. B. Hiob 1, 6; 2, 1; 38, 7; Dan. 3, 25; 2. Mose 4, 22.23; Hos. 11, 1. Und den neutestamentlichen Begriff individueller Teilhaber göttlicher Natur, d. h. echter, legitimer Gottessöhne durch den Glauben an den Auferstandenen darf man hier nicht hereintragen. Es ist auch nicht leicht ersichtlich, warum im Unterschied zu den »Söhnen Gottes« die entsprechenden weiblichen Wesen einfach »Töchter der Menschen« genannt werden sollten, wenn jene auch nur Söhne, allerdings gottloser oder gottentfremdeter Menschen waren.

Die dem entgegengestellte Schwierigkeit aus dem Worte des Herrn über die Engel in Luk. 20, 36 wird hinfällig, sowie man dieses Wort genau liest, ja, es verwandelt sich sogar in eine Bestätigung unserer Auffassung. Jesus hatte gesagt: »Die Söhne dieser Welt heiraten und werden verheiratet; die aber würdig geachtet werden, jener Welt teilhaftig zu sein und der Auferstehung aus den Toten, heiraten nicht, noch werden sie verheiratet; denn sie können auch nicht mehr sterben, denn sie sind Engeln gleich und sind Söhne Gottes, da sie Söhne der Auferstehung sind« (Luk. 20, 34-36). Dass die Erben der zukünftigen Welt (eigentlich: Weltlauf, Äon) nicht mehr heiraten werden, ist nicht damit erklärt oder begründet, dass sie den Engeln darin gleich seien, sondern dieser Vergleich bezieht sich auf das Nicht-mehr-sterben-können. Doch selbst wenn man aufgrund anderer Ursachen zugibt, dass die Engelwelt anders organisiert ist als die Menschenwelt, d. h. dass es bei den Engeln keine Männer und Weiber, keine Zeugungen und Geburten gibt, sondern dass sie als individuelle Einzelwesen von Gott ihr Dasein erhalten haben, so folgt daraus noch keineswegs, dass es ihnen als Geisteswesen unmöglich sein müsse, fremdartigem Fleisch nachzugehen und aus Töchtern der Menschen Wesen zu erzeugen, die demzufolge völlig richtig als Helden (Gewaltmenschen) bezeichnet werden können.

Dass geistige Wesen mit menschlichen Wesen grundsätzlich nicht in zeugende Beziehung treten können, lässt sich aus der Schrift nicht belegen. Im Gegenteil, uns scheint die Prinzipienfrage allein schon darin gelöst zu sein, dass der Sohn Gottes, vom Heiligen Geist im Schoße der Jungfrau gezeugt, menschliche Leiblichkeit annahm. Warum sollten jene Zeugungen nicht satanisch inspirierte Versuche gewesen sein, Gott auch darin zuvorzukommen und vorzugreifen, d. h. ein satanisches Geschlecht von Pseudo-Gottessöhnen zu erzeugen durch das Eingehen der wirklichen, aber gefallenen, ungehorsamen »Söhne Gottes« zu den Töchtern der Menschen.

In dem obigen Wort bestätigt der Herr auch unsere Deutung des Ausdrucks »Söhne Gottes«, denn Er gebraucht ihn offenbar vor Seinen jüdischen Zuhörern als gleichbedeutend mit Engeln.

Vielleicht gehört auch noch ein Wort aus dem Judasbrief hierher. Dort ist in Vers 6 die Rede von den Engeln, die ihr Fürstentum nicht bewahrten, sondern ihre eigene Behausung verließen und nun von Gott bis zum Gericht des großen Tages mit ewigen Banden unter der Finsternis in Verwahrung getan sind. Unmittelbar daran schließt Judas in Vers 7 einen Hinweis auf die Städte Sodom und Gomorrha und die umliegenden »Töchter«, wie sie der Prophet Hesekiel nennt, und erwähnt, dass sie in gleicher Weise wie jene die Unzucht aufs Äußerste trieben und anderem, d. h. fremdartigem, Fleische nachgingen, wofür sie das Feuergericht ereilte, welches uns in einem besonderen Abschnitt beschäftigen wird.

Nun kann aus unseren deutschen Übersetzungen nicht deutlich ersehen werden, ob das Fürwort »jene« nur die beiden erstgenannten Städte Sodom und Gomorrha betrifft, wonach dann der Sinn wäre, dass sich die umliegenden Töchterstädte derselben Sünden teilhaftig gemacht hätten wie die beiden erstgenannten. Aus dem Umstand aber, dass im griechischen Text dieses Fürwort männlichen Geschlechts ist, ergibt sich, dass es nicht auf diese beiden Städte bezogen werden soll – denn im Griechischen ist das Wort für »Stadt« weiblich –, sondern es muss auf ein vorher genanntes Subjekt männlichen Geschlechtes gehen. Das nächste dieser Art im vorhergehenden Satz und Vers ist das Wort »Engel«.

Aus dieser Beziehung ergäbe sich dann, dass auch jenen Engeln, die ihre Behausung verließen und ihrem Verlangen nachgaben, wie es den Anschein hat, die Erde ohne göttlichen Auftrag zu durchwandern (vgl. Hiob 1, 7; 2, 2), ebenfalls grauenvolle Unzucht zur Last gelegt wird, nämlich ein Nachgehen fremdartigem Fleische. Dieser Ausdruck würde sich decken mit dem, was 1. Mose 6 bezeichnet wird, als »sie nahmen sich von ihnen allen zu Frauen, welche sie wollten«, »sie gingen zu den Töchtern der Menschen ein und sie gebaren ihnen Kinder«.

Daraus würde resultieren, dass wir es hier mit einem ganz besonders gefährlichen Eindringen feindseliger Geistesmächte in das menschliche Leben und Wesen zu tun haben, das für die fernere Entwicklung der Menschheit auf Erden unabsehbare Folgen haben musste. Aus inneren Gründen ist der Gedanke allerdings nicht von der Hand zu weisen, dass Satan eine solche Angriffsweise auf das menschliche Geschlecht, aus dem ja der verheißenen Weibessame hervorgehen sollte, geplant und angestiftet haben sollte. Außerdem fehlt es auch im Neuen Testament nicht an deutlichen Spuren davon, dass in der unseligen Geisterwelt ein starkes Verlangen nach Verleiblichung vorhanden ist. Jene Dämonen, die Jesus in Gadara aus dem Besessenen trieb, wollten lieber in die Körper von Säuen fahren als leiblos in den Abgrund. Und im modernen Spiritismus offenbart sich etwas ganz Ähnliches, das heißt ein unheimliches, mächtiges Vordringen der bösen, verführerischen Geisterwelt in die Menschheit hinein.

Dass Satan selbst es vermochte, sich irgendwie in den – wenn auch nur zeitweisen – Besitz einer menschlichen Leiblichkeit zu setzen, ergibt sich klar aus dem Bericht des Evangelisten Johannes: »Und nach dem Bissen fuhr dann der Satan in ihn (Judas)« (Joh. 13, 27).

Immerhin wird aus diesen (allerdings nicht sehr reichhaltigen, dafür aber viel sagenden) Spuren solch satanischen und dämonischen Vordringens in die Menschheit verständlich, warum uns die Schrift mitteilt, dass Gott ein so furchtbares, vernichtendes Gericht über die Menschenwelt verhängte, die sich, wie es scheint, diesem Unwesen in sehr großen Ausmaßen aufgetan hatte. Wenn es galt, die Menschheit möglichst rein, d. h. unvermischt, zu erhalten, dann durften keine halben Maßregeln angewandt werden. Aus demselben Grund ist auch die furchtbare Strenge, mit der Jahwe gebietet, die amoritischen und kanaanitischen Völkerstämme auszurotten, in denen sich nach der Flut dasselbe entsetzliche

Unwesen wieder eingenistet hatte, durchaus erklärlich. Ja, sie erscheint sogar geradezu als ein Akt weiser Barmherzigkeit gegen die übrige Menschheit, so, wie das Ausbrennen eines giftigen Schlangenbisses oder der radikale Schnitt in ein tödliches Geschwür nicht Grausamkeit sondern Wohltat ist.

Israel hat durch falsches Schonen genug Verderben und Unheil über sich selbst und die ganze übrige Völkerwelt gebracht. Gedankenlose Christen haben sich in diesem Stück sehr ungerechte Urteile über den »blutrünstigen, rachsüchtigen« Gott Israels zu fällen erlaubt, in dem sie unter keinen Umständen eine Ähnlichkeit finden können mit dem neutestamentlichen, ins Fleisch geoffenbarten Gott. Wir werden im Verlauf unserer weiteren Untersuchungen noch ausreichend Gelegenheit erhalten, die völlige Grundlosigkeit eines solchen Urteils klarzustellen und auf das Bestimmteste nachzuweisen, dass der Jahwe Israels kein anderer ist als der Jesus von Nazareth der Evangelien, der Christus der apostolischen Briefe und der Weltenrichter der Apokalypse.

Nun jedoch zum Gericht der Flut selbst. Aus der gesamten biblischen Darstellung ergibt sich sehr nachdrücklich, dass dieses Gericht als durchaus weltumfassend angesehen sein will. Der Apostel Petrus weiß in seinem ersten Brief nur von wenigen, nämlich acht Seelen, die aus der ganzen damaligen Menschheit in der Arche durch das Wasser hindurch gerettet wurden (1. Petr. 3, 20). Ebenso bezeugt der Hebräerbrief, dass Noah durch Glauben die Arche zur Rettung seines Hauses baute (Hebr. 11, 7). Auch Jesus selbst kennt keine andere Fassung jenes Weltgerichtes als diese: »Sie aßen, sie tranken, sie heirateten, sie wurden verheiratet bis zu dem Tag, da Noah in die Arche ging und die Flut kam und alle umbrachte« (Luk. 17, 27). Mit diesen übereinstimmenden Zeugnissen deckt sich der einfache Bericht 1. Mose 9, 19: »Diese drei sind die Söhne Noahs, und von ihnen ist die ganze Erde bevölkert worden.«

Soviel also ist ganz klar: Wenn es jemals ein wirkliches Weltgericht gegeben hat, dann war jene Flut ein solches. Und es kann keinen echten Zweifel darüber geben, dass in der Lehre des Herrn Jesu jenes Vertilgungsgericht, in dem die gesamte vorflutliche Menschenwelt, ausgenommen acht Seelen, unterging, typisch und prophetisch angesehen sein will für das noch zukünftige Gericht über eine sorglose Welt und Menschheit. Dabei spielt es keine Rolle, ob wir hier an eine ebenso umfangreiche, d. h. die ganze dann lebende Menschheit umfassende Vertilgung von der Erde denken oder den Umfang des Gerichts einschränken dürfen. Die Lektionen, die es für uns zu lernen gibt, bleiben im Grund und Wesen die gleichen.

Welche Grundbezüge göttlichen Gerichtshandelns heben sich nun erkennbar ab aus dem so furchtbar ernsten Anschauungsbild, das uns der Geist Gottes in Seinem Bericht über das Gericht der Flut entworfen hat?

1. Das Gericht brach über eine Welt herein, in der sich Gott durch treue Zeugen nicht unbezeugt gelassen hatte, eine Welt, welcher Henoch, der Siebte von Adam, nicht nur mit einem frommen, gottseligen Wandel Licht schenkte, sondern dessen Hinwegnahme, ohne den Tod gesehen zu haben, eben dieser Welt ein überwältigendes Exempel göttlicher Heils- und Lebenskräfte angesichts aller Todesmächte in der Menschheit gezeigt hatte.

2. Zum anderen hatte Noah auf Gottes Geheiß unter ihnen den Dienst eines Predigers der Gerechtigkeit seit Jahrzehnten in der eindrucksvollsten Weise geübt, indem er, allem Hohn und Spott ungeachtet, die sichere Arche zum Heil seines Hauses baute. Sicherlich hätte Noah mit Freuden und Gottes vollster Zustimmung noch eine oder zwei oder viele Archen mehr zu bauen unternommen, wenn die Menschen bereit gewesen wären, sein Zeugnis vom hereinbrechenden Flutgericht anzunehmen. Aber die Gelehrten und Gebildeten jener Tage werden ihm klipp und klar wissenschaftlich nachgewiesen haben, dass es mehr als harmlose Schwärmerei sei, an die Möglichkeit einer solchen physikalischen Katastrophe zu glauben; so etwas könne nach allen erkannten Naturgesetzen überhaupt nicht eintreten und es sei unverantwortlich, die Menschen so zu verängstigen.

3. Das Gericht war schonungslos und weltumfassend. Ohne Rücksicht auf Alter oder Geschlecht betraf es eine komplette Menschheit, ausgenommen wenige Seelen. Die Universalität dieses Gerichtes ist eine der wichtigsten Seiten desselben, was unsere korrekte Einsicht in die Bedeutung göttlicher Gerichte überhaupt anbelangt.

4. Von diesem furchtbaren Gericht blieben auch die durch die Arche Geretteten nicht unberührt. Es traf selbst sie, wenn auch längst nicht mit der gleichen Schärfe wie die Umgekommenen. Das monatelange Umhergetriebenwerden auf den brausenden und wallenden Fluten und die schaurigen Begleitumstände, unter denen sich ihre Rettung vollzog, sind nicht zu unterschätzen. Es ist durchaus berechtigt zu sagen, dass auch Noah und seine ganze Familie mit gerichtet wurden.

5. Auf die Bedeutung der Durchrettung Noahs und seiner Familie

wiesen wir bereits oben hin: Es handelte sich hierbei lediglich um die Fortführung eben dieses sündigen Menschengeschlechts über das Gericht hinüber zwecks weiterer Auswirkung göttlicher Gedanken in der Menschheit, wie sie war und ist. Es handelte sich nicht, wie wir in dem Kapitel von Abraham ausführten, um Auserwählung in heilsökonomischem Sinne. Noah ist nur der Repräsentant der breiten Menschheitsmasse, der über das Gericht hinübergeführt wird, um jenseits von Tod und Gericht einen neuen Anfang zu ermöglichen

6. Dieser neue Anfang auf der durch die verheerende Flut gewissermaßen gereinigten Erde ist ein weiterer bezeichnender Zug in diesem göttlichen Gerichtsverfahren. Er beweist, dass Gottes Gerichtswege, so schauerlich und ernst sie sein mögen, niemals ein Aufgeben Seiner Liebes- und Heilsgedanken mit der Menschheit als solcher bedeuten. Das ist eine von und in der Schrift sehr deutlich gezogene Linie, deren folgerichtige Verlängerung nichts anderes ergeben kann als den klaren Bescheid darüber, dass alles noch so verheerende und vertilgende Gericht niemals Ziel und Endzweck der Gotteswege sein kann. Vielmehr bildet es nur den Durch- und Übergang zu einem neuen göttlichen Haushalt mit derselben Menschheit.

7. Auf die Fragen: was aber ist mit den in der Flut Umgekommenen?; sind sie nicht dennoch verloren im absoluten Sinn?; gibt es auch für sie noch eine berechtigte Hoffnung aufgrund der Schrift?, bleibt uns das Wort Gottes die Antworten nicht schuldig. Eben dieser gerichteten, ungläubigen Menschheit hat Christus nach Seiner Auferstehung, wie wir fest glauben, gepredigt, wie uns Petrus bezeugt: »In diesem (Geist der Auferstehung) ist Er auch hingegangen und hat den Geistern im Gefängnis gepredigt, die einst ungehorsam waren, als die Langmut Gottes in den Tagen Noahs abwartete, während die Arche gebaut wurde, in die wenige, das sind acht Seelen, durchs Wasser hindurch gerettet wurden« (1. Petr. 3, 19.20). Wir halten es für einen verhängnisvollen Irrtum, anzunehmen, wie es vielfach immer noch geschieht, dass sich die sogenannte Höllen- (richtiger: Hades-) fahrt Jesu Christi während Seines eigenen Todesleidens vollzogen habe. Zwischen Seinem Tod und Seiner sieghaften Auferstehung war und blieb Jesus, der aus Gottes Gnaden den Tod schmecken musste für alle(s), selbst ein Gebundener des Todes, wie es sich aus Apg. 2, 24 klar ergibt: »Den hat Gott auferweckt, nachdem Er die Wehen des Todes aufgelöst hatte, wie es denn nicht möglich war, dass Er von ihm behalten würde.«

Wurden aber die Wehen (oder Bande) des Todes für Ihn erst durch

Auferweckung gelöst, dann war Er eben bis zu Seiner Auferstehung ein Gebundener des Todes. Sein Tod gehört noch mit zu Seinem Leiden, zu Seiner tiefsten Erniedrigung, die erst mit dem Moment der Auferstehung für immer ein Ende nahm. Aber nachdem Ihm Gott die Wehen des Todes aufgelöst und Ihn auferweckt hatte, konnte Er (Jesus) sagen: »Ich war tot, und siehe, Ich bin lebendig in alle Ewigkeit und habe die Schlüssel des Todes und des Hades« (Offb. 1, 18).

Dasselbe bezeugt auch ganz eindeutig Eph. 4, 10, wo Paulus erklärt: »Der hinabgestiegen (in die untersten Örter der Erde), ist derselbe, der auch hinaufgestiegen ist über alle Himmel, damit Er alles erfüllte.« Hinaufgestiegen aber ist nur der Auferstandene, nicht der noch nicht Getötete und Auferweckte. So hatte Jesus nach Seiner Auferstehung während den vierzig Tagen vor Seiner Himmelfahrt die ausgiebigsten Gelegenheiten zur »Höllenfahrt«, die Er nach Petrus auch treulich nutzte. Zu welchem Zweck, sagt uns wiederum Petrus in 1. Petr. 4, 6: »Denn dazu ist auch den Toten gute Botschaft verkündigt worden, damit sie zwar den Menschen gemäß nach dem Fleisch gerichtet werden, aber Gott gemäß nach dem Geist leben möchten.« Gericht am Fleisch zur Ermöglichung göttlichen Lebens im Geist.

8. Es bedarf kaum noch besonderer Erwähnung, dass kein einziger Zug dieses typischen (und nach der Lehre Jesu prophetischen) Weltgerichts für eine Vernichtung der so furchtbar Gerichteten spricht. Und doch waren das Menschen, die jede Gelegenheit hatten, dem Verderben, das ihnen drohte, zu entfliehen, die aber einfach nicht glaubten und somit verloren gingen. Besondere Beachtung verdient dabei die im biblischen Bericht gebrauchte Sprache, die an Kraft und Nachdruck nichts zu wünschen übrig lässt. Wir lesen 1. Mos. 7, 23: »So *löschte* Er alles Bestehende *aus*, das auf der Fläche des Erdbodens war, ... und sie wurden von der Erde *ausgelöscht.*« Wir begegnen solchen Ausdrücken auch später wieder in den Berichten über schwere, verheerende, verzehrende Gerichte Gottes und machen darauf aufmerksam, dass dieselben angesichts des Vorliegenden unmöglich als gleichbedeutend mit gänzlicher Vernichtung gedeutet werden können. Ausschlaggebend ist hier die Tatsache, dass Jesus in Seinem Hinweis auf die Flut und ihre Wirkung ein griechisches Zeitwort gebraucht (ἀπόλλυμι), von dem auch ein Hauptwort gebildet wird (ἀπώλεια), das von Vertretern der Vernichtungslehre sehr eifrig als Beweis dafür ausgenutzt wird, dass diese Worte *vernichten* und *Vernichtung* bedeuten sollen... In Jesu Munde, Luk. 17, 27, hat das Wort diese Bedeutung offenbar nicht, denn die Schrift weiß nicht das Geringste von

einer Vernichtung der im Flutgericht Vertilgten, wie wir eben nachgewiesen haben.

9. Schon hier tritt uns entgegen, dass der Hauptzweck dieses Gerichtes an der damaligen, dämonisch verseuchten Menschheit wohl kein anderer als die Verhütung und Verhinderung eines tieferen Eindringens des verderblichen Wesens in die Menschheit war, nach dem 1. Petr. 4, 1 ausgesprochenen Grundsatz, dass das Leiden im Fleisch ein Ende des Sündigens bedeutet. Diese Erwägung wird uns in der Betrachtung des nächsten typischen Gerichts durch Feuer, wie es über Sodom und Gomorrha verhängt wurde, noch deutlicher entgegentreten.

2. Das erste Feuergericht: Sodom und Gomorrha

Die Bedeutung der göttlichen Gerichte in Seinem Verfahren mit der Menschheit zu ihrer Befreiung aus aller Gewalt der Sünde und Finsternis ist so mannigfaltig und vielseitig, dass es unmöglich ist, an einem einzigen, wenn auch noch so bedeutungsvollen Exempel, wie das der Sintflut, alle wesentlichen Grundsätze zu zeigen. So verhält es sich ja mit allen großen Heilswahrheiten der Schrift. Sie werden uns durch Wort, Bild und Gleichnis von verschiedenen Seiten beleuchtet und vorgeführt. Das hängt zum einen mit der Unvollkommenheit alles irdischen Wesens zusammen, von welchem doch die Bilder und Lehrdarstellungen für das dazu nötige Material abhängig sind, zum anderen mit unserer menschlichen Beschränktheit und Begrenztheit im Erkennen. Es ist uns unmöglich, einen Gegenstand zu gleicher Zeit von zwei oder mehr verschiedenen Seiten ins Auge zu fassen.

So lässt die Schrift dem ergreifenden Anschauungsunterricht über das, was Gott unter Weltgericht verstanden haben will, planmäßig eine weitere, nicht minder wichtige Belehrung folgen über das, was wir über die Feuerhölle, das Gericht mit Feuer und Schwefel wissen müssen, einmal, um den ganzen furchtbaren Ernst des heiligen Gottes recht zu ermessen, zum anderen aber auch, um tiefe, klare Einblicke in die kostbare Wahrheit zu gewinnen, dass auch Hölle und Verdammnis nur Seine Diener sind, die Seinen Willen zum Heil ausführen.

Eines Tages kommt Gott in Begleitung zweier Männer zum Zelt Seines Freundes Abraham bei den Eichen Mamres. Seine eigentliche Mission an Seinem Auserwählten war die frohe Botschaft: »Wahrlich, übers Jahr um diese Zeit komme Ich wieder zu dir, siehe, dann hat Sara, deine Frau, einen Sohn« (1. Mose 18, 10). Danach standen die drei Männer auf und wandten sich gen Sodom. Und Abraham ging mit ihnen, sie zu begleiten (Vers 16). Das hätten sie ihm ja wehren können und Abraham wäre ruhig in sein Zelt zurückgekehrt. Aber der Herr sprach: »Sollte Ich vor Abraham verbergen, was Ich tun will?« (Vers 17).

Diese Worte verraten deutlich die tiefen Zusammenhänge, die zwischen den Gerichtsgedanken Gottes über Sodom und Seinen großen Rettungsgedanken mit dem verheißenen Samen bestehen, der ja doch zugleich der Richter aller Welt werden sollte und der niemals der Welt Richter wäre, wenn *Er* nicht der Richter wäre. Es ist also auch hier wieder unverkennbar, dass die Lektion mit Sodom in erster Linie für den Auserwählten vollzogen wurde. Darum geht sie uns als Auserwählte ebenfalls in besonderer Weise an.

Es handelt sich ja wirklich um große und ernste Lektionen, die wir mit unserem Vater Abraham zu lernen bekommen. Gott helfe uns, sie zu erkennen und zu begreifen. Da steht zunächst Abrahams fürbittender Dienst und dessen bestimmte Begrenzung vor uns (ab Vers 23). Es ist geradezu wunderbar, wie der heilige Richtergott mit sich reden lässt. Abraham beginnt mit fünfzig Gerechten, die möglicherweise in der gottlosen Stadt gefunden werden und die der Richter aller Welt doch unmöglich mit wegraffen könne, so als wäre der Gerechte wie der Gottlose. Jahwe ist sofort bereit, das gelten zu lassen: »Wenn Ich in Sodom fünfzig Gerechte in der Stadt finde, so will Ich um ihretwillen dem ganzen Ort vergeben« (Vers 26). Und auf dieser Linie geht es weiter und weiter abwärts bis zu zehn Gerechten. Und Jahwe spricht: »Ich will nicht vernichten um der Zehn willen« (Vers 32 c).

Warum Abraham bei zehn Gerechten innehielt? Gewiss nicht aus Verzagtheit oder Mangel an Glaubensmut, mit dem Herrn noch weiter zu reden. Wohl aber erkannte er völlig richtig, dass es in dieser Sache eine ganz bestimmte Grenze geben müsse. Und diese gab es auch – und sie gibt es bis heute. Es hieße die gesamte Sachlage missverstehen, wenn man denken wollte, Abraham hätte ruhig weiter bitten müssen und er dann ganz Sodom vor dem Gericht bewahrt. Das liefe schließlich darauf hinaus, den Auserwählten für den Untergang der gottlosen Stadt verantwortlich zu machen!

Nein, es war zur Genüge klargestellt, dass Gott, der gerechte Richter, sich fest an das eine Grundgesetz gebunden hatte, dass nämlich die Anwesenheit von Gerechten inmitten gottlosester Umgebung ein wirksames Hindernis für das Hereinbrechen des göttlichen Zorngerichtes bedeutet. Das ist die erste Lektion, die hier zu lernen war. Und Abraham verstand seinen Gott richtig, darum hielt er inne, als Gott sich verpflichtete, sie um der zehn Gerechten willen zu schonen.

Es ist unbeschreiblich groß in unserem Gott, dass Er eine solche Bereitschaft offenbart, selbst unter so äußerst bescheidenen Bedingungen zu schonen. Denn wenn in einer einwohnerreichen Stadt nicht einmal zehn Gerechte gefunden werden, dann kann niemand sagen, Gott richte zu scharf und streng, wenn Er sie in der Hölle verdirbt (man vgl. Hes. 14, 14.16.20).

Wir erkennen also ganz deutlich, dass es im tiefsten Grunde nie die Aufgabe der Auserwählten sein kann, das hereinbrechende Gericht über eine gottlose Welt gänzlich aufzuhalten oder zu verhindern. Denn so furchtbar auch dasselbe sein mag, so unentbehrlich ist es für die Durchführung der göttlichen Liebesgedanken gerade mit derselben gottlosen und gerichtsreifen Welt. Sind doch die Auserwählten, wie wir weiter oben schon ausführten, die berufenen Gerichtsvollstrecker des heiligen Gottes an Menschen und Engeln. Deshalb muss ihr noch so gesegneter und köstlicher fürbittender Dienst seine Grenzen haben. Denn es steht geschrieben: »Gerechtigkeit und Recht sind Deines Thrones Grundfeste« (Ps. 89, 15). Und abermals: »...Ich will dich mir verloben in Gerechtigkeit und in Recht...« (Hos. 2, 21).

Von solchen bestimmten Grenzen fürbittenden Vorsprechens wissen nicht nur die Propheten (Jer. 7, 16), sondern davon redet auch das Neue Testament sehr deutlich. So Johannes: »Es gibt Sünde zum Tod; nicht im Hinblick auf sie sage ich, dass er bitten solle« (1. Joh. 5, 16.17). Und in dem Fall von Unzucht in der korinthischen Gemeinde empfiehlt der Apostel Paulus jenen tief gefallenen Bruder nicht der Fürbitte der Gläubigen, sondern er beschließt »...wenn ihr und mein Geist mit der Kraft unseres Herrn Jesus versammelt seid, einen solchen im Namen unseres Herrn Jesus dem Satan zu überliefern zum Verderben des Fleisches, damit der Geist errettet werde am Tage des Herrn« (1. Kor. 5, 4.5). Ebenso verfährt Petrus im Falle Ananias und Sapphira (Apg. 5).

Es hieße die hohe und herrliche Bedeutung aller priesterlichen gläubigen Fürbitte tief zu verkennen und zu missdeuten, wenn man in derselben das Universalmittel zur vollständigen Abwendung alles und jedes schonungslosen Gerichtes erblicken wollte. Davon kann nie und nimmer die Rede sein. Es ist der große, mitleidige, vollkommene Hohepriester zur Rechten der Majestät, der dort wartet, bis alle Seine Feinde zum

Schemel Seiner Füße gelegt werden. Und das wird nie geschehen ohne das furchtbarste, verzehrendste Gericht, das die Welt je sah.

Das sind jedoch noch nicht alle Lektionen, die es hier zu lernen gibt. Bisher kamen nur die Gesichtspunkte zur Geltung, die auf die Bedeutung der Gerechten für den Verzug, resp. die Vollstreckung des göttlichen Gerichtes an den Gottlosen Bezug nehmen. Nun aber die Bedeutung des schrecklichen Feuergerichts für die Gottlosen selber. Bedeutet es endlose, zweck- und ziellose Marter und Qual, wie vielfach angenommen wird? Oder bedeutet es letztlich Vernichtung, ein vollständiges Verzehrtwerden nach Bestand und Wesen durch das Feuer des göttlichen Gerichtes, wie man in unseren Tagen gern anstatt der Predigt von endloser Höllenpein lehrt? Oder was bedeutet Höllenfeuer, Feuergericht, Feuersee, kurz ein Gericht, von welchem Sodom und Gomorrha nach der Schrift die klassischen Beispiele sind? Auf diese Fragen wollen wir Antwort haben. Und wir erhalten sie auch – mit größter Klarheit und Nachdruck und aufs Beste bezeugt.

Es sei noch einmal deutlich betont und unterstrichen, dass es im göttlichen Heilswirken niemals ohne Feuergerichte abgehen kann. Das heißt, wir lehnen jede Auffassung des Evangeliums Gottes, die auf eine Abschwächung der Sündhaftigkeit der Sünde oder der Heiligkeit und unerbittlichen Gerechtigkeit Gottes oder eine Beseitigung oder Verwässerung der verzehrenden Gerichte Gottes abzielt, mit Bestimmtheit ab. Wir finden im Worte Gottes nichts von jenem seichten Universalismus, der die Hölle am liebsten ganz aufheben oder beseitigen möchte, wie man es ja mit der persönlichen Existenz des Satans auch gemacht hat. Wir glauben an die Realität der Hölle, des »ewigen Feuers Pein«, weil wir an die Heiligkeit und Liebe Gottes glauben.

Sünde und Satanismus sind keine leichten, harmlosen Hautausschläge, die sich mit einer sanften Salbe frommer Worte oder Werke schnell beseitigen lassen. Wir halten fest an all den gewaltigen, furchtbaren Worten der Schrift über die Strenge, den Zorn und den verzehrenden Feuereifer Gottes gegen alle Sünde und Ungerechtigkeit. Uns gelten alle die schwersten Reden und Worte des Herrn und Seiner Apostel für vollwichtig, vollwertig und vollgültig.

Doch halten wir es für einen fatalen Irrtum, ein tragisches Missverständnis, dass man in all diesen Aussagen göttlichen Gerichtsernstes Schranken für die Erweisung der unergründlichen Liebe und Weisheit unsres großen Rettergottes sieht, Schranken, die Er sich selbst gesetzt und gezogen habe, sodass Er Seinen eigenen erklärten Willen zur Rettung aller Menschen (z. B. 1. Tim. 2, 4; vgl. a. 4, 9.10) niemals wirksam ausführen könne. Wir erblicken in allem, was Tod, Verderben, Hölle und Verdammnis umschließt, lediglich Seine Werkzeuge und Diener, die Er zur endlichen, herrlichen Durchführung Seiner weltumfassenden Liebesabsichten zu benutzen versteht. Wie denn auch geschrieben steht: »Alles ist Dir dienstbar« (Ps. 119, 91).

So wird uns das Kapitel von Gericht und schonungslosem Feuereifer eines der köstlichsten im ganzen Evangelium Gottes. Da hört die furchtbare Beklemmung des Herzens auf, die den Geretteten, der logisch zu Ende denken will, was endlose Verdammnis eigentlich besagt, niemals zur Ruhe, zur tiefen, stillen Freude an allen Wegen seines großen Gottes kommen lässt. Da lernst man jauchzen, dass es eine Hölle gibt, statt seinem liebenden Denken Gewalt anzutun, um nicht ganz irre zu werden an dem Gott, der die Liebe ist und der gesagt hat: »Wo aber die Sünde überströmend geworden, ist die Gnade noch überschwänglicher geworden ...« (Röm. 5, 20 b).

Was bedeutet die Feuerhölle von Sodom für die Sodomiter? Gibt uns die übrige Schrift darüber klar und unzweideutig Bescheid? Wenn nicht, dann ist es müßig, darüber zu spekulieren. Gibt sie ihn jedoch, dann ist es unverantwortlich, zu verschweigen und zu unterdrücken, was so deutlich geschrieben steht. Hören wir zunächst das Zeugnis des Sohnes Gottes selbst über den sittlichen Zustand der Sodomiter, weswegen sie das Feuergericht ereilte.

In Matth. 11, 23 spricht Er zu Kapernaum: »Und du, Kapernaum, die du bis zum Himmel erhöht worden bist, bis zum Hades wirst du hinabgestoßen werden; denn wenn in Sodom die Wunderwerke geschehen wären, die in dir geschehen sind, es wäre geblieben bis auf den heutigen Tag.«

Mit diesen Worten entzieht der Herr zunächst der von eifrigen Evangelisten so oft gemachten Behauptung, dass Gott allen Menschen in diesem Erdenleben ausreichend Gelegenheit zur Bekehrung schenkt, jeden Boden. Denn Er sagt ganz eindeutig, was ja auch offenkundig ist, dass Gott jenen Sodomitern keineswegs die Gelegenheit einer Bekehrung gegeben habe, wie Er sie z. B. den Bewohnern von Kapernaum in der Sendung Seines Sohnes zu ihnen gab. Weiter erklärt Er ebenso deutlich, dass diese Sodomiter, wenn Gott ihnen die gleiche Möglichkeit wie Kapernaum gegeben hätte, Seinen Sohn kennenzulernen, davon einen ganz anderen heilbringenden Gebrauch gemacht hätten.

Jene immer wieder mit tiefstem Ernst erfolgenden, völlig unbegründeten Versicherungen, mit denen Leute zur Bekehrung getrieben werden sollen, legen beredtes Zeugnis ab, wieviel gedankenloses Gerede im Gewande des heiligen Eifers um Menschenseelen öffentlich verbreitet ist und von ernsten Christen einfach mit Stillschweigen gutgeheißen wird. Und wer das nicht mehr mitmachen und für bare Münze nehmen kann, dessen »Ernst in der Mission und Seelenrettung« wird verdächtigt und infrage gestellt.

Weiterhin gehört doch eine Gemütsruhe bedenklichen Ausmaßes dazu, angesichts solcher Herrenworte darauf zu bestehen, dass jene Sodomiter und ihresgleichen hoffnungsloser und endloser Höllenqual anheim gefallen seien, als sie in die Feuerhölle fuhren (denn eine andere, zeitlich befristete Hölle verwirft man ja prinzipiell), von denen der Sohn Gottes selbst allerdings bezeugt, sie seien nicht nur bußfertig gewesen, sondern wären, wenn Gott an ihnen nur getan, was Er an Kapernaum tat, auch wirklich von ihrem verderbten Weg umgekehrt. Da ist es wahrlich nicht verwunderlich, wenn sich hunderte, nein tausende sittlich ernster, wahrhaftig suchender und fragender Menschen mit Entsetzen und Abscheu von einem solchen »Evangelium« abwenden, von dem es ein »wesentlicher Bestandteil« sein soll – wie man behauptet –, dass ein in die Feuerhölle Geworfener darin in alle Ewigkeiten verdammt bleibe und niemals aus derselben erlöst oder befreit werden könne. Es gäbe für alle Menschen nur dies eine, einzige, diesseitige kurze Leben, in dem über das endlose Wohl oder Wehe eines jeden für alle Ewigkeiten unwiederbringlich und unabänderlich die Entscheidung falle.

Wer aber diesen schlichten, wahrhaftigen Worten seines Herrn Glauben schenkt und sogar für die in das Feuergericht geworfenen Sodomiter noch Hoffnung hegt, der wird als gefährlicher Seelentäuscher und Irrlehrer in den Bann getan, der Ungläubigen ein solch bequemes Ruhekissen unterlegen will, dass sie sich nicht zu sehr um ihre Bekehrung zu kümmern brauchen, – es würden ja schließlich doch alle ohne weiteres Zutun gerettet!

Da wird es auch verständlich, warum ernsthafte Evangelisten und Prediger in unseren Tagen immer wieder nach einem Ausweg aus einem solchen furchtbaren Dilemma suchen. Dass die Position der »Endlos-Verdammer« oder »Völlig-Vernichter« unhaltbar ist gegenüber dem ruhigen, nüchternen Denken vieler (noch nicht einmal schlechtesten)

Menschen in allen Kreisen und namentlich gegenüber solchen Worten unseres Herrn Jesu Christi selbst, wird immer tiefer empfunden. Bekanntermaßen halten tausende Gläubige aus leicht verständlicher Scheu innerhalb der Gemeinden, Kreise und Versammlungen mit der Tatsache zurück, dass sie innerlich längst mit der hergebrachten, tradierten Kirchen- und Gemeinschaftslehre gebrochen haben. Es ist nicht angenehm, wenn man in den Bann getan (gemäß Luther: verflucht) wird. Aber literarische Erscheinungen wie das jüngst veröffentlichte Buch eines der bekanntesten Evangelisten Deutschlands [1], der sich darin auch mit diesem Problem ehrlich und offen auseinandersetzt, legen Zeugnis dafür ab, dass die Frage über das Stadium des Ignorierens hinaus ist. Man muss sich mit ihr nun einmal endgültig abfinden. Eine gründliche Revision der herkömmlichen Anschauungen ist unvermeidlich geworden. Dafür danken wir Gott. Denn der Sieg der geoffenbarten Wahrheit ist selbstverständlich. Das Licht ist mächtiger als die Finsternis, die Wahrheit stärker als die Lüge.

Der heute so beliebte Ausweg mit der an Stelle endloser Höllenpein gesetzten endlichen völligen Vernichtung der Gottlosen und des Satans krankt indessen an denselben dogmatischen Schäden und inneren Unmöglichkeiten wie jene entsetzliche endlose Höllenlehre. Beide sind derselben trüben Quelle entsprungen, wie wir noch nachweisen werden. Als eine gewisse Konzession an die herrschende Auffassung von der endlosen Höllenqual fand ja die Vernichtungslehre in weiten Kreisen willkommenen Eingang. Sie weist eben zuviele verwandtschaftliche Merkmale auf, als dass sie der herrschenden Orthodoxie genauso ungenießbar vorkommen könnte, wie die Wiederbringungslehre, die nun einmal zuviel Revolutionäres an sich hat, um jemals in Kreisen, die nicht gar zu schroff vom Althergebrachten abweichen möchten, Aufnahme zu finden.

Doch hören wir weiter, was uns die Schrift über Sodom zu sagen hat. Der Prophet Hesekiel muss in Kapitel 16 Jerusalem ihre Gräuel vorhalten: »So spricht der Herr, Herr, zu Jerusalem: Deine Herkunft und deine Abstammung sind aus dem Land der Kanaaniter; dein Vater war

---

[1] »Die Auferstehung des Fleisches«, von dem sehr populären Pastor und Evangelisten Samuel Keller herausgegeben. Wir möchten dieses Buch allen denkenden, forschenden Christen zur sorgfältigen Prüfung empfehlen. In dieser Betrachtung werden wir noch öfter auf das Buch Kellers zurückkommen, der mit viel Geschick und Gewandtheit die Vernichtungslehre vertritt.

ein Amoriter und deine Mutter eine Hetiterin« (Vers 3). Dann folgt eine Darlegung der barmherzigen Herablassung Gottes, der die in ihrem Blute Liegende sich zur Verlobten erkor und ihr Treue schwor: »Und Ich schwor dir und trat in einen Bund mit dir, spricht der Herr, Herr, und du wurdest mein« (Vers 8 b). »Aber du vertrautest auf deine Schönheit, und du hurtest auf deinen Ruf hin und gossest deine Hurereien aus über jeden, der vorbeikam: Ihm wurde sie zuteil« (Vers 15). Grenzenlose, unerhörte Unzucht und Buhlerei wird ihr zur Last gelegt. »So geschah bei dir das Gegenteil von dem, was sonst üblich ist unter den Frauen, dass du nämlich Hurerei triebst, während man dir nicht nachhurte, dass du Lohn gabst, während dir kein Lohn gegeben wurde. So wurdest du das Gegenteil« (Vers 34). So geht es weiter. Dann kommt die Ankündigung des Gerichts: »Und so werde Ich dich aufhören lassen, Hure zu sein, und auch Lohn wirst du nicht mehr geben. Und Ich werde meinen Zorn an dir stillen, und mein Eifer wird sich von dir abwenden; und Ich werde ruhig sein und nicht mehr zürnen. – Weil du nicht an die Tage deiner Jugend gedacht hast und mich durch das alles erregt hast, siehe, so habe auch Ich deinen Weg auf deinen Kopf gebracht, spricht der Herr, Herr. Hast du diese Schandtat nicht zu all deinen anderen Gräueln hinzu begangen?« (Vers 41 b - 43).

Und nun folgt ein sehr beachtenswerter Vergleich zwischen Jerusalem und ihren beiden Schwesterstädten im Norden und im Süden, zur Linken und zur Rechten, nämlich Samaria und Sodom. Sicher war die ganze ernste Strafrede von Hurerei und Buhlerei bildlich auf heidnische Gräuel und Abgötterei zu deuten, die ja oft unter dem Bild der Hurerei dargestellt werden. Aber Jerusalem ist das wirkliche geschichtliche Jerusalem, ihr Gericht so geschichtlich wie ihre Sünde und Schande. Ebenso sind unter Samaria und Sodom nicht etwa Bilder oder Symbole geistiger Zustände zu verstehen, sondern die realen Städte mit ihren ebenso tatsächlichen Gräueln und den nicht minder tatsächlichen Gerichten, mit denen sie heimgesucht wurden. Es liegt nicht der geringste Grund vor, bei Sodom oder Samaria an etwas anderes zu denken als an die historischen Städte nördlich und südlich von Jerusalem.

»So wahr Ich lebe, spricht der Herr, Herr, wenn deine Schwester Sodom, sie und ihre Töchter, jemals getan haben, wie du getan hast, du und deine Töchter! ... Und Samaria hat nicht halb so viel Sünden begangen wie du; und du hast deine Gräuel zahlreicher werden lassen als sie und hast deine Schwestern als gerecht erscheinen lassen durch all deine Gräuel, die du verübt hast« (Vers 48.51). »*Und Ich wende ihr Geschick*

(Luther unrev.: ihre Gefangenschaft), *das Geschick Sodoms und ihrer Töchter und das Geschick Samarias und ihrer Töchter, und Ich wende dein Geschick in ihrer Mitte: damit du deine Schmach trägst und dich all dessen schämst, was du getan hast, wodurch du sie tröstest. Und deine Schwestern, Sodom und ihre Töchter, werden in ihren früheren Zustand zurückkehren, und Samaria und ihre Töchter werden in ihren früheren Zustand zurückkehren, und auch du und deine Töchter, ihr werdet in euren früheren Zustand zurückkehren*« (Vers 53-55).

Da treten eine Reihe unleugbarer Tatsachen klar zutage:

1. Während das Geschick (die Gefangenschaft) sowohl Samarias als auch Jerusalems unzweifelhaft politischer Art war, trug das Sodoms offenbar einen völlig anderen Charakter. Waren doch seine Bewohner lebendig in die Feuerhölle, den Scheol, das Gefängnis des Todes gefahren. Wir glauben nicht, dass eine ehrliche Schriftauslegung eine andere Erklärung hierfür finden wird. Damit deckt sich der Gebrauch des Wortes »Gefängnis«, Ps. 68, 19 und Eph. 4, 8; 1. Petr. 3, 19 (vgl. Sach. 9, 11.12).

2. Die Wiederherstellung Jerusalems aus der babylonischen Gefangenschaft, in der sie sich damals noch befand, ist in den Schriften der Propheten so gut bezeugt, dass erneut ein echter Zweifel an der Bewertung der Verheißung auf Rückkehr in den vorherigen Stand ausgeschlossen erscheint. Was die Rückkehr der Bewohner Samarias, des nördlichen Zehnstämmereiches, betrifft, so ist ebenfalls eine wenigstens teilweise Erfüllung dieser Worte im gleichen Sinn mit der Rückkehr Jerusalems zu verzeichnen. Denn aus manchen Stellen im zweiten Buch der Chronik, Esra und Nehemia geht deutlich hervor (und wird bekräftigt durch Luk. 2, 36), dass an der Rückkehr aus der babylonischen Gefangenschaft, resp. an der Wiederherstellung und dem Wiederaufbau des Tempels und der Stadt unter den persischen Königen auch Angehörige der zehn Stämme beteiligt waren, wie denn ja auch das ganze Neue Testament das wiederhergestellte Volk Israel im Lande durchweg nicht als ein nur zweistämmiges, sondern als ein zwölfstämmiges ansieht. So Jesus in der Wahl der Zwölfe, die Apostel in etlichen Briefen usw.

Wir stehen also hinsichtlich des realen Sinnes der Verheißungsworte Hesekiels, soweit es die aktuelle Wiederherstellung der Beteiligten in ihren vorigen politischen und religiösen Zustand angeht, keineswegs im Dunkeln.

3. Nun ist aber Sodom mit den gleichen Worten und in derselben Deutlichkeit eine Rückkehr aus ihrem Geschick (ihrer Gefangenschaft)

in ihren vorherigen Stand verheißen. Wir wiederholen, dass es uns scheint, als ob eine ehrliche Exegese nicht umhin kann, den betreffenden Worten den gleichen Sinn zu geben, den sie in den beiden anderen Fällen haben. Das Geschick Sodoms war aber kein politisches, kein Exil in fremdem Land, sondern eine Gefangenschaft im Kerker des Scheol, des Totenreichs. Aus diesem sollen sie nach dem Wort des Herrn durch den Propheten Hesekiel in ihren ursprünglichen Stand zurückkehren.

Gegen die Anerkennung dieser Tatsachen und der daraus zu ziehenden Folgerungen werden nun mancherlei Einwände erhoben.

Es wird z. B. entgegnet, dass die hier in Aussicht gestellte Rückkehr in den vorherigen Zustand nicht notwendigerweise allen betroffenen Individuen zu gelten brauche. Allerdings darf zugegeben werden, dass es beispielsweise eine nationale Wiederherstellung Israels sehr wohl geben kann, ohne dass die untergegangenen Israeliten zwingend daran teilzunehmen hätten. Nun sind jedoch ausreichend biblische Zeugnisse vorhanden, festzustellen, dass an der Rückkehr aus der babylonischen Gefangenschaft allerdings nicht wenige der Alten persönlich teilhatten, welche seinerzeit selber in die Gefangenschaft geführt worden waren (Esra 3, 12). Zumindest dieser Punkt lässt sich jedenfalls nicht verdrehen. Zudem darf wohl gesagt werden, dass der einfache Leser, der ganz unvoreingenommen liest: »(sie) werden in ihren früheren Zustand zurückkehren«, von selbst nicht so leicht auf den Gedanken kommen würde, damit seien nicht die vom Gericht Betroffenen gemeint, sondern nur ihre Nachkommen nach vielen Generationen.

Zudem hätte man doch nicht geringe Schwierigkeiten, anzugeben, wer denn im Falle Sodoms als Nachkommenschaft dieser großartigen Verheißung teilhaftig werden sollte. Denn soweit wir wissen, haben die vom Feuergericht betroffenen Sodomiter keine Nachkommenschaft hinterlassen. Allein Lot, sein Weib und seine Töchter konnten aus der Stadt entrinnen.

Auch lassen es die Worte des Herrn Jesus in Matth. 11, die uns oben schon beschäftigten, deutlich durchblicken, dass Seine Gedanken ohne Zweifel nicht bei irgendeiner Nachkommenschaft jener gottlosen Sünder weilten, sondern bei den Gerichteten selbst. Und ohne zwingenden Grund sollten wir den natürlichsten, geradlinigsten Gedankengang nicht verlassen.

Am erheblichsten klingt noch der Einwand, dass mit jener Zusage, die Sodomiter sollten in ihren vorigen Zustand zurückkehren, noch längst nicht gesagt ist, dass sie auch alle gerettet werden. Denn der vorige Zustand sei unter keinen Umständen ein sehr erfreulicher gewesen, sondern ein sehr fleischlicher und verderblicher. Das hat seine volle Richtigkeit. Und wir geben gerne zu, dass mit der Verheißung der Wiederherstellung in den vorigen Zustand noch nichts Entscheidendes über eine wirkliche Erlösung aus aller Schuld und eine wirkliche Erneuerung zum ewigen Leben gesagt ist.

Wohl aber halten wir daran fest, dass die Worte Jesu jenen Sodomitern zumindest einen Zustand der Bußfähigkeit, und unter günstigsten Umständen sogar der Bußwilligkeit, wenn Gott ihnen Seinen Heiland zeigen wird, wie Er es in Kapernaum tat, zusprechen. Und wenn sie in denselben Zustand zurückversetzt werden, dann ist doch damit wenigstens eine begründete Hoffnung auf ihre Errettung verbunden.

Dazu kommt noch eine andere Erwägung: Ist es anzunehmen, dass bußfähige Menschen, die jahrhundertelang Höllenpein erduldeten, nach ihrer Wiederherstellung aus derselben wohl geneigt sein werden, das gnädige Anerbieten Gottes in Christus Jesus auszuschlagen – vorausgesetzt, es wird ihnen noch gemacht, wie es ja an den Ungläubigen aus den Tagen Noahs durch den Auferstandenen geschah, wie wir im vorigen Abschnitt sahen? Das Wort Gottes scheint eine solche Auffassung von der Unwirksamkeit göttlicher Gerichte nicht zu bestätigen, wenn es z. B. in Jes. 26, 9 sagt: »Denn wenn Deine Gerichte die Erde treffen, lernen die Bewohner des Erdkreises Gerechtigkeit.« Und in Hes. 39, 21 ff. lesen wir: »Und Ich werde meine Herrlichkeit unter den Nationen erweisen; und alle Nationen werden mein Gericht sehen, das Ich gehalten habe, und meine Hand, die Ich an sie gelegt habe. Und das Haus Israel wird erkennen, dass Ich der Herr, ihr Gott bin, von jenem Tag an und in alle Zukunft. Und die Nationen werden erkennen, dass das Haus Israel um seiner Schuld willen gefangen weggezogen ist, weil sie treulos an mir handelten ...« Das heißt doch eindeutig, dass an den Gerichtswegen Gottes nicht nur Sein auserwähltes Israel zur Besinnung und Einsicht kommt, sondern auch die Nationen, die solche Gerichte sehen.

Aber wir haben es hier ja vorläufig nur mit den großen Grundgesetzen zu tun, welche dem göttlichen Gerichtsverfahren an der Menschheit unterliegen. Und diese sind leicht genug zu erkennen. Wir haben zwar keine wohlgeformten Lehrsätze vor uns, dafür aber Lehrtypen, Anschauungsunterricht, an dem uns Gott Seine Wege zu verstehen geben und auf

Seine Gedanken merken lehren will.

Das Weltgericht der Flut war ein solches Lehrexempel. Das Feuergericht an Sodom ist ein anderes. Die Schrift selbst aber legitimiert unseren noch so schwachen und unvollkommenen Versuch, aus diesen Beispielen zu erkennen, welche Grundsätze Gott in Seinen Gerichten leiten und bestimmen. Denn es steht geschrieben, dass Sodom und Gomorrha Beispiele der »Strafe des ewigen Feuers« sind (Judas 7). Und der Apostel Petrus erklärt ebenso, dass Gott die Städte Sodom und Gomorrha einäscherte und zur Zerstörung verurteilte, womit Er sie zukünftigen Gottlosen als ein Exempel vorlegte (2. Petr. 2, 6).

An der Berechtigung, diese Beispiele auf ihren Lehrgehalt zu untersuchen, kann somit gar nicht gezweifelt werden, wenn Gottes Wort allein ausschlaggebend sein soll. Daraufhin fragen wir:

1. Lehrt der Anschauungsunterricht von Sodom und Gomorrha die endlose, zweck- und ziellose Höllenqual der Verdammten und Gerichteten in der Feuerhölle? Das wird niemand behaupten können, dem diese Worte Gottes überhaupt Autorität sind. Denn die Verheißung der Rückkehr aus dem Feuergericht in den vorigen Zustand kann niemals dasselbe bedeuten wie endloses, hoffnungsloses Verschlossensein im Feuersee göttlichen, verzehrenden Gerichtes. Dann wäre schwarz gleich weiß und umgekehrt.

2. Lehrt der Anschauungsunterricht von Sodom die endliche völlige Vernichtung, d. h. ein allmähliches, sicheres, fortschreitendes und schließliches Aufhören des Daseins, der Existenz schlechthin für die so Gerichteten und in die Hölle Geworfenen? Keinesfalls.

Es bleibt nur eine von drei Möglichkeiten übrig, wie S. Keller in seinem oben genannten Büchlein sehr klar und scharf feststellte. Die orthodoxe Lehre kann sich auf die klassischen biblischen Beispiele von der »Strafe des ewigen Feuers« nicht berufen, denn dieselben zeugen laut und vernehmlich gegen sie. Die heute vielfach Aufnahme findende Vernichtungslehre kommt dabei auch nicht auf ihre Rechnung. Denn es ist nicht die leiseste Andeutung einer solchen an irgendeiner Stelle dieser uns vom Heiligen Geist als Lehrexempel gegebenen Gerichtsproben vorhanden.

Vielmehr steht in deutlichen Lettern, groß und vernehmlich in und über dem ganzen ergreifenden Bild, das Gott selbst als maßgebend und mustergültig bezeichnet, das eine herrliche Wort: Wiederherstellung!

Noch etwas darf nicht unerwähnt bleiben. Aus dieser Betrachtung fällt auch ein helles Licht auf die Frage nach dem letztlichen Schicksals Satans und seiner Engel. Dies ist ja ein Gebiet, auf das selbst erklärte Vertreter der Lehre von der endlichen Errettung aller Menschen nur mit der größten Zurückhaltung den Fuß zu setzen wagen. Gewiss muss der Gegenstand mit viel Keuschheit und heiliger Scheu behandelt werden. Aber so deutlich die Schrift von dem Feuer spricht, welches dem Teufel und seinen Engeln bereitet ist, so deutlich dürfen wir uns doch auch mit den berechtigten Folgerungen auseinandersetzen, die wir aus dem bisher Betrachteten ziehen können.

Das Wort des Herrn darüber steht in Matth. 25, 41: »Gehet von mir, Verfluchte, in das ewige Feuer, das bereitet ist dem Teufel und seinen Engeln!« Es gilt mit vollem Recht als eines der wuchtigsten und schwerwiegendsten aus dem Munde des Herrn oder irgendeines heiligen Schreibers. Unzweifelhaft deckt es sich in seiner furchtbaren Bedeutung ganz mit dem, was uns über die Vollstreckung des für den Teufel bereiteten Feuergerichts in Offb. 20, 10 berichtet wird: »Und der Teufel, der sie verführte, wurde in den Feuer- und Schwefelsee geworfen, wo sowohl das Tier als auch der falsche Prophet sind; und sie werden Tag und Nacht gepeinigt werden von Ewigkeit zu Ewigkeit.«

Es sei denn, dass man aus der Schrift den Nachweis erbringen kann, dass dieses »ewige Feuer«, bei all seiner furchtbaren Ausdehnung und Erweiterung in einen Feuersee, was seine Dauer und seinen Fortbestand betrifft, ganz und gar nicht unter das von Gott an Sodom und Gomorrha statuierte »Exempel« als solches gerechnet werden darf, so wird es wohl doch seine Richtigkeit haben, wenn wir daran festhalten, dass auch dieser Feuersee nach dem klaren Zeugnis der Schrift weder als ein endlos fortdauernder gedacht ist noch als göttliche Methode, ersonnen zur allmählichen, letztlichen Selbstaufreibung oder Vernichtung der dort hinein Geworfenen, seien es Teufel oder Menschen.

Der göttliche Zweck für dieses ewige, dem Teufel und seinen Engeln bereitete Gerichtsfeuer ist eben in demselben Matthäuskapitel, Vers 46, deutlich als Strafe, Züchtigung der schärfsten Art (κόλασις) bezeichnet, nicht aber als bloße zweck- und ziellose, völlig vergebliche Tortour, bei der absolut kein Resultat erreicht würde.

Und der Ausdruck »von Ewigkeit zu Ewigkeit«, welcher für viele als die eigentlich technische Bezeichnung für Endlosigkeit gilt, hat, wie sich aus Dan. 7, 18 verglichen mit 1. Kor. 15, 24-28 ergibt, diese Bedeutung keineswegs. Denn sogar das Königreich des Gesalbten auf Erden und Seiner Heiligen mit Ihm, von denen es heißt, »sie werden das Reich besitzen bis in Ewigkeit, ja, bis in die Ewigkeit der Ewigkeiten« (Dan. 7, 18), hat zweifelsfrei ein Ende und wird vollständig überflüssig gemacht durch das gesegnete, sieghafte Gerichts- und Heilswirken eben des Königs aller Könige, des Herrn aller Herren. Wo Gott in Seinen intelligenten Geschöpfen alles in allen ist (1. Kor. 15, 28), da ist für Obrigkeit und Herrschaft jede Veranlassung aufgehoben.

Die Beweiskette ist also lückenlos dafür, dass auch für den Teufel und seine Engel, ebenso wie für das Tier und den falschen Propheten, für den Menschen der Sünde, das »Kind des Verderbens«, nicht endlose, völlig nutzlose Marter aufgehoben ist, sondern das denkbar furchtbarste, durch Ewigkeiten sich erstreckende Feuergericht – zum Heil.

In seinem bereits genannten Büchlein stellt Pastor Samuel Keller auf Seite 136 den biblisch unanfechtbaren Grundsatz auf: »Nur bei zwei Begriffen des Schriftgebrauchs liegt es eben im Wesen der Begriffes selbst, dass der Zusatz »αἰώνιος« oder »olam« (עולם) den Sinn von Endlosigkeit haben kann und haben muss: Gott und Leben.« Leider verhindert ihn das nicht, etliche Seiten später (S. 164), wo es ihm passt, den herkömmlichen Gebrauch, resp. Missbrauch des Wortes »ewig« seinem Argument für die endliche Vernichtung dienstbar zu machen: »2. Thess. 1, 9: ὄλεθρος αἰώνιος – ewiges Verderben, Vernichtung für immer.« Das ist natürlich nicht zulässig.

3. Babylon und Nebukadnezar

Unter den unterschiedlichsten Gerichtsorganen oder -vollstreckern, deren sich Gott je und je in der Geschichte der Menschheit, besonders aber Seines eigenen, auserwählten Volkes Israel bedient hat, nimmt Babylon einen ganz herausragenden Platz ein. Wir dürfen damit rechnen, hier nach verschiedenen Seiten hin wertvolle Unterweisung zu erhalten.

Den ersten biblischen Bericht über Babels Entstehen als erste despotische Herrschaft auf Erden gibt uns das zehnte Kapitel der Genesis: »Und Kusch zeugte Nimrod; der war der erste Gewaltige auf der Erde. ... Und der Anfang seines Königreiches war Babel und Erech und Akkad und Kalne im Land Schinar« (Verse 8 und 10). Vor der Sintflut scheint es keinerlei organisierte Obrigkeit oder Regierung gegeben zu haben, sondern die Gliederung der Menschheit war in Stämmen und Familien unter den Patriarchen oder Vätern. Somit haben wir in dem Despotismus eines Nimrod den ersten ungöttlichen Anfang einer gewaltigen Beherrschung der Menschen durch den Stärkeren.

Es ist nicht ohne Bedeutung, dass Nimrod ein Sohn des Kusch und dadurch ein direkter Nachkomme des von seinem Vater Noah verfluchten Ham war. Es liegt etwas Ergreifendes in der Tatsache, dass ein ganzes Geschlecht, ein volles Drittel der Nachkommenschaft Noahs, die Söhne Hams, unter einen drückenden Fluch gestellt werden, dessen Wirksamkeit von niemand geleugnet werden kann, noch von den Emanzipations- und Reformbestrebungen bisher aufgehoben oder beseitigt worden ist. Was soll man nun sagen, wenn Gott selbst im Gesetz vom Sinai erklärt, Er werde der Väter Sünde heimsuchen an den Kindern bis in das dritte und vierte Glied; hier aber ist ein furchtbar belastender Fluch, der durch Jahrtausende bis auf den heutigen Tag noch nicht außer Kraft gesetzt ist. Das sind doch Fragen, die nachdrücklich eine Antwort fordern, nicht nur um der betroffenen Kinder Hams wegen, sondern um des Charakters und der Ehre des Gottes willen, der ihn durch den Mund Seines Knechtes Noah verhängte und ihn in der Geschichte der Menschheit in viele Geschlechter hinein verhärtet hat. Muss es nicht eine restlose Lösung für solche Probleme richterlicher Führung unseres großen Gottes geben? Wie aber kann Gott darin Recht behalten, der Gott, der in Sodom um fünfzig, um zehn Gerechter willen die gesamte Stadt schonen wollte, wenn dieses Erdenleben für alle Menschen ohne Unterschied die einzige Möglichkeit bietet, zur lebendigen, erlösenden Erkenntnis des heiligen und gerechten Gottes zu gelangen, wie beharrlich gelehrt wird?

Wenn aber Gott, wie wir in dem Abschnitt über Melchisedek zu zeigen versuchten, aus den Verfluchten und dem Fluch Geweihten Segnende, Priesterkönige der höchsten Ordnung zu machen bereit und willig ist, dann wird es verständlich, wieso Er ganze Generationen dem schrecklichsten Fluch unterstellen, wie Er aus den Lenden Hams und Kanaans Gewaltmenschen, Teufelanbeter der schlimmsten Art, Gründer namenloser Gräuelreiche, Anstifter bewusster, organisierter Auflehnung gegen jede göttliche Ordnung, Empörer sondergleichen und Verderber der Menschheit in der höchsten Potenz hervorgehen lassen kann von Geschlecht zu Geschlecht. Der endliche Ausgang, nicht ein Abriss aus der kurzen Geschichte etlicher Jahrtausende nur, wird Ihn glänzend rechtfertigen. Alles andere kann nicht sein. Im Angesicht solcher Probleme versagt sowohl die orthodoxe Verdammnislehre, wie auch ihr trauriges Substitut, die Vernichtungslehre, vollständig. Die einzige, Herz und Gewissen restlos befriedigende Lösung bietet nur die köstliche Wahrheit, dass Fluch, Tod, Verderben und Verdammnis nichts als Diener des heiligen, wahrhaftigen, gerechten, all-liebenden Rettergottes sind, der alles unter die Sünde einschließen kann, weil Er sich aller erbarmen will und wird.

Sehr bald, bereits im elften Kapitel der Genesis, wird uns von einem der merkwürdigsten, nachhaltigsten Gerichte Gottes über die vermessenen Turmbauer in der Landschaft Babel berichtet. »Und die ganze Erde hatte ein und dieselbe Sprache und ein und dieselben Wörter« (Vers 1). Als sich nun die bewusste Opposition gegen den erkannten Willen Gottes zu gesunder, fruchtbarer Verteilung und Verbreitung der Menschen über die weiten Landflächen der Erde kristallisierte und das organisierte Heidentum entstand, der erklärte Bruch mit der göttlichen Vaterordnung und Verwaltung, da fuhr Jahwe, der heilige Rächergott, der Böses weder dulden noch ungestraft lassen kann, hernieder und verwirrte ihre Sprache, sodass keiner den anderen mehr verstehen konnte. »... und sie hörten auf, die Stadt zu bauen. Darum gab man ihr den Namen Babel; denn dort verwirrte der Herr (Jahwe) die Sprache der ganzen Erde, und von dort zerstreute sie der Herr (Jahwe) über die ganze Erde« (Verse 8 und 9).

Ein gnädiges, wenn auch sehr peinliches, folgenschweres Gericht. Aber das Moment der Bewahrung, der Verhinderung noch entsetzlicheren Verderbens, das unfehlbar sicher gekommen wäre, wenn Gott nicht in dieser Weise richtend eingegriffen hätte, ist dermaßen augenscheinlich, dass man jetzt darüber keine Worte verlieren braucht. Unser heutiges Geschlecht liefert uns obendrein den schlagkräftigsten Beweis dafür, was babylonisches Unwesen bezweckt und erstrebt. Denn in unseren Tagen herrscht dasselbe unheimliche Streben, Städte und Türme zu bauen, die bis zum Himmel reichen, d. h. mit menschlichen Errungenschaften und Leistungen dem allerhöchsten Gott aufs Frechste die trotzige Stirn zu bieten und Sein Gericht geradezu herauszufordern, stärker wie nie zuvor. Es ist gar nicht abzusehen, in welche Höhen menschlicher Unternehmungsstolz noch dringen wird.

Nie war das Streben der heranwachsenden Jugend größer, sich unter allen Umständen die Freuden und Genüsse des Stadtlebens anzueignen. Das Anwachsen der Großstädte vollzieht sich mit einer Stetigkeit, die unseren Staatsökonomen immer schwierigere Probleme stellt. Die Sucht, gewaltige, weltumspannende Handels- und Industriekombinationen zu schaffen, lässt sich nicht mehr eindämmen und tritt allenthalben über die Ufer gesetzgeberischer Vorbeugungen. Das buchstäbliche Errichten von 40- bis 50-stöckigen Geschäftspalästen aus Stahl und Marmor in der neuen Welt, die in unglaublich kurzer Zeit hergestellt werden, hat eine unberechenbare, erzieherische Wirkung auf Gemüt und Geist der heranwachsenden Generationen, die sich mit ihren himmelstürmenden Proportionen vollständig vertraut machen. Dazu gesellen sich die über alles Erwarten günstigen Erfolge der Bemühungen, auch die Luft zu erobern. In den Wörterbüchern über technische Leistungen fehlt das Wort »unausführbar«. Kontinente werden durchstochen, Meeresarme entweder durch stolze Brücken bezwungen oder durch Tunnelbau überwunden und ihrer trennenden Kraft beraubt.

Selbst mit dem Hindernis der Sprachenverschiedenheit und -verwirrung glaubt man durch künstliche Einheitssprachen, wie Esperanto und andere, wirksam aufräumen zu können. Damit einher gehen die gewiss aufrichtig gemeinten, wenn auch gründlich missverstandenen Bestrebungen zur Herbeiführung des Weltfriedens und der Verwirklichung einer allgemeinen Menschheitsverbrüderung über die gesamte Erde hin. Nicht zu vergessen die Religionskongresse und -versammlungen, die auch auf diesem Gebiet mit aller »babylonischen Verwirrung« aufräumen möchten, in der Tat dieselbe jedoch nur vermehren können.

Es darf im Angesicht all dieser Erscheinungen wohl gesagt werden, dass heute auf der ganzen Erde der Babylonismus in üppigerer Blüte steht, als es jemals in früheren Jahrhunderten möglich war. Daran ist nur das eine erfreulich, dass das endgültige Vertilgungsgericht mit raschen Schritten näher und näher rückt, wenn es durch die Himmel tönen wird: »Gefallen, gefallen ist Babylon, die Große ... in einer Stunde ist dein Gericht gekommen. ... Denn in einer Stunde ist sie verwüstet worden. ... So wird Babylon, die große Stadt, mit Gewalt niedergeworfen und nie mehr gefunden werden« (Offb. 18).

Nun aber begegnet uns etwas höchst Wunderbares im Verlauf des göttlichen Gerichtshandelns mit dem Volk Seiner Wahl. Israel hatte sich trotz aller Warnungen, Mahnungen und Züchtigungen nicht weisen lassen, sondern war ein Volk von eingefleischten Götzendienern geworden. »Denn so zahlreich wie deine Städte sind deine Götter geworden, Juda. Und nach der Zahl der Straßen von Jerusalem habt ihr der Schande Altäre gesetzt, Altäre, um dem Baal Rauchopfer darzubringen. – Unheilbar ist dein Bruch, bösartig ist deine Wunde! Niemand führt deine Rechtssache, für das Geschwür gibt es keine Heilung, keine heilende Haut für dich!« (Jer. 11, 13; 30, 12.13). Aber »ich will dir Genesung bringen und dich von deinen Wunden heilen, spricht der Herr, weil man dich eine Verstoßene nennt: Das ist Zion, nach dem niemand fragt« (Vers 17)!

Und welches seltsame Mittel gebraucht der Herr, um Sein Volk von seiner so tiefgewurzelten nationalen Sünde zu heilen, von der gräulichen Abgötterei? Er wirft sie für siebzig Jahre in das Gefängnis von – Babylon! Er lässt sie deportieren in das Land Schinar und an den Wassern Babylons ihre Harfen an die Weiden hängen. Er gibt sie in die Hand Nebukadnezars, des Königs der Chaldäer, den Er zu einem König der Könige mit absoluter Gewalt über Menschen, Vieh und Vögel des Himmels macht (Dan. 2, 37.38).

Und was ist das Resultat nach siebzig Jahren? Israel darf wieder heimkehren, seinen Tempel und die Mauern der Stadt wieder aufbauen, wenn auch in kümmerlicher Zeit, und – Israel als Volk ist kuriert, gründlich kuriert von der seit Jahrhunderten eingefleischten Sünde nationaler Abgötterei. Nie wieder hat sich seit jenen Tagen das Volk in seinem Lande heidnischen Götzendienstes schuldig gemacht. Bis auf diesen Tag sind sie die eifrigsten Vertreter eines solch strengen Glaubens an nur einen, einigen, lebendigen Gott geblieben, dass sie die Nachfolger und Bekenner des Nazareners des Götzendienstes bezichtigen, da sie ja an mehr als einen Gott glauben!

Babylon, die Mutter der Hurerei und Abgötterei – die Heilanstalt für das hurerische Volk, das sich nichts sagen ließ! O welch wunderbarer Gott und Heiland, der Fluch und Verderben zu Instrumenten des Heils und der Gesundung zu machen versteht. Wer ist Ihm gleich?!

Das ist noch nicht alles, was uns an Babylon veranschaulicht wird in dem großen Bilderbuch unseres Gottes und Retters. Denn wir haben es hier ja selbstverständlich mit lauter Bildern zu tun.

Im Buche des Propheten Daniel wird uns geschildert, wie Gott an dem großen König Nebukadnezar gehandelt hat, dem Er gestattete, Seine (Gottes) eigene, geliebte Stadt zu zerstören, das Volk des Landes in die Gefangenschaft zu führen, die goldenen und silbernern heiligen Gefäße aus dem Hause Gottes in die Schatzkammern seines (Nebukadnezars) Gottes zu Babylon zu tun, aus denen sich nachher sein unwürdiger Nachfolger vollsoff samt seinen Weibern und Kebsweibern und tausend seiner Gewaltigen. Ihm wird durch den Propheten, den Repräsentanten eines heiligen »Überrestes nach der Wahl der Gnaden«, das vergessene Traumbild nicht nur gesagt, sondern auch gedeutet. »Du, o König, du König der Könige, dem der Gott des Himmels die Königsherrschaft, die

Macht und die Stärke und die Ehre gegeben hat ... du bist das Haupt aus Gold« (Dan. 2, 37.38). Dieses Wort kann der König nicht so leicht wieder vergessen. Es prägt sich in seinem Geiste tief ein. Und ob er schon anerkennt: »In Wahrheit, euer Gott, er ist Gott der Götter und Herr der Könige und offenbart Geheimnisse, da du dieses Geheimnis offenbaren konntest!« – so lesen wir gleich im folgenden Kapitel von ihm: »Der König Nebukadnezar machte ein Bild aus Gold: seine Höhe betrug sechzig Ellen, seine Breite sechs Ellen. Er stellte es auf in der Ebene Dura, in der Provinz Babel. Und der König Nebukadnezar sandte Boten aus, um die Satrapen, die Statthalter und die Verwalter, die Berater, die Schatzmeister, die Richter, die Polizeibefehlshaber und alle Oberbeamten der Provinzen zu versammeln, damit sie zur Einweihung des Bildes kämen, das der König Nebukadnezar aufgestellt hatte ... Und der Herold rief laut: Euch wird befohlen, ihr Völker, Nationen und Sprachen: Sobald ihr den Klang des Horns, der Rohrpfeife, der Zither, der Harfe, der Laute, des Dudelsacks und alle Arten von Musik hört, sollt ihr niederfallen und euch vor dem goldenen Bild niederwerfen, das der König Nebukadnezar (wohl von sich selbst) aufgestellt hat« (Dan. 3, 1-5). Das sind alles Züge, die jeden aufmerksamen Leser der Schrift sofort an das erinnern werden, was von dem großen Antichristen der letzten Tage im Buch der Offenbarung geschrieben ist. Sie Sechszahl ist da, die Forderung der Anbetung, die Androhung eines gewaltsamen, schrecklichen Todes – alles das ist da. Nebukadnezar steht deutlich vor uns als das babylonische Schattenbild des letzten, furchtbaren Widersacher Gottes und Seines Volkes.

Und was geschieht nun weiter mit eben diesem antigöttlichen Monarchen? Er bekommt eine freundliche, ernste Warnung von dem großen Gott der verachteten Hebräer, der sich ihm sogar als ein Vierter zeigt, vom Aussehen wie ein Göttersohn im feurigen Ofen neben den drei treuen Zeugen Jahwes (Dan. 3, 25), die seine schnaubende Wut nicht beachtet hatten. Und noch eine zweite Warnung wird ihm gegeben, ernster als die bisherige. Daniel deutet sie ihm. Aber nach Jahresfrist erhebt sich sein ungebrochenes, trotziges Herz gegen den Gott des Himmels, der sich ihm wiederholt so wunderbar groß und gnädig erzeigt hatte, und das Urteil wurde an ihm vollstreckt: »Das Königtum ist von dir gewichen! Und man wird dich von den Menschen ausstoßen, und bei den Tieren des Feldes wird deine Wohnung sein; man wird dir Gras zu essen geben wie den Rindern. Und es werden sieben Jahre über dir vergehen, bis du erkennst, dass der Höchste Macht hat über das Königtum der Menschen und es verleiht, wem er will« (Dan. 4, 28.29; s. a. Vers 22).

Sieben Jahre schaurigen Wahnsinns, furchtbaren Verderbens an Leib und Seele, ein Exempel dessen, von dem Jesus sagte: »Und fürchtet euch nicht vor denen, die den Leib töten, die Seele aber nicht zu töten vermögen; fürchtet aber vielmehr den, der sowohl Seele als Leib zu verderben vermag in der Hölle« (Matth. 10, 28). Und nach den sieben Jahren des Gerichtes und der Verdammnis? Hören wir von dem Gerichteten selbst: »Und am Ende der Tage erhob ich, Nebukadnezar, meine Augen zum Himmel, und mein Verstand kehrte zu mir zurück. Und ich pries den Höchsten, und ich rühmte und verherrlichte den ewig Lebenden, dessen Herrschaft eine ewige Herrschaft ist und dessen Reich von Geschlecht zu Geschlecht währt. Und alle Bewohner der Erde sind wie nichts gerechnet, und nach seinem Willen verfährt er mit dem Heer des Himmels und den Bewohnern der Erde. Und da ist niemand, der seiner Hand wehren und zu ihm sagen könnte: Was tust du? Zu derselben Zeit kehrte mein Verstand zu mir zurück, und zur Ehre meines Königtums kehrten meine Herrlichkeit und mein Glanz zu mir zurück. Und meine Staatsräte und meine Gewaltigen suchten mich auf, und ich wurde wieder in mein Königtum eingesetzt, und außergewöhnliche Größe wurde mir hinzugefügt. Nun rühme ich, Nebukadnezar, und erhebe und verherrliche den König des Himmels, dessen Werke allesamt Wahrheit und dessen Wege Recht sind und der die erniedrigen kann, die in Stolz einhergehen« (Dan. 4, 31-34)!

Im siebten Kapitel desselben prophetischen Buches wird dieselbe Sache dem Daniel unter einem anderen Bild gezeigt: »Das erste war wie ein Löwe und hatte Adlerflügel; ich sah hin, bis seine Flügel ausgerissen wurden und es von der Erde aufgehoben und wie ein Mensch auf seine Füße gestellt und ihm das Herz eines Menschen gegeben wurde« (Dan. 7, 4).

Hier steht nun wieder mit großer Deutlichkeit vor uns, wie Gott, der Allerhöchste, auch mit dem Verblendetsten, Vermessensten, Trotzigsten und Stolzesten fertig wird, ihn jedoch nicht durch Anwendung sinnloser Marter zur gezwungenen Anerkennung Seiner Macht und Majestät vergewaltigt, sondern durch ein heiliges, gerechtes und zielbewusstes Gericht beugt und zerbricht, um ihn vollständig wieder aufzurichten und herzustellen und ihm noch größere Ehre und Würde zu verleihen als zuvor.

Kann denn auch diese Schrift gebrochen werden? Muss denn nicht alles erfüllt werden, was von Ihm, dem Allerhöchsten im Himmel, der sich zur Rechten der Majestät in der Höhe gesetzt hat, geschrieben steht in Gesetz, Propheten und Psalmen? Kann und wird auch nur ein einziges der großartigen und großzügigen prophetischen Modelle, die unser Gott im Lauf der Zeitalter zum Unterricht für Seine lernenden Kinder bereitgestellt hat, ohne dereinstige, noch viel großartigere Ausführung bleiben? Wird unser allmächtiger Herr jemals in der Lage sein, Seinen Kindern mit bedauerlichem Achselzucken erklären zu müssen: Ja, das sind wohl meine Gedanken, aber ich konnte es nicht in dem Stil, geschweige denn in einem noch größeren, durchsetzen; die Macht des Bösen war mir überlegen?! Glauben wir wirklich noch an den allmächtigen Gott? Oder müssen wir gar noch bei dem gedemütigten und begnadigten Nebukadnezar, diesem babylonischen Antichristen, den Gott zurecht gebracht hat, in die Schule gehen, um zu lernen: Wer stolz einhergeht, den kann Er demütigen! Wen Gott aber demütigen kann, den kann und wird Er auch begnadigen, wie geschrieben steht: »Gott widersteht den Hochmütigen, den Demütigen aber gibt er Gnade« (1. Petr. 5, 5 b).

Wir haben oben bereits hingewiesen auf die endliche und endgültige Beseitigung alles babylonischen Wesens, die im Buch der Offenbarung geweissagt ist und welche in der prophetischen Darstellung dem Gericht über das Tier, die gottfeindliche Weltmacht in ihrer letzten antichristlichen Verkörperung, und über den falschen Propheten, das Werkzeug der raffiniertesten Verführung und satanischer Verblendung auf religiösem Gebiet, vorangeht. Es wird sich für uns lohnen, uns noch ein wenig näher umzuschauen nach den Einzelheiten, die uns das prophetische Wort darüber vermittelt.

Da begegnet uns zunächst beim Propheten Sacharja in einem seiner Nachtgesichte (Kap. 5, 5-11) das Weib, die »Gesetzlosigkeit« im Efa (oder: Epha). Dieses Getreidemaß ist unverkennbar das Symbol des Handelsgeistes, des Kommerz, der gerade im jüdischen Volk solch entsetzliche Verheerungen angerichtet hat, die aber keineswegs auf dieses Volk beschränkt geblieben sind. Darin sind die Kinder Israels den übrigen Völkern ein Fluch geworden, dass sie eben diesen Geist in den Völkern auf das Höchste gesteigert und kultiviert haben, sodass man also wohl sagen darf, der Kommerz ist heute die vornehmlichste treibende Kraft im Leben der Völker. Die große Weltpolitik wird von keinen anderen Fragen in dem Maße bestimmt wie von Handelsfragen. Handels- und Finanzinteressen geben den Ausschlag in Krieg und Frieden auf Erden. Das bedeutet jenes Weib im Efa.

Nun schaut der Prophet, dass dieses schlimme Weib zunächst gänzlich aus dem Land entfernt wird. Die Säuberung und Gesundung des Weltlebens setzt in Übereinstimmung mit aller übrigen Prophetie in dem verheißenen Land ein, in das Israel wieder heimgekehrt ist, um dort von seinem großen König als Volk erlöst und mit wunderbarer Gnade heimgesucht zu werden. »Ich werde machen, dass ihr in meinen Ordnungen lebt und meine Rechtsbestimmungen bewahrt und tut; Ich werde mein Gesetz in ihr Inneres legen und werde es auf ihr Herz schreiben« (Hes. 36, 27 b; Jer. 31, 33 b).

Gott ist bis heute der Welt den Tatbeweis noch schuldig geblieben, dass Er aus diesem entsetzlich verdorbenen und verblendeten Volk noch ein Mustervolk zu machen imstande ist, das unter einer Musterregierung (der Seiner Heiligen, nach Dan. 7, 27) allen Völkern der Erde die Bahnen weisen wird zur völligen Genesung in sozialer und politischer Beziehung. Denn von Zion wird Weisung ausgehen und das Wort des Herrn von Jerusalem, sodass alle Völker sagen werden: »Kommt, lasst uns hinaufziehen zum Berg des Herrn, zum Haus des Gottes Jakobs, dass Er uns aufgrund Seiner Wege belehre und wir auf Seinen Pfaden gehen!« (Jes. 2, 3).

Aber auch hier gilt der biblische Grundsatz, dass das Gericht am Hause Gottes beginnen muss (1. Petr. 4, 17). So wird denn das Weib, die Gesetzlosigkeit in Handel und Wandel, zunächst aus Immanuels Land verbannt und von zwei symbolischen Figuren hinübergetragen in ihr angestammtes Heimatland, das Land Schinar, von wo der Babylonismus seinen Ausgang hatte und wo er auch, wie sich aus der neutestamentlichen Prophetie zu ergeben scheint, sein endgültiges Vertilgungsgericht finden wird.

Den Grundlinien dieses Miniaturgemäldes entsprechen die großartigen Züge in dem apokalyptischen Bild von dem endgültigen Gericht über Babylon, die große Stadt, die große Hure, mit welcher die Könige der Erde gebuhlt haben und von dem Wein ihrer Hurerei (d. i. Abgötterei und Geldgier u. dergl.) trunken wurden; das Weib, das trunken wurde vom Blut der Heiligen, und das zuletzt von den zehn Hörnern (d. h. Königen) des letzten Tieres, der letzten Weltmacht, gehasst, zerfleischt, verwüstet und mit Feuer verbrannt werden wird (Offb. 17). Dasselbe Weib erscheint im folgenden 18. Kapitel als ein großartiges Welthandelsimperium, wie es die Welt seinesgleichen wohl noch nie sah, eine gewaltige Stadt voll kostbarster Handelware, herrlichster Früchte und ausgesuchter Genüsse, »bekleidet mit feiner Leinwand und Purpur und

Scharlachstoff und übergoldet mit Gold und Edelgestein und Perlen«, und das Blut der Propheten und Heiligen wurde an ihr gefunden und aller derer, die auf Erden hingeschlachtet wurden.

Angesichts einer solchen Fülle von einzelnen Zügen will es fast als Unmöglichkeit erscheinen, dieselben vollständig in jeder Gestalt und Form in der Vorstellung einer einzigen, großen Weltstadt im Lande Schinar unterzubringen, d. h. in dem Stammland des Babylonismus.

Doch denken wir daran, dass in der ernsten Sprache des Herrn über Seine eigene Stadt, die »Stadt des großen Königs«, als Er ihr das bevorstehende Vertilgungsgericht verkündete, ganz ähnliche Formulierungen vorkommen, wenn Er sagt: »...damit über euch komme alles gerechte Blut, das auf der Erde vergossen wurde, von dem Blut Abels, des Gerechten, bis zu dem Blut Zacharias', des Sohnes Barachjas, den ihr zwischen dem Tempel und dem Altar ermordet habt. Wahrlich, Ich sage euch, dies alles wird über dieses Geschlecht kommen« (Matth. 23, 35.36).

Es handelt sich hierbei offensichtlich um kulminierende Ansammlungen, Häufungen und Steigerungen satanischer und dämonischer Kräfte und Gewalten, um von Gott selbst mit Vorbedacht herbeigeführte Gipfelungen von Mächten des Verderbens und der Finsternis, zum Zweck ihrer gründlichen Bestrafung und Heimsuchung mit schonungslosem Feuergericht.

So steht jener »Mensch der Sünde, der Sohn des Verderbens« vor uns als eine Personifikation oder leibhaftige Verkörperung aller satanischen Verführungsmächte in der Menschheit, die in ihm endgültig gerichtet werden sollen. »... dies ist eure Stunde und die Macht der Finsternis« (Luk. 22, 53), sagt der Herr Seinen Feinden. Darin liegt die Anerkennung eines solchen Prinzips im göttlichen Verfahren mit den Mächten der Finsternis: Sie haben ihre besonderen Stunden, d. h. Gelegenheiten, sich auszuleben, um dadurch gerichtet zu werden.

Und genauso, wie sich dieses Prinzip zeitlich angewandt findet, mag es auch räumlich geschehen, wie in jenem Fall Jerusalems und in menschlichen Persönlichkeiten, wie Judas und dem letzten Antichristen. Darum scheint uns kein entkräftbarer Einwand vorzuliegen gegen die Annahme vieler ernster Schriftforscher, denen wir uns darin anschließen, dass in der Endzeit, bevor die Hochzeit des Lammes geschehen wird, ja, auch noch ehe das letzte Gericht an dem großen Widersacher Gottes und Seines Volkes, dem Antichristen, vollstreckt worden ist, sich in dem heute wieder in den Mittelpunkt des politischen und internationalen Interesses gerückten Land im Euphrattal, in Mesopotamien, dem Land Schinar, eine riesige Welt- und Handelsstadt erheben wird, die den Gipfel menschlicher Errungenschaften auf diesem Gebiet darstellen und zugleich der Sammelplatz aller »unreinen Geister und aller unreinen und verhassten Vögel« sein wird (Offb. 18, 2).

Ihr Gericht wird in einer Weise beschrieben, die überhaupt keinen Zweifel daran lässt, dass damit allem babylonischen Unwesen auf Erden in der gesamten Völkerwelt für immer ein Ziel und Ende gesetzt werden wird. »Und ein anderer Engel hob einen Stein auf wie einen großen Mühlstein und warf ihn ins Meer und sprach: So wird Babylon, die große Stadt, mit Gewalt niedergeworfen und nie mehr gefunden werden« (18, 21).

So vernichtend und gründlich nun aber nach dieser prophetischen Darstellung auch dieses Endgericht über die große Stadt sein wird, so müssen wir uns dennoch davor hüten, dieses vernichtende, erlösende Gericht, das für die gesunde und gedeihliche Entwicklung des Völkerlebens auf der erneuerten Erde von unermesslicher Tragweite sein wird, auf alle davon betroffenen menschlichen Persönlichkeiten zu deuten, als ob diese dadurch entweder in hoffnungslose endlose Marter und Qual versetzt werden sollten oder gar der völligen Vernichtung ihrer Persönlichkeit anheimfallen. Vor einem solchen Irrtum bewahrt uns einmal das Beispiel eben jenes großen babylonischen Antichristen, des Königs Nebukadnezar, der gerade durch das furchtbare Gericht, das ihn befiel, zur Besinnung und zur demütigen, dankbaren Anbetung des Allerhöchsten gebracht wurde.

Und das andere Beispiel, im nationalen Umfang anzuwenden, ist eben das von babylonischem Unwesen so tief durchsetzte und verseuchte Israel. Denn so gewiss nach dem Worte des Herrn über Jerusalem und jenes Geschlecht alles gerechte Blut gekommen ist, so gewiss wird eben dieses so furchtbar gerichtete Israel dennoch seinen einst verworfenen und ermordeten Messias in tiefer Reue und Buße anerkennen und ein Segen Jahwes werden für die ganze übrige Völkerwelt inmitten der Erde, d. h. in dem von seinem und unserm Gott zum Mittelpunkt aller Menschen-, Teufels- und Reichsgeschichte erkorenen Lande der Verheißung – Deinem Lande, o Immanuel!

4. Achan und das Tal Achor

Wir wenden unsere Aufmerksamkeit nun einem weiteren typischen Gerichtsakt zu, der geschichtlich hinter dem zuletzt betrachteten zurückliegt, dadurch aber nichts an lehrhafter Bedeutung für uns verliert. Vielmehr handelt es sich hier um ein Gericht, das sich auf einem ganz anderen Boden vollzog als die bisher betrachteten.

Die Sünde Achans geschah mitten unter einem erlösten, von Jahwe unmittelbar geleiteten, auf dem Boden des verheißenen Landes sieghaft vordringenden Volk, dem Volk göttlicher Wahl, Israel. Dem Volk, das gerade im Begriff stand, das furchtbare, aber heilige Gericht Gottes an den Stämmen der Kanaaniter und Amoniter auszuführen, die im Lande Gottes die entsetzlichen Gräuel eingeführt hatten.

Mit dem richtigem Verständnis des Buches Josua, das uns ja über den Einzug der Kinder Israel in das verheißene Land berichtet, findet man wertvolle geistliche Parallelen mit dem Brief des Apostels Paulus an die Epheser. Das Land der Verheißung schattet die himmlischen Regionen ab, in denen sich die Finsternismächte der Bosheit nach Gottes wunderbarem Rat festgesetzt haben, gegen die unser Kampf gerichtet ist, die wir Schritt für Schritt sieghaft zu überwinden haben im geistlichen Kampf des Glaubens.

In diesem Licht gelesen gewinnt das Buch Josua mit seinem sehr gemischten Inhalt eine besondere Bedeutung für uns. Und daran hat das von Josua an Achan vollstreckte Gericht seinen entsprechenden Anteil.

Wir sind jetzt nicht bei der gottlosen Welt, weder der vorsintflutlichen noch der sodomitischen noch bei Babylon, der Mutter aller Hurerei. Wir bewegen uns im Hause Gottes selber, wir haben es mit dem von Jahwe durch Zeichen und Wunder, mit ausgestrecktem Arm aus Ägypten erlösten Volk zu tun. Das gibt der Sünde Achans ihre eigenartige Tragweite und ebenso dem an ihm vollstreckten Gericht.

Schon die Art und Weise, wie von Achans Sünde geredet wird, ist bezeichnend: »Doch die Söhne Israel übten Untreue an dem Gebannten« (Jos. 7, 1). Und doch zeigt der nun folgende Einzelbericht ganz klar, dass in diesem Fall nur Achan der Übeltäter war. Da tritt uns das Gesetz der solidarischen Einheit und Haftbarkeit des Volkes Gottes mit großer Deutlichkeit entgegen. Ist doch auch durch die Sünde des einen ersten Sünders, Adam, die Sünde zu allen hindurchgedrungen und der Tod durch die Sünde, indem sie alle gesündigt haben (Röm. 5, 12). Dadurch allein war es ja nur möglich, wie wir in einem früheren Abschnitt ausführten, dass die Sünde eine so furchtbare Stoßkraft bekam in der gesamten Menschheit, welche nach dem Zeugnis des Apostels insgesamt unter die Sünde eingeschlossen ist (Gal. 3, 22).

Dadurch allein war es aber auch möglich, dass durch die Gerechtigkeit des Einen (des zweiten Adam) die Lebensgerechtigkeit allen Menschen frei geschenkt werden konnte, und dass, wo immer die Sünde mächtig wurde, die Gnade übermächtig werden konnte.

So leicht es daher für den natürlichen Menschen ist, sich an einem solchen scheinbar ungerechten Verfahren Gottes zu ärgern, so tiefen Grund hat der geistliche Mensch, Gottes Weisheit und Liebe anbetend zu preisen, die sich darin offenbart.

Dazu kam noch, dass Achan dem zur Führerschaft, ja zur Herrschaft berufenen Stamm Juda angehörte – ein Hinweis auf die Tatsache, dass Gott nicht grundsätzlich Seine Berufenen und Auserwählten vor groben Sünden und Ausschreitungen bewahrt, sodass dieselben davon gar nie berührt oder geschädigt würden, dass Er aber auch bei den zu hohen Ehren und Stellungen Berufenen die Sünde schonungslos richtet.

»Da entbrannte der Zorn des Herrn gegen die Söhne Israel«, lesen wir sogleich darauf (Vers 1 b). Und dann werden die Kinder Israels von ihren Feinden in die Flucht geschlagen und es fielen ihrer 36 Mann. Dem Volk aber zerschmolz das Herz und wurde wie Wasser.

Warum denn aber auch das noch? Konnte Gott denn die Sünde Achans nicht vorher suchen, finden und richten, ehe diese Unschuldigen hingerafft wurden durch das Schwert? Natürlich konnte Er das. Und dadurch wäre die so schmähliche Niederlage, die dem Volk das Herz wie Wasser machte, verhütet worden. Aber dann hätten Israel und wir die Lektion, die hier gegeben werden sollte, nur halb oder gar nicht recht gelernt.

Daran kann man sich erneut ärgern und Gott der Ungerechtigkeit bezichtigen, doch man verrät damit nur, dass man Seine Wege nicht versteht. Ein Gottesbild aber, das keinen Raum für die Möglichkeit eines völligen und befriedigenden Ausgleichs solcher Ungereimtheiten hat, ist damit als unzulänglich gerichtet. Wie kann jedoch von einem solchen Ausgleich die Rede sein, solange man beharrlich lehrt, dass das diesseitige Erdenleben eines jeden Menschen unter allen Umständen für sein ewiges Geschick ausschlaggebend sei.

Wo man sich versteift auf das bekannte Wort: »Wie der Baum fällt, so bleibt er liegen!« – in dem Sinn, dass der natürliche Tod eine unüberwindbare Schranke für alle Ewigkeit bedeute, für irgendwelche Erweisungen göttlicher Gnade und Barmherzigkeit an Menschen, die in ihren Sünden dahingerafft wurden – da muss man die Beantwortung von Fragen wie die vorliegende von vornherein aufgeben. Was wird aber dann aus dem heiligen, wahrhaftigen und gerechten Gott, der Missetaten an denen straft und furchtbar (mit dem Tode) heimsucht, die sie überhaupt nicht begangen haben – der Gott, der die Möglichkeit in Seiner Hand hält, solches Sterben zu verhindern und es dennoch geschehen lässt?

Hier versagt die herkömmliche Lehre wieder einmal vollständig, die sich einige glatte Rubriken gebaut hat, unter denen sie nun glaubt, alle Probleme von diesseits und jenseits unterbringen zu können: Jeder Mensch kann sich in diesem Leben bekehren. Wer das nicht tut, geht ewig verloren, unrettbar, hoffnungslos!

Dabei ahnt man, wie es scheint, gar nicht, wie sehr man mit solchen kategorischen Aussagen über den heiligen, aber auch gerechten Gott ungezählte denkende, rechtlich empfindende, sittlich ernste Menschen, die nach Gott fragen, abstößt und ihnen einen Gott, der so handeln kann, unmöglich macht. Denn das ist ja wohl offenkundig, dass nach der orthodoxen Kirchen- und Gemeinschaftslehre alle jene um der Sünde Achans willen Umgekommenen rettungs- und hoffnungslos auf ewig verloren sind. Nicht minder natürlich auch alle die unzähligen Kinder Hams und Kanaans, die um der Sünde ihres Vaters willen von Noah verflucht wurden bis auf den heutigen Tag. Denn unter diesem von Gott selbst bestätigtem Fluch sind sie gestorben in ihren schändlichen Sünden und Gräueln – den Folgen (!) ihres verfluchten Lebens – und darum ewig, rettungslos verloren in endloser Pein!

Wir wissen selbstverständlich, dass man solche Konsequenzen gewöhnlich nicht auf der Kanzel oder Evangelisten-Plattform publiziert. Aber Menschen können doch denken und von gegebenen Prämissen selbst ihre Folgerungen ziehen. Diese Folgerungen aber ergeben, wenn man nur konsequent denkt, keine anderen möglichen Schlüsse. Zumindest entzieht es sich unserem Verstehen, wie man von den herrschenden Voraussetzungen aus dieselben umgehen will.

Es ist sehr wohl nachzuvollziehen, dass man sich am liebsten mit solchen Schlussfolgerungen nicht zu eingehend beschäftigt. Es krampft sich einem ja das ganze Herz zusammen bei solchen schaurigen Ergebnissen dieser Lehre. Darum schiebt man solche Gedankengänge lieber so weit als möglich in den fernsten Hintergrund. Alles schön und gut. Aber damit sind sie eben nicht aus der Welt geschafft oder für Denkende überhaupt ausgeschlossen.

Oder man zieht sich zurück hinter die »Unerforschlichkeit der göttlichen Ratschlüsse«. Gut. Dann tue man das aber auch konsequent und lasse das Dogmatisieren über endlose Verdammnis völlig bleiben! Ehrlicher wäre es jedenfalls, wenn man sich mannhaft mit diesen Fragen auseinandersetzen und sich sagen würde: »Das kann unmöglich stimmen, es muss eine andere Lösung, eine andere Möglichkeit geben aus einem solchen schaurigen Dilemma heraus.«

Dass eine solche Lösung, ein solcher Ausgleich nur »über den Tod hinaus« liegen kann, ist einleuchtend. Darum sagt auch schon der Psalmist: »Du lässt den Menschen zum Staub zurückkehren und sprichst: Kehrt zurück, ihr Menschenkinder« (Ps. 90, 3). Und wenn die Schrift alles unter die Sünde eingeschlossen hat, so hat sie damit alles unter den Tod geschlossen. Gott aber ist nicht der Gott der Toten, sondern der Lebenden, denn Ihm leben alle (Luk. 20, 38), d. h. für Ihn macht es nicht den mindesten Unterschied, ob Er es mit Gestorbenen oder Lebenden zu tun hat.

Doch zurück zu Achan und seiner Sünde. Als Josua und die Ältesten Israels mit Staub auf ihren Häuptern vor dem Herrn lagen und schrieen ob der erlittenen Schmach vor dem Feinde, da antwortete Jahwe folgendermaßen: »Die Söhne Israel werden vor ihren Feinden nicht mehr bestehen können. Den Rücken werden sie ihren Feinden zuwenden müssen, denn sie sind zum Bann geworden. Ich werde nicht mehr mit euch sein, wenn ihr nicht das Gebannte aus eurer Mitte ausrottet« (Jos. 7, 12).

Eine neutestamentliche Parallele zu diesem Fall auf dem Boden der jungen, sieghaften judenchristlichen Gemeinde in Jerusalem, die Gnade hatte bei dem ganzen Volk, war die Verheimlichung eines Teils ihrer Güter seitens des Hananias und der Saphira. »Hananias, warum hat der Satan dein Herz erfüllt, dass du den Heiligen Geist belogen und von dem Kaufpreis des Feldes beiseite geschafft hast? ... Warum hast du dir diese Tat in deinem Herzen vorgenommen? Nicht Menschen hast du belogen, sondern Gott« (Apg. 5, 3.4).

So musste Gottes erlöstes Volk lernen, welch hohe und ernste Sache es war, ein dem Herrn geheiligtes Volk zu sein und einen lebendigen Gott in seiner Mitte zu haben, der eifersüchtig über Sein Eigentum wachte, dass Ihm nichts entfremdet oder entwendet werde!

Und lag nicht eine ganz kostbare Lektion darin, dass der eifrige Gott unter keinen Umständen dulden mochte, dass etwas, das Ihm gehört, in andere Hände käme als die Seinigen? Und wenn nun Israel diese Lektion lernte, dass Gott nicht nur Kriegsbeute, die Josua den Kanaanitern genommen, mit großer Eifersucht für sich beanspruchte, sondern dass Er mit noch viel größerem Eifer darauf bedacht sein werde, dass Seinem herrlichen Sohne dereinst auch nicht das Geringste von der Beute abhanden käme, die Er selbst, als der »große« Josua, dem Erzfeind, dem Tod und dem Satan abgenommen, – war dann der Preis des Lebens jener 36 Gefallenen ein zu teurer für diese Unterweisung, zumal diese ja doch gewiss zu der Beute gehörten, die der Stärkere dereinst dem Starken rauben würde? Verloren waren sie also in keinem Fall für Ihn.

Aber wie schwer fällt es uns sterblichen Menschen, die wir uns vom Tode so leicht imponieren und einschüchtern lassen, solche Lektionen zu lernen, die doch zu dem Köstlichsten gehören, was diese herrliche Schrift in sich birgt in ihren alttestamentlichen Vorbildern und Modellen. Wie ist es doch dem Feind gelungen, auch die, welche Erben des Lebens wurden, mit der Furcht des Todes in Schrecken und Beklemmung zu halten, als ob der Tod nicht verschlungen wäre in Seinem Sieg, sondern Ihm den endlichen vollen Ruhm wirksam streitig machen könnte!

Und nun der Urteilsspruch über den, der solches getan und einen Bann über das ganze Volk gebracht hatte und dem Namen Jahwes Schande bereitete im Angesicht der Feinde: »Und es soll geschehen: wer mit dem Gebannten angetroffen wird, soll mit Feuer verbrannt werden, er selbst und alles, was zu ihm gehört; denn er hat den Bund des Herrn übertreten und eine Schandtat in Israel begangen« (Vers 15).

Ist das nicht wieder übertriebene Härte und Grausamkeit? Was hatten denn sein Weib und seine Kinder, seine Ochsen und Esel und Schafe gesündigt, dass sie allesamt mit Feuer verbrannt werden sollten?

Viele Kinder Gottes unserer Tage können sich bis heute noch nicht mit diesem alttestamentlichen Jahwe zurechtfinden, der, wie sie meinen, einen solch anderen Gott darstellt als der sanftmütige, liebe, freundliche Herr Jesus! Wie glaubt man sich deshalb berechtigt, seinen Kindern die Lektüre des Alten Testaments wenn auch nicht völlig zu versagen, so doch nur in sehr sorgfältig ausgewählten Abschnitten zu gestatten.

»Da nahm Josua und ganz Israel mit ihm Achan, den Sohn des Serach, sowie das Silber, den Mantel und den Goldbarren und seine Söhne, seine Töchter, seine Rinder, seine Esel und seine Schafe, sein Zelt und alles, was zu ihm gehörte, und sie brachten sie hinauf ins Tal Achor. Und

Josua sagte: Wie du uns ins Unglück gebracht hast, so wird der Herr dich heute ins Unglück bringen! Und ganz Israel steinigte ihn, und sie verbrannten sie mit Feuer und bewarfen sie mit Steinen« (Verse 24.25).

Was war das, was man da tat? Machte man tatsächlich keinen Unterschied zwischen dem sündigen Achan und dem unveräußerlichen Eigentum des heiligen, eifersüchtigen Gottes Israels? Kamen beide, das dem Herrn unwiderruflich Geheiligte von der Beute aus Jericho und der, welcher sich daran vergriffen hatte, in dasselbe Gerichtsfeuer? Ja, in dasselbe. Soll das heißen, nun will auch Gott nichts mehr haben von dem Gebannten? Verzichtet Er nun auch auf Seine Rechte darauf, weil sich ein verwegener Mensch hatte verleiten lassen, sie seinem Gott zu entwenden?

Das wäre ein wunderlich Ding, wofür man wahrlich vergeblich nach einer biblischen Erklärung suchen würde. Es kommt unserem Gott nicht im Entferntesten in den Sinn, sich Seines einmal erklärten und unveräußerlichen Rechtes so leichtfertig zu entsagen.

Aber was kann es denn sonst noch bedeutet haben? O, es kann und wird sehr wohl auch nichts anderes bedeutet haben, als dass der mit schonungslosem Feuergericht Heingesuchte samt seinem gesamten Haus und allem, das sein war, nun durch Gericht ebenso vollständig das unveräußerliche Eigentum des heiligen und herrlichen Gottes Israels werden sollte, wie das Silber und das Gold, an dem er sich schnöde und frech vergriffen hatte.

Ist es darum weniger schrecklich, in die Hände des lebendigen Gottes zu fallen? Wahrlich nicht. Denn auch unser (neutestamentlicher!) Gott, der Jesus Christus heißt, ist ein verzehrendes Feuer, wie geschrieben steht (Hebr. 10, 31; 12, 29). Und es ist dennoch besser, als in der Menschen Hände zu fallen, nicht wahr? Denn was in Seine Hände fällt, auch durch Höllenfeuer, das wird Er ewiglich nicht aufgeben. Es ist und bleibt Ihm auf ewig gebunden, geweiht, geheiligt, Sein unveräußerliches Eigentum, hinfort zu Seiner alleinigen Verfügung.

Ist es denn aber aufgrund weiterer Schriftworte berechtigt, von diesem Feuergericht an Achan so hoffnungsvolle Rückschlüsse zu ziehen, selbst wenn man zugibt, dass solche Gedanken, wie die oben ausgeführten, in der Geschichte liegen mögen? Das wollen wir nun noch kurz sehen.

Das erschütternde Gericht an Achan wurde ausgeführt im Tal Achor, was »Unglückstal« bedeutet: »Wie du uns ins Unglück gebracht hast, so wird der Herr dich heute ins Unglück bringen! ... Da wandte sich der Herr von Seinem glühenden Zorn ab. Darum nannte man diesen Ort Tal Achor bis zum heutigen Tag« (Verse 25.26).

Hören wir nun, was der Herr durch den Propheten Hosea Seinem abgöttischen, hurerischen Weib Israel sagen lässt: »Darum: Siehe, Ich werde sie locken und sie in die Wüste führen und ihr zu Herzen reden. Dann gebe Ich ihr von dort aus ihre Weinberge *und das Tal Achor als Tor der Hoffnung*. Und dort wird sie willig sein wie in den Tagen ihrer Jugend und wie an dem Tag, als sie aus dem Land Ägypten heraufzog. Und es wird geschehen an jenem Tag, spricht der Herr, da rufst du: Mein Mann! Und du rufst mich nicht mehr: Mein Baal! Und Ich entferne die Namen der Baalim aus ihrem Mund, und sie werden nicht mehr mit ihrem Namen erwähnt. Und Ich schließe für sie an jenem Tag einen Bund mit den Tieren des Feldes und mit den Vögeln des Himmels und mit den kriechenden Tieren des Erdbodens. Und Bogen und Schwert und Krieg zerbreche Ich und entferne sie aus dem Land. Und Ich lasse sie in Sicherheit wohnen. Und Ich will dich mir verloben in Ewigkeit, und Ich will dich mir verloben in Gerechtigkeit und in Recht und in Gnade und in Erbarmen, ja in Treue will Ich dich mir verloben; und du wirst den Herrn erkennen« (Hos. 2, 16-22)!

Das ist wohl eine der großartigsten und wunderbarsten Verheißungen völliger Wiederherstellung, die die Schrift enthält. Dass aus einem durch und durch hurerischen Weib je wieder eine keusche Braut wird, übersteigt alles menschliche Denken. Aber der Herr hat es gesagt. Und diese Weissagung wird eingeleitet mit den merkwürdigen Worten: »Ich gebe dir von dort aus ... das Tal Achor (das Unglückstal) als Tor der Hoffnung.« Von einem anderen Tal Achor aber weiß nun die ganze Schrift nichts, als nur gerade von dem, in welchem das furchtbar ernste Feuergericht an Achan und seinem ganzen Haus vollzogen wurde. Kann man da noch fragen, ob hier Hoffnungsgedanken vorliegen?

»Da wandte sich der Herr von Seinem glühenden Zorn ab« Eine ganz ähnliche und übereinstimmende Sprache spricht das Wort des Herrn durch den Propheten Hesekiel in seiner gewaltigen Strafrede an das überaus hurerische Volk von Jerusalem: »Und Ich richte dich nach den Rechtsbestimmungen für Ehebrecherinnen und Blutvergießerinnen und bringe meinen Zorn und Eifer über dich. Und Ich gebe dich in ihre Hand, und sie werden deinen Hurenaltar zerstören und deine Höhen niederreißen und dir deine Kleider ausziehen und deine prächtigen Ge-

schmeide nehmen und dich nackt und bloß liegen lassen. Und sie werden eine Versammlung gegen dich heraufkommen lassen und dich steinigen und werden dich mit ihren Schwertern niedermetzeln. Und sie werden deine Häuser mit Feuer verbrennen und Strafgerichte an dir üben vor den Augen vieler Frauen. Und so werde Ich dich aufhören lassen, Hure zu sein, und auch Lohn wirst du nicht mehr geben. Und Ich werde meinen Zorn an dir stillen, und mein Eifer wird sich von dir abwenden; und Ich werde ruhig sein und nicht mehr zürnen« (Hes. 16, 38-42).

Aus diesen, wie auch den uns vorliegenden Worten im Gefolge des Gerichtes über Achan, fällt sehr helles Licht auf die Fragen nach dem Zorn Gottes und nach der Bedeutung des erschütternden Feuergerichts, soweit es die Stillung des grimmigen Zornes Gottes betrifft.

Zunächst muss natürlich festgestellt werden, dass wir uns hier keineswegs vor dem Problem der Versöhnung oder Erlösung befinden. Sowohl Achan, wie auch ganz Juda und Jerusalem, gehören unzweifelhaft in den Bereich der göttlichen Gnadenerwählung. Das steht unerschütterlich fest, auch wenn man gelten lässt, dass es sich in beiden Fällen nur um Abschattungen handelt, um bloße Vorbilder. Weder Achan noch Jerusalem können jemals etwas anderes abschatten oder vorbilden, als die Menschheit oder den Teil derselben, der in ganz besonderen Bundesbeziehungen zu dem lebendigen Gott steht.

In beiden Fällen muss die (wenn auch nur im Schattenbild) erwirkte Erlösung vorausgesetzt werden. Achan ist einer aus dem Hause Juda, wie es der mächtige Arm des Herrn nicht nur aus Ägypten geführt, sondern auch wunderbar durch den Jordan gebracht und sieghaft auf den Boden des Landes der dem Gericht verfallenen Feinde stellte. Das muss festgehalten werden. Dasselbe gilt in Bezug auf Hes. 16 von dem gesamten, nochsosehr von seinem Gott abgewichenen Volk Seiner Wahl. Diese Auserwählung bleibt dadurch unangetastet, sie kann Gott nicht gereuen. Dieses Moment ist es gerade, das dem Exempel Achans eine so große Tragweite in der uns beschäftigenden Untersuchung gibt.

Es tritt uns also ganz deutlich entgegen, dass auch über die Auserwählten Gottes Sein Zorn und Grimm furchtbar entbrennen kann. Dies bezeugt uns ja auch das bereits oben zitierte Wort aus dem Hebräerbrief: »Denn auch unser Gott ist ein verzehrendes Feuer« (Hebr. 12, 29). Ebenso fällt helles Licht darauf aus dem Umstand, dass wohl die schwersten und ernstesten Worte des Herrn Jesu und Seiner Apostel von dem Wurm, der nicht stirbt und dem Feuer, das nicht erlischt, von dem schrecklichen Warten des Gerichts und dem Feuereifer, der die Widerspenstigen verzehren wird, von dem Erdreich, das Dornen und Disteln trägt und zuletzt verbrannt werden muss (Mark. 9, 43 ff.; Hebr. 6, 7.8; 10, 26.27 u.a.m.), gar nicht an Ungläubige oder Gottlose, sondern an Gläubige und Jünger gerichtet sind.

Dieser Sachverhalt bewahrt uns wirksam vor dem Missverständnis, als könne unsere Errettung oder Erlösung dadurch erwirkt oder hergestellt werden, dass wir den grimmigen Zorn Gottes abbüßen. Das würde bedeuten, dass das Opfer Christi entweder nicht genügt oder überhaupt wirkungslos ist zur Versöhnung der ganzen Welt. Davon kann aber unter keinen Umständen die Rede sein.

Ebenso wird dadurch jede Vorstellung wirksamst zerstört und abgetan, dass den Strafleiden im Fegefeuer, wie es die römische Kirche darstellt, verdienstliche, sühnende Bedeutung zukomme, die dann noch gestärkt und unterstützt werden könne durch die (bezahlten!) Messen der Priester! Das sind traurige Zerrbilder köstlicher biblischer Wahrheiten, die leider für Viele zur Folge haben, dass sie bei dem bloßen Gedanken an ein Aufhören des grimmigen Zornes Gottes durch vollzogenes Feuergericht, wovon die vor uns liegenden Schriften deutlich zeugen, unsicher werden und weiter nichts hören wollen in der gewiss ehrlichen und guten Meinung, es bedeute einen Eingriff in die Gültigkeit des einzigen Opfers Jesu Christi auf Golgatha für die Sünden der ganzen Welt.

Wir glauben in dieser bisherigen Betrachtung bereits den Beweis erbracht zu haben und gedenken ihn noch bedeutend zu erweitern und zu verstärken, dass nach unserer Auffassung das Opfer Christi am Kreuz eine so hohe, tiefe und umfassende Bedeutung hat, wie sie weder die römische noch die orthodoxe protestantische Theologie noch die Lehrer und Führer der evangelischen Gemeinschaftsbewegung zuzugestehen wagen.

Das kann und darf uns aber nicht daran hindern, uns mit klaren Schriftworten ehrlich auseinanderzusetzen, mag dabei aus liebgewordenen, althergebrachten Vorstellungen werden was will. Gottes Wort allein soll und muss gelten. Und Gottes Wort redet in ganz unzweideutiger Weise davon, dass Er Seinen grimmigen Zorn an Israel stillen, dass Sein Eifer sich von ihm wenden, dass Er Ruhe finden und nicht mehr zum Zorn gereizt werden will und soll. Ebenso bei Achan: »Da wandte sich der Herr von Seinem glühenden Zorn ab. Darum nannte man diesen Ort Tal Achor bis zum heutigen Tag« (Jos. 7, 26). Was haben uns diese Worte zu sagen?

Wir wiederholen, dass sie zunächst über allen Zweifel klarstellen, dass der Zorn Gottes keineswegs nur bei den Gottlosen und Ungläubigen, bei den in völliger Gottentfremdung und Gottesferne lebenden Menschen infrage kommt. Das Wort des Hebräerbriefes fällt mit Wucht auf die Gewissen der Gläubigen: »Wie werden *wir* entfliehen, wenn *wir* eine so große Errettung missachten?« (Hebr. 2, 3). So liegt Gottes auserwähltes und je und je geliebtes Volk bis heute unter dem furchtbaren Gericht des Feuereifers seines Gottes, der Zorn Gottes bleibt nach dem Wort Johannes, des Täufers, auf ihm vor den Augen der ganzen Völkerwelt (Joh. 3, 36). Und derselbe wird auf ihm bleiben, bis die Decke von seinen Augen genommen und es sich in tiefer Beugung zu dem kehren wird, in den es gestochen hat.

Aber ebenso unleugbar steht die köstliche Tatsache klar und bestimmt vor uns, dass der grimmige Feuereifer Gottes ein Maß und ein eindeutiges Ziel hat, das heißt, dass derselbe unter allen Umständen pädagogische, erzieherische, korrektive Bedeutung hat. Das nimmt, wie wir an Achan sahen, nichts von der Intensität, d. h. der verzehrenden Heftigkeit und Schrecklichkeit eines solchen Feuergerichts; und wie wir bei Juda und Jerusalem vor uns haben, kann sich dasselbe über komplette Äonen erstrecken, d. h. die Ausdehnung des furchtbar ernsten Gerichtes Gottes über das Volk Seiner Wahl gehört zu den nachdrücklichsten Lehren, die uns unser Gott hier geben will und konnte. Aber – und darauf legen wir den Finger mit großer Freude und Zuversicht – es hat eben sein Maß und sein Ziel, das heißt, es verträgt sich nie und nimmermehr mit der trostlosen Lehre eines endlos, ziel-, zweck- und sinnlos fortbrennenden Zorne Gottes, der es Seiner Liebe unmöglich macht, sich an den so furchtbar Gerichteten gnädig und freundlich zu erweisen. Nein, der Zorn Gottes brennt nicht ohne Ende.

Die so eifrigen Verfechter eines solch endlosen, nie zur Ruhe kommenden göttlichen Zornes und Grimmes haben völlig übersehen, dass deutlich geschrieben steht: »Barmherzig und gnädig ist der Herr, langsam zum Zorn und groß an Gnade. Er wird nicht immer rechten, nicht ewig zürnen« (Ps. 103, 8.9).

Ebensowenig Raum bleibt natürlich auch hier wieder für die nur etwas minder schreckliche Theorie von der endgültigen Vernichtung der dem grimmigen Zornesfeuer göttlichen Gerichtes Übergebenen. Gottes Zorn kam zur Ruhe bei Achan, weil er samt dem Gebannten durch das Feuergericht völlig und für immer in die Hand seines heiligen Gottes kam, der unter keinen Umständen aufgibt, was Ihm gehört. Und bei dem gerichteten Israel kann noch viel weniger die Rede von nationaler oder irgendwelcher anderen Vernichtung sein: »Gott hat sein Volk nicht verstoßen, das Er vorher erkannt hat« (Röm. 11, 2).Jedoch Sein Feuereifer hört auf, Er wird nicht wieder gereizt werden, wenn sich Israel zu Ihm bekehrt hat. Und das hat Gott über allen Zweifel sicher zugesagt. Es bleibt dabei: Das Tal Achor ist ein Tor der Hoffnung, nicht der Verzweiflung oder Vernichtung.

5. Israels Richter-Heilande

Im populären christlichen Denken hat sich im Lauf der Jahrhunderte wohl kaum eine Vorstellung fester und tiefer eingewurzelt als die, dass die Begriffe von Rettung oder Heil auf der einen Seite und von Gericht auf der anderen sich gegenseitig ausschließen. So unterscheidet man nach Anleitung des allsonntäglich wiederholten Apostolikums im Schlußsatz des zweiten Artikels das »von dort wird er kommen, zu richten die Lebenden und die Toten« als abschließende Tätigkeit des zukünftigen Herrn grundsätzlich von Seinem Heilswirken, soweit dasselbe symbolischen Ausdruck fand in den Tatsachen Seines Todes und Seiner triumphierenden Auferweckung und Himmelfahrt.

Wohl nur ganz wenige ernsthaft gläubige Bekenner dieses Apostolikums denken bei den Worten vom Gericht über die Lebenden und die Toten an mehr als den endgültigen richterlichen Abschluss aller Heilsgeschichte in der Menschheit. Die weithin überwiegende Vorstellung ist unzweifelhaft die, dass mit der Wiederkunft des Herrn zum Gericht selbstverständlich alle und jede rettende Tätigkeit aufhört, soweit es die Menschheit betrifft. Jetzt ist Gnadenzeit, dann kommt das Gericht, sagt man. In den allermeisten Fällen herrscht dabei die Meinung, dass eben Gericht mit Rettung nicht nur nichts zu tun haben kann, sondern als solches jedem Gedanken an Rettung dort, wo sie bis dahin nicht wirklich geschah, eine vollkommen unüberwindbare Schranke gesetzt sei. Jenseits des Gerichts noch Rettung? Ein für die Mehrzahl der Gläubigen ganz unmöglicher Gedanke.

Aufgrund dieser so tiefwurzelnden Anschauung der unversöhnlichen Gegensätzlichkeit von Gericht und Rettung beruhen die schwersten Vorwürfe und Einwände, die gegen die in diesem Buch vertretene Auffassung vom Evangelium Gottes erhoben werden. Man meint, es bedeute eine vollständige Umwertung biblischer Grundbegriffe, wenn man irgendeinem noch unbekehrten Menschen jenseits der Wiederkunft des

Herrn zum Gericht auch nur den schwächsten Hoffnungsschimmer auf Errettung und Heil gäbe. Eifrige Evangelisten haben das Empfinden, man beraube sie der wirksamsten Waffen in ihren Feldzügen gegen Sünde, Gleichgültigkeit und fleischliche Sicherheit, wenn man die Schrecken des Gerichts derart abschwäche, indem man lehrt, die Wiederkunft des Herrn könne auch noch etwas anderes bedeuten als nur Gericht, d. h. Verderben und Verdammnis für alle unbekehrten, unerlösten Menschen.

Wir haben keinerlei Neigung, diesen teuren Brüdern, deren Hingabe und Liebe zum Herrn und zu kostbaren Menschenseelen wir hoch schätzen und anerkennen, irgendwie zu nahe zu treten. Ihre Überzeugungen achten wir und möchten dieselben möglichst schonend behandeln. Aber wir dürfen, wenn es sich um wirklich grundlegende Erkenntnisse aus dem Wort der Wahrheit handelt, keine Kompromisse auch mit geliebten und geachteten Brüdern eingehen, die ebenso irren können wie wir.

Das Wort Gottes allein kann und muss da den Ausschlag geben, wie überall. Und das spricht auch hier wieder einmal eine doch ganz andere Sprache für den, der sie vernehmen will.

Vielleicht ist es angebracht, wenn wir, bevor wir in unserer Untersuchung weitergehen, den teuren Brüdern eine Erwägung mitgeben, die uns oft auf dem Herzen lag und die auch Pastor S. Keller in seiner bereits genannten Schrift über die »Auferstehung des Fleisches« zum Ausdruck brachte. So wenig wir mit ihm einig gehen können, was seine vermeintliche Lösung der großen Frage nach dem endlichen Geschick der ungläubigen Menschheit anbetrifft, so anerkennen wir gern, was er auf diesem Boden seinen evangelistischen Kollegen schreibt.

Wir zitieren seine Worte: »Hat Paulus die Endlosigkeit der Höllenstrafen für seine Evangelisationsreden nötig gehabt?«, so ruft er ihnen zu (in der Fußnote auf Seite 148 seines Buches). Dabei weist er auf die paulinischen Reden hin, die uns in der Apostelgeschichte aufgezeichnet sind. Wir möchten diese Zitate noch vermehren durch den Hinweis auch auf die Reden des Petrus und des Stephanus: Apg. 2, 14-36.38-40; 3, 12-26; 4, 8-12.19; 5, 29-32; 7, 2-53; 10, 34-43.

Die Reden dieser geisterfüllten, apostolischen Männer dürfen doch wahrlich als mustergültig und maßgebend für eine gottgewollte und gottgemäße Wortverkündigung besonders an Ungläubige angesehen werden. Nun wird man in diesen Reden aber vergeblich nach einem Hinweis auf die endlose Hölle suchen, wie auch auf die Vorstellung, wonach die Wiederkunft des Herrn Jesu den endgültigen Abschluss aller göttlichen Heilsbemühungen an der Menschheit bedeute. Das sollte doch ernsthaften Arbeitern in der Evangelisation zu denken geben und sie zumindest daran hindern, all denen, die ihre Auffassung nicht mehr teilen können, ein bedenkliches Manko an heiligem Ernst und Eifer um die Rettung von Menschen zur Last zu legen.

Es ist doch wohl unstatthaft, gegen Männer wie Petrus, Stephanus oder Paulus einen solchen Vorwurf zu erheben, die ja nicht nur gesegnete Evangelisten waren ohne Lehrbegriffe, wie sie heute bei der Evangelisation fast unentbehrlich scheinen, sondern die sogar ganz unverblümt und öffentlich verkündigt haben, dass die Wiederkunft des Herrn Jesus Christus aus dem Himmel die Wiederherstellung alles dessen bedeute, wovon Gott geredet hat durch den Mund aller Seiner heiligen Propheten von jeher (Apg. 3, 21). Alle Versuche, den Umfang dieser Wiederherstellung auf sehr bescheidene Maße zu reduzieren, müssen angesichts dessen, was wir in den vorherigen Abschnitten bereits ausgeführt haben, nach der Schrift als unhaltbar bezeichnet werden.

Pastor Keller selbst freilich, bei all seiner geharnischten Opposition gegen die herrschende Lehre von der endlosen Verdammnis und bei aller brüderlichen Verwahrung gegen die Verwendung dieser Lehre bei der Evangelisation, kann sich dennoch, wie es scheint, innerlich nicht ganz vom Bedürfnis freimachen, für die Wortverkündigung eine »Vorstellung« zu gebrauchen – wie seine Lehre von der endlichen Vernichtung, von der er urteilt, sie werde »Spannkraft und Energie genug auslösen, sowohl im Blick auf sich selbst als auf andere, die man liebt« – damit das Christentum nicht um seine »sittliche Stoßkraft« gebracht werde, wie er das der Wiederbringungslehre zum Vorwurf macht. Den Beweis für diese Beschuldigung muss er allerdings erst noch erbringen, denn in seinem Buch hat er ihn nicht erbracht.

Zudem muss man doch fragen, ob die »sittliche Stoßkraft« des Evangeliums Gottes denn wirklich in irgendeiner schreckhaften, erschütternden Vorstellung zu suchen sei, die man den Menschen vorzuhalten habe. Dann träte an die Stelle des Peitschens mit der endlosen Hölle schließlich nur das Peitschen mit der endlichen Vernichtung, dem fürchterlichen Zugrundegehen. Aber – ohne die »Peitsche« keine sittliche Stoßkraft? Wo bitte bleibt denn da die Kraft des lebendigmachenden Geistes?

Die innere Affinität und Seelenverwandtschaft dieser trostlosen Vernichtungstheorie mit der vorherrschenden Lehre von der endlosen Höllenqual wird ja von einem anderen hervorragenden Vertreter derselben, Prof. Lemme, in dem Satz ausgesprochen, mit dem Pastor Keller meint übereinstimmen zu können: »Die Lehre von der endlichen Vernichtung der Hölle (gemeint sind natürlich ihre Insassen, Teufel und Gottlose) beim Endabschluss der Dinge ist also die geradlinige Fortsetzung der altüberlieferten Lehre von der Endlosigkeit der Höllenstrafen«.

Zur Klärung der gesamten Sachlage trägt ein solches Zugeständnis ja ungemein viel bei. Nur wird nicht so leicht ersichtlich, warum diese geradlinige Verlängerung einen so hohen Vorzug vor ihrer nur gradweise abweichenden älteren Schwester beanspruchen will. Der ganze Unterschied liegt auf rein subjektivem Gebiet, d. h. ist lediglich eine Frage nach dem endlichen Geschick der betreffenden Geschöpfe. Die eigentliche Kernfrage, was aus dem Charakter des großen Rettergottes und Seines Christus wird, kommt dabei ebensowenig zu ihrem Recht, wie bei der anderen Theorie. Da liegt der Schwachpunkt der keller'schen Beweislegung. Die Stellungnahme ist eine zu sehr anthropozentrische, anstatt urgründig theo- resp. christozentrisch zu sein. Wir werden im weiteren Verlauf noch Gelegenheit erhalten, hierauf zurückzukommen. Wir fahren nunmehr fort in unserer Untersuchung der alttestamentlichen Richter-Heilande.

Gleich die erste Erwähnung derselben bringt die ganze Sache zur anschaulichen Darstellung. Wir lesen Richt. 3, 7-9 a: »Und die Söhne Israel taten, was böse war in den Augen des Herrn, und vergaßen den Herrn, ihren Gott, und sie dienten den Baalim und den Ascherim. Da entbrannte der Zorn des Herrn gegen Israel, und Er verkaufte sie in die Hand Kuschan-Rischatajims, des Königs von Mesopotamien; und die Söhne Israel dienten dem Kuschan-Rischatajim acht Jahre. Und die Söhne Israel schrieen zu dem Herrn um Hilfe. Da ließ der Herr den Söhnen Israel einen Retter erstehen, der rettete sie.«

Das ist der einfache Vorgang, der uns so viel zu sagen hat. Derselbe wiederholt sich im Laufe der Jahre unter wechselnden Verhältnissen immer wieder nach denselben Gesetzen: erst der Abfall, dann das wohlverdiente Gericht; die Übergabe in die Hand des Feindes, dann das Erbarmen Jahwes, der Sein Volk wohl züchtigt, aber es weder dem Tode übergibt noch für immer verwirft. Und *der Richter ist der Retter* in ein und derselben Person.

Es fällt vor allem sofort in die Augen, dass des Volkes Sünde nie ungestraft bleibt. Die gebührende scharfe Züchtigung durch den erbarmungslosen Widersacher, den Gott bereithält, bleibt nie aus, ob derselbe nun Philister, Midianiter, Moabiter oder sonstwie heißt. Davon, dass Gott etwa Seinem Volk um ihres Bundesverhältnisses zu Ihm willen etwas nachsähe, kann keine Rede sein. Der Abfall, das Zurückweichen von Jahwe wird unnachsichtlich gebüßt. Aber der Verderber, auch der verhassteste, der grausamste und furchtbarste, darf nie die Grenzen durchbrechen, die ihm Jahwes Macht steckte.

Zum anderen leuchtet klar hervor, dass Gott stets auch den allerverzweifeltsten Niederlagen und Demütigungen Seines geliebten Volkes mit einem durchaus entsprechenden Retter zu begegnen weiß. So tief die Schmach, so erbärmlich die Versklavung, der »Richter ist jedem Feind, jeder wohlverdienten Niederwerfung unter denselben gewachsen.

Und das alles zu einer Zeit, als kein König in Israel war, als jeder tat, was ihm recht erschien, also in einer Zeit der Auflösung alles festen Rechtes, aller wohlgefügten Staatsordnung, alles geregelten, wohlgepflegten Kultus – das heißt, unter den denkbar ungünstigsten äußeren Verhältnissen, wo mit einem einigermaßen gesunden Volkswillen nicht zu rechnen war.

Wenn die gesamte Periode der Richter in Israel irgendetwas mit ganz besonderer Deutlichkeit predigt, dann ist es die Unerschütterlichkeit des göttlichen Gnadenvorsatzes mit Seinem noch so tiefgesunkenen, noch so abtrünnigen und unverständigen Volk. Und dieser Vorsatz ist kein anderer, als der der Wiederherstellung aus noch so häufigen, noch so schweren Sündenfällen – und zwar durch Richter, die zugleich Heilande, Retter, sind.

Nun wird man hier gewiss folgenden Einwurf parat haben: Ja, aber die richtende Tätigkeit dieser Heilande ging doch stets gegen die Feinde Israels, während Israel immer nur den Vorteil ihrer Siege über die Feinde erntete. Ist ganz richtig. Aber das ist ja gerade eine der wichtigsten Lektionen, die hier zu lernen ist, dass nämlich Gottes richtende Retter oder rettende Richter unter allen Umständen mit den Feinden des Volkes Seiner Wahl fertig werden und dass die Feinde niemals etwas anderes vermögen, als nur Gottes gerechtes Gericht an Seinem schuldigen Volk zu vollstrecken. Was sie gerne möchten, Israel aufreiben, Israel bis auf den Grund vertilgen oder vernichten oder sie endgültig wieder über den Jordan und nach Ägypten zurückjagen, das geschieht eben nicht. Sie sind und bleiben vom Anfang bis zum Ende nichts weiter, als Zuchtruten, deren sich Jahwe bedient, Sein Volk nach Verdienst heimzusuchen, die aber dann von Ihm wieder ins Feuer geworfen und zur Besinnung darüber gebracht werden, dass Jahwe dennoch der starke Gott Israels ist und bleibt.

Es gilt die großen, einfachen Grundlinien zu erkennen und fest im Auge zu behalten, nach welchen Gott Seine Gerichte und Seine Rettungen durchführt. Was für uns hier besonders zu beachten ist, ist die völlige Harmonie, ja die gegenseitige unzertrennliche Zusammengehörigkeit des richtenden und des rettenden Prinzips. Weit entfernt davon, sich gegenseitig auszuschließen, ergänzen sie sich vielmehr auf das Vollständigste. Man darf wohl sagen, dass die große Lektion aus der Einsetzung rettender Richter in Israel im Wesentlichen darin besteht, uns zu zeigen, dass Richten im göttlichen Haushalt Zurechtbringen, Wiederherstellen heißt, nicht auf Kosten der Gerechtigkeit, sondern unter strengster Wahrung der göttlichen Heiligkeit und der Unverletzlichkeit Seines heiligen Gesetzes.

Dass bei dem Volk der Wahl die Zurechtbringung auf Kosten der von den Richtern furchtbar und wirksam gedemütigten Feinde geschieht, ist offenbar. Ebenso offenbar ist aber auch, dass es für Israel unter keinen Umständen Zurechtbringung ohne vorhergegangenes scharfes Gericht gibt.

Wie es sich mit dem Strafgericht über die vermessenen Feinde des Volkes Gottes verhält, wird uns noch klarer entgegentreten in einem besonderen Abschnitt über diese Frage. Vorläufig genügt das bisher Erkannte zur Feststellung der Tatsache, dass schärfstes, strengstes Strafgericht ganz unverkennbar zum Zweck der Wiederherstellung gottgewollter Zustände und Verhältnisse geschieht. Der schauderhafte Gedanke einer vollständig zweck- und ziellosen Bestrafung auch der ärgsten Gräuel, lediglich um Zorn zu erzeigen und diesen ohne Ende wüten zu lassen, ist dem uns von Gott selbst geoffenbarten Verfahren mit Seinem eigenen Volk durchaus fremd.

»Er (Gott) tat Seine Wege kund dem Mose, den Söhnen Israel Seine Taten« (Ps. 103, 7). »So spricht der Herr: Mein erstgeborener Sohn ist Israel« (2. Mose 4, 22 b), das will sagen, Gottes Weise mit Israel gilt für die gesamte Menschheitsfamilie als typisch, vorbildlich. Darum gibt Gott uns eben den großartigen und großzügigen Anschauungsunterricht an dem Volk Seiner Wahl, dessen Verhalten seinem Gott gegenüber ja auch typische Bedeutung hatte und bis zum heutigen Tag behielt für das Verhalten der Nationen aller Zeiten, speziell der sogenannten christlichen Völker.

Als Ergebnis der bisherigen Untersuchung steht also vor uns, dass jedes göttliche Strafgericht an Seinem Volk ein ganz bestimmtes, deutlich zu erkennendes Ziel hat: das der Wiederherstellung in seinen früheren Zustand. Keinem Feind kann und wird es je gelingen, diesen göttlichen Grundgedanken zu hintertreiben oder zunichtezumachen, einerlei, wie groß seine Macht oder sein böser Wille, dem Volk Gottes zu schaden oder es zu verderben, ist.

Vor allem aber steht die Tatsache deutlich vor uns, dass die Funktionen des Richters sich durchaus mit denen des Retters oder Heilandes decken. Zwischen beiden ist auch nicht der geringste Gegensatz zu erkennen. Das Richten geschieht unverkennbar zum Zweck der Heilung und Wiederherstellung. In den klaren Umrissen der biblischen Richtergestalten bleibt weder Raum für die Vorstellung eines Gerichts lediglich zur endlosen Qual, ohne Möglichkeit der Umkehr oder Erneuerung, noch auch für die der endgültigen Vernichtung der zu Richtenden.

6. Israels Feinde und Bedränger

Es könnten in den Gedanken mancher Leser des vorigen Abschnitts vielleicht leise Bedenken zurückgeblieben sein, ob in unserer Darstellung nicht doch die volle Strenge, der ganze Ernst göttlichen Zorngerichts an Seinen und Seines Volkes Feinden etwas zu kurz gekommen ist, zu wenig Beachtung fand. Wir wollen daher, wie wir ja auch in Aussicht stellten, gerade diesem Aspekt jetzt unsere besondere Aufmerksamkeit zuwenden.

»Oft haben sie mich bedrängt von meiner Jugend an, dennoch haben sie mich nicht überwältigt«, steht im 129. Psalm, Vers 2, zu lesen. Die Geschichte Israels bis zum heutigen Tag ist tatsächlich zum weitaus größten Teil eine Geschichte seiner fast beispiellosen Bedrängnisse durch unzählige bittere Feinde. Ist doch das jüdische Volk bis heute noch eines der am tiefsten verachteten, am meisten gehassten von anderen Völkern und nicht zuletzt vom großen Widersacher, dem Drachen, der alten Schlange, die das »Weib« mit unversöhnlichem Hass verfolgt, welches den männlichen Sohn gebar, der zu Gott und Seinem Thron entrückt wurde (Offb. 12). Satan weiß wohl, was ihm noch bevorsteht, wenn Gottes Gedanken mit Seinem auserwählten Volk erst einmal ihre volle Verwirklichung finden werden.

Es fehlt uns daher nicht an ausgiebigem Material für die richtige Beleuchtung der Wahrheit, die uns auf diesen Seiten beschäftigt, nämlich festzustellen, in welchen Verhältnissen Gottes schwerste und tiefste Gerichtswege zu Seinen großen, die ganze Schöpfung umfassenden Heilsgedanken stehen. Denn es fehlte Israel nie an Feinden, an denen Gott ein ums andere Mal deutlich gezeigt hat, wie Er mit ihnen auf alle Zeiten verfahren wird.

Das uns zur Verfügung stehende Schriftmaterial ist in der Tat so reichhaltig, dass wir uns notgedrungen auf einige wenige, typische Gestalten beschränken müssen, die aber allen aufmerksamen Bibellesern so wohlbekannt und vertraut sind, dass sie keine Schwierigkeiten haben werden, weder uns zu folgen noch für sich selbst die Reihe der Beispiele zu erweitern.

Eines der merkwürdigsten Worte, das auf unsere besondere Frage Licht wirft, steht in Jesaja 19, 24.25: »An jenem Tag wird Israel der Dritte sein mit Ägypten und mit Assur, ein Segen inmitten der Erde. Denn der Herr der Heerscharen segnet es und spricht: Gesegnet sei Ägypten, mein Volk, und Assur, meiner Hände Werk, und Israel, mein Erbteil!«

Das wird ein »Dreierbund« werden, wie ihn die Weltgeschichte noch nie sah und erlebte, ein Dreigestirn gesegneter Nationen inmitten der Erde. Wunderbare göttliche Zukunftspolitik! Und doch gibt es ungezählte gläubige Christen, denen jeder Gedanke an den politischen Charakter des zukünftigen messianischen Friedensreiches auf Erden schier ungenießbar vorkommen will. Sie sind aus missverstandener Geistlichkeit schnell mit dem Wort zur Stelle: »Mein Reich ist nicht von dieser Welt« – als ob das gleichbedeutend wäre mit: »Mein Reich ist nicht *für* diese Welt«!

Ägypten und Assur, die beiden gewaltigen Mühlsteine, zwischen denen das Volk Gottes durch Jahrhunderte hindurch zermahlen und fast aufgerieben wurde! Man braucht nur etliche der zahlreichen Worte anzuführen, die von dem handeln, was diese beiden furchtbaren Bedrücker Israels in der Hand Gottes für Sein Volk bedeutet haben, um einen richtigen Blick für die Tragweite einer Weissagung wie die vorliegende zu bekommen.

So klagt der Prophet Jesaja (Kap. 52, 4): »Denn so spricht der Herr, Herr: Nach Ägypten zog mein Volk im Anfang hinab, um sich dort als Fremder aufzuhalten; und Assur (die damaligen Pharaonen waren assyrischer Herkunft) hat es am Ende bedrückt.« Und wie hat man sie bedrückt! Sodass selbst Jahwe aus dem brennenden Dornbusch zu Mose sagte: »Gesehen habe Ich das Elend meines Volkes in Ägypten, und sein

Geschrei wegen seiner Antreiber habe Ich gehört; ja, Ich kenne seine Schmerzen. ... Und nun siehe, das Geschrei der Söhne Israel ist vor mich gekommen; und Ich habe auch die Bedrängnis gesehen, mit der die Ägypter sie quälen« (2. Mose 3, 7-9). Mit einem eisernen Schmelzofen vergleicht Er selbst Ägypten, das Land der Bedrängnis, aus dem Er sie herausführte (5. Mose 4, 20; 1. Kön. 8, 51).

Über Assur ruft der Prophet aus: »Wehe, Assur, Rute meines Zorns! Und der Stock meines Zorns – in ihrer Hand ist er. Gegen eine gottlose Nation sende Ich ihn, und gegen das Volk meines Grimmes entbiete Ich ihn, Raub zu rauben und Beute zu erbeuten und es zertreten zu lassen wie Straßenkot. Er aber meint es nicht so, und sein Herz denkt nicht so, sondern zu verheeren hat er im Sinn und nicht wenige Nationen auszurotten. Denn er sagt: Sind meine Oberste nicht allesamt Könige? Ist Kalne nicht wie Karkemisch, Hamat nicht wie Arpad, Samaria nicht wie Damaskus? Wie meine Hand die Königreiche der Götzen erreicht hat – und ihre geschnitzten Bilder waren mehr als die von Jerusalem und von Samaria –, werde Ich nicht, wie Ich Samaria und seinen Götzen getan habe, ebenso Jerusalem und seinen Götzenbildern tun?« (Jes. 10, 5-11).

Der König von Assyrien durfte zehn Stämme Israels aus ihrem Lande führen, die als solche bis auf den heutigen Tag nicht wieder aus ihrem Gefängnis hervorgingen, sondern noch immer die »Verlorenen im Land Assur« heißen (Jes. 27, 13). Solche Verheerungen und Zerstörungen gestattete Jahwe den Feinden auszurichten unter Seinem auserwählten Volk. Aber derselbe Gott, der Ephraims Sünde so furchtbar und schonungslos heimsucht, spricht durch den Propheten: »Aus der Gewalt des Scheol werde Ich sie befreien, vom Tod sie erlösen! Wo sind, o Tod, deine Dornen? Wo ist, o Scheol, dein Stachel? Mitleid ist vor meinen Augen verborgen (Luther: Rache kenne Ich nicht mehr)« (Hos. 13, 14).

Mit welch schrecklichen Gerichten Jahwe die Feinde Israels verfolgen und vertilgen will, teilt uns die Schrift deutlich mit. So lesen wir in Jes. 30, 27.28.30-33: »Siehe, der Name des Herrn kommt von weit her mit Seinem brennenden Zorn und wuchtigem Auffahren. Seine Lippen sind voller Grimm, und Seine Zunge ist wie ein verzehrendes Feuer und Sein Atem wie ein überflutender Bach, der bis an den Hals reicht: um die Nationen zu schwingen mit dem Schwingsieb des Nichts und einen irreführenden Zaum an die Kinnbacken der Völker zu legen. Dann wird der Herr hören lassen die Hoheit Seiner Stimme und sehen lassen das Niederfahren Seines Armes mit wütendem Zorn und einer Flamme verzehrenden Feuers, unter Platzregen und Wolkenbruch und Hagelsteinen. Ja, von der Stimme des Herrn wird Assur zerschlagen, wenn Er mit dem Stock dreinschlägt. Und es wird geschehen, jeder Hieb der Zuchtrute, die der Herr auf es niedersausen lässt, erfolgt unter Tamburin- und Zitherspiel. Und mit geschwungenem Arm wird Er gegen es kämpfen. Denn längst ist eine Feuerstätte hergerichtet. Auch für den König ist sie bereitet, tief und weit hat Er sie gemacht. Ihr Scheiterhaufen ist für das Feuer und hat Holz in Menge. Wie ein Schwefelstrom setzt der Atem des Herrn ihn in Brand.« Und weiterhin: »Und Assur wird fallen durch das Schwert, aber nicht durch das eines Mannes; und das Schwert, aber nicht das eines Menschen, wird es fressen. Und es wird vor dem Schwert fliehen, und seine jungen Krieger werden zur Zwangsarbeit gezwungen werden. Und sein Fels wird vor Schrecken vergehen, und seine Obersten werden fahnenflüchtig, spricht der Herr, der Sein Feuer in Zion und Seinen Ofen in Jerusalem hat« (Jes. 31, 8.9).

In ganz ähnlicher Weise reden die Propheten von den Gerichten über Pharao und seine Menge. Hes. 32, 3-8: »So spricht der Herr, Herr: Daher werde Ich mein Fangnetz über dich ausspannen durch eine Schar vieler Völker, und man wird dich in meinem Garn heraufziehen. Und Ich werfe dich auf das Land, schleudere dich auf das freie Feld; und Ich mache, dass sich alle Vögel des Himmels auf dir niederlassen und sich die Tiere der ganzen Erde von dir sättigen. Und Ich lege dein Fleisch auf die Berge und fülle die Täler mit deinem Aas. Und Ich tränke das Land mit deinem Ausfluss von deinem Blut auf den Bergen, und die Bachrinnen werden mit dir angefüllt sein. Und Ich werde, wenn Ich dich auslösche, den Himmel bedecken und seine Sterne verdunkeln; Ich werde die Sonne mit Gewölk bedecken, und der Mond wird sein Licht nicht scheinen lassen. Alle leuchtenden Lichter am Himmel werde Ich deinetwegen verdunkeln, und Ich werde Finsternis über dein Land bringen, spricht der Herr, Herr.«

In demselben Kapitel erscheint Ägypten in der Versammlung vieler anderer feindseliger Völker, die allesamt dem Gericht übergeben werden: »Menschensohn, wehklage über den Prunk Ägyptens, und stürze ihn hinab, Ägypten und die Töchter mächtiger Nationen, in das Land der Tiefen, zu denen, die in die Grube hinabgefahren sind! Wen übertriffst du jetzt noch an Anmut? Fahr hinab, und lege dich zu den Unbeschnittenen! ... Dort ist Assur und sein ganzes Aufgebot rings um sein Grab her: sie alle, Erschlagene, durchs Schwert Gefallene. ... Dort ist Elam und sein ganzer Prunk rings um sein Grab her..., die einst ihren Schrecken verbreitet hatten im Land der Lebenden; und sie tragen ihre Schmach mit denen, die in die Grube hinabgefahren sind. ... Dort ist Meschech-Tubal und sein ganzer Prunk; rings um sein Grab her, sie alle, Unbeschnittene, sie sind vom Schwert erschlagen, weil sie ihren Schrecken verbreitet hatten im Land der Lebenden. ... Auch du, Ägypten, wirst mitten unter Unbeschnittenen zerschmettert werden und bei den vom Schwert Erschlagenen liegen. Dort ist Edom, seine Könige und all seine Fürsten, die in ihrer Heldenkraft zu den vom Schwert Erschlagenen gelegt wurden ... Dort sind die Fürsten des Nordens insgesamt und alle Sidonier, die zu den Erschlagenen hinabgefahren sind und trotz ihres Schreckens, den sie einflößten, in ihrer Heldenkraft zuschanden geworden sind; und sie liegen als Unbeschnittene bei den vom Schwert Erschlagenen und tragen ihre Schmach mit denen, die in die Grube hinabgefahren sind« (32, 18-30).

Man sieht, Jahwe hat nicht einen von denen vergessen, die sich an Seinem Volk vergriffen und ihm Gewalt angetan haben. Selbstverständlich haben sie es nicht ohne Jahwe, ohne Seine Genehmigung getan, sondern sie waren Zuchtruten in Seiner Hand. Aber wie der Herr durch den Propheten Sacharja klagt: »... und mit großem Zorn zürne Ich über die sicheren Nationen. Sie nämlich, als Ich nur wenig (über mein Volk) zürnte, da haben sie zum Unheil geholfen« (Sach. 1, 15). Sie gedachten ihr Mütchen zu kühlen an des Herrn Volk und sie gar zu vertilgen. Das konnte Er ihnen nicht nachsehen. So vergalt Er ihnen alles, was sie an Israel gesündigt haben.

Gegenüber solchen Ankündigungen göttlichen Strafgerichtes über Israels Feinde stehen nun Worte, wie jenes zu Anfang dieses Abschnitts aus Jes. 19 angeführte, in dem desselben Gottes, der Rache übt an Seinen Feinden, wunderbare Erlösungs- und Wiederherstellungsgedanken zum klaren Ausdruck kommen, und zwar über dieselben Feinde, deren Er sich als Zuchtruten bediente, um Sein abtrünniges Volk scharf zu strafen. »An jenem Tag wird Israel der Dritte sein mit Ägypten und mit Assur, ein Segen inmitten der Erde. Denn der Herr der Heerscharen segnet es und spricht: Gesegnet sei Ägypten, mein Volk, und Assur, meiner Hände Werk, und Israel, mein Erbteil!« (Jes. 19, 21-25).

Ägypten, mein Volk! Dasselbe Ägypten, das sich seinerzeit nicht genug tun konnte, Gottes Volk Israel auf das Grausamste zu quälen und zu bedrängen, das seine Neugeborenen ins Wasser werfen ließ und den Vätern unerträgliche Lasten auferlegte! Diesem legt der heilige Gott selbst den wunderbaren Titel bei: Mein Volk! Welch eine gründliche Sinnesänderung muss doch bei einem solchen Volk eingetreten sein, ehe Jahwe in Wahrheit und Gerechtigkeit so von diesem sprechen kann. Wie tief und erfüllend müssen Sein Licht und Sein Recht in das ganze Denken und Handeln eines solchen Volkes eingedrungen sein, bevor es einer solchen Berufung wert und würdig ist.

Assur, meiner Hände Werk! »Groß sind die Taten des Herrn«, sagt der 111. Psalm. Und weiter: »Die Taten Seiner Hände sind Wahrheit und Recht« (Vers 7). Die Himmel sind Seiner Hände Werk, singt ein anderer Psalm (8, 3). Und wieder ein anderer: »Wunderbar sind deine Werke« (139, 14). Und solch ein Wunderwerk Seiner Hände wird Assur darstellen, nachdem es durch Gericht und Gnade zubereitet wurde, zu verkünden den Ruhm seines Gottes und Retters, des starken Gottes Israels, dem es einst trotzte, dessen Macht es öffentlich verhöhnte vor den Toren Seiner heiligen Stadt (Jes. 36, 7.20; 37, 23). Damals schlug der Engel Jahwes im Lager des assyrischen Königs in einer Nacht 185000 Mann (Jes. 37, 36). Nach solchen Gerichten solche Gnade!

Und du, Israel, mein Erbteil! Was Israel seinem treuen Bundesgott jemals war, sein und bleiben wird, dessen sind die Zeugnisse Alten und Neuen Testaments so voll und ausführlich, dass kein ehrlicher Zweifel aufkommen kann für den, der Gottes Wort als wahr erachtet, wenn Gott Israel Sein Erbe nennt. Im nächsten Kapitel werden wir noch Gelegenheit haben, uns eingehend mit Israels Stellung im göttlichen Rat zur Wiederherstellung Seiner gefallenen Menschheit zu beschäftigen.

Außer der hier betrachteten Weissagung gibt es noch eine bedeutende Zahl anderer, die genau denselben Ton anschlagen und die wunderbarsten Umwandlungen im Verhalten der feindseligen Völker Israel gegenüber in Aussicht stellen. So spricht der Herr durch den Propheten Jesaja zu Jerusalem, der abgöttischen, hurerischen Stadt: »Denn siehe, Finsternis bedeckt die Erde und Dunkel die Völkerschaften; aber über dir strahlt der Herr auf, und Seine Herrlichkeit erscheint über dir. Und es ziehen Nationen zu deinem Licht hin und Könige zum Lichtglanz deines Aufgangs. ... Alle Schafherden von Kedar werden sich zu dir versammeln, die Widder Nebajots werden dir zu Diensten stehen: mir zum Wohlgefallen werden sie auf meinen Altar kommen. Und das Haus meiner Herrlichkeit werde Ich herrlich machen (Kedar und Nebajot sind

Söhne Ismaels, und Ismael ist bis heute der Hauptträger der Religion des falschen Propheten Mohammed, des Islam; hier also liegt die letztendliche Lösung der islamischen Frage). ... Und gebeugt werden zu dir kommen die Söhne deiner Unterdrücker, und alle, die dich geschmäht haben, werden sich niederwerfen zu deinen Fußsohlen. Und sie werden dich nennen: Stadt des Herrn, Zion des Heiligen Israels. ... Du wirst saugen die Milch der Nationen und saugen an der Brust der Könige. Und du wirst erkennen, dass Ich der Herr, dein Retter bin und Ich, der Mächtige Jakobs, dein Erlöser« (Jes. 60, 2.3.7.14.16).

Da ist ein Herzuströmen der Völker nach Jerusalem in Aussicht gestellt, wie es die bisherige Geschichte der Stadt und des Landes noch nie erlebte. Es ist nicht möglich, hierbei an die Ausbreitung des Evangeliums zu denken, welche ja von Jerusalem ausging und sich im Lauf der Jahrhunderte von dort aus über den ganzen Erdkreis erstreckte. Denn in diesem Fall ist Jerusalem nicht Ausgangspunkt einer Bewegung in die Völkerwelt hinaus, sondern unverkennbar Zielpunkt einer Völkerbewegung. In Jerusalem geschieht etwas, das auf die Völker der Erde eine völlig unwiderstehliche Anziehungskraft ausüben wird, sodass sie sprechen werden: »Kommt, lasst uns hinaufziehen zum Berg des Herrn, zum Haus des Gottes Jakobs, dass Er uns auf Grund Seiner Wege belehre und wir auf Seinen Pfaden gehen« (Jes. 2, 3; Micha 4, 2; Sach. 8, 20-23).

Bevor das jedoch geschehen kann, müssen die stolzen Nationen erst gründlich von ihrem Hochmut und Eigenruhm kuriert worden sein, die müssen zuvor mit all ihren großen Errungenschaften und Leistungen auf allen Gebieten des Lebens in den Bankrott gegangen sein. Denn was von dem einzelnen stolzen Menschen gilt, das gilt nicht minder von ganzen Völkern. Gott erhält nicht eher Recht, als bis man mit seinem eigenen Wesen vollständig am Ende ist. Davon ist in der Geschichte der Nationen aber bis heute noch keine Rede. Wer aber Augen hat zu sehen, der kann es sehr wohl spüren, wie alles mit Macht auf den völligen Bankrott zusteuert. Gottes Wort wird eben doch Recht behalten.

Dann werden die Völker Gottes Wege mit dem Volk Seiner Wahl anfangen zu verstehen, sie werden sich beugen und dem Gott Israels die Ehre geben. Das ist die Bedeutung des Prophetenwortes: »Und es ziehen Nationen zu deinem Licht hin und Könige zum Lichtglanz deines Aufgangs«. Es gibt noch eine Zeit der Genesung für die arme, müde und kranke Völkerwelt, die, gleich jenem Weibe im Evangelium, »viel erlitten hat von vielen Ärzten« (Mark. 5, 26) und Weltverbesserern.

Nicht am deutschen, noch am englischen oder amerikanischen Wesen wird die Welt einst genesen, wie sich die verschiedenen Völker jetzt hochmütig einbilden, sondern an dem Wesen des Gottes Jakobs, des Heiligen in Israel. Das Heil, auch für die Völker, soziales, nationales und internationales, kommt nach dem Wort des Herrn »von den Juden« (Joh. 4, 22). Davon lässt Gott nicht ab, ob man darüber heute noch höhnt oder nicht, Sein Wort besteht, selbst wenn Erde und Himmel untergehen.

Dass auch die Söhne seiner Unterdrücker gebeugt kommen werden (zu Jerusalem und Juda), dass alle, die es je und je schmähten, ihm zu Füßen fallen und es Stadt Jahwes nennen werden, Zion des Heiligen Israels, ist eine solch großartige Umwandlung in Gesinnung und Haltung aller Völker der Erde (auch der christianisierten) Israel gegenüber, dass man wohl verstehen kann, wie man selbst in gläubigen Kreisen vor solchen Worten stillesteht und fast nichts daraus zu machen weiß.

Niemand kann behaupten oder gar nachweisen, dass sich diese Worte bereits erfüllt hätten. Der tiefwurzelnde, eingefleischte Antisemitismus selbst ernsthafter christlicher Kreise in allen Ländern, wohin das Evangelium drang, legt dafür ein beredtes Zeugnis ab. Wie ein übler Alptraum, wie ein schwerer Bann liegt eine grundsätzliche Abneigung gegen das Volk der göttlichen Wahl bis auf diesen Tag auf tausend und abertausend Gemütern selbst zweifelsfreier Kinder Gottes. Das Gift des Judenhasses ist entsetzlich tief in das Volksdenken und -empfinden eingedrungen.

Und davon sollen die Völker gründlichst geheilt und befreit werden, sodass sie kommen werden und sich in den Staub beugen vor der von Gott alsdann gnädig heimgesuchten und hochbegnadigten Stadt. Sie werden anerkennen, dass Gottes Wege mit jenem Volk durch Gericht und Gnade hindurch heilige und vollkommene waren und sind.

Das wird eine »Zeit der Erquickung« werden vor dem Angesicht des Herrn und man wird sich schämen, das Wort Gottes von dieser »Erquickung« jemals auf Ereignisse angewandt zu haben, die in den Bereich unserer beschränkten und rein persönlichen Heilserfahrung fielen. Es wird ein Aufatmen, nein, ein Aufjauchzen durch alle Nationen gehen, wie es diese arme Erde bisher noch nie erlebt hat.

Es wird sich buchstäblich erfüllen, was der Prophet Jeremia (der ehemals klagende!) geweissagt hat: »Jubelt über Jakob mit Freuden und jauchzt über das Haupt der Nationen!« (Jer. 31, 7). Denn dann wird Israel nicht mehr der verachtete und in den Kot getretene Schwanz, sondern das geehrte und geliebte Haupt, Gottes erstgeborener Sohn unter den Völkern sein (5. Mose 28, 13). Denn die Gnadengaben und die Berufung Gottes sind unbereubar (Röm. 11, 29).

Beachten wir noch eine Reihe gleichlautender Zeugnisse der Prophetie bezüglich der endlichen Wiederherstellung selbst der erbittertsten und schlimmsten Feinde Israels. So weissagt Jeremia über Moab und Ammon, die Nachkommen jener Kinder Lots, die aus der Blutschande seiner eigenen Töchter entsprangen und die nach dem Gesetz nie in die Versammlung Gottes kommen durften (5. Mose 23, 4). Sein ganzes 48. Kapitel ist angefüllt mit Gerichtssprüchen der strengsten und schonungslosesten Art über Moab: »Moab ist zerbrochen (Vers 4) ... Und seine Städte werden zur Wüste werden, sodass niemand darin wohnt (Vers 9) ... Die Auslese seiner jungen Männer ist zur Schlachtung hinabgestiegen (Vers 15) ... Moabs Verderben steht nahe bevor und sein Unheil eilt schnell herbei (Vers 16) ... Heult und schreit um Hilfe, verkündet am Arnon, dass Moab verwüstet ist (Vers 20) ... Und allen seinen Nachbarn wird Moab zum Gelächter und zum Schrecken sein (Vers 39) ... Und Moab wird ausgetilgt werden, dass es kein Volk mehr ist, weil es großgetan hat gegen den Herrn (Vers 42).« Aber nach all diesen furchtbaren Drohungen, die ja ihre buchstäbliche Erfüllung bereits gefunden haben, folgt dieses Wort Jahwes: »Aber Ich werde die Gefangenschaft Moabs wenden am Ende der Tage, spricht der Herr« (Vers 47).

Im folgenden 49. Kapitel desselben Propheten steht über die Kinder Ammon: »Aber nachher werde Ich das Geschick der Söhne Ammon wenden, spricht der Herr« (Vers 6). Und am Schluss dieses Kapitels heißt es auch über Elam: »Aber es wird geschehen am Ende der Tage, da werde Ich das Geschick Elams wenden, spricht der Herr« (Vers 39).

Aus diesen Worten tritt uns mit größter Deutlichkeit die Absicht Jahwes entgegen, diese boshaften, stolzen, prahlerischen und gottlosen Feinde und Bedrücker Seines auserwählten Volkes, die an ihm stets ihren Mutwillen trieben, nicht nur bis zur Vertilgung als Völker zu richten und heimzusuchen, sondern das Wunderbare und Unbegreifliche ist, dass Jahwe eben diesen aus der Geschichte einfach verschwundenen Volkskörpern in den letzten Tagen Wiederherstellung, Rückkehr aus der Gefangenschaft, Wiederbringung verheißt.

Da entsteht nun eine sehr wichtige und ernste Frage, die von weitreichender Bedeutung für die Auffassung und Deutung der Prophetie ist. An dem Verschwundensein dieser genannten Völker als solcher aus den Reihen der bekannten geschichtlichen Nationen der Erde ist wohl kaum ein ehrlicher Zweifel möglich. Jahwe hat ja auch selbst angedroht, dass Er sie bis zur Vertilgung heimsuchen und richten werde. Woher soll dann aber die Wiederherstellung kommen?

Die so gern (namentlich auch bei Israel, wie wir noch in folgenden Abschnitten beleuchten werden) gegeben Erklärung, dass diese Zusagen ihre geschichtliche Erfüllung nur in den Nachkommen der damaligen Moabiter, Ammoniter und Elamiter finden werden und können, reicht nicht aus. Denn es kann keine Rede von Nachkommenschaft sein, wenn ein Volksstamm aufgehört hat zu existieren, wenn sie ohne Ausnahme alle im Scheol liegen, wie geschrieben steht (Hes. 32, 18-30).

Sämtliche Versuche, diese Volksbezeichnungen geistig umzudeuten, tragen sosehr den Stempel der Verlegenheitsausflucht an sich, dass sie von gewissenhaften Schriftforschern nicht ernstgenommen werden können. Man hat es mit der Vergeistigung alttestamentlicher Weissagungen wahrlich bunt genug getrieben, allein bei Israel. Eine gesunde Schriftauslegung kann sich darauf nicht mehr einlassen.

Es bleiben dann aber nur zwei Möglichkeiten übrig, von denen die eine für jeden schriftgläubigen Leser natürlich ausgeschlossen ist: Entweder können diese Zusagen Gottes geschichtlich niemals eingelöst werden und das prophetische Wort erweist sich damit als völlig unzuverlässig oder aber die Erfüllung dieser Verheißungen wird und kann nur durch Totenauferweckung im großartigsten Maßstab geschehen.

Wir haben darüber bereits in dem Kapitel über Sodom geschrieben und kommen hier nur darauf zurück, um zu unterstreichen, dass man sich ehrlicherweise mit der ganzen Frage der Bedeutung der Auferweckung aus den Toten zur Durchführung göttlicher Heilsgedanken und der treuen Einlösung Seiner großen Verheißungen noch ganz anders wird auseinandersetzen müssen als es bisher geschehen ist.

Was soll denn mit den auferweckten Menschheitsmassen überhaupt geschehen, wenn sich einmal das Wort erfüllt: »Denn wie in Adam alle sterben, so werden auch in Christus alle lebendig gemacht werden« (1. Kor. 15, 22)? Dieselben nur dazu aufzuerwecken, damit sie ohne weiteres sofort wieder einem zweiten, noch schrecklicheren Tode ausgeliefert werden, aus dem es nie wieder eine Auferweckung geben soll, hat wahrlich nichts an sich, das eine solche Theorie einem denkenden Gläubigen empfiehlt, der an die vollkommene Liebe, Weisheit und Allmacht seines großen Gottes und Retters glaubt. Dass man sich heute in weiten Kreisen vor einer solch sinn- und zwecklosen Verfügung über den weitaus größten Teil aller Menschen lieber in die öden Hallen der Vernichtung flüchtet, ist gut zu verstehen, aber nicht zu entschuldigen. Ihr kennet die Schrift nicht, noch die Kraft Gottes, darf hier wieder gesagt werden, wie jenen Sadduzäern damals (Mark. 12, 24).

Denn der Heilige Geist legt dem Apostel Paulus in der genannten Korintherstelle ein Wort für »lebendig gemacht werden« in die Feder, das genau das gleiche ist wie das von der Auferweckung Jesu Christi selber gebrauchte.

So dürfen wir denn als Ergebnis unserer Untersuchung auch dieses Gebietes vom Gericht Gottes über die Feinde und Verderber Seines Volkes festhalten, dass die Gedanken Gottes mit ihnen ganz zweifellos auf Wiederherstellung und Erlösung aus den Banden des Todes hinauslaufen. Und der von Gott verfolgte und mit großer Beharrlichkeit durchgeführte Plan ist kein anderer als der, dem wir wieder und wieder begegnen: Durch Gericht zur Begnadigung!

D. Israel mein erstgeborener Sohn (2. Mose 4, 22)

Von der hohen Bedeutung Israels im göttlichen Heils- und Reichsplan zeugt allein schon der Umstand, dass ein sehr großer Teil der biblischen Offenbarung von seiner Geschichte, seinen Propheten und Lehrern handelt. Das geschriebene Wort des lebendigen Gottes ist auch in seinen Maßen und Verhältnissen der göttlichen Vollkommenheit entsprechend angelegt. So ist es nicht von ungefähr, noch weniger willkürlich, dass im Rahmen der Schrift Israel einen so weiten Raum einnimmt. Der Geist Gottes ist ein Geist der Ordnung und des Ebenmaßes.

Dazu haben wir in der Schrift noch eine Reihe deutlicher Aussagen, die das durchaus bestätigen. Nicht nur sagt uns Ps. 103, 7: »Er tat seine Wege kund dem Mose, den Söhnen Israel seine Taten«, und der Apostel bezeugt in 1. Kor. 10, 11: »Alles dies aber widerfuhr jenen als Vorbild und ist geschrieben worden zur Ermahnung für uns, über die das Ende der Zeitalter gekommen ist«. So bewegen sich auch die Ermahnungen, Warnungen, Tröstungen und Verheißungen in den sieben Sendschreiben der Offenbarung des Johannes durchaus auf Linien, die der Geschichte und Entwicklung Israels nach Form und Inhalt entnommen sind. Ohne eingehendes Verständnis alles dessen, was in Israel geschah, bleiben diese Sendschreiben – und mit ihnen die ganze übrige Offenbarung an Johannes – unverständlich.

Wir brauchen uns nur zu vergegenwärtigen, einmal, wie von der Genesis bis zur Offenbarung der Gedanke des Königreichs Gottes auf

Erden eigentlich das Grundthema der ganzen biblischen Offenbarung ist, und daneben, wie gerade in Israel das theokratische Königreich Gottes seine uranfängliche, typisch-prophetische Darstellung gesucht und gefunden hat, so erkennen wir, dass man von der lehrhaften und vorbildlichen Bedeutung alles Geschehens in Israel kaum zu hoch denken kann.

Das findet vielleicht seinen konkretesten Ausdruck in dem Wort, das Jahwe durch Seinen Knecht Mose an Pharao melden ließ und das wir an den Anfang dieses Abschnittes gestellt haben: »Mein erstgeborener Sohn ist Israel!« Es bedarf keiner eingehenden Beweisführung, um zu zeigen, dass dieses Wort nicht im individuellen, sondern im völkischen, nationalen Sinne verstanden sein will. Es handelt sich dabei nicht um eine einzelne menschliche Persönlichkeit, sondern um ein Volksganzes. In der großen Familie der Völker der Erde ist Israel die Stellung des Erstgeborenen zugewiesen. Das ist, was jenes Wort an Pharao besagt.

Und es bleibt dabei: Die Gnadengaben und die Berufung Gottes sind unbereubar. Das Wort ist nie widerrufen, noch ist jemals eine Erklärung abgegeben worden, wonach Israel wegen seiner gräulichen Abgötterei oder seines beharrlichen Unglaubens gegen Gott und Seinen Gesalbten dieser Stellung im göttlichen Völkerhaushalt verlustig geworden sei. So entmutigend, so niederschlagend der Augenschein seit Jahrhunderten, ja Jahrtausenden sein mag, Himmel und Erde werden eher vergehen, als dass auch nur ein Buchstabe oder Tüttel vom Gesetz, dem diese göttliche Erklärung entstammt, zur Erde falle!

Was wollen uns diese deutlichen, vernehmlichen Worte des treuen Gottes Israels sagen? Nicht nur, dass Israel als Erstgeborener im Hause Gottes unter allen Umständen Jahwe geweiht und geheiligt ist, d. h. dass Gott Seine Ansprüche auf dieses Volk Seiner Wahl nie aufgeben kann und wird, sondern sie sollen, wozu Er sie bildete, Seinen Ruhm verkündigen (Jes. 43, 21). Dahinter steht die urgründliche Wahrheit, dass es ja der Erstgeborene ist, der Nachgeborene ermöglicht, der ihnen den Mutterschoß durchbricht, wie die Schrift sagt (2. Mose 13, 2). Das heißt, den Weg, den der Erstgeborene geht, müssen auch die Nachgeborenen gehen. Was immer Gottes große, unergründlich tiefe Gedanken und Wege in Gericht und Gerechtigkeit, in Gnade und in Treue durch die Zeitalter waren und noch sind, das sind sie nicht nur für dieses eine Volk allein, sondern das sind sie für alle übrigen Völker der Erde. Wie denn geschrieben steht, dass Gott nicht allein der Juden Gott ist, sondern auch der Nationen (Heiden) Gott (Röm. 3, 29).

So liegen für unsere Erkenntnis der Wege Gottes mit Seiner gesamten Menschheit die klaren Richtlinien in großer Deutlichkeit vor unserem geistigen Auge in allem, was uns die geschriebene Offenbarung des lebendigen Gottes über das Volk göttlicher Wahl zu sagen hat. Ihnen ist deshalb auch vertraut, was Gott geredet hat, d. h. sie sind die berufenen Träger aller Gottesoffenbarung an die ganze übrige Menschheit (Röm. 3, 2; 9, 4.5).

Ihre diesbezügliche Berufung ist aber nicht nur eine formale, sondern Israel selbst ist, nach dem Wort des Herrn Jesu, der Mutterherd für alle Heilsoffenbarung Gottes an die Welt: Das Heil kommt von (aus) den Juden (Joh. 4, 22). Das hängt damit zusammen, dass der Weltheiland der Sohn Abrahams, der Sohn Davids ist (Matth. 1, 1). Der Auferstandene selbst hat es Seinen Jüngern ausdrücklich bezeugt: »Dies sind meine Worte, die Ich zu euch redete, als Ich noch bei euch war, dass alles erfüllt werden muss, was über mich geschrieben steht in dem Gesetz Moses und den Propheten und Psalmen« (Luk. 24, 44). Damit ist deutlich genug gesagt, dass alles, was überhaupt an göttlichen Gedanken, Plänen, Zielen und Absichten in Christus beschlossen liegt, seine prophetisch-typische Vorzeichnung in den heiligen Schriften des auserwählten Volkes Gottes gefunden hat. Seine Gedanken und Wege mit Israel sind Norm und Maß für all Sein Handeln an und mit der gesamten Menschheit.

1. Aus Ägypten habe Ich meinen Sohn gerufen (Hos. 11, 1)

Die Söhne Jakobs hatten sich schwer an ihrem Bruder Joseph versündigt, der doch von Gott berufen und bestimmt war – was sie damals allerdings noch nicht wussten und verstanden –, eines Tages ihres Vaters ganzes Haus vor der Hungersnot zu retten und ihnen allen eine sichere und reiche Wohnung zu bereiten im Lande Ägypten. Sie hatten Böses im Sinn und beschlossen, Gott aber gedachte Gutes daraus zu wirken, wie ihnen ihr eigener Bruder später bezeugen durfte, als er sich ihnen zu erkennen gab (1. Mose 50, 20). Das waren köstliche, wenn auch rätselhafte Wege Gottes, die Er sie geführt hatte. Die Vorschattung auf den großen Joseph, den Heiland des ganzen Hauses Seines Vaters und ganz Ägyptens, liegt hier klar auf der Hand.

Aber das war nicht die einzige Lektion, die es da zu lernen gab. Jene wunderbare Errettung des Hauses Jakobs vor dem Untergang war tatsächlich nur die Einleitung zu einer sehr schweren und ernsten Heimsuchung eben desselben Hauses Jakobs in Ägypten, im Sklavenhaus, im feurigen Schmelzofen unsagbarer Drangsal. Gottes Mühlen mahlen langsam, aber wunderfein! Joseph hatte ihnen sicher all ihre schändliche Sünde, da sie ihn den Midianitern verkauft und vor Jakob für tot erklärt hatten, von ganzem Herzen vergeben, sie an sein Herz gedrückt und ihnen das beste Land in Ägypten zugeteilt.

Doch damit war nicht alles abgetan. Denn es steht geschrieben: »Der Herr ist langsam zum Zorn und groß an Gnade, der Schuld und Treubruch vergibt, aber keineswegs ungestraft lässt, der die Schuld der Väter heimsucht an den Kindern, an der dritten und vierten Generation« (4. Mose 14, 18). Und weiterhin: »Der Herr, der Herr, Gott, barmherzig und gnädig, langsam zum Zorn und reich an Gnade und Treue, der Gnade bewahrt an Tausenden (von Generationen), der Schuld, Vergehen und Sünde vergibt, aber keineswegs ungestraft lässt, sondern die Schuld der Väter heimsucht an den Kindern und Kindeskindern, an der dritten und vierten Generation« (2. Mose 34, 6.7). Und wiederum: »Der Herr ist langsam zum Zorn und groß an Kraft. Doch keinesfalls lässt der Herr ungestraft« (Nah. 1, 3).

Wir haben oben bereits von der furchtbaren Drangsal gesprochen, in die nach Josephs Tod das ganze Haus Jakobs in Ägypten geriet, wie Assur ihm ohne Grund Gewalt antat und sein Mütchen an dem Volk Gottes kühlte. Dort wiesen wir darauf hin, dass die Feinde dies auch keineswegs ungestraft tun durften. Hier nun tritt uns der andere Gedanke entgegen, wie Gott sich gerade durch das wohlverdiente scharfe und strenge Gericht Sein auserwähltes Volk im eisernen Ofen der Drangsal bereitet.

Es leuchtet wohl auch ein, dass Israel ohne solche furchtbaren Gerichte, die es durch die Schuld an seinem Bruder Joseph aus sich lud, nie daran gedacht hätte, Ägypten zu verlassen und das den Vätern verheißene Land einzunehmen. Dazu bedurfte es einer solchen besonderen, tiefen Erniedrigung und Knechtung, wie sie ihm in Ägypten zuteil wurden. Waren sie doch später, als sie bereits errettet waren, immer noch geneigt, nach Ägypten zurückzukehren, sobald ihnen auf dem Weg, den Gott sie durch die Wüste führte, eine Gefahr drohte.

Welches Gewicht Jahwe selbst auf die Tatsache legte, dass Er sie aus Ägypten, aus dem Sklavenhaus führte, davon zeugen die häufigen Hinweise darauf. So bei der Gesetzgebung vom Sinai (2. Mose 20, 2). Und später wird in den geschichtlichen und prophetischen Büchern jener Auszug aus Ägypten, aus dem Sklavenhaus, mehr als 120-mal erwähnt. Das spricht eine sehr deutliche Sprache bezüglich der eigenartigen Entstehung dieses Wundervolkes unter den Völkern der Erde.

Die Bedeutung dieser Sprache ist nicht schwer zu verstehen. Mit hell leuchtenden Lettern hat es der große Gott Israels über den ganzen Verlauf der Geschichte Seines Volkes geschrieben, dass in Seiner Hand auch die schwersten und wohlverdienten Gerichte eben doch niemals Endzweck, sondern nur Mittel zum Zweck, zur Anbahnung und Ausführung Seiner herrlichen Ziele sind.

Im Glauben an diese pädagogische Bedeutung der ernsten Gerichte über das sündige Volk haben die Väter, Jakob und Joseph, den festen Auftrag gegeben, ihre Gebeine nicht in ägyptischer Erde ruhen zu lassen. Sie schauten, wenn auch nur von ferne, eine großartige und herrliche Zukunft für ihren Samen, einerlei wie schwer Druck, Jammer und Elend sein würden, durch welche die Kinder Israels zu gehen hätten, ehe aus ihnen ein erlöstes Volk werden konnte.

Wenn noch etwas fehlte, um diese Auffassung vom Werdegang des Volkes Gottes alten Bundes zu bestätigen, dann liegt es daran, dass eben jenes prophetische Wort aus Hosea in Matth. 2, 15 angewandt wird auf die Flucht des von Herodes verfolgten Kindes Jesu nach Ägypten. Es wird dort deutlich bezeugt, dass Jesus mit Maria und Joseph bis nach dem Tod des Kindermörders in Ägypten blieb, »damit erfüllt würde, was von dem Herrn geredet ist durch den Propheten, der spricht: Aus Ägypten habe Ich meinen Sohn gerufen«.

Nun ist aus den Berichten der Evangelien überhaupt nicht ersichtlich, welch andere Bedeutung die Flucht Jesu nach und der Aufenthalt in Ägypten sonst noch gehabt haben könnte. Wir erfahren weder etwas über Sein dortiges Verweilen noch über die Berührung mit irgendwelchen Personen oder Verhältnissen jenes Landes. Es ist von nichts weiter die Rede, als einzig von dem Sachverhalt, dass Er durch direkte Weisung an Joseph aus Ägypten zurückgerufen wurde in das Land, in dem Er Seinen Lauf führen und vollenden sollte.

Damit ist eindeutig genug angezeigt, dass es sich dabei um nichts anderes gehandelt haben kann, als um eine Hervorhebung und Betonung des Prinzips, das bei der ersten Herausführung Seines Volkes Israel aus Ägypten maßgebend war. Das kommt ja auch in der großen Weissagung Jesajas von dem leidenden Messias zum Ausdruck: »Aus Drangsal und Gericht wurde Er hinweggenommen« (Jes. 53, 8). Wie an manchen anderen Stellen der Weissagung wird der Messias mit Seinem zu erlösenden Volk in gleicher Lage geschaut, ja geradezu mit ihm identifiziert, so Ps. 102; Jes. 41, 8-16; vgl. mit 42, 1-9, wo der Knecht Jahwes einmal zweifelsfrei Israel ist, das andere Mal ebenso deutlich der Messias.

Für beide führt nur ein Weg zum gottgewollten Ziel: Aus Gericht heraus zur hohen Berufung und Aufgabe.

Je besser wir diese Elementarlektion der Pädagogik unseres Gottes buchstabieren lernen, umso heller werden uns alle Seine oft so tiefen und verborgenen Wege entgegenstrahlen.

2. Die Feueropfer

Wir hätten von diesen Feueropfern berechtigterweise früher reden dürfen, da sie uns in der Schrift ja bereits bei jenem ersten uns berichteten Kultusakt der beiden Brüder Kain und Abel begegnen, d. h. auf der Schwelle aller Religionsgeschichte in der sündigen Menschheit. Aber für unsere Betrachtung hat es seinen guten Sinn, dass wir uns hier mit ihnen beschäftigen, weil sie erst im kultischen Haushalt Israels, des erstgeborenen Sohnes Gottes unter den Völkern, zu einer bleibenden Ordnung und Einrichtung geworden sind.

Das göttliche Gesetz über die Feueropfer ist uns in den ersten Kapiteln des dritten Buches Mose aufgezeichnet. Bei aller Mannigfaltigkeit derselben, was die verschiedenen Opfergaben, Tiere und Speisen betrifft, ist der Grundgedanke natürlich jeweils der gleiche. So ergibt sich für uns eine im Ganzen einfache und leicht verständliche Symbolik der gesamten Einrichtung. Dann aus Hebr. 10, 1 geht schließlich klar hervor, dass das Gesetz nur den »Schatten« zukünftiger Güter hatte. Aber an den Schattenrissen lassen sich die Körper, welche die Schatten werfen, mit großer Eindeutigkeit ablesen.

Das Verfahren bei diesen Feueropfern war in seinen Grundzügen einfach und anschaulich. Der Opfernde war gehalten, seine Hand auf den Kopf des zu tötenden und zu verbrennenden Opfertieres zu legen, zum Zeichen, dass er das unschuldige Geschöpf an seiner, des Sünders Statt, dem Tode und dem Feuer weiht. Der hinter all dem stehende Grundgedanke war also unmissverständlich der der Stellvertretung.

Das leuchtet jedem gläubigen Kind Gottes auf den ersten Blick ein. Denn wenn dieser »Schatten« nicht vorhanden ist, dann gibt es weder für uns noch für die übrige Welt oder Menschheit eine Versöhnung. Doch Jahwe, der Herr, warf unser aller Sünde auf Ihn, der geschlagen und gemartert, der um unsere Übertretungen willen durchbohrt, wegen unserer Missetat zerschlagen wurde (Jes. 53).

Dann wurde das Tier geschlachtet, d. h. in den Tod gegeben, und sein Blut dargebracht und ringsum an den Altar gesprengt. Das war das Urteil der Gerechtigkeit, an dem Unschuldigen vollzogen an Stelle des Schuldigen, des sündigen Menschen.

Und endlich wurde das Ganze, nachdem ihm die Haut abgezogen, d. h. nachdem es in seiner ganzen Nacktheit und Blöße offenbar gemacht worden ist, auf dem Altar mit Feuer verbrannt, als ein Brandopfer, ein Feueropfer wohlgefälligen Geruchs dem Herrn, oder wie es 3. Mose 3, 11 ausgedrückt wird, als »eine Speise des Feueropfers für den Herrn«.

Das ist in kurzen und markanten Zügen der eindrückliche Anschauungsunterricht, der uns hier gegeben wird. Was lehrt er uns? Nichts Geringeres, als dass es für den sündigen, gefallenen Menschen, einerlei ob es um bestimmter Sünden willen geschieht, oder wie bei dem Brand-, Dank- und Speisopfer aus freien Stücken, als Akt der Anbetung und Huldigung vor dem heiligen Gott Israels, keine andere Möglichkeit des gottgefälligen Opferns gibt, als durch Tod und Feuergericht.

Daraus folgt aber auch, dass Tod und Feuergericht nie und nimmer als Zeichen des endgültigen Verworfenseins auszufassen sind, sondern als der von Gott selbst verordnete Weg, auf dem alle Kreatur, sei sie verschuldet oder nicht, als ein angenehmer Geruch vor ihm erscheinen kann.

Denn wohl unterscheidet die gesetzliche Vorschrift zweierlei Verbrennen des geopferten Tieres. Das eine geschah auf dem geweihten Altar vor der Stiftshütte (oder dem Tempel) und das andere geschah an einem abgelegenen Ort draußen vor dem Lager (3. Mose 4, 12.21). Allerdings wird Ersteres als ein angenehmes Opfer wohlgefälligen Geruchs vor dem Herrn bezeichnet, doch auch das Andere bringt Vergebung und Versöhnung für den Schuldigen und Sündigen. In beiden Fällen wird das natürliche Leben schonungslos in den Tod gegeben und dem verzehrenden Feuer überantwortet. Dies ist für uns die Hauptlektion, die es zu lernen gilt.

Ihr köstlicher Gewinn aber ist die Erkenntnis, dass Tod und Feuergericht in jedem Fall der von Gott vorgezeichnete Weg sind, auf dem das gefallene, schuldige Geschöpf in umgewandelter Gestalt, d. h. vom Feuer in seine ursprüngliche Elemente aufgelöst, zu neuer freier Verwendung in die Hand seines großen Schöpfer- und Rettergottes gelangen kann und wird.

Das ist nicht nur bei den freiwilligen, d. h. aus dem Gehorsam des Glaubens geborenen Opfern so, sondern dasselbe findet seine Anwendung auch auf die Sünd- und Schuldopfer, bei denen die Leiber der geopferten Tiere außerhalb des Lagers verbrannt werden mussten. Darauf geht ja auch die bekannte Ermahnung in Hebr. 13, 11-13: »Denn die Leiber der Tiere, deren Blut durch den Hohenpriester für die Sünde in das Heiligtum hineingetragen wird, werden außerhalb des Lagers verbrannt. Darum hat auch Jesus, um das Volk durch Sein eigenes Blut zu heiligen, außerhalb des Tores gelitten. Deshalb lasst uns zu Ihm hinausgehen, außerhalb des Lagers, und Seine Schmach tragen!«

Diese köstlichen Wahrheiten würden unter dem Volk Gottes unserer Tage ja ein viel besseres Verständnis finden, wenn man sich nicht mit solcher Einseitigkeit auf die unleugbare Wahrheit des stellvertretenden *Opfers Christi für uns* festgelegt hätte. Doch diese Verkündigung findet ihre Ergänzung erst in der ebenso wichtigen und bedeutsamen Wahrheit: *Wir sind mit Christus gekreuzigt.* Leider haben zu viele Gläubige nur ein Ohr für die seligmachende Tatsache, dass Er wahrlich unsere Sünden an Seinem Leib auf das Holz hinaufgetragen hat, der Gerechte für die Ungerechten. Wenige lediglich erkennen die andere Tatsache, dass Christus für unsere Sünden gekreuzigt wurde, nicht damit wir am Kreuz vorbeikommen, dass uns Tod und Feuergericht erspart bleiben, sondern damit wir durch Tod und feuriges Selbstgericht den gleichen Weg gehen lernen, den unser Herr vor uns gegangen ist.

Darum geht aus Seinem Munde gerade an der Stelle, die so vielfach zur Verhüllung und Verneinung der herrlichen Wahrheit von der Allversöhnung durch Seinen Tod missverstanden und missbraucht wird, nämlich Mark. 9, 43 ff., in Vers 49 das deutliche Wort hervor: »Denn jeder wird mit Feuer gesalzen werden«, wie jedes Opfer mit Salz gesalzen wird (3. Mose 2, 13).

Das Wort lässt sich doch unmöglich auf die unverbesserlichen Gottlosen beschränken. Wir glauben noch nicht einmal, dass der Herr dabei an solche überhaupt dachte, denn von Vers 33 dieses Kapitels an redet Jesus gar nicht zu den Leuten draußen, sondern nur zu Seinen Jüngern. Die hier gegebenen Warnungen und Unterweisungen sind also unzweifelhaft Jüngern gegeben. Von ihnen muss *ein jeglicher* mit Feuer gesalzen werden. Wer damit deuten will, ein jeglicher Jünger müsse in die endlose Verdammnis, der mag ja den Versuch unternehmen. Wenn das jedoch in diesem 49. Vers unmöglich ist, dann auch in den vorhergehenden. Denn sonst würde das die Rede des Herrn zu einem Spiel der willkürlichen Deutung machen.

Und was bedeuten denn jene Worte aus dem Munde Seines Vorläufers Johannes: Er ist mitten unter euch getreten, der euch mit heiligem

Geist und mit Feuer taufen wird (Joh. 1, 26; Luk. 3, 16 u. a.)? Taufen heißt aber doch praktisch auch nichts anderes, als zu Jüngern machen. Das ergibt sich naturgemäß schon aus dem von Johannes selbst bekundeten Unterschied zwischen seiner Wassertaufe und dieser Geistes- und Feuertaufe. Auch bei diesem Wort ist nicht an endlose Höllenmarter zu denken, die ja sonst mit der Taufe im Heiligen Geist in Verbindung stände! Diese Feuertaufe kann keine andere Bedeutung haben, als wie sie sich aus der ungezwungenen Anwendung jenes mosaischen Anschauungsunterrichtes der Feueropfer wie von selbst ergibt.

Jesus selbst wird sicher auch an kein anderes Feuer gedacht haben, als Er sprach: »Ich bin gekommen, Feuer auf die Erde zu werfen, und wie wünschte Ich, es wäre schon angezündet! Ich habe aber eine Taufe, womit Ich getauft werden muss, und wie bin Ich bedrängt, bis sie vollbracht ist« (Luk. 12, 49.50).Dass bei letzterer nicht an Seine Taufe durch Johannes im Jordan zu denken ist, braucht nicht erst bewiesen zu werden. Er kann dabei nur die Feuertaufe Seines Todesleidens gemeint haben. Um dieses »Feuer« auf die Erde zu werfen, kam Er, d. h. an Seinem Leidensfeuer sollte sich ein größeres entzünden, das die ganze Menschheit ergreifen und sie aus aller verkehrten Ichsucht, aus Fleisch und Sünde heraus, unter schonungslosem Gericht verzehrenden Feuers, in neuer Gestalt zu einem Opfer angenehmen Geruchs für Gott machen würde.

Von demselben »Feuer« zeugt auch der Prophet, wenn er weissagt: »Wenn der Herr den Kot der Töchter Zions abgewaschen und die Blutschuld Jerusalems aus dessen Mitte hinweggespült hat durch den (Feuer-)Geist des Gerichts und durch den Geist des Ausrottens, dann wird der Herr über der ganzen Stätte des Berges Zion und über seinen Versammlungen eine Wolke schaffen bei Tag und Rauch sowie Glanz eines flammenden Feuers bei Nacht; denn über der ganzen Herrlichkeit wird ein Schutzdach sein« (Jes. 4, 4.5).

Und als er den Herrn im Heiligtum auf einem hohen und erhabenen Thron sitzen sah, Seraphime (d. h. Brennende) über Ihm, da rief er im erdrückenden Bewusstsein seiner Sündhaftigkeit aus: »Wehe mir, denn ich bin verloren. Denn ein Mann mit unreinen Lippen bin ich, und mitten in einem Volk mit unreinen Lippen wohne ich. ... Da flog einer der Seraphim zu mir; und in seiner Hand war eine glühende Kohle, die er mit einer Zange vom Altar genommen hatte. Und er berührte damit meinen Mund und sprach: Siehe, dies hat deine Lippen berührt; so ist deine Schuld gewichen und deine Sünde gesühnt« (Jes. 6, 1-7).

Sünde gesühnt und Schuld gewichen durch Feuer? Wie stimmt das denn mit der köstlichen Lehre der Schrift überein, dass allein das Blut des Lammes Gottes Sünde tilgen und Schuld hinwegnehmen kann? Hat denn jener Seraphim ein »anderes Evangelium« gepredigt? Dann wäre er ja nach der Schrift verflucht (Gal. 1, 8.9). Davon kann aber doch keine Rede sein. Unsere Aufgabe allerdings ist es, diese beiden gleichermaßen klaren und unzweideutigen Aussagen der Schrift miteinander in vollen Einklang zu bringen und nicht eine gegen die andere auszuspielen. Und das ist keine so schwere oder unmögliche Sache, wie es für manche besorgte Gemüter den Anschein haben könnte.

Nein, es bleibt für immer bestehen, dass nichts anderes je und je genügt zur Tilgung unserer Schuld, als allein das auf Golgatha vergossene Blut des unschuldigen und unbefleckten Lammes! Aber jener Seraphim nahm die glühende Kohle vom Altar des Herrn. Und auf diesem Altar wurde das unschuldige Opfer für die Sünde geschlachtet und mit Feuer verbrannt. Darin liegt der ganz einfache Zusammenhang. Das Opfer von Golgatha ist ja doch nichts anderes als ein Feueropfer wohlgefälligen Geruchs für Jahwe. Somit besteht kein Widerspruch zwischen der Reinigung von Sünden und Blutschulden durch Feuergericht und Feuergeist auf der einen, und durch das Blut des unschuldigen Lammes auf der anderen Seite. Wäre das unschuldige Lamm nicht durch den Heiligen Geist, eben den Feuergeist unerbitterlicher Heiligkeit und Gerechtigkeit, Gott geopfert worden (Hebr. 9, 14), so hätte Sein Blut niemals die lösende und sühnende Bedeutung und Kraft, die es nun für die Sünden der ganzen Welt hat.

Wenn man diese sehr einfachen Zusammenhänge ruhig festhält und sich nicht durch vermeintliche Widersprüche davon wegbewegen lässt, so steht in großer Klarheit vor uns, dass in der Weisheit und Liebe Gottes gerade dem »Feuergericht«, das schonungslos gegen das Fleisch geübt wird, eine wunderbar lösende und befreiende Bedeutung innewohnt, und zwar allein auf dem Grund der Tatsache, dass Jesus nicht kam, um dieses Feuer auszulöschen, damit es nie an uns herankönne, sondern um es auf die Erde zu werfen, damit ein »jeder mit Feuer gesalzen werde«.

Darum kann auch geschrieben stehen, dass Er durch Seinen Tod dem die Macht nahm oder das Handwerk legte, der des Todes Gewalt hat, das ist der Teufel (Hebr. 2, 14). Als es in den Vereinigten Staaten von Amerika noch große, unbebaute Prärien mit üppigem Graswuchs gab, brachen oft verderbliche, alles verheerende Präriefeuer aus. Dagegen half nur ein einziges wirksames Schutzmittel, wenn man noch Zeit dazu hatte: Feuer! Der einsame Farmer zog beizeiten einen feurigen

Kreis rings um sein Land und seine Farm, ließ das Feuer alles Brennbare gründlich wegfressen und so konnte ihm das grausamste Präriefeuer nichts mehr anhaben. Er war durch Feuer gegen das Feuer gesichert!

Auch zum richtigen Verständnis des so häufig verwandten Bildes vom »Feuer« in der Schrift, namentlich in den Worten Jesu selber, wie Mark. 9 und andere, kann uns der Gebrauch jenes Wortes des Hebräerbriefes vom verzehrenden Feuer, mit dem draußen vor dem Lager das zuvor geschlachtete Opfertier verbrannt wurde und dessen Blut in das Heiligtum kam (Hebr. 13, 11), wesentliche Hilfe leisten.

Aus dem vom Heiligen Geist selbst bestätigten Zusammenhang des Feueraktes und dem Leiden des Herrn geht nämlich deutlich hervor, dass in der Symbolik dieser Handlung das mit Feuer Verbranntwerden außerhalb des Lagers durchaus mit Christi Leiden als Ausgestoßener identisch ist. Hierin liegt ein zuverlässiger, weil vom Geist Gottes selbst gerechtfertigter und gebrauchter Schlüssel zum richtigen Verständnis dessen, was die Schrift unter »Feuer« und »vom Feuer verzehrt werden« verstanden haben will. Das sind nicht endlose, ziel- und zwecklose Martern, es bedeutet auch nicht völlige Vernichtung, sondern scharfe, qualvolle, aber wunderbar zweckmäßige Leiden des Leibes und der Seele. Leiden, die keinerlei Schonung für das natürliche Ichleben bedeuten, sondern dessen vollständiges Verzehrtwerden; die jedoch gerade deshalb in der Hand Gottes dazu dienen, dass das, was von solchem Feuer ergriffen und verzehrt wird, in neuer Gestalt als ein Gott wohlgefälliges Opfer zu Ihm emporsteigen darf. Darum fragt die Schrift: »Musste nicht der Christus (der zweite Adam, das Haupt einer neuen Schöpfung und Menschheit) dies (Feuer) leiden und in Seine Herrlichkeit eingehen?« (Luk. 24, 26).

Und das ist doch gerade der Weg, auf dem der Gott Abrahams, Isaaks und Jakobs das Volk Seiner Wahl, Seinen Erstgeborenen unter den Völkern, seiner Erneuerung und Wiederherstellung entgegenführt, der Weg unsäglichen Leidens, verzehrenden Feuers in mitternächtlicher Finsternis. Sie weigerten sich der Aufnahme Seines Kreuzes und sind nun doch das gekreuzigte, verhöhnte, gehasste und verachtete Volk unter allen Völkern, diesen selbst zum ewigen Heil und der ganzen Welt zum Leben und Segen. Denn ihre Annahme wird für die Völkerwelt nichts anderes bedeuten als Leben aus den Toten (Röm. 11, 15).

Solches erleiden zu müssen, ohne zu ahnen oder zu verstehen, warum und zu welchem Zweck, das sind ja – Hölle und Grauen des Todes. So peinigt und quält denn wohl auch gerade in Israel das tiefste Todesgrauen die Gemüter namenlos. Aber sich mit Christus gekreuzigt zu *wissen* und Seiner Leiden teilhaftig zu sein, das ist unbeschreibliches Glück, ist Friede und Freude, Leben und volles Genüge. Gott aber kommt in beiden Fällen zu Seinem vollen Recht, wie wir in späteren Abschnitten noch deutlicher hervorheben werden.

3. Sabbat und Halljahr

Aus der reichen Fülle wunderbarer Typen und Schattenbilder zukünftiger Güter, wie sie uns in der mosaischen Haushaltung gleich einer großartigen Modellkammer unseres Meistergottes aufbewahrt sind, müssen wir uns auf einige besonders deutliche beschränken. Wem Gott dafür aber einmal die Augen geöffnet hat, der wird ohne Mühe auch weitere entdecken und sich ihrer königlich erfreuen. Zumal wir wissen, dass sich unser Gott nicht genötigt sehen wird, aus Mangel an Zeit oder Kraft oder gutem Willen die endliche herrliche Ausführung und Vollendung aller Schattenbilder und Modelle, die Er im Laufe der Jahrtausende angefertigt und auf die Seite gestellt hat, aufzugeben. Seine Mittel erlauben Ihm, alles zu erfüllen, was von Seinem herrlichen Sohn im Gesetz des Mose, in den Propheten und Psalmen geschrieben steht (Luk. 24, 44).

Wir heben hier nur den Sabbat und das große Sabbatjahr, das Hall- oder Jobeljahr, hervor.

Jedem aufmerksamen Bibelleser wird es deutlich geworden sein, dass sich durch die ganze alttestamentliche, vorbildliche Ökonomie unseres Gottes ein großartiger, einheitlicher Sabbatismus hindurchzieht. Das gesamte israelitische Volksleben bewegte sich nach dem Gesetz und Zeugnis innerhalb dieser Sabbatlinien und -ordnungen. Jeder siebte Tag der Woche war dem Herrn geheiligt. Da durfte man kein gewöhnliches Tagewerk verrichten, sondern ruhen von all den Mühsalen und Unruhen des täglichen Lebens. Nach der Mühe und Last von sechs Tagen die Ruhe und stille Einkehr in Familie und Gemeinde zu Jahwe, der Sein Volk aus Ägypten, aus dem Sklavenhaus, errettet hat.

Weiterhin war der siebte Monat des Jahres in ähnlicher Weise ausgezeichnet. Die Verordnung lautete: »Im siebten Monat, am Ersten des Monats, soll euch Ruhe sein, eine Erinnerung durch Lärmblasen, eine heilige Versammlung. Keinerlei Dienstarbeit dürft ihr tun, und ihr sollt dem Herrn ein Feueropfer darbringen« (3. Mose 23, 24.25).

Dazu hatte der Herr eben in diesen siebten Monat die beiden wichtigsten und bedeutsamsten Festtage und -wochen des ganzen Jahres gelegt, nämlich auf den zehnten Tag des Monats den großen Versöhnungstag und auf den fünfzehnten Tag das freudigste Fest des Jahres, das Fest der Laubhütten, das Fest der vollen Ernte alles dessen, was Tenne und Kelter erbracht hatten. Und dieses Fest sollte sieben Tage lang gefeiert werden.

Im Laubhüttenfest findet der wunderbare Festzyklus des israelitischen Jahres seinen krönenden Abschluss. So war es sehr entsprechend und von prophetischer Bedeutung, dass die Zurückgekehrten aus Babylon als erstes Fest im Lande wieder einmal das Laubhüttenfest feierten (Esra 3, 4). Und nachdem die Mauern der Stadt unter Nehemia wieder aufgebaut waren und die Kinder der Gefangenschaft in ihren Städten wohnten, kam erneut der siebte Monat und man feierte wieder das Laubhüttenfest, wie es seit der Zeit Josuas, des Sohnes Nuns, nicht mehr geschehen war – und sie hatten große Freude (Neh. 7, 72; 8, 10-18).

Außerdem gebot Jahwe Seinem Volk auch noch, jedes siebte Jahr ein Sabbatjahr zu halten. Da sollte das Land dem Herrn einen Sabbat feiern, seine völlige Ruhe haben, weil die Felder nicht besät und die Weinstöcke nicht beschnitten werden durften (3. Mose 25, 1-7). Später wird durch die Propheten besonders hervorgehoben, dass, weil Israel dem Land keine Sabbatruhe gewährte, sie das Land verlassen mussten, damit es zur Wüste werde und somit seine Sabbate ersetzt bekäme siebzig Jahre lang (2. Chron. 36, 21), was sich deckt mit der Zahl der Sabbatjahre eines Zeitraums von 490 Jahren.

Doch die bedeutungsvollste Verordnung Jahwes an Sein Volk, Seinem »erstgeborenen Sohn«, war folgende: »Und du sollst dir sieben Sabbatjahre zählen, siebenmal sieben Jahre, sodass die Tage von sieben Sabbatjahren dir 49 Jahre ausmachen. ... Und ihr sollt das Jahr des fünfzigsten Jahres heiligen und sollt im Land Freilassung für all seine Bewohner ausrufen. Ein Jobeljahr soll es euch sein, und ihr werdet jeder wieder zu seinem Eigentum kommen und jeder zu seiner Sippe zurückkehren« (3. Mose 25, 8-13).

Darf man diese Linien einfach verlängern oder darf man das nicht? Gehören diese Einrichtungen des Gesetzes mit zu den »Schatten zukünftiger Güter« oder nicht? Sind das Modelle im kleinen Stil und Maßstab, die der große Gott Himmels und der Erde, der ja nicht allein der Juden Gott ist, sondern auch der Heiden Gott, ja, der sich sogar, wie geschrieben steht (Ps. 145, 9), aller Seiner Werke erbarmt, einmal auch wirklich im allerweitesten Umfang zur vollendeten Ausführung bringen wird?

Oder müssen wir glauben, dass wir es nur mit gewissen großartigen

Anwandlungen zu tun haben, die dem Allmächtigen einmal gekommen seien, bei denen Er sich aber nichts Besonderes gedacht habe, am wenigsten, dass es auf der ganzen Erde, ja in Seiner ganzen Schöpfung wirklich einmal dahin kommen solle, dass für alle, die darinnen sind, Freilassung ausgerufen werde? Dass ein jedes Seiner Geschöpfe alles, was es durch eigene oder fremde Schuld jemals verloren hat, wieder erlangen solle? Dass ein jedes, auch das am tiefsten gefallene und gesunkene Geschöpf wieder zu »Seinem Geschlecht« kommen solle?

Sind das alles nur Trugbilder, Erzeugnisse mosaischer oder nachmosaischer Phantasie? Wer hat solche Gedanken verursacht und ausgesprochen und sie in der Form von Volkssatzungen und -ordnungen für die Jahrtausende niedergelegt? Und nachdem sie von dem auserwählten Volk, dem sie gegeben waren, bis auf diesen Tag niemals in entsprechender Weise ausgeführt und angewandt wurden, bedeutet das, dass nun auch Gott jeden Gedanken, sie jemals ausgeführt zu sehen, drangegeben hat?

Oder gibt es irgendein erleuchtetes Menschenherz, das sagen wolle, dies seien des großen Rettergottes unwürdige Gedanken und Vorstellungen? Will jemand auftreten und Gott anklagen: Falls Er solche Vorsätze bei sich selbst beschlossen habe, könne Er niemals der Welt Richter sein?

Oder kann man sagen, dass in diesen Verordnungen solche Gedanken überhaupt nicht lägen? Dass Vorstellungen von einer das ganze All umschließenden Wiederherstellung in den vorigen Zustand durchaus keinen, auch nicht den geringsten Halt fänden in den Worten Jahwes vom Sabbat für den Menschen und seine Wohnung, vom Jubeljahr für alle, die ihre Habe und ihr Geschlecht verloren hatten?

Wieviel des traurigen Unvermögens der gläubigen Gemeinde unserer Tage, diese großen und herrlichen Gedanken unseres Gottes in Seinem geoffenbarten Wort zu erkennen und gelten zu lassen, ist doch zurückzuführen auf die schmerzliche Tatsache, dass gerade das »Gesetz«, d. h. die ältesten Urkunden göttlicher Offenbarung und Verordnung, so wenig gelesen, durchforscht und auf ihren prophetischen Gehalt geprüft werden. Erbauliche Betrachtungen, die sich mit großer Beharrlichkeit um das geliebte fromme Ichleben drehen, werden in reicher Fülle geschrieben und gern gelesen. Denn darin findet man »SICH« und die eigene Glückseligkeit. Aber »IHN«, den großen, herrlichen, wunderbaren Rettergott aller Seiner Kreaturen, sucht man gar nicht erst anders, als höchstens in der Gestalt des persönlichen »lieben Heilandes«, der für »*uns*«

gestorben und der dazu gekommen ist, dass *wir*, die wir glauben, ewig selig werden!

Was macht man aber mit solchen Sabbat- und Halljahrverordnungen, die sich z. B. auf das Land beziehen? Man kann doch nicht alles ohne weiteres auf das eigene Heilsleben deuten. Da bleibt denn nichts anderes übrig, als es einfach liegen und auf sich beruhen zu lassen. Aber der Blick für Gottes große Gedanken und Ziele wird dadurch gedämpft und getrübt, das Sehvermögen nimmt aus Mangel an gesunder Übung und Betätigung ab. Doch die Schrift kann nicht gebrochen werden

4. Der Löser (Goel) – Boas und Ruth

Es ist ein wirklich liebliches Kleingemälde, das uns durch den Geist der Weissagung in dem Büchlein Ruth gezeichnet wurde. Über seine Bedeutung für die Erkenntnis der wunderbaren Gedanken Gottes mit dem verheißenen Messias, der aus der Linie Davids kommen sollte und dessen Ahnherr in dieser Geschichte die Hauptfigur ist, kann kein Zweifel bestehen.

Allein der Umstand, dass Ruth eine Moabiterin war, also eine Tochter des Geschlechts, dessen Angehörige nach dem Gesetz Mose niemals in die Versammlung Gottes alten Bundes kommen durften (5. Mose 23, 4), spricht eine deutliche Sprache von der alle überströmende Sünde noch weit mehr überströmenden Gnade, die in Christus Jesus geoffenbart werden sollte. Was dem Gesetz unmöglich ist, das tut Gott (Röm. 8, 3), ohne dass irgendjemand sagen dürfte: Was machst Du? Wer Gott hier wieder in Widersprüche mit sich selbst verwickeln will, mag es ja versuchen. Er wird damit nicht weit kommen. Die Gnade, die von Verdienst oder Würdigkeit absieht, triumphiert eben. Ist Gott darin ungerecht?

Ruth war aber nicht nur eine Moabiterin, die nach dem Gesetz nie in die Versammlung Israels kommen durfte, sondern auch ihre Ehe mit Machlon, dem Sohne Elimelechs, des Bethlehemiten, war durchaus ungesetzlich, weil einem israelitischen Mann streng verboten war, sich mit einem heidnischen Weibe zu verbinden. Lauter Unregelmäßigkeiten und Ungesetzlichkeiten, die nach rein menschlichem Ermessen niemals einen legitimen Boden abgeben konnten und durften für so wichtige und weitreichende Beziehungen, die es hier galt einzuleiten.

Doch gerade das ist die köstliche evangelische Bedeutung dieses kleinen Teils göttlicher Schriftoffenbarung, dass darin so deutlich hervortritt, wie der große Gott Israels Seine Gnade ganz frei und souverän walten lässt, wo es sich um Seine höchste und herrlichste Selbstoffenbarung handelt in dem erstgezeugten Sohn, der Mensch werden sollte – und zwar durchaus und genau auf den klar gezogenen und gezeichneten Linien der Verheißung für das Geschlecht Abrahams, Isaaks und Jakobs und doch daneben mit offenkundiger Betonung der Wahrheit, dass auch hierin Gott nicht allein der Juden Gott ist, sondern auch der Heiden Gott. Es ist, wie wenn der Allmächtige sich besonders bemüht hätte, es ganz deutlich zu machen, dass Sein Gesetz und Seine festen Zusagen wohl völlig zurecht bestehen und unter allen Umständen durchgeführt werden, dass das aber niemals bedeuten soll, Seinen unberechenbaren Liebesgedanken könnten dadurch irgendwelche Schranken gesetzt sein.

So tritt uns Boas entgegen, der »angesehene Mann« aus dem Geschlecht Elimelechs, ein echter Israelit nach dem Gesetz und dabei doch der nächste Verwandte eben jenes moabitischen Weibes, die nach dem strengen Gesetz kein Recht hatte, in der Versammlung des Volkes Gottes oder das Weib eines jüdischen Mannes zu sein. Der Name Boas bedeutet: In ihm ist Kraft. Der vorbildhafte Hinweis auf den, welchem gegeben ist alle Gewalt im Himmel und auf Erden, ist unverkennbar. Und Naemi hatte sich nicht in ihm getäuscht, als sie ihrer Schwiegertochter Ruth versicherte: »Denn der Mann wird nicht ruhen, es sei denn, er habe die Sache heute zu Ende geführt« (Ruth 3, 18).

So geschah es denn auch. Vor den Augen seines Volkes, der Bürger von Bethlehem, übernahm Boas nach dem Gesetz und Zeugnis alle Pflichten und Rechte, die ihm als dem nächsten Verwandten zustanden zur Einlösung des Erbteils der Söhne Elimelechs. Damit aber war unlösbar die Übernahme des hinterlassenen heidnischen Weibes des Verstorbenen verbunden.

Klarer und eindrücklicher konnte es überhaupt nicht zum Ausdruck kommen, dass in den Gedanken Gottes der große Goel nicht nur nach Gesetz und Recht zu handeln berufen war, sondern dass dabei der weiteste Raum blieb, die erlösende und befreiende Wirksamkeit seiner gottgewollten Stellung auszudehnen auf die, welche nach dem Gesetz eigentlich gar keinen Anspruch auf Eingliederung in den Haushalt des heiligen Gottes Israels hatten.

Was Not und Tod, was Ungesetzlichkeit und Übertretung auch angerichtet haben mögen, alles das wird durch den großen Löser wieder zurechtgebracht. Das ist die Lektion, die wir mit gutem Recht aus dieser gesegneten Geschichte ziehen dürfen.

5. Durch Tod zum Leben

Unter diesem Zeichen steht die gesamte Entstehung, Führung und historische Entwicklung des Volkes Israel von seinen ersten Anfängen an. Der Gott Abrahams, Isaaks und Jakobs hat es meisterlich verstanden, dieses kostbare Geheimnis in einer Weise in das Werden und Wachsen Seines »erstgeborenen Sohnes« unter den Völkern hineinzuweben, die unsere staunende Anbetung herausfordert. Und das mit einer solchen Beharrlichkeit und Deutlichkeit für jedes erleuchtete Auge, dass für Zweifel nicht der geringste Raum bleibt.

Beachten wir zunächst Israels natürliche Herkunft und seine Entstehung. Diese ist hergeleitet von Abraham, über Isaak und Jakob. Nicht in Ismael, dem Sohn der ägyptischen Magd, sondern in Isaak, dem Sohn der Freien, hat dieses Volk seinen zweiten Stammvater.

Mit Isaaks Geburt aber hatte es eine besondere Bewandtnis. Den Schlüssel zum Verständnis dafür gibt uns die Schrift selbst an zwei Stellen. Zuerst schreibt Paulus in Röm. 4, 19: »Und nicht schwach im Glauben, sah er (Abraham) seinen eigenen, schon erstorbenen Leib an, da er fast hundert Jahre alt war, und das Absterben des Mutterleibes der Sara ...«

Hier begegnet uns deutlich das beabsichtigte Erstorbenseins beider Eltern des verheißenen Erben. Gott ließ Abraham und Sara unverkennbar nur deshalb so lange warten, damit gesagt werden konnte, beider Leiber waren erstorben. Und damit unwiderrufbar feststehe, Isaaks Geburt bedeutet nichts anderes als »Leben aus den Toten« und somit Gottes zuversichtliches »Lachen« gegenüber aller geschöpflichen Hoffnungslosigkeit. Dasselbe bestätigt Hebr. 11, 12: »Deshalb sind auch von einem, und zwar Gestorbenen, so viele geboren worden wie die Sterne des Himmels an Menge und wie der Sand am Ufer des Meeres, der unzählbar ist.«

Doch Isaak selber muss auch noch ein »Lebendiger aus den Toten« werden. Dies geschieht durch seine Opferung. Sie bedeutet den Gipfel des Glaubens seines Vaters Abraham. Zugleich ist sie wohl aber auch das großartigste und einleuchtendste Vorbild der größten Gottestat, der Dahingabe des eingeborenen Sohnes, des Erben über das All. Drei Tage lang ist Isaak für seinen Vater bereits wie geopfert, gestorben. Aber am dritten Tag gibt Gott ihm seinen im Glauben geschlachteten Sohn wieder lebendig aus den Toten, wie geschrieben steht: »... er urteilte, dass Gott auch aus den Toten erwecken könne, von woher er ihn auch im Gleichnis (auf den zukünftigen großen Isaak Gottes) empfing«.

Somit kommt bei Isaak in aller Deutlichkeit das große Grundgesetz jeder göttlichen Führung – zunächst mit dem Volk Seiner Wahl, mit Seinen Auserwählten – zum Ausdruck, alles in den Tod zu geben und erst aus dem Tode ins Leben zu rufen, damit kein Tod mehr das Leben treffen und verderben kann, weil es ja bereits durch den Tod gegangen ist.

Und was sich an Isaak klar hervorhebt, tritt nicht minder wahrnehmbar und einfach auf der nächsten Stufe des nationalen Werdens Israels heraus, nämlich bei der Erlösung der Erstgeburt in Ägypten. Es blieb keine leere Drohung, die Gott dem Pharao mitteilen ließ: »Mein erstgeborener Sohn ist Israel, – und Ich sage dir: Lass meinen Sohn ziehen, damit er mir dient! Wenn du dich aber weigerst, ihn ziehen zu lassen, siehe, dann werde Ich deinen erstgeborenen Sohn umbringen« (2. Mose 4, 22.23).

Denn als sich nun Pharao beharrlich weigerte, allen Vorgerichten zum Trotz, ging der Engel Jahwes in einer Schreckensnacht durch ganz Ägypten und erwürgte alle Erstgeborenen, von dem ersten Sohn des Pharao, der auf seinem Thron saß, bis zum ersten Sohn des Gefangenen im Gefängnis und alle Erstgeburt des Viehs. An aller Erstgeburt Israels aber erfüllte sich das gnädige Wort: »Aber gegen keinen von den Söhnen Israel wird auch nur ein Hund seine Zunge spitzen, vom Menschen bis zum Vieh, damit ihr erkennt, dass der Herr einen Unterschied macht zwischen den Ägyptern und den Israeliten« (2. Mose 11, 7).

Und wie ging es dabei zu? Wie geschah es, dass Israels Erstgeburt nicht in gleicher Weise dem wohlverdienten Tod durch den Würgeengel anheimfiel? Nur dadurch, dass in ganz Israel auf das Wort Jahwes durch Mose von der Hand eines jeden Hausvaters das unschuldige, fleckenlose Lamm geschlachtet wurde und man mit seinem Blut die Schwellen und Pfosten der Türen jeder Hütte bestrichen hatte. Das war wieder eine neue, köstliche Variation desselben herrlichen Themas in der großen Erlösungssymphonie unseres Rettergottes: Leben aus den Toten.

Setzen wir unser Forschen fort, so gelangen wir bald auch dahin, wo unser Gott Seinem ganzen Volk, das Er aus Ägypten führte, denselben wunderbaren Stempel aufdrückt: Leben aus den Toten! In der gleichen Nacht, da Gott um des von ganz Israel geschlachteten Lammes willen die Erstgeburt verschont hat, eignete sich dieses Volk im Glauben das von eigener Hand erwürgte Lamm Gottes dadurch an, dass es sein Fleisch, am Feuer gebraten, bis auf die Knochen verzehrte. Und in der Kraft dieser Speise zog es aus Ägypten, aus dem Sklavenhaus, ein erlöstes Volk für Jahwe!

Doch nicht allein das. Gott bekräftigt Seine wunderbaren Lektionen gerne durch Wiederholung. Das ganze Volk wird auf ein unbegreifliches, dem menschlichen Verstand überaus törichtes Wort Jahwes an Mose dicht an das Rote Meer, das Schilfmeer, geführt, wie in eine Falle. Als solche sahen es denn auch die Ägypter an und triumphierten, dass sie nun ihre entronnenen Sklaven sicher wiederbekommen würden. Aber Gott hatte es anders geplant und auch Israel erkannte dies keineswegs.

Auf Seinen Befehl streckte Mose seinen Stab über das Rote Meer und es teilte sich dank eines starken Ostwindes, der die ganze Nacht wehte, sodass die Wasser des Meeresarmes zu beiden Seiten wie Mauern standen. Und in dieses bereitete Meeresgrab – denn das war es – führte Gott das gesamte Volk, Männer, Weiber, Kinder und den ganzen Tross samt ihrem Vieh und all ihrer Habe, nicht um sie im Tod zu lassen, sondern um sie durch den Tod auf die Höhen der Auferstehung zu führen. Alles das sind »Schatten zukünftiger Güter«.

Ebenso wird später, als es sich darum handelte, Israel deutlichen Anschauungsunterricht zu geben über seine eigene künftige hohe Priesterberufung als Gottes Erstgeborener unter den Völkern, den es ja bis heute noch nicht erkannte, geschweige denn einnahm oder ausübte, dasselbe göttliche Verfahren eingeschlagen.

Der Stab Aarons, so tot wie alle anderen Stäbe, welche Mose in die Stiftshütte vor Jahwe niederlegte, grünte, blühte und trug reife Mandeln in einer einzigen Nacht. Das war erneut nichts anderes, als ein prophetisches Beispiel davon, wie Gott aus den Toten lebendig zu machen versteht und wie Israels Erfüllung seiner hohen Berufung erst dann einmal geschehen wird, wenn es selbst aus den Toten zum Leben gekommen ist.

Genau die gleiche Sprache spricht auch das Leben Jonas, dessen Geschichte nichts Geringeres darstellt, als eine Weissagung auf die zukünftige Auferstehung des seinem Gott ungehorsamen und sich Seiner Mission an die Völkerwelt verweigernden Israels. Dass wir es in Jonas Geschichte mit Auferstehungswahrheit, mit »Leben aus den Toten« zu tun haben, bestätigt uns der Herr Jesus, der das Geschehen auf sich selbst deutete und Seinem damals ungläubigen Volk deutlich voraussagte, es werde ihm kein anderes Zeichen gegeben werden als nur das Zeichen des Propheten Jona, d. h. jenes ganze ungläubige Geschlecht muss, Jona gleich, erst in den Tod und das Gericht der Verdammnis gelegt werden, ehe sein Gott mit ihm zurecht und zum Ziel kommt.

An keinem anderen Punkt ist Jesus mit Jona zu vergleichen, weil Er sich ja niemals weigerte, den erkannten Willen des Vaters auszuführen. Israel aber hat sich dessen verweigert, hat sich auf das Äußerste gesperrt, um die gnädigen Gedanken Gottes in Christus mit der Heidenwelt zu verhindern. Deshalb wird Israel das Los Jonas ereilen, d. h. es wird erst vom Gericht verschlungen und dann als auferstandener Prophet Gottes seinen Auftrag in der Völkerwelt ausführen.

Diesen prophetischen Schattenbildern fügt sich in würdiger und abschließender Weise jene erhabene Vision an, die der Prophet Hesekiel schauen durfte, als ihn der Geist des Herrn auf ein weites Feld führte, das voll toter Gebeine war. Der Herr selbst gibt Seinem Propheten die einzig richtige Deutung dieses Gesichtes.

Hätte man sich einfach darunter gebeugt, anstatt auf allerlei sogenannte geistliche Auslegungen der Menschen zu hören, würde man Gott heute besser verstehen und einen ganz anderen, freien Blick haben für die Gedanken und Pläne Gottes, in denen von vornherein mit Tod und Verderben, mit völliger Hoffnungslosigkeit bei den Geschöpfen gerechnet wurde. Man könnte besser fassen, wie Gott durch Tod und Verderben grausigster Gestalt nicht nur nie in Verlegenheit kommt, sondern dieselben zur Erfüllung Seiner großen, herrlichen und triumphierenden Liebesgedanken verwendet.

»Menschensohn«, spricht Jahwe, »diese Gebeine, sie sind das ganze Haus Israel. Siehe, sie sagen: Unsere Gebeine sind vertrocknet, und unsere Hoffnung ist verloren; es ist aus mit uns« (Hes. 37, 11). Doch dann heißt es weiter: »Darum weissage und sprich zu ihnen: So spricht der Herr, Herr (Jahwe): Siehe, Ich öffne eure Gräber und lasse euch aus euren Gräbern heraufkommen als mein Volk und bringe euch ins Land Israel. Und ihr werdet erkennen, dass Ich der Herr bin, wenn Ich eure Gräber öffne und euch aus euren Gräbern heraufkommen lasse als mein Volk. Und Ich gebe meinen Geist in euch, dass ihr lebt, und werde euch in euer Land setzen. Und ihr werdet erkennen, dass Ich, der Herr, geredet und es getan habe, spricht der Herr« (Verse 12-14).

So bringt gerade dieses erhabene Gesicht die in den früheren Bildern vereinzelt leuchtenden Strahlen göttlicher Siegesgedanken über Tod und Hoffnungslosigkeit in einen Brennpunkt zusammen. Und mit einer unwiderstehlichen Beweiskraft steht die göttliche Absicht vor uns, Seinen erstgeborenen Sohn unter den Völkern zunächst gezielt den Weg des Todes zu führen, damit ihn Sein Geist aus den Toten rufen und zur Erkenntnis des allein wahren Gottes und Seines Gesalbten bringen kann. Und solche Erkenntnis ist ewiges Leben (Joh. 17, 3).

Von hier aus dürfen wir uns nun auch bewusst mit einer anderen sehr wichtigen Frage auseinandersetzen, der Frage nach dem zweiten Tod, dem Feuersee, wie die Offenbarung ihn nennt. Es ist uns klar geworden, welch bedeutende Rolle gerade der Tod in der Durchführung der großen göttlichen Gedanken spielt.

Es kann nach der Deutung, die Jahwe selbst dem Propheten Hesekiel von dem Gesicht der toten Gebeine des ganzen Hauses Israel gab, keinem ehrlichen Zweifel unterliegen, dass es je und je göttliche Absicht gewesen sein muss, Seinen erstgeborenen Sohn unter den Völkern insgesamt durch den Tod gehen zu lassen, den Tod, der der Sünde Sold ist, um sich erst durch Auferstehung an ihnen und durch sie zu verherrlichen.

Das bezeugt ja auch das Wort des Apostels Paulus, das er vor dem Statthalter Felix sprach: »... indem ich allem glaube, was in dem Gesetz und in den Propheten geschrieben steht, und die Hoffnung zu Gott habe, die auch selbst diese hegen, dass eine Auferstehung der Gerechten wie der Ungerechten sein wird« (Apg. 24, 14.15).

Und etwas später bezeugt Paulus vor Agrippa: »Und nun stehe ich vor Gericht wegen der Hoffnung auf die von Gott an unsere Väter geschehene Verheißung, zu der unser zwölfstämmiges Volk, unablässig Nacht und Tag Gott dienend, hinzugelangen hofft. Wegen dieser Hoffnung, o König, werde ich von den Juden angeklagt. Warum wird es bei euch für etwas Unglaubliches gehalten, wenn Gott Tote auferweckt?« (Apg. 26, 6-8).

An beiden Stellen, wo er ganz deutlich nicht nur die Ungerechten besonders erwähnt, sondern auch die Auferstehungshoffnung als eine allgemeine Volkshoffnung unter seinem Volk bezeichnet, ist es sehr bemerkenswert, dass er in jedem Fall von einer Hoffnung redet. Wie könnte er das – vor allem bei den Ungerechten –, wenn er die herkömmliche orthodoxe Anschauung geteilt hätte, wonach die Auferstehung zum Gericht für die Gottlosen keineswegs als hoffnungsvoll bezeichnet werden kann, sondern nur bedeutet, dass ihnen dann nach derselben ihr endloses, unabänderliches, schreckliches Geschick ereilt und sie dem zweiten Tod, dem Feuersee, übereignet werden, worunter endlose Verdammnis und Qual verstanden wird? Es will nicht einleuchten, wie eine solche Darstellung der Sache von irgendeinem recht empfindenden, fühlenden Menschen als eine »Hoffnung« bezeichnet werden kann. Paulus aber tut das in deutlichen Worten mit der Auferstehung der Gerechten und Ungerechten.

Was hat es nun mit dem Feuersee auf sich? Wenn unsere Deutung des Feuers (das offenbar in allen diesen Stellen im bildlichen Sinne zu verstehen ist und nicht im materiellen, physikalischen) biblisch begründet ist, wie sich uns oben aus den Worten des Herrn ergab, die Er über das von Ihm auf die Erde zu werfende Feuer sprach, dann haben wir es bei dem Feuersee mit einem »See«, d. h. einer sehr weit ausgedehnten und wohl auch recht tiefen Fülle schmerzlichster Leiden und Heimsuchungen verschiedenster Art zu tun.

Dabei darf aber ruhig festgehalten werden, dass ein See auch seine Ufer und einen Grund hat, d. h. in seiner Ausdehnung räumlich begrenzt ist. Das bedeutet: Wenn wir nüchtern im Rahmen des vom Heiligen Geist gebrauchten Bildes bleiben, dann kann von Uferlosigkeit und Unbegrenztheit nach keiner Richtung hin die Rede sein.

Und wenn weiter gesagt ist: Das ist der zweite Tod, der Feuersee, dann haben wir gerade in dieser Bezeichnung wieder einen festen Anhaltspunkt für das richtige Verständnis dieses furchtbarsten Gerichtes, das die Schrift nennt und kennt. Warum aber gebraucht der Geist Gottes die Bezeichnung »zweiter Tod«? Doch wohl nur, um damit deutlich zu sagen, dass dieser unter allen Umständen nichts mehr und nichts weniger ist, als eben ein anderer *Tod*.

Wenn nun unser großer Gott in der Durchführung Seiner Liebegedanken mit Seinem Volk Israel und auch mit Seiner auserwählten Gemeinde aus allen Nationen mit ausgesuchter Weisheit und nach vorbedachtem Rat den ersten Tod, den allgemeinen Menschheitsfeind, durchaus Seinen großen herrlichen Zwecken dienstbar zu machen verstanden hat, wer will dann auftreten und behaupten, dass Gott das mit dem zweiten Tod nicht zu tun imstande sei? Wer will aus der Schrift beweisen, dass der zweite Tod nie und nimmer ein Mittel in der Hand Gottes sein könne und werde, um Seinen gesamten Liebesratschluss und Willen zur Errettung aller Seiner verlorenen Geschöpfe auszuführen?

Steht denn nicht ausdrücklich geschrieben, dass der letzte Feind, der aufgehoben, d. h. völlig zunichte gemacht wird, der Tod ist (1. Kor. 15, 26)? Ist das wahr oder bleibt der »zweite Tod« auch dann noch unüberwunden und wird nicht verschlungen in den Sieg des Lebensfürsten? Hat der Vater dem Sohne, um Seines Todesleidens willen, doch nicht alles unterworfen? Gibt es neben der einzigen Ausnahme, die die Schrift dabei erwähnt, nämlich den, der Ihm alles unterworfen hat, doch noch etwas anderes, das nicht mit einbegriffen ist in die sonst absolute, unumschränkte, völlige Unterwerfung aller Engel, Gewalten und Kräfte (1. Kor. 15, 27 b; 1. Petr. 3, 22)?

Wir fürchten sehr, man ist da wieder einmal bedenklich fehlgegangen und hat in der guten Absicht, den Menschen den tiefen Ernst des Gerichtes vorzuhalten, den allmächtigen Rettergott in Seinem heiligen, herrlichen Liebeswillen beschränkt, dem doch alles, aber auch *alles* dienen muss, ohne irgendeine Ausnahme oder Begrenzung.

Und wenn wir uns dann noch aus der Schrift selbst sagen lassen, dass unser Gott eben ein »verzehrendes Feuer« ist (Hebr. 12, 29) und dass das höllische Feuer, der »Feuersee«, im tiefsten Wesen Gottes, das heilige und brennende Liebe ist, begründet liegt – dass es eine solche Feuerhölle geben muss, nicht obwohl, sondern gerade weil Gott Liebe ist, die niemals dulden kann und wird, dass bei irgendeinem Seiner Geschöpfe auch nur die leiseste Selbstliebe, Härte, Feindschaft oder Abneigung gegen Ihn wesenhaft bleibt –, dann lösen sich alle jene schweren und gewaltigen Fragen über den endlichen Ausgang der Dinge im göttlichen All ohne klaffenden Widerspruch. Es klingt alles in vollendeter Harmonie aus.

6. Durch Gericht zur Herrlichkeit

Wie klingt es doch in etlichen der Gerichts- und Reichspsalmen schon so siegesfroh durch: »Majestät und Pracht sind vor Seinem Angesicht, Stärke und Herrlichkeit in Seinem Heiligtum. Gebt dem Herrn, ihr Völkerstämme, gebt dem Herrn Ehre und Macht! Gebt dem Herrn die Ehre Seines Namens! Bringt Opfer und kommt in Seine Vorhöfe! Betet an den Herrn in heiliger Pracht! Erzittere vor Ihm, ganze Erde! Sagt unter den Heiden: Der Herr ist König! Ja, fest steht die Welt, sie wird nicht wanken. Er wird die Völker richten in Geradheit. Es freue sich der Himmel, und es frohlocke die Erde! Es brause das Meer und seine Fülle! Es frohlocke das Feld und alles, was darauf ist! Auch alle Bäume im Wald sollen jubeln vor dem Herrn! Denn Er kommt, denn Er kommt, die Erde zu richten. Er wird die Welt richten in Gerechtigkeit und die Völker in Seiner Wahrheit« (Ps. 96, 6-13; ähnlich Ps. 97; 98; 99; 100).

Beim Lesen solcher Worte, die wahrlich nicht darauf aus sind, den vollen heiligen Ernst göttlicher Gerichte zu verheimlichen oder abzuschwächen, bekommt man aber doch nicht den Eindruck, dass der Heilige Geist in der wahrhaftigen und gerechten Vollstreckung göttlicher Gerichte auf Erden einen Anlass zu namenlosem Weh, zu verzweifelter, hoffnungsloser Klage, zu endlosem Jammer sieht! Sollte der Geist der Weissagung kein Verständnis gehabt haben für die Schrecken des Gerichts, kein Empfinden für das Weh und die Trostlosigkeit unzähliger Scharen von Geschöpfen, die dann – nach der herkömmlichen Deutung des Gerichts – end- und zielloser Qual und Verdammnis preisgegeben würden?

Es ist uns ja nicht unbekannt, dass man es in der theologischen Behandlung dieser Fragen allerdings dahin gebracht hat, den Heiligen Gottes unter den Engeln und Menschen im Angesicht der ewigen, d. h. endlosen, Höllenqualen eine Gesinnung und Stimmung zuzuschreiben, dass sie ob solcher endlosen Höllenpein ungezählter Geschöpfe Gottes nicht nur keinen Schmerz, kein Leid empfänden, sondern darüber sogar noch Lobgesänge anzustimmen imstande sein würden! Das ist genau dasselbe, was man ja auch in der Christenheit fertiggebracht hat, nämlich Andersgläubige mit glühenden Zangen zu martern, zu foltern und auf Scheiterhaufen zu verbrennen zur größeren »Ehre und Verherrlichung« Gottes! Es verschlägt einem die Sprache, in welche Tiefen der Entmenschlichung theologischer Fanatismus Bekenner Jesu schon gebracht hat!

Wer jedoch die oben genannten Psalmen liest, sucht vergebens nach Andeutungen, dass das zukünftige Gericht des Heiligen und Gerechten über die Völker der Erde, die wahrlich nicht in den Wegen Gottes wandeln, sondern nach dem Fürsten und Gott dieser Welt, wie es die Schrift bezeugt, für diese Völker nur Entsetzen und Grauen, nur hoffnungsloses Verstoßenwerden in endlose Nacht und Marter bedeuten wird. Da muss man entweder sagen, es fehlt den heiligen Männern Gottes der Sinn und das Empfinden für diesen grausigen Abschluss der Weltgerichte oder aber der Geist, der in ihnen war, hat eine völlig andere Vorstellung und Auffassung darüber, als unsere traditionelle Kirchenlehre.

Auch geht es nicht an, dass man etwa sagt, es handele sich bei diesen messianischen Gerichten wohl nur um solche Völker der Erde, denen eben früher das Heil in Christus nie nahegebracht worden sei, sodass sie es nicht haben ergreifen können vor Seiner Wiederkunft zum Gericht. Das ist deshalb unmöglich, weil gerade das Volk unter allen Völkern, dessen Propheten und Seher diese Psalmen gesungen haben, dadurch vor allen anderen Nationen der Erde ausgezeichnet war, dass ihnen das Wort dieses Heils zuerst gebracht wurde und sie es mit größter Hartnäckigkeit verworfen haben. Sie haben Gottes Propheten und Evangelisten verfolgt, getötet und hinausgestoßen bis auf den heutigen Tag. Und dennoch beharrt dieselbe Schrift, die uns das bezeugt, darauf, Gott habe eben dieses Volk Seiner Wahl, das solches tat, trotz alledem nicht verworfen.

Dieselbe Schrift ist es aber auch, die in der deutlichsten und ernstesten Sprache von dem furchtbarsten Gericht redet, das Israel wiederfuhr: dem Gericht der Verstockung. Doch dort, wo sie das tut, geschieht es aus der Herrlichkeit Gottes heraus und zur Verherrlichung genau desselben Gottes, der Sein Volk in die äußerste Finsternis verstieß, in den Unglauben verschloss, um sich aller zu erbarmen.

Wir haben es insbesondere hier mit einem Schriftwort zu tun, das mehrmals zur Anwendung kommt, sodass über dessen Bedeutung und Tragweite kein Zweifel bestehen kann. Es ist das Wort aus Jes. 6, 9.10: »Und Er (Jahwe) sprach: Geh hin und sprich zu diesem Volk: Hören, ja, hören sollt ihr und nicht verstehen! Sehen, ja, sehen sollt ihr und nicht erkennen! Mache das Herz dieses Volkes fett, mache seine Ohren schwer, und verklebe seine Augen: damit es mit seinen Augen nicht sieht und mit seinen Ohren nicht hört und sein Herz nicht einsichtig wird und es nicht umkehrt und Heilung für sich findet!«

Davon bezeugt Johannes, als er folgende Worte anlässlich des hartnäckigen Unglaubens der Juden anführt: »Dies sprach Jesaja, weil er seine Herrlichkeit sah und von ihm redete« (Joh. 12, 41).

Auf dieselben Worte des Propheten nimmt Jesus Bezug, als Er in Matth. 13, 13-17 Seinen Jüngern erklärt, warum Er zum Volk in verhüllenden Gleichnisses sprach, zu ihnen aber ohne solche, damit am Volk diese Schrift erfüllt würde.

Paulus kommt zweimal auf dieselben prophetischen Gerichtsworte zurück. Einmal in Röm. 11, 7.8: »... die übrigen jedoch sind verstockt worden, wie geschrieben steht: Gott hat ihnen einen Geist der Schlafsucht gegeben, Augen, um nicht zu sehen, und Ohren, um nicht zu hören, bis auf den heutigen Tag.«

Das andere Mal macht er davon Gebrauch, als er in Ketten nach Rom kam, die Ältesten der Juden dort um sich versammelte und ihnen in einem ausführlichen Zeugnis das Reich Gottes auseinandersetzte und sie von Jesu zu überzeugen suchte. Da sie sich aber nicht einigen konnten, führte Paulus genau diese Worte des Jesaja an, worauf die Juden auseinanderliefen und reichlich Wortwechsel miteinander hatten – ihre charakteristische Haltung diesen Dingen gegenüber bis auf diesen Tag.

Das, was Johannes durch den Geist bezeugt, dass Jesaja diese Worte aus der Herrlichkeit Jahwes heraus hörte, deckt sich vor allem mit dem, was Paulus im elften Kapitel seines Römerbriefes schreibt. Dort weist er auf das Klarste nach, wie Gott die Verstockung Israels nicht nur zum Anlass nahm, sich mit Seinem bis dahin verborgenen Ratschluss vom Geheimnis des Leibes Christi, der Gemeinde aus allen Nationen, umso größer zu verherrlichen, sondern dass auch keine Rede davon sein kann, dass dieses erschütternde, strenge Gericht an Israel nun irgendwie die Aufhebung göttlicher Liebes- und Herrlichkeitsgedanken mit Seinem verblendeten und gerichteten Volk bedeutete. Israels Verstockung ist nur teilweise und nur für eine genau begrenzte Zeit.

Damit ist uns wieder ein Hauptschlüssel gegeben zum richtigen Verständnis aller Gerichtswege Gottes mit der ganzen Menschheit, ja mit aller Kreatur. Denn Gott ist nicht allein der Juden Gott, sondern auch der Heiden Gott. Und es müsste erst noch der deutlichste biblische Erweis gebracht werden, dass sich Gottes Gerichtswege mit Israel grundsätzlich von denen mit der übrigen Welt und Menschheit unterscheiden, bevor wir auch nur einen Augenblick daran denken könnten, die furchtbarsten Gerichte Gottes auf irgendeinem Boden würden je etwas anderes bezwecken, als die Ausführung und Ermöglichung Seiner Liebesgedanken mit allen Seinen Kreaturen.

Dafür, dass diese unsere Schlussfolgerung biblisch durchaus berechtigt ist, legt auch Paulus im elften Kapitel des Römerbriefes deutlich Zeugnis ab. Er zieht dort zunächst eine sehr bezeichnende Parallele zwischen dem Geschick, das sein Volk Israel um ihres Unglaubens willen traf und dem, was der Völkerchristenheit droht, sofern sie nicht in der Güte Gottes bleiben. Für das gleiche Vergehen das gleiche Gericht (Vers 22).

Noch direkter spricht er in der letzten Parallele, die er in den Versen 30-32 zieht: »Denn wie ihr einst Gott nicht gehorcht habt, jetzt aber unter die Begnadigung gekommen seid durch ihren (Israels) Ungehorsam, so sind jetzt auch sie eurer Begnadigung gegenüber ungehorsam gewesen, damit auch sie nun unter die Begnadigung kommen. Denn Gott hat alle (Juden und Heiden) zusammen in den Ungehorsam eingeschlossen, damit Er alle begnadige.« Das gleiche Gericht, die gleiche Begnadigung danach.

Wir glauben, mit obigen Ausführungen ein Doppeltes bewiesen zu haben. Einmal, dass wir ein gutes Recht zu der Annahme haben, dass die Art, wie Gott mit Seinem Volk Israel in Gericht und Gnade gehandelt hat und noch immer handelt, vorbildlich und mustergültig ist für Sein Walten auf diesen Linien mit Seiner ganzen Menschheit, ja mit der gesamten gefallenen Schöpfung.

Anders ist die ausführliche Darstellung israelitischer Geschichte im Körper göttlicher Schriftoffenbarung unverständlich. Zudem hätte auch eine nicht geringe Anzahl von Aussagen israelitischer Propheten und Apostel den unangenehmen Beigeschmack nationaler Überhebung und Großtuerei, weil sie immer wieder auf die Tatsache hinwiesen, dass Gott an Israel allen Völkern Seinen wirksamsten Anschauungsunterricht zuteil werden lässt.

An diesem Sachverhalt ändert sich auch dadurch nichts, dass die große, christianisierte Völkerwelt bis auf den heutigen Tag Augen hat, ohne zu sehen, Ohren, ohne zu hören, weshalb sie auch unzweifelhaft das in Aussicht gestellte Gericht treffen wird: Auch du wirst ausgeschnitten werden (Röm. 11, 22). Sie erfüllt damit nur wieder die Schrift und Gott behält Recht.

Zum anderen aber zeigt sich uns aus dem Obigen auch dies noch eindeutig, dass es sich für uns in unserem Bemühen, die aus der Schrift erkannte herrliche Wahrheit von der endlichen, völligen und restlosen Wiederherstellung alles Verlorenen und Gefallenen im ganzen göttlichen Schöpfungsall biblisch zu begründen und zu vertreten, niemals darum handeln kann, wie manche befürchten und uns beschuldigen, dem Gericht göttlicher Heiligkeit und Gerechtigkeit irgendwie die Spitze abbrechen, seine Schwere und Schärfe nehmen, es abschwächen oder gar ganz beseitigen zu wollen. Wir hoffen, deutlich dargelegt zu haben, dass für uns Tod, Hölle, Verderben und Verdammnis keineswegs abgestandene, entleerte Begriffe sind, sondern unser Glaube und unsere Erkenntnis fordern sie mit unabweisbarer, unerbittlicher Strenge.

Wir predigen keinen seichten Universalismus, keine sentimentale Liebe Gottes, die mit der Sünde paktiert oder sie nur oberflächlich behandelt, sondern bei allem bleibt und muss bleiben, was die Schrift über den verzehrenden Feuereifer des heiligen und wahrhaftigen Gottes je und je geredet hat.

Wir wenden uns lediglich gegen die ungerechtfertigten und durch nichts aus der Schrift zu entschuldigenden menschlichen Übertreibungen und Umdeutungen, denen man die ernsten Worten Gottes unterzieht.

Wir glauben, dass die Christenheit durch übermäßiges Hervorheben der Bedeutung des individuellen Heils den Blick für die göttlichen Maße verloren hat. Sie hat sich selbst und ihr eigenes Heil in den Mittelpunkt all ihres Erkennens gestellt, sie wurde egozentrisch.

So ist sie unwillig und als Folge dessen unfähig geworden, Gottes Ziele, sofern sie über das Heil der heute Gläubigen herausragen, zu erkennen und Seinen weltumfassenden Liebesgedanken gerecht zu werden. Sie bietet heute ein ähnliches Schauspiel, wie vor zweitausend Jahren

Israel, das sich ebenso gegen die großen Gedanken Gottes mit der Völkerwelt sperrte, wie heute die gläubige Christenheit gegen den Ratschluss Gottes zur Erreichung aller Welt durch Gericht und Gnade. Aber der Rat Gottes besteht. Halleluja!

Teil III
Die letztendliche Durchführung der Weltvollendung und Allversöhnung

Es ist nun noch wichtig, dass wir uns aus der göttlichen Offenbarung vollständig klar werden über die vorhandenen Garantien für die zu erwartende und zu erhoffende endliche und endgültige Durchführung des allumfassenden Erlösungsgedanken unseres großen Gottes und Retters. Von der gegnerischen Seite wird oft betont, dass eine Hoffnung, wie wir sie auf diesen Seiten vertreten, wohl dem Herzen derer alle Ehre macht, die sie vortragen, aber dieselbe sei schließlich nichts anderes als eine Projektion subjektiver Wünsche und Optimismen, die jeder objektiven, biblischen Begründung entbehre.

Verweilen wir einen Augenblick bei diesem seltsamen Einwand. Was besagt er, genau besehen? Darin liegt deutlich ausgesprochen, dass ein Ausgang der globalen Weltentwicklung, wie wir ihn erwarten, jedenfalls nicht unerwünscht oder unerfreulich wäre.

Von einem gesegneten Knecht Gottes, der bereits beim Herrn ist, wird erzählt, dass er in stiller, vertraulicher Stunde seinen Schülern die Frage stellte: Brüder, und wenn sich nun herausstellen sollte, dass unser großer Gott dennoch schließlich mit allen Ungläubigen und Gottlosen in einer Weise fertig würde, dass sie alle aus freiem, vollem Herzen Ihm die Knie beugen würden und in seliger Beugung bekennen, dass Jesus Christus der Herr sei zur Ehre Gottes des Vaters – hättet ihr etwas dagegen? Darauf erst stummes Staunen, dann schüchtern die Antwort: Nein, Herr Inspektor!

Darauf dieser: Und wenn es gar der Fall wäre, dass auch Satan und all sein Heer endlich dennoch sich willig unter das sanfte Joch unseres herrlichen Herrn beugen und Ihm in Ewigkeit dienen würden im heiligen Schmuck – hättet ihr etwas dagegen? Darüber noch tieferes Staunen und noch längeres Schweigen. Endlich aber doch die Antwort: Nein, Herr Inspektor. Darauf dieser: Ich auch nicht.

Sagen wir zuviel, wenn wir es offen aussprechen, dass heute hunderte, nein tausende lieber Kinder Gottes genauso zu dieser Frage stehen? Sie hätten wahrlich nicht das Geringste dagegen, wenn es wirklich so käme, wie wir glauben und offen lehren. Aber was heißt das? Ist es denn auch denkbar, dass unzählige Kinder Gottes so ganz und gar vom Geist der Wahrheit verlassen sein sollten, wenn sie es wagen, allerdings nur ganz still, im vertrautesten Brüderkreis, sich ins Ohr zu flüstern: Ja, schön, unbeschreiblich schön und herrlich wäre das gewiss, wenn endlich alle Feindschaft, aller Widerstand, alle Sünde, alles Verderben restlos, für immer, auf Nimmerwiedersehen aus der ganzen weiten Schöpfung Gottes verschwunden wäre!

Ist eine solche Gedankenfolge wirklich nur eine bedenkliche Verirrung erleuchteter Christenherzen? Ist es eine frevelhafte Kritik des allein weisen, allmächtigen Gottes und Herrn, der nach der orthodoxen Lehre nun einmal unwiderruflich beschlossen haben soll, alle ungezählten Millionen und Milliarden Seiner geliebten Geschöpfe, die sich beharrlich gegen Ihn auflehnten, unwiederbringlich endloser, leider auch völlig zweck- und zielloser Höllenpein zu überantworten?

Natürlich ist es das, wenn die Recht haben, die in der Gemeinde Gottes die endlose Verdammnis vertreten. Als eiserne Konsequenz dieser orthodoxen Lehre kann darüber keine andere Meinung bestehen. Hat sie Recht, dann ist es einfach vermessen, wenn ein sterblicher Mensch es wagt, ohne triftigen Grund an etwas zu denken, das von vornherein zu den Unmöglichkeiten gehört, da (eben nach der orthodoxen Lehre) das Endergebnis der Wege Gottes mit dem weitaus größten Teil Seiner intelligenten Geschöpfe, Engel und Menschen, kein anderes sein oder je werden kann, als dass dieselben in endloser, verzweifelter, rasender, rebellischer Feindschaft gegen ihren Gott und Schöpfer beharren müssen!

Wir legen, das betonen wir gerade hier besonders, absolut kein Gewicht auf diese von uns unbezweifelte Tatsache, dass eine sehr große Zahl Kinder und Knechte Gottes innerlich mit unserer Lehre und Verkündigung des Evangeliums Gottes, wie wir es verstehen, durchaus sympathisieren und sie es nur aus Gründen, deretwegen sie allein ihrem Herrn zu antworten haben, vorziehen, diese Sympathien nur ja nicht laut zu äußern. Denn die Wahrheit wird nicht nach Majoritäten oder Minoritäten bestimmt, nicht nach menschlichen Urteilen und noch weniger nach menschlichen Stimmungen und Gefühlen.

Wir beugen uns voll und ganz unter das gewaltig ernste Wort des Apostels Christi Jesu an die Galater: »Wenn aber auch wir oder ein Engel aus dem Himmel euch etwas als Evangelium entgegen dem verkündigten, was wir euch als Evangelium verkündigt haben: er sei verflucht!« (Gal. 1, 8). Wir sind uns der ganzen Tragweite unseres offenen Hervortretens mit dieser, wie wir felsenfest glauben, aus der gesamten Schrift gewonnenen Erkenntnis tief bewusst. Wir glauben, darum reden wir. Aber wir können doch nicht umhin, auf diese merkwürdige Erscheinung in der Psychologie des christlichen Bewusstseins unserer Tage aufmerksam zu machen. Wie soll man sich diese Erscheinung erklären?

Niemand, auch keiner der strengsten Vertretern der orthodoxen Kirchenlehre von der endlosen Verdammnis, kann leugnen, dass ein solcher Ausgang der Dinge nicht nur wunderschön, sondern höchst erfreulich und begehrenswert wäre.

Niemand kann auch nur einen Augenblick infrage stellen, dass das den Triumph des Kreuzes unseres Herrn Jesus Christus ungemein steigern und erhöhen würde.

Niemand kann leugnen, dass weder die Allmacht noch die Weisheit noch die Liebe Gottes irgendeinen Schaden, eine Verkürzung oder Beeinträchtigung erleiden würde, wenn ein solches Ergebnis das Walten Gottes in Gericht und Gnade krönen würde.

Niemand kann behaupten, dass der strengsten Gerechtigkeit, der unerbittlichen Heiligkeit Gottes durch äonenlange furchtbare Gerichte über hartnäckige Rebellen nicht volles Genüge geleistet werden könne. Kurz gesagt bedeutet die bloße Annahme einer solchen Hoffnung nirgendwo einen noch so bescheidenen Abbruch all der wunderbaren und herrlichen Wesenseigenschaften unseres Gottes und Seines Christus, wie sie uns die heiligen Schriften Alten und Neuen Testaments vorführen. Woher dann diese beharrliche, sehr starke Abneigung gegen eine solche anerkannt ersehnte Hoffnung?

Können Gottes Kinder wirklich barmherziger sein als ihr Vater? Können sie tatsächlich Gedanken ausdenken, die alles an Schönheit und Herrlichkeit übersteigen, was die Schrift (nach orthodoxer Lehre) auf diesem Gebiet enthält?

Und hätte sogar der Apostel Unrecht, wenn er behauptet, dass Gott »alles hinaus zu tun vermag, über die Maßen mehr, als wir erbitten oder erdenken, gemäß der Kraft, die in uns wirkt« (Eph. 3, 20)?

Wäre es nicht eher, viel eher möglich, dass wir Menschen unseren großen herrlichen Gott nicht ganz verstanden, dass wir Ihn mit unseren Maßen gemessen, dass wir Ihm Schranken gesetzt haben? Uns will es nicht nur so scheinen, sondern es ist aus der Schrift unsere tiefste Überzeugung, dass es sich tatsächlich so verhält. Und den Nachweis dafür zu erbringen ist die besondere Aufgabe des nun folgenden dritten Teils dieses Buches.

A. Der gekreuzigte und auferstandene Herr

Gott sei gelobt, wir sind errettet
Von Schuld und Furcht durch Jesum Christ,
Der nach der Schrift für uns getötet
Und wieder auferstanden ist.
Nun kann die ganze Welt voll Sünden
Gnad' und Vergebung bei Ihm finden!

Denn es steht geschrieben, dass Jesus Christus, der Gerechte, das Sühnopfer für unsere Sünden ist, nicht allein aber für die unseren (d. h. der Gläubigen dieses Zeitalters), sondern auch für die der ganzen Welt (1. Joh. 2, 2). Und eben dieser Jünger, den Jesus lieb hatte, war auch dabei Zeuge, als der scheidende Meister vor Seinen Vater trat und zu Ihm sprach: »Vater, die Stunde ist gekommen; verherrliche Deinen Sohn, damit der Sohn Dich verherrliche (durch Sein Todesleiden und Auferstehen) ...« (Joh. 17, 1). Und durchdrungen von der ganzen unermesslichen Tragweite dieser Verherrlichung des Sohnes durch den Vater und des Vaters durch den Sohn fügt Er die Worte hinzu: »... wie Du Ihm Vollmacht gegeben hast über alles Fleisch, dass Er allen, die Du Ihm gegeben hast, ewiges Leben gebe« (Vers 2).

Hat sich der Sohn im Vater getäuscht, hat Er Ihn missverstanden, hat Er Seine Erwartungen zu hoch angesetzt? Und wiederum, hat sich, wird sich der Vater in Seinem Sohn täuschen können? Noch sehen wir ja nicht das Ende alles dessen, was in diesen prophetischen, zuversichtlichen Worten angedeutet und beschlossen liegt. Aber wir sehen Jesus, durch Leiden des Todes gekrönt mit Preis und Ehre, der von Gottes Gnaden für alle(s) den Tod geschmeckt hat (Hebr. 2, 9).

Soviel ist sicher, dass nach der ganzen Schrift der einzige Quell, aus dem Leben, Heil und Erneuerung für eine verlorene, gottentfremdete Schöpfung fließen kann, das Blut des unschuldigen und unbefleckten Lammes ist, das auf Golgatha vergossen wurde für die Sünde der ganzen Welt und wodurch Christus alles zu sich selbst und durch sich selbst versöhnt hat, was in den Himmeln und was auf der Erde ist (Kol. 1, 20).

Auf diesem einzigen, alleingültigen Grund stehen wir gemeinsam mit der gesamten gläubigen Christenheit aller Bekenntnisse, wenn es sich um die entscheidende Beantwortung der großen Fragen handelt, die uns auf diesen Seiten beschäftigen. »Denn einen anderen Grund kann niemand legen, außer dem, der gelegt ist, welcher ist Jesus Christus« (1.

Kor. 3, 11). Wie Paulus wissen wir nichts und wollen wir nichts wissen als nur Jesus Christus, und diesen als gekreuzigt (1. Kor. 2, 2).

Wenn mit Seinem einmaligen, vollkommenen Opfer nicht ein für allemal vollste Sühnung geschaffen wurde für alle und jede Sünde und Übertretung in der ganzen weiten Schöpfung, dass ist es vergeblich und töricht, von irgendeiner Wiederherstellung aller Dinge und Geschöpfe zu reden.

Es gibt für den Einzelnen keinerlei Garantie für sein Heil, die einen anderen, festeren, unerschütterlicheren Bestand hätte als die letztendliche Errettung aller. Denn es gibt keinen anderen Grund als den, der gelegt ist. Und dieser Grund ist nicht subjektives Glauben, sondern objektive Gottestat, deren Rechtskraft und -wirksamkeit letzten Endes niemals durch irgendetwas in irgendeiner Kreatur Vorhandenes bedingt sein kann. Wir werden noch Gelegenheit haben, darauf zurückzukommen.

Für eine allseitig klärende Feststellung der berechtigten Früchte und Folgen von Christi Tod und Auferstehung kommen nun drei große Grundfragen in Betracht: die *Rechtsfrage*, die *Willensfrage* und die *Machtfrage*. Diese sollen uns jetzt beschäftigen.

1. Die Rechtsfrage

Als der Sohn Gottes, der zweite Adam, in der Wüste von Satan versucht wurde, trat der Versucher zu Ihm, nachdem er Ihn auf einen hohen Berg geführt und Ihm alle Weltreiche und ihre Herrlichkeit gezeigt hatte, mit dem Ansinnen: »Ich will Dir alle diese Macht und ihre Herrlichkeit geben; denn mir ist sie übergeben, und wem immer ich will, gebe ich sie. Wenn Du nun vor mir anbeten willst, soll das alles Dein sein« (Luk. 4, 6.7). Wir wollen und brauchen hier nicht zu untersuchen, ob und inwieweit dieser Anspruch Satans auf das Verfügungsrecht über die Reiche dieser Welt begründet war oder nicht. Die Worte sollen uns hier lediglich veranschaulichen, dass es allerdings eine unheimliche Finsternismacht gibt, die Ansprüche auf mindestens einen bedeutenden Teil der göttlichen Schöpfung erhebt.

Auch ist es wohlbekannt, dass im christlichen Denken die Vorstellung weiten Raum gefunden hat, dass Satan ein gewaltiger und eifriger Konkurrent des Sohnes Gottes um den Besitz von Menschenseelen sei. Es gehört zu den beliebtesten Darstellungen ernster Evangelisten, zu schildern, wie auf der einen Seite Gott in Christus um die Seelen wirbt, auf der anderen Seite Satan und seine Engel. Und wenn dann die Entscheidung gegen Christus fällt, so gilt es als sicher, dass eine solche Seele damit der Herrschaft des Teufels verfallen sei, und zwar für immer, falls sie sich nicht vor ihrem Tode bekehrt.

Für eine solche Auffassung lässt sich allerdings manches aus der Schrift anführen, was ihr eine gewisse Berechtigung zu geben scheint. So beispielsweise, wenn der Apostel Paulus sagt: »Wisst ihr nicht, dass, wem ihr euch zur Verfügung stellt als Sklaven zum Gehorsam, ihr dessen Sklaven seid, dem ihr gehorcht? Entweder Sklaven der Sünde zum Tod oder Sklaven des Gehorsams (Glaubens) zur Gerechtigkeit« (Röm. 6, 16). Wobei indessen wohl zu beachten ist, dass der Apostel dabei kein Wort von Satan sagt, dem man sich zum Sklaven begebe oder der damit einen begründeten Rechtsanspruch an uns erlange, indem wir wieder – und zwar bewusst – sündigen.

Weiterhin weiß der Apostel davon zu reden, dass der Vater uns »errettet hat aus der Obrigkeit (Gewalt) der Finsternis und versetzt in das Reich des Sohnes Seiner Liebe« (Kol. 1, 13). Wobei wir aber wieder festhalten müssen, dass obrigkeitliche Gewalt keineswegs gleichbedeutend ist mit Besitz oder Eigentumsrecht. Kein noch so absoluter Monarch ist der Besitzer oder Eigentümer des von ihm beherrschten Landes, noch weniger von dessen Bewohnern, es sei denn, sie ständen in einem Verhältnis der Leibeigenschaft – und diese hört mit dem Tod entweder des Herrschers oder des Leibeigenen auf.

Auch darf man nicht außer Acht lassen, dass derselbe Apostel deutlich von einem Dem-Satan-Übergebenwerden zum Verderben des Fleisches spricht, damit der Geist gerettet werde am Tag des Herrn Jesu (1. Kor. 5, 5). Ein andermal sagt er von den Gläubigen, die am Glauben Schiffbruch erlitten, dass er sie dem Satan übergeben habe, damit sie gezüchtigt würden, nicht mehr zu lästern (1. Tim. 1, 20).

Es wäre aber doch zu weit gegriffen, wenn man aus solchen Aussagen des Apostels den Schluss ziehen wollte, dadurch seien diese Seelen nun Satans rechtmäßiges Eigentum oder Besitz geworden. Wenn einem Gerichtsdiener ein schlimmer Verbrecher zur scharfen Züchtigung mit Ruten oder noch ärgeren Mitteln übergeben wird, dann wird ein solcher Diener dadurch doch nicht Besitzer oder Herr des von ihm Gepeinigten, mag er auch ein noch so übler Mensch gewesen sein.

In die volkstümliche Vorstellung von Satan und dessen Anrechten ist sehr viel eingedrungen von mittelalterlichen, mönchischen Gedanken und Phantastereien, die ohne Schriftgrund sind. Und mit vielen dieser völlig irrtümlichen Vorstellungen blieb auch das geläuterte gläubige

Denken bis heute unbewusst durchsetzt.

Wir können nicht erkennen, dass die heilige Schrift dem Fürsten und Gott dieser Welt irgendwo das Besitz- oder Verfügungsrecht über irgendeine noch so sündige, verdorbene Menschenseele zuspricht.

Wie dem aber auch sein mag, es ist aus der apostolischen Lehre über die Bedeutung des Todes Christi auf Golgatha vollkommen und unwidersprechlich klar, dass der Sohn Gottes durch diesen Tod für immer das alleinige und ausschließliche Anrecht, Verfügungs- und Bestimmungsrecht erworben hat. Das wird bereits in dem oben angeführten Wort des Herrn selbst deutlich: »... wie Du Ihm Vollmacht gegeben hast über alles Fleisch« (Joh. 17, 2).

Paulus schreibt dazu noch in Kol. 2, 14.15, dass Christus den Schuldbrief, der gegen uns war ... aus unserer Mitte genommen hat, indem Er ihn ans Kreuz nagelte und zugleich die Herrschaften und Gewalten der Finsternis öffentlich zur Schau stellte und über sie triumphierte.

Dazu kommen noch bestimmte Erklärungen, wie 1. Kor. 6, 20: »Denn ihr seid um einen (teuren) Preis erkauft worden; verherrlicht nun Gott mit eurem Leib.« Mit welchen Preis wir erkauft wurden, sagt uns Petrus: »nicht mit vergänglichen Dingen, mit Silber oder Gold, ... sondern mit dem kostbaren Blut Christi als eines Lammes ohne Fehler und ohne Flecken« (1. Petr. 1, 18.19). Derselbe Apostel warnt vor falschen Lehrern, welche »verderbenbringende Parteiungen heimlich einführen werden, indem sie den Gebieter, der sie erkauft hat, verleugnen ...« (2. Petr. 2, 1).

Was auch immer daher die Rechtsansprüche des Gottes dieser Welt sein oder gewesen sein mögen, es ist völlig zweifelsfrei, dass seit dem Tode Christi auf Golgatha alle Rechte an der gesamten Kreatur im Himmel und auf Erden ohne irgendeine Beschränkung oder Bedingung in die durchbohrten Hände dessen gelangten, der sich selbst für uns gegeben hat und der dazu starb und wieder lebendig wurde, dass Er über Tote und Lebendige der Herr sei (Röm. 14, 9).

Damit ist grundsätzlich alles, was durch Erschaffung ursprünglich Sein ausschließliches Eigentum war, wieder rechtskräftig in Seine Hände gekommen. Schon früh in der göttlichen Offenbarung erhebt Jahwe als Gott Israels den Anspruch auf die ganze Erde und begründet damit Sein gutes Recht, sich aus allen Völkern Israel auszuwählen zum Volk Seines Eigentums im ganz speziellen Sinn (2. Mose 19, 5).

Und im Propheten Hesekiel begegnet uns das Gleiche: »Siehe, alle

Seelen gehören mir; wie die Seele des Vaters, so auch die Seele des Sohnes. Sie gehören mir. Die Seele, die sündigt, sie soll sterben« (Hes. 18, 4). So nennt ja auch schon Mose bei zwei Anlässen Jahwe den Gott des Lebensgeistes allen Fleisches (4. Mose 16, 22; 27, 16). Und Hiob bezeugt: »In Seiner Hand ist die Seele alles Lebendigen und der Lebensatem alles menschlichen Fleisches« (Hiob 12, 10).

Als Paulus in Athen den »unbekannten Gott« verkündigt, da spricht er von Ihm ebenso: »Der Gott, der die Welt gemacht hat und alles, was darin ist, Er, der Herr des Himmels und der Erde, wohnt nicht in Tempeln, die mit Händen gemacht sind, ... da Er selbst allen Leben und Odem und alles gibt. Und Er hat aus einem jede Nation der Menschen gemacht, dass sie auf dem ganzen Erdboden wohnen ... Denn in Ihm leben und weben und sind wir, wie auch einige eurer Dichter gesagt haben: Denn wir sind auch sein Geschlecht« (Apg. 17, 24-28).

Ebenso klar und bestimmt stehen vor uns Aussagen wie Joh. 1, 3: »Alles wurde durch dasselbe (das Wort), und ohne dasselbe wurde auch nicht eines, das geworden ist.« Ferner Röm. 11, 36: »Denn aus Ihm und durch Ihn und zu Ihm hin sind alle Dinge! Ihm sei die Herrlichkeit in Ewigkeit! Amen.« Und noch folgende Schriftstelle: »Denn in Ihm (dem Erstgeborenen aller Kreatur) ist alles in den Himmeln und auf der Erde geschaffen worden, das Sichtbare und das Unsichtbare, es seien Throne oder Herrschaften oder Gewalten oder Mächte: alles ist durch Ihn und zu Ihm hin geschaffen; und Er ist vor allem, und alles besteht durch Ihn« (Kol. 1, 16.17).

Das alles stellen Ur- und Grundrechte dar, die unantastbar dem anhaften, der von Ewigkeit her zuvorersehen war, das All aus Tod und Gebundenheit wieder zu lösen und zu Gott zurückzubringen.

Welche Antwort können wir nun geben auf die Frage: Hat das Opfer Seines Leibes auf Golgatha genügt, nach allen Seiten genügt, um irgendwelche andere, fremde Bindung irgendeiner Kreatur, egal wodurch hervorgerufen, ohne Abstriche auf Ihn zu übertragen, sodass Sein Anrecht auf diese niemals, in die Ewigkeiten nicht mehr infrage gestellt werden kann?

Nicht wahr, auf diese Frage kann es für das erleuchtete Kind Gottes doch nur eine Antwort geben, dieselbe nämlich, die Er selbst auf Golgatha mit brechendem Auge aussprach: »Es ist vollbracht« (Joh. 19, 30). »Denn mit einem Opfer hat Er die, die geheiligt werden (d. h. die jemals in die Hand des heiligen Gottes kommen werden), für immer vollkommen gemacht« (Hebr. 10, 14).

Das ist der unerschütterliche Felsengrund, auf dem all unsere Hoffnung auf Heil für Zeit und Ewigkeit ruht, sicher ruht. Dieses Fundament ist aber breit und lang, hoch und tief genug angelegt, dass auf demselben die Möglichkeit und Rechtmäßigkeit des Heils, der Erlösung aller und jeder verlorenen Kreatur fußen und gründen kann. Es kann keine Sündentiefen geben, zu denen das nicht hinabreicht. Keine Höhen kreatürlicher Vermessenheit, satanischer Selbstüberhebung, die nicht davon überragt und zerstört würden. Keine Breiten und Längen sündigen Verderbens durch Generationen über Generationen, die nicht verschlungen und überströmt würden von den Gnadenkräften jenes einen Opfers.

Ebenso unerschütterlich fest steht auch die Tatsache, dass die Rechtskräftigkeit des einen Opfers Christi auf Golgatha niemals in Zweifel gezogen werden kann, soweit es Sein unveränderliches Eigentums- und Verfügungsrecht betrifft, durch irgendeinen späteren Akt der Rebellion, des Ungehorsams, des frechen Unglaubens. Darüber müssen wir uns ganz besonders klar werden. Und das wird am ehesten dadurch geschehen, dass wir uns deutlich vergegenwärtigen, wie denn das Opfer Jesu Christi überhaupt zustande gekommen ist.

Was waren dabei die treibenden und mitwirkenden Kräfte? Da steht in vollster Eindeutigkeit und Schärfe vor unseren geistigen Augen, dass nichts anderes als die freie, souveräne Gnade und Liebe unseres großen Gottes das treibende Motiv gewesen ist. Bezeugt doch die Schrift eindringlich, dass die Schlachtung des Lammes Gottes vorherbestimmt war vor Grundlegung der Welt (1. Petr. 1, 20; Offb. 13, 8). Da muss jeder Gedanke an menschliche oder geschöpfliche Mitwirkung von vornherein versagen.

Was Gott im Schoß der Ewigkeiten in Seinem Sohn beschlossen hatte, geschah ausnahmslos ohne Ratgeber. Von keiner Seite her kam irgendeine Anregung, geschweige denn Beihilfe oder auch nur Bestätigung und Zustimmung. Keine der sichtbaren oder unsichtbaren Mächte, die bei der Kreuzigung des Herrn Jesu mitwirkten, waren sich dessen bewusst, was sie taten, noch viel weniger haben sie in deutlicher Kenntnis und mit klarer Absicht den vorbedachten Rat Gottes als solchen ausführen wollen. Das genaue Gegenteil wird ihnen bezeugt: »Vater, vergib ihnen! Denn sie wissen nicht, was sie tun« (Luk. 23, 34). Und Paulus erklärt: »Keiner von den Fürsten dieses Zeitalters hat sie (Gottes verborgene Weisheit in einem Geheimnis, die Gott vor den Zeitaltern zu unserer Herrlichkeit vorherbestimmt hat) erkannt – denn wenn sie sie erkannt hätten, so würden sie wohl den Herrn der Herrlichkeit nicht gekreuzigt haben« (1. Kor. 2, 8).

Somit steht über jeden Zweifel erhaben fest, dass Gott ganz allein und ausschließlich verantwortlich ist für die Dahingabe Seines erstgezeugten Sohnes zum Heil der verlorenen und zerstörten Weltschöpfung. Wenn der Plan und Rat vollkommen weise angelegt und mit absoluter Garantie seines endlichen Gelingen ausgeführt wurde, dann haben daran weder Engel noch Menschen den geringsten Anteil. Gott allein hat die gesamte Verantwortung und somit auch die ganze unverkürzte Ehre, den alleinigen Ruhm. Das sind eigentlich Elementarwahrheiten und -erkenntnisse, die jedes gläubige Gotteskind ohne Bedenken unterschreiben können sollte und müsste.

Und dennoch ist es sehr fraglich, ob sich viele Kinder Gottes je ernsthaft Rechenschaft über die Kehrseite dieser einfachen Wahrheit gegeben haben, das heißt darüber, was das bedeutet, wenn wir nun fragen, ob diese Tat Gottes in Christus jemals durch irgendeine geschöpfliche Handlung oder Stellungnahme dazu in ihrer Rechtsgültigkeit und Rechtskraft infrage gestellt werden kann. Mit anderen Worten, ob es für den Rechtsanspruch des Sohnes Gottes an aller Kreatur im Himmel und auf Erden und unter der Erde jemals darauf ankommen kann, wie sich irgendeines der Geschöpfe Gottes zu dieser Gottestat stellt.

Dass es für die persönliche, subjektive Aneignung des durch Christi Tod erworbenen Heils einen großen durchschlagenden Unterschied ausmacht, wie ich oder ein anderes Geschöpf sich dazu stellt, versteht sich ganz von selbst. »Wer an den Sohn glaubt«, sagt die Schrift, »hat ewiges Leben; wer aber dem Sohn nicht gehorcht, wird das Leben nicht sehen, sondern der Zorn Gottes bleibt auf ihm« (Joh. 3, 36). Wer nicht glaubt, wird verdammt. Das muss so sein, das kann gar nicht anders sein.

Doch das ist nicht die Sache, um die es sich für uns hier dreht. Wir wollen und müssen uns hier darüber ganz klar werden, ob und inwiefern die rein rechtliche Seite dieser Frage, soweit sie den Sohn Gottes betrifft, dadurch berührt wird, dass irgendein Geschöpf Gottes sich ablehnend oder ungläubig gegen das tatsächlich erwirkte Heil verhält.

Wir werden in dieser großen Angelegenheit von der letztlichen Errettung aller verlorenen Geschöpfe und der völligen Wiederherstellung alles dessen, was durch Sünde irgendwo und irgendwie verdorben und dem Tode verfallen ist, niemals klar sehen, solange wir uns dabei nur auf dem Standpunkt unseres subjektiven Verhaltens behaupten. Wir müssen verstehen lernen, dass die Rechtsfrage als solche gar nichts mit dem Glauben oder Unglauben der Menschen, Engel oder Teufel zu tun hat.

Die Rechtsgültigkeit des Opfers Jesu Christi auf Golgatha hängt nie und nimmer von unserem Glauben daran ab. Denn als das Opfer zustande kam, im Herzen Gottes, da konnte von Glauben oder Unglauben überhaupt noch keine Rede sein. Da gab es noch niemand, der das glauben konnte. Also spielt dieser Faktor gar keine Rolle, da im Ratschluss Gottes bereits die Sünden der ganzen Welt auf Ihn gelegt wurden, zu einem Zeitpunkt, als es noch keine Schöpfung gab.

Hat aber dieser Faktor nicht mitgewirkt, als und bevor die Erlösung zustande kam, kann und darf er auch dann nicht mitwirken, geschweige denn als ausschlaggebend angesehen werden, wenn es sich darum handelt, ob unter allen Umständen Christus das alleinige und ausschließliche Verfügungs- und Bestimmungsrecht über alle Kreatur hat, die Er durch Sein Blut erkaufte.

Machen wir uns doch an einigen Aussagen der Schrift deutlich, um was es sich handelt. Da erklärt Paulus durch den Heiligen Geist in 2. Kor. 5, 19, dass Gott in Christus war und die Welt mit sich selbst versöhnte, indem Er ihnen ihre Sünden nicht zurechnete. Nun wird dies Evangelium schon fast zweitausend Jahre in der Bibel gepredigt und jedermann weiß, wie sich die Welt bis auf diesen Tag Ihm gegenüber verhalten hat, nämlich überwiegend anlehnend, verwerfend, verspottend, indifferent, feindselig. Und das meistens dort, wo das Evangelium am häufigsten und klarsten verkündigt wurde.

Was machen wir angesichts dieses ganz unleugbaren Tatbestandes mit den großtönenden Worten des Apostels, Gott habe die Welt mit sich selbst versöhnt? Erweist sich die apostolische Auffassung von der Tragweite des Opfers Christi nicht durchaus als irrig, überspannt und übertrieben? Wenn die Ergebnisse der bisherigen Evangelisation der Welt für die richtige Einschätzung des Werkes Christi für diese verlorene Welt ausschlaggebend sind, dann muss man von der apostolischen Erklärung ganz bedeutende Abstriche machen. Dann tritt dabei, was die wirkliche Erlösung der bisherigen Welt betrifft, ein sehr bedenklicher Bankrott zutage, da bislang noch nicht einmal ein Zehntel aller, die das Evangelium hörten, demselben Glauben schenkten und sich mit Gott haben versöhnen lassen.

Es ist durchaus berechtigt, dass wir als Evangelisten und Prediger mit dem tiefsten Ernst und heiligem Eifer immer wieder bitten: Lasst euch versöhnen mit Gott; dass wir drohen, ermahnen mit aller Geduld und Lehre. Aber Tatsachen sind und bleiben Tatsachen und mit ihnen muss gerechnet werden. Was sollen wir da nun sagen? Hat Paulus übertrieben, hat er den Mund zu voll genommen? Bis jetzt geben ihm die Ergebnisse unserer Evangelisation und Mission nicht Recht.

Und dazu wird mit großem Eifer gelehrt, dass alle, die zu ihren Lebzeiten das ihnen dargebotene Heil nicht annahmen, endgültig und hoffnungslos für alle Ewigkeiten verdammt und verloren sind.

Gleicht sich dadurch diese erschreckende Rechnung aus? Kommt dabei für den Gott, von dem Paulus gepredigt hat, dass Er die Welt mit sich selber versöhnte, ein besseres, erfreulicheres Ergebnis heraus? Oder ist wirklich damit geholfen, dass man Gott sich damit trösten lässt, Er habe ja eine so unermessliche Fülle von noch unverlorenen Welten und Geschöpfen, dass Er den Verlust auch von Millionen rebellischer Menschen, Engel oder Teufel nicht stärker empfinde, als Baron Rothschild den Verlust eines Groschens auf der Straße! Anbei: Dieses Beispiel hat doch tatsächlich einer unserer eifrigsten Evangelisten gebraucht!

Nehmen wir ein anderes Wort derselben Schrift, das Wort des Petrus: »... der unsere Sünden an Seinem Leib selbst an das Holz hinaufgetragen hat« (1. Petr. 2, 24). Und in Verbindung damit das Zeugnis des Johannes: »Und Er ist die Sühnung für unsere Sünden, nicht allein aber für die unseren, sondern auch für die ganze Welt« (1. Joh. 2, 2).

Wann hat Christus das alles getan? Vor fast zweitausend Jahren. Da lebten wir noch gar nicht, da hatten wir noch keine einzige Sünde begangen. Niemand von uns und niemand auf der ganzen Welt vorher oder nachher hat Gott den Auftrag gegeben, unsere Sünden mit auf das dem Fluch verfallene Opfer zu legen, damit sie mit Ihm abgetan und für immer getilgt würden.

Hat Gott das damals ganz allein auf sich genommen, ohne erst zu fragen, ob uns das so auch Recht sei? Und zwar, sagt Johannes, nicht nur für uns Gläubige dieser Weltzeit, sondern für die gesamte ungläubige, gottlose Welt! Und hat Gott denn auch vorher gewusst und bedacht, wie wenige von uns Ihm später dafür danken würden, dass Er es in dieser Weise ohne Zutun unsererseits gemacht hat?

Hat Gott sich verdeutlicht, dass auch nach zweitausend Jahren nur erst ein ganz bescheidener Teil derer, denen überhaupt die Botschaft Seines diesbezüglichen Handelns mitgeteilt wurde, Ihm darin Recht gäben?

Nicht wahr, daran kann doch kein Gotteskind einen Augenblick lang zweifeln. Gott muss das gewusst und zuvor bedacht haben. Er kann niemals davon überrascht oder enttäuscht worden sein. Es ist völlig undenkbar, dass Er jemals zu Seinem Sohn sagen müsste: »Wir haben uns verrechnet. Unsere Absicht war die beste, aber die Resultate sprechen gegen uns. Die von uns gebrauchten Mittel reichen beiweitem nicht aus, den von uns erstrebten Zweck auch wirklich zu erzielen.« Das kann es niemals geben.

Wir mögen diese Sache also von verschiedensten Seiten beleuchten, immer bleibt es dabei, dass Gott dennoch in Seinem Wort Recht behalten und gerechtfertigt werden muss in allen Seinen Werken. Darum kommen wir nicht umhin, die Rechtsfrage in den Vordergrund zu stellen und die Gemeinde Gottes auf das Entschiedenste zu warnen, doch nur nicht zu versuchen, auf diese gewaltigen Fragen eine entscheidende Antwort zu geben oder sich geben zu lassen, einmal vom Standpunkt unseres subjektiven Verhaltens gegen die Tat Gottes aus und zum anderen von den vorliegenden Ergebnissen eines einzigen, seit Golgatha verflossenen Zeitalters aus.

Bleibt aber diese Grundfrage nach dem ewigen, unveräußerlichen und unantastbaren Recht des Sohnes Gottes auf alle von Ihm erkauften Geschöpfe unberührt durch das, was bisher von Menschen oder Teufeln für oder gegen Sein Evangelium geschah, dann dürfen wir ganz getrost und voller Zuversicht Ihm vertrauen, dass Er zu Seiner Zeit und in Seiner Weise, mit vollkommener Sicherheit und unfehlbarem Erfolg Seine Rechte an allem und jedem Geschöpf Seiner Hand, das Er mit Seinem teuren Blut erkauft hat, geltend machen wird gegenüber allen gegenteiligen Ansprüchen, auch gegenüber aller Weigerung seitens der Beteiligten. Recht muss Recht bleiben. Sein Thron würde ins Wanken geraten, verzichtete Er auch nur auf ein Jota Seines Rechts an aller Kreatur. Ist Er denn nicht der gute Hirte, der neunundneunzig Schafe in der Wüste lässt und hingeht und das verlorene sucht, *bis Er es findet*?

Auch das gehört ja mit zu unserer Glaubensstellung, dass wir in all diesen großen Dingen nicht auf das Sichtbare sehen dürfen oder müssen, sondern auf das Unsichtbare. Wir dürfen und wollen unserem großen herrlichen Herrn, dem Gerechten, das unbedingte Zutrauen schenken, dass Er keines verliert von allem, was Sein ist, weil es Ihm der Vater gegeben hat.

Zur endgültigen Lösung der Rechtsfrage gehört jedoch nicht nur die Klarstellung der Tatsache, dass der Sohn Gottes in Wahrheit der allein rechtmäßige Herr und Gebieter aller Kreatur im ganzen weiten Schöpfungsall ist. Denn wir sind, wie oben gezeigt, Zeugen davon, dass unzählige Millionen Seiner Geschöpfe über diese Seine unantastbaren Rechtsansprüche an sie entweder noch in völliger Unwissenheit leben oder sich denselben gegenüber teils ablehnend, teils gar entschieden feindselig und rebellisch verhalten.

Der weitaus größte Teil der auf Erden lebenden Menschheit erfuhr noch nichts davon, dass der Vater den Sohn gesandt und Ihm alles unterworfen hat. Sein eigenes auserwähltes und geliebtes Volk weigert sich bis heute beharrlich, Seine Rechtsansprüche anzuerkennen und Ihm zu huldigen. Dasselbe gilt für die größte Zahl derer, die Ihn mit den Lippen Herr nennen, aber nicht tun, was Er sagt.

Und in der Engelwelt ist von einer Abnahme der Rebellion und Feindschaft gegen den Sieger von Golgatha auch noch nichts zu spüren. Wer da nach dem Augenschein urteilt, könnte sehr leicht auf den Gedanken kommen, es sei auf Golgatha überhaupt nicht zu einem entscheidenden Sieg über Sünde, Tod und Teufel gekommen. Denn es ist ganz offenkundig, dass diese feindseligen Mächte scheinbar ungeschwächt und ungehindert ihr Wesen weiterhin treiben, wie vor Golgatha.

Von einem geschichtlichen Aufhören satanischer Machenschaften auf den verschiedensten Gebieten des Lebens ist ebensowenig die Rede, wie von einem Nachlassen der Sterblichkeit oder Sündhaftigkeit der Menschheit. Diese nicht von der Hand zu weisenden Tatsachen sollten uns doch auch zu denken geben. Dem, der sich aus der Obrigkeit der Finsternis, aus dem gegenwärtigen bösen Weltlauf herausgerettet und in das Reich des Sohnes Seiner Liebe versetzt weiß, bereiten diese realen Zustände und Vorgänge in der Menschen- und Engelwelt keine Unruhe oder Besorgnis. Wir wissen, dass wir aus dem Tode in das Leben gekommen sind. Wir wissen, was uns von Gott gegeben ist, der uns begnadigt hat in dem Geliebten, in welchem wir haben die Erlösung durch Sein Blut, die Vergebung der Sünden, nach dem Reichtum Seiner herrlichen Gnade. Wir wissen, wie wir dem Bösen Widerstand zu leisten haben und das Feld unter allen Umständen behaupten können. Wir wissen, dass Gott uns den Sieg gegeben hat durch unseren Herrn Jesus Christus.

Das alles aber sind Erkenntnisse, die bei uns nur im Verborgenen leben, d. h. unerkannt und unverstanden von der Welt, die noch im Argen liegt und in der der Gott dieser Welt die Sinne der Ungläubigen verblendet, damit sie den Lichtglanz der Klarheit Gottes im Angesichte Jesu Christi nicht sehen.

Doch das ist dieselbe Welt, die Gott nach Seinem eigenen Wort mit sich selbst versöhnt hat durch den Tod Seines Sohnes. Nun hat uns aber unser Rettergott über diese feindselige und ablehnende Haltung der gegenwärtigen Welt nicht im Dunkeln gelassen. Er hat uns durch Seine neutestamentlichen Apostel und Propheten vielmehr ganz deutlich darauf vorbereitet, dass während des gesamten gegenwärtigen bösen Weltlaufs an dieser feindseligen Haltung Satans und der Menschheit, die er kontrollieren darf, keine wesentliche Veränderung eintreten wird. Wir sollen einen solchen Kampf mit den Fürsten und Gewaltigen des Lufthimmels in Geduld und Glauben aushalten und sieghaft zu Ende führen und dabei dennoch keinen Augenblick außer Acht lassen, dass Gott uns eben dieser feindseligen Welt als Seine Botschafter und Bevollmächtigte gegeben hat, die Seinen erbittertsten Feinden nicht nur volle Vergebung, sondern sogar Sohnesstellung in Seinem Hause neben uns anbieten dürfen.

Was ergibt sich nun aber aus solcher Sachlage für die richtige Beurteilung der großen Rechtsfrage, die uns hier beschäftigt? Einmal, dass unter keinen Umständen daran zu denken ist, dass sich der Sohn zu irgendeinem Kompromiss mit den feindlichen Mächten im Himmel und auf Erden habe hinreißen lassen.

Darum trifft auch alle, die die Wahrheit, wie sie in Christus erschienen ist, durch Ungerechtigkeit aufhalten, ein umso schwereres Gericht und Verdammungsurteil, wovon Israel, das Volk Seiner besonderen Liebe und Auswahl, ein erschütterndes Beispiel ist. Deshalb erwartet nicht nur den Satan und seine Engel, sondern auch das Tier und den falschen Propheten, welche die Werke Satans in diesem Zeitalter als dessen Hauptagenten betrieben, der zweite Tod, der Feuersee.

Wir sagen noch einmal, das kann und darf nicht anders sein. Denn Gott lässt sich nicht spotten. Darum auch ist die Verdammnis und Verstockung aller, die die Liebe zur Wahrheit jetzt nicht annahmen, völlig richtig und unabdingbar.

Aber darin liegt noch nicht die endliche Lösung der großen Rechtsfrage, die uns hier beschäftigt. Wenn der Menschensohn an Seinem Tage sprechen wird: »Doch jene meine Feinde, die nicht wollten, dass Ich über sie König würde, bringt her und erschlagt sie vor mir« (Luk. 19, 27), so gehört das unabweislich mit zur Lösung der Frage nach der völligen Unterwerfung aller Kreatur unter Sein Joch und Zepter. Doch ist es noch lange nicht die ganze Lösung oder auch nur der wesentlichste Teil dieser Lösung.

Denn dadurch, dass Er Rache an Seinen Widersachern übt und sie in das höllische Feuer wirft, in den zweiten Tod, gewinnt ja doch nur das Reich des Todes an Ausdehnung und Inhalt. Damit wird allerdings nicht die Feindschaft endgültig beseitigt und aus dem Wege geräumt. Das kann erst dann geschehen, wenn aus Gefangenen des Todes und des Verderbens nun auch Begnadigte werden, gleichwie das allen Gläubigen wiederfuhr. Erst in des Todes Staub, in des Gerichtes Tiefen und dann zur Kindschaft, zum Leben, zur Gemeinschaft Seiner Herrlichkeit.

Deshalb steht auch geschrieben, dass der Vater alles Gericht dem Sohne übergeben hat, weil Er des Menschen Sohn geworden ist (Joh. 5, 22.27). Gott hat Ihm aber wahrlich nicht dazu alles Gericht übergeben, damit des Menschen Sohn nun im Gericht und durch das Gericht für alle Ewigkeiten sich selbst jeder Möglichkeiten beraubt, allen von Ihm Gerichteten jemals helfend, erlösend und befreiend beizukommen.

Dies aber wird von der herkömmlichen Kirchen- und Gemeinschaftslehre als das große Endziel des jüngsten, d. h. letzten Gerichtes durch den Menschensohn angesehen und behauptet. Er selbst verdamme alle durch Sein teures Blut Ihm zum ewigen, unveräußerlichen Eigentum erkauften und geliebten Geschöpfe dazu, niemals in Seine durchbohrten Hände gelangen zu können, niemals von Ihm als Sein wirklich erlöstes Erbe behandelt werden zu können!

Das heißt, man behauptet, der Sohn Gottes selbst entziehe sich im Gericht des höchsten, herrlichsten, köstlichsten Vorrechts, das Ihm der Vater je anvertraute. Er verzichte dadurch endgültig auf alle und jede weitere Gelegenheit, sich irgendwie Sein gutes, teuer erworbenes Recht zu verschaffen, die von Ihm mit Blut erkauften Geschöpfe dennoch zu beseligen und ihrer ursprünglichen Bestimmung, Ihn zu verherrlichen, entgegenzuführen.

Und das lehrt man in der Meinung, man tue Gott einen Dienst damit angesichts der offenkundigen Tatsache, dass Israel vor unseren Augen nur für eine Zeitlang dem furchtbarsten Gericht, dem der Verstockung, preisgegeben ist und wir im Römerbrief die schlüssigsten Erklärungen unseres Apostels haben, dass das nie und nimmer die endgültige Verwerfung Israels bedeuten soll!

Wie tief sitzen doch eingewurzelte mittelalterliche Vorstellungen von der Bedeutung der Gerichte Gottes. Selbst nachdem man in der heutigen gläubigen Gemeinde Licht bekommen hat über Gottes Wege in Gericht und Gnade mit dem Volk Seiner Wahl, will man nicht davon lassen, eben im Gericht der Verdammnis und Verblendung das Endziel der Wege Gottes mit Engeln und Menschen zu erblicken und zu lehren.

Das heißt, der ganze herrliche Anschauungsunterricht, den unser Herr uns in Israel gab, ist vergebens. Und wir nennen uns – Gläubige! Sieht man denn nicht, in welch ein Dilemma man sich, oder vielmehr den Sohn Gottes, dessen Sache man zu vertreten meint, dadurch bringt?

Denn wenn das wirklich der Ausgang und das Endergebnis der gerechten Gerichte wäre, die zu vollstrecken der Menschensohn berufen ist und auch ohne Zweifel vollstrecken wird, dann würde das bedeuten, dass Sein gerechtes Gericht das wirksamste Mittel wäre, Seine eigentliche Aufgabe, die Welt zu retten, für immer zu verhindern. Seine strafende Gerechtigkeit würde sich dann laut rühmen gegen die Barmherzigkeit, wozu sie ja das unbestrittene Recht hätte. Aber wo bliebe dann die Gnade, von der die Schrift bezeugt, dass sie da überströmt, wo das Maß der Sünden soll ist? Und dieselbe Schrift bezeugt, dass die Barmherzigkeit über das Gericht triumphiert (Jak. 2, 13)!

Auch würde das bedeuten, dass in dem Charakter des Sohnes Gottes eine sehr bedenkliche Wandlung und Veränderung stattfände. Denn es steht geschrieben: »Jesus Christus ist derselbe gestern und heute und in Ewigkeit« (Hebr. 13, 8). Das würde für immer aufhören, wahr zu sein. Und damit würde das unterste Fundament des Hauses, in dem wir durch Gnade wohnen, erschüttert werden.

Denn wenn sich der Christus Gottes jemals aus Grundsätzen der Gerechtigkeit von irgendeiner noch so tief gesunkenen, noch so furchtbar verteufelten Kreatur abwenden und ausgerechnet auf Sein von niemand sonst bestrittenes Anrecht an derselben verzichten würde, dann hätte keiner Seiner Erlösten eine Garantie, dass ihm nicht Gleiches widerfährt. Wenn uns ausschließlich Gerechtigkeit zuteil würde, wer könnte dann bestehen?

Sage doch niemand: Ja, aber wir glaubten doch an das Evangelium! Das ist hier nicht die Frage, die zu entscheiden ist. Vielmehr handelt es sich darum, ob der Sohn Gottes unter irgendwelchen Umständen veranlasst werden kann, sich selber um der Gerechtigkeit willen Seines unveräußerlichen Rechtes an allen Seelen der Menschen und Engel vollständig und für immer zu entziehen, darauf absoluten Verzicht zu leisten, sich solcher furchtbar Verlorenen überhaupt noch anzunehmen, ihnen auch aus den tiefsten Höllengründen herauszuhelfen, – vorausgesetzt, Er kann dies prinzipiell! Die Macht- und Vermögensfrage soll und gleich beschäftigen.

Hier wollen und müssen wir und ganz ehrlich und gründlich mit der Rechtsfrage beschäftigen. Denn ihr liegt die Heilsgewissheit jeglicher

Kreatur zugrunde. Gibt es überhaupt eine Möglichkeit, dass Christus unter irgendwelchen Umständen darauf verzichtet, von Seinem souveränen Recht, Seiner unbegrenzten Vollmacht über alles Fleisch Gebrauch zu machen, dann steht alles infrage. Dann hat kein Gläubiger absolute Sicherheit für seine persönliche ewige Zukunft.

Denn diese Sicherheit beruht niemals auf unserer Beschaffenheit oder Haltung, sondern einzig und allein in Seiner unwandelbaren Treue. Wenn Er sich aber wandeln kann, wie man von Ihm behauptet und lehrt, dass dies am jüngsten Tag geschehe, da Er für immer unzähligen Kreaturen den Rücken kehre und sich selbst endgültig daran verhindere, sie je mit einem Strahl Seines Lichts zu erreichen, mit der Macht Seines unvergänglichen Lebens zu berühren und sie auch aus dem zweiten Tod zu erretten, dann gibt es keine Garantie der endlichen Errettung für irgendeinen Sünder.

Verdammen und verfluchen konnte Jahwe-Jesus gemäß Seiner unerbittlichen Heiligkeit und Gerechtigkeit schon vor Golgatha. Erst das Kreuz gibt Ihm die neue Möglichkeit, nun auch Gottlose gerecht zu machen und dabei selbst gerecht zu bleiben. Seine höchste Gerechtigkeit ist nun nicht die strafende, verdammende, hinrichtende, sondern die errettende und erneuernde. Es bedeutet das Kreuz zu verleugnen, wenn man aus Ihm jetzt einen Richter macht, der nur noch verdammen, aber in gewissen Fällen nicht mehr retten können soll. Es bedeutet Ihm zuzuschreiben, dass Er Seinen höchsten Charakter verleugnen kann, wenn man lehrt, Er verurteile von Ihm selbst erkaufte, teure Seelen zu endlosem Verlorensein. Das muss verstanden werden.

Wir müssen, so schwer uns das erscheinen mag, aus der frommen Illusion heraus, dass es für uns deshalb Sicherheit gäbe, weil wir gläubig wurden, das heißt durch etwas, das *in uns* vor sich ging. Wir müssen aus unserer *Gläubigkeit an unseren Glauben* heraus und in ganz anderer Weise ruhen lernen in der allen Menschen heilbringenden Gnade, die weder stillsteht noch rastet, bis der letzte verlorene Mensch oder Engel von ihr gefunden wurde. Denn Jesus Christus ist derselbe gestern, heute und in Ewigkeit. Er kann sich nicht verändern. Und solange irgendwer verloren ist, kann Er nicht anders als ihn suchen, bis Er ihn gefunden hat. Allerdings stellt sich dann die nächste Frage, ob Er auch *will*! Und ob Er *kann*! Diese beiden Fragen werden uns jetzt beschäftigen.

2. Die Willensfrage

Eigentlich sollte es eine solche Willensfrage überhaupt nicht geben dürfen. Denn wenn irgendetwas durch die Schrift deutlich wird, dann ist es der Wille Gottes, alle Menschen zu retten und sie zur Erkenntnis der Wahrheit zu führen (1. Tim. 2, 4). Und abermals steht geschrieben: »Dies aber ist der Wille dessen, der mich gesandt hat, dass Ich von allem, was Er mir gegeben hat, nichts verliere, sondern es auferwecke am letzten Tag« (Joh. 6, 39). Und weiter: »Denn so hat Gott die Welt geliebt, dass Er Seinen eingeborenen Sohn gab, damit jeder, der an Ihn glaubt, nicht verloren gehe, sondern ewiges Leben habe« (Joh. 3, 16). Ferner: »Aus der Gewalt des Scheol werde Ich sie befreien, vom Tod sie erlösen« (Hos. 13, 14).

Und dennoch hat es seine Berechtigung, dass wir uns mit dieser Frage befassen. Als der Herr einst am Teich Bethesda den fand, der dort seit 38 Jahren krank gelegen hatte, fragte Er ihn zuerst: »Willst du gesund werden?« (Joh. 5, 2-9). Diese Frage mag schon manchen befremdet haben, der sie las. Und kommt es so selbstverständlich vor, dass ein Kranker gesund werden will. Und doch muss bei uns der Wille zum Leben und zur Genesung erst geweckt werden, wie uns das Jesu Verfahren mit diesem Kranken veranschaulicht.

Hier liegen die Dinge anders. Es ist nicht Gott, dessen guter, heiliger und vollkommener Wille erst geweckt werden müsste, etwa durch unser Fragen und Bitten. Vielmehr müssen wir uns den Sinn und das Verständnis für die Kundgebungen des göttlichen Liebeswillens wecken und festigen lassen.

Wir haben insgesamt eine reichlich hohe Meinung von der Bedeutung unseres eigenen Willens hinsichtlich der Erlösung. Wir sind gar eifersüchtigst darauf bedacht, dass Gott nur ja nichts unternimmt, womit unserer »Willensfreiheit« der geringste Zwang angetan und nicht sorgfältigst gewahrt bliebe. Wir sind sehr schnell bei der Hand zu urteilen, dies und jenes könne Gott überhaupt nicht tun, weil Er unserem »freien Willen« nicht zu nahe treten dürfe.

Dabei sind wir allerdings ein wenig zu großzügig mit der Zuerkennung des Prädikats »Freiheit« an unseren Willen, der ja doch von Haus aus ganz unter die Sünde verkauft ist und bei dem von wahrer Freiheit zum Leben und zum Frieden solange keine Rede sein kann, bis er durch die völlige Unterwerfung unter den heiligen Willen Gottes wahrhaft frei geworden, d. h. nun imstande ist, wieder Gutes und Göttliches zu wollen, wozu er im natürlichen Zustand ebenso unfähig war wie ein toter Mensch zum Laufen oder Fliegen.

Wir haben uns aus der menschlichen Philosophie eine Menge schöner Redensarten angeeignet, hinter denen aber nichts weiter als Täuschung steckt. Wie Paulus sagt: »Seht zu, dass niemand euch einfange durch die Philosophie und leeren Betrug nach der Überlieferung der Menschen, nach den Elementen der Welt und nicht Christus gemäß« (Kol. 2, 8). Man muss sich darauf einstellen, dass man aus der Synagoge der Wissenschaft ausgestoßen wird, wenn man geringschätzig von der Philosophie redet, an die sich die Theologie seit Jahrhunderten mit Leib und Seele verkauft hat. Ihre Rubriken und Lehrsätze gelten auch in den Hallen der theologischen Fakultät.

Damit soll keineswegs gesagt werden, dass das Studium der Philosophie nicht einen sehr hohen bildenden und erzieherischen Wert hätte. Gewiss hat es das, vor allem, weil man dabei erkennen lernt, wie gründlich Gott die Weisheit dieser Welt zur Torheit machte und wie vollständig Er darauf verzichtet, Ihn und Seine Weisheit durch die Instrumente der Philosophie erkennen und bearbeiten zu können. Wer aber meint, dass menschliche Philosophie zum Verständnis göttlicher Gedanken und Geheimnisse notwendig oder gar unentbehrlich sei, der ist und bleibt betrogen. Wer solches lehrt, betrügt damit alle, die er belehrt.

Die Schrift weiß nichts von einem natürlichen »freien Willen« des gefallenen Menschen, des Sünders. So lehrt Jesus die frommen Juden, die bereits an Ihn, den Messias, gläubig geworden waren: »Wenn ihr in meinem Wort bleibt, so seid ihr wahrhaft meine Jünger; und ihr werdet die Wahrheit erkennen, und die Wahrheit wird euch frei machen. Sie antworteten ihm: Wir sind Abrahams Nachkommenschaft und sind nie jemandes Sklaven gewesen. Wie sagst du: Ihr sollt frei werden? Jesus antwortete ihnen: Wahrlich, wahrlich, Ich sage euch: Jeder, der die Sünde tut, ist der Sünde Sklave. Der Sklave aber bleibt nicht für immer im Haus; der Sohn bleibt für immer. Wenn nun der Sohn euch frei machen wird, so werdet ihr wirklich frei sein« (Joh. 8, 31-36).

Wie könnte die Schrift auch ehrlich sagen: »Denn Gott ist es, der in euch wirkt sowohl das Wollen als auch das Wirken zu Seinem Wohlgefallen« (Phil. 2, 13), wenn schon von Natur aus der Wille eines jeden Menschen wahrhaft frei wäre zum Guten, zum Leben, zu Gottes Wohlgefallen? Das Wort Gottes kennt uns besser als alle philosophischen Systeme, die uns schöne Worte machen von der hohen Menschenwürde, von unserem angeborenen sittlich-moralischen Adel und dergleichen

Betrug mehr. Die Schrift erklärt: »Es ist kein Unterschied, denn alle haben gesündigt, alle sind abgewichen, alle stehen unter der Verdammnis, alle sind Kinder des Zorns und ermangeln der Herrlichkeit Gottes« (Röm. 3, 22.23; Eph. 2, 1-3).

Darum beginnt wahre sittliche, göttliche Freiheit des Willens erst mit der gründlichen Erneuerung unseres Wesens und Denksinns durch den Geist Jesu Christi. Wie auch die Schrift sagt: »Für die Freiheit hat Christus uns freigemacht. Steht nun fest und lasst euch nicht wieder durch ein Joch der Sklaverei belasten« (Gal. 5, 1).

Erst das Gesetz des Geistes des Lebens in Christus Jesus hat uns frei gemacht von dem Gesetz der Sünde und des Todes in unseren Gliedern, die auf Erden sind (Röm. 8, 2).

Das höchste Ziel wirklicher christlicher Freiheit ist sogar der völlige Verzicht auf jeden Eigenwillen, die absolute Aufgabe allen Ichlebens, das bewusste, sieghafte »nicht ich«, sondern Christus in mir. Nur ein Sklave Christi Jesu versteht das Geheimnis höchster Freiheit des Willens. Diese Freiheit liegt allein im bedingungslosen Einsmachen mit dem heiligen und vollkommenen Liebeswillen Gottes in Christus und niemals in der Betonung des eigenen, noch so guten Willens gegenüber dem Seinigen.

Von solcher Freiheit weiß aber keine menschliche Philosophie etwas. Und sie kann es auch nicht, denn der natürliche Mensch mit all seiner philosophischen Bildung und Geistesschärfe weiß nichts von dem, was des Geistes Gottes ist, es ist ihm sogar eine Torheit, er kann es nicht verstehen, denn es muss geistlich, d. h. in der Kraft des lebendigmachenden Geistes Christi, verstanden werden (1. Kor. 2, 14.15).

Die unausbleibliche Folge dieser Missachtung des göttlichen Verwerfungsurteils über die menschliche Weisheit, deren sich die ganze, auch die entschieden gläubige Theologie seit Jahrhunderten schuldig gemacht hat, ist eine tiefe Verdunkelung der Grundbegriffe göttlicher Erkenntnis. Diese Verdunkelung reicht weiter und tiefer als man anzuerkennen geneigt ist.

Sie offenbart sich jedoch deutlich, wenn es an die Betrachtung eben solcher elementaren Begriffe geht, wie dem vom göttlichen Liebeswillen zur Errettung aller Menschen. Das kann man einfach nicht sehen. Und warum nicht? Weil man das Blickfeld voll falscher und übertriebener Begriffe hat von der Bedeutung des kreatürlichen Willens, vorerst des menschlichen und dann auch des satanischen.

Vor jedem Gedanken an eine Beschränkung der Majestät des »freien

Willens« der Geschöpfe erschrickt man. Man meint, der Thron Gottes wanke, wenn einem sterblichen Geschöpf auch nur die leiseste Kränkung oder Missachtung seines »freien Willens« widerführe. Wenn es aber dazu kommt, so wie hier, dass man sich mit den schlüssigsten und unzweideutigsten Erklärungen über den heiligen und vollkommenen Willen Gottes zur Errettung aller Menschen auseinandersetzen muss, dann bringt man es mit großer Seelenruhe fertig, sich zu trösten: Ja, Gott will wohl, aber wenn der Mensch nicht will, dann kann Gott eben auch nicht! Damit hält man die Sache für erledigt. Die höchste Instanz – der geschöpfliche Wille – gibt also den Ausschlag!

Doch nun ruht dieser erklärte Wille Gottes zur Rettung Seiner gesamten verlorenen Menschheit auf Seinem ewigen, unergründlichen, unwandelbaren Liebesratschluss, getragen und gewirkt durch Seine vollkommene Weisheit, mit der Ihm alle Seine Werke von Anbeginn an bewusst sind, mit der Er alle möglichen Schwierigkeiten und Hindernisse, die sich von irgendeiner Seite her Seinem Willen entgegenstellen könnten, zuvor erwogen und mit einkalkuliert hat – und Er erklärt noch nach Jahrtausenden: Ja, *Ich will*, dass alle Menschen gerettet werden und dass alle zur Erkenntnis der Wahrheit kommen (1. Tim. 2, 4)!

Und dann kommen wir kleinen Eintagsfliegen von Menschenkindlein von gestern her und vermessen uns, Ihm ins Gesicht zu sagen: Ist alles schön und gut – aber wenn der Mensch nicht will und wenn der Teufel nicht will, dann hilft Dir auch all Dein gutes Wollen nichts! Du bekommst Deinen Willen nicht, aber der Teufel bekommt ihn. Er vereitelt Dir Deinen herrlichen, heiligen Willen gründlich und bis in alle Ewigkeit hinein!

Wenn es nun lauter ungläubige Philosophen wären, die solche Reden schwingen, dann wäre es noch zu ertragen. Aber es sind Kinder Gottes, die sich dazu haben bringen lassen, einen solchen Ton Gott gegenüber anzuschlagen. Das ist erschütternd.

Ob man sich wohl darüber ruhig und klar Rechenschaft gibt, was eine solche Haltung bedeutet? Uns liegt es fürwahr fern, irgendjemand, der sich dessen schuldig macht, deswegen der bewussten Majestätsbeleidigung, des vorbedachten Eingriffs in Gottes heiligste Rechte, der berechnenden Herabsetzung Seiner Ehre, Seines Ruhmes, Seiner Herrlichkeit zu bezichtigen. Wir wissen es nur zu gut aus eigener schmerzlicher, beschämender Vergangenheit, wie leicht man dazu gelangt, eine solche Stellung einzunehmen und dabei zu meinen, man tue Gott einen wirklichen Dienst damit, man verteidige Seine Ehre und den heiligen Gerichtsernst Seiner Worte. Aber man weiß nicht, was man tut.

Denn dieser erklärte Wille Gottes ist, wie bereits angedeutet, geboren aus der unermesslichen Liebesenergie Seines eigenen Wesens, das eben Liebe ist, heilige, gerechte, wahrhaftige Liebe, die weder mit Sünde oder Ungerechtigkeit paktieren kann noch wird, die eher das Liebste, den erstgezeugten Sohn, den Heiligen und Gerechten, der von Sünde nichts wusste, zur Sünde machte, als dass die Grundfesten Seines Welten- und Richterthrones je erschüttert würden.

Die Liebe hat dafür Sorge getragen, dass die Rechtsfrage ein für allemal endgültig erledigt ist. Niemand kann mehr verdammen, denn Gott war in Christus, die Welt mit sich selbst versöhnend und rechnete ihnen ihre Übertretungen nicht zu (2. Kor. 5, 19).

Und die Liebe, gepaart mit Heiligkeit und Gerechtigkeit, triumphiert am leeren Grab, dem der Auferstandene entstieg, um sich über alle Himmel zu setzen, um über allen Finsternis- und Todesmächten einen gewaltigen Triumph zu halten und sie für immer öffentlich zur Schau zu stellen (Kol. 2, 15).

Und vollkommene göttliche Gerechtigkeit überantwortet alles Gericht, alle Herrschaft, alle Gewalt über Leben und Tod in die Hände dessen, der sich selbst für uns hingegeben hat und der die Sünden der ganzen Welt auf sich nahm.

In dieser Kette findet sich kein fehlerhaftes, schwaches Glied. Sie hält. Und was mit ihr an den Thron des Erhöhten gebunden ist, kann alle Machenschaft der Hölle und aller Betrug der Sünde niemals wieder davon trennen. Und Gott hat das ganze geschaffene All mit Seinem heiligen Willen und Vorbedacht genau an diesen Thron des herrlichen Sohnes gekettet.

Hat Gott das alles wohlüberlegt und gründlich bedacht? Ja, natürlich, wohl besser als Menschen je ein philosophisches System ausdachten. Empfinden wir eine angemessene Wertschätzung der göttlichen Weisheit, dieser vollkommenen, ungetrübten, unfehlbaren Einsicht in alle Tiefen und Höhen geschöpflicher und göttlicher Möglichkeiten?

Sollte dieser Weisheit verborgen geblieben sein, dass jeder Ratschluss und alles Planen von Ewigkeit her ganz wunderschön und sehr begehrenswert sei, dass aber die Sache dennoch endgültig scheitern werde, wenigstens zum weitaus größten Teil, an dem verkehrten, hartnäckigen, trotzigen, verteufelten Willen der von Gottes Liebe umschlungenen Kreatur, eben der Kreatur, die durch Ihn, für Ihn, in Ihm und zu Ihm geschaffen wurde?

Diese Weisheit sollte so kurzsichtig und blind gewesen sein, dass unsere beschränkte, armselige Philosophie ihr erst das Lichtlein anzünden musste, wie eitel und vergeblich doch all das Liebesmühen, all die unermessliche Liebesenergie, die unberechenbaren Tiefen und Höhen des heiligen Liebeswillens Gottes und Seines Christus seien, um das erklärte Ziel auch wirklich zu erreichen?

Und sie sollte durch den Heiligen Geist ein ums andere Mal heiligen Männern Gottes in die Feder gelegt haben, zu erklären, Gott will nicht nur, dass alle Menschen gerettet werden, sondern Er *ist* der Retter aller Menschen, zuerst Seiner Gläubigen (1. Tim. 4, 9.10) und dabei zu erhärten: »Bei Gott sind alle Dinge möglich« (Matth. 19, 26) oder »Der alles nach dem Rat seines Willens wirkt« (Eph. 1, 11) oder »Unser Gott ist in den Himmeln; alles, was Ihm wohlgefällt, tut Er« (Ps. 115, 3)?

Doch möchten wir uns nicht dem Vorwurf aussetzen, als wollten wir im Übereifer für den allein heiligen und vollkommenen Gotteswillen zum Heil Seiner ganzen verlorenen Welt und Schöpfung und für dessen unfehlbar sichere Verwirklichung in Gericht und Gnade die Augen vor dem Ernst und die Größe und Schwere unserer sittlichen Verantwortung als willensbegabte Geschöpfe verschließen. Aber dabei möchten wir den Hauptaugenmerk auf die Tatsache legen, dass diese Verantwortung in den höchsten Fragen und Angelegenheiten erst mit unserer Erleuchtung resp. Erneuerung durch den Heiligen Geist einsetzt, wie wir glauben nach der Schrift. Vorher sind wir einfach nicht frei, d. h. wir ermangeln des Vermögens einer wirklich freien Stellungnahme in den Dingen, die Gott und Sein Heil betreffen.

Daher sind auch die ernstesten und schwersten Worte über das unauslöschliche Feuer und über das schreckliche Warten des Gerichts und des Feuereifers, der die Widerspenstigen verzehren wird, an Jünger und Gläubige gerichtet. Die Frage im Hebräerbrief (2, 3) lautet: »Wie werden *wir* entfliehen, wenn *wir* eine so große Errettung missachten?«

In der Evangelisation ist es eine beliebte Methode, alle Register höllischer Drohungen zu ziehen, um die Unbekehrten damit zur Umkehr zu bewegen. Es gilt bei uns als fast selbstverständlich, dass nicht uns Gläubigen, sondern denen draußen die Hölle droht. In der Schrift sind es nur die, welche »wissen, dass Du ein Lehrer bist, von Gott gekommen, denn niemand kann diese Zeichen tun, die Du tust, es sei denn Gott mit ihm« (Joh. 3, 2) und die trotz einer solchen von Gott gewirkten Erkenntnis

Seine in Gott vollbrachten Taten als Werke der Dämonen brandmarkten und die die Lästerung des Geistes begehen konnten, die weder in diesem noch im zukünftigen Äon vergeben werden wird.

So wird in der Schrift auch der Bruder, der sich schwer versündigt hatte, durch den Beschluss des Apostels »wenn ihr und mein Geist mit der Kraft unseres Herrn Jesus versammelt seid ... im Namen unseres Herrn Jesus dem Satan überliefert zum Verderben des Fleisches, damit der Geist errettet werde am Tage des Herrn« (1. Kor. 5, 4.5).

Das sind Richtlinien, die in unseren Tagen kaum noch beachtet und verstanden werden, die aber klar und zuverlässig sind. Wer ihnen folgt, der geht nicht in die Irre. Da wird ein Gläubiger, Glied der Gemeinde Jesu Christi, dem Satan übergeben, aber nicht, wie das herkömmlich aufgefasst wird, zum endlosen Höllenverderben, wo ihm die Gnade Gottes nie mehr beikommen könnte, sondern zur scharfen, herben Züchtigung am Fleisch, auf dass der Geist gerettet werde am Tage des Herrn Jesu.

Auch fehlt es in der Schrift nicht an deutlichen Beispielen davon, welche Bewandtnis es mit der Berufung auf die menschliche Wahlfreiheit hinsichtlich unserer Erlösung hat. Eines der klarsten ist die Bekehrung des großen Heidenapostels Paulus auf dem Weg nach Damaskus.

Der Vorgang wird von ihm selbst dreimal mit großer Gründlichkeit geschildert. Das Herz voll Drohen und Morden gegen die Jünger des Herrn, wird er plötzlich von einem himmlischen Licht, heller als die Sonne, umleuchtet und an den Augen geblendet zu Boden geworfen, aber innerlich wunderbar überwältigt von der Klarheit Gottes im Angesichte Jesu Christi, den er verfolgt hatte. Und in wenigen kurzen Augenblicken ist die Umwandlung geschehen: »Herr, was willst Du, das ich tun soll?« (Apg. 9, 6; Luther 1912). Zerbrochen, gebeugt, zerknirscht zu den Füßen des Auferstandenen!

Man braucht sich doch nur die eine Frage zu stellen, ob Gott, der Vater, oder der Herr Jesus Christus zuvor bei Paulus angefragt haben, ob es ihm auch Recht sei, wenn Er sich ihm in dieser Weise offenbare, ob er sich eine solche plötzliche Offenbarung des Auferstandenen auch gefallen lassen werde, – um sofort zu erkennen, dass eine solche Frage mehr als müßig ist.

Hat denn aber unser herrlicher Herr dabei der persönlichen Willensfreiheit dieses mordenden Pharisäers irgendwie Gewalt angetan? Wenn jemand den Apostel darüber befragt hätte, was würde der ihm wohl zur

Antwort gegeben haben?

Wie er selbst die Sache angesehen hat, sagt er uns ganz frei und offen: Es habe Gott wohlgefallen, der ihn von seiner Mutter Leibe an ausgewählt und durch Seine Gnade berufen hat, Seinen Sohn in ihm zu offenbaren (Gal. 1, 15.16). Und an seinen Sohn Timotheus schreibt er: »Aber darum ist mir Barmherzigkeit zuteil geworden, damit Jesus Christus an mir als dem ersten die ganze Langmut beweise, zum Vorbild für die, welche an Ihn glauben werden zum ewigen Leben« (1. Tim. 1, 16).

Nachdem ihm aber das neue Licht in dem Sohne Gottes aufgegangen war – und nicht vorher –, konnte er offen bekennen: »Daher, König Agrippa, war ich nicht ungehorsam der himmlischen Erscheinung« (Apg. 26, 19). Sein Wollenkönnen hatte begonnen.

Nun ist die Bekehrung jenes Apostels aber ganz offenkundig kein Exempel und Muster der vom Heiligen Geist während dieses ganzen jetzigen Zeitlaufs gewirkten Bekehrungen durch das Evangelium von Jesus Christus. Wir werden nicht durch plötzliche Erscheinungen des auferstandenen Herrn vom Himmel her zu Boden geworfen, an den Augen geblendet und so von Ihm überwunden, sondern die Regel blieb bis zum heutigen Tag die von Paulus selbst ausgesprochene und aufgezeigte: »Also ist der Glaube aus der Verkündigung, die Verkündigung aber durch das Wort Christi« (Röm. 10, 17).

Die Deutung seiner Bekehrung auf andere, die noch durch Glauben zum ewigen Leben finden sollen, muss daher auf ein anderes Zeitalter gehen, wo Gott im großen Maßstab und Umfang von derselben wunderbaren Art, Seine bittersten mordenden und drohenden Feinde zu überwinden, Gebrauch machen wird.

Das Wort der Weissagung lässt uns auch nicht im Dunkeln darüber, wer damit gemeint ist. Denn der Prophet Sacharja sagt: »... und sie werden auf Ihn blicken, den sie durchbohrt haben, und werden über Ihn wehklagen, wie man über den einzigen Sohn wehklagt, und werden bitter über Ihn weinen, wie man bitter über den Erstgeborenen weint« (Sach. 12, 10).

Dasselbe stellt ja auch der größte Prophet, der Sohn Gottes selbst, Seinen damaligen Feinden in Aussicht: »Ihr werdet mich von jetzt an nicht sehen, bis ihr sprecht: Gepriesen sei, der da kommt im Namen des Herrn« (Matth. 23, 39)!

Wer an solchen prophetischen Ankündigungen etwas auszusetzen hat, weil er nicht einsehen kann, dass solche Bekehrungen der menschlichen Willensfreiheit genügend Rechnung tragen, dem ist nicht zu helfen.

Der Herr wird sich dadurch aber nicht abhalten lassen, Seine Zusagen bis ins Kleinste zu erfüllen und das an Paulus gesetzte Exempel im großartigsten Maßstab und weltumfassend auszuführen. Er wird auch dann noch nicht geneigt sein, sich von uns diktieren zu lassen, wie eine richtige Bekehrung nach allen Regeln der Philosophie und der Dogmatik beschaffen sein müsste.

Ein weiteres köstliches Beispiel der souveränen Art unseres Gottes in Seinem Verfahren mit den Menschenkindern ist der Jünger Thomas, der dem gehörten Zeugnis der anderen Jünger von dem wahrhaft Auferstandenen nicht glauben wollte, deshalb aber nicht verdammt wird, sondern dem sich Jesus selbst greifbar offenbart, um ihn zu überführen. Allerdings muss sich Thomas sagen lassen: »Glückselig sind, die nicht gesehen und doch geglaubt haben«; aber der Meister selbst bezeugt ihm auch: »Weil du mich (nun) gesehen hast, hast du geglaubt« (jeweils Joh. 20, 29). Von hier aus fällt sehr helles Licht auf das apostolische Zeugnis von Gott, dem Retter aller Menschen. Gerettet werden alle, gläubig werden alle wie Thomas, aber nicht auf die gleiche Weise wie wir heute. Hüten wir uns daher, unserem Gott irgendwelche dogmatischen Schranken setzen zu wollen!

Viel, viel besser wäre es, wenn man sich in gläubigen Kreisen etwas ernsthafter mit der Frage beschäftigte – nicht, was wird aus den unzähligen Millionen verlorener Geschöpfe, die nie das Evangelium gehört haben, sondern was wird aus uns, wenn wir der erkannten Wahrheit nicht gehorchen; wenn wir denen, die Gott uns erreichen lässt, ein verkehrtes, philosophisch verzerrtes Evangelium bringen; wenn wir einer verlorenen Welt wieder und wieder ankündigen: Ja, unser Gott will wohl, dass ihr alle gerettet werdet, aber Er denkt nicht im Ernst daran, dass es auch so kommen wird. Sicher lässt Er sich den Retter aller Menschen nennen, aber wir versichern euch, dass das nie so gemeint sein kann.

Wir glauben ja auch an die Liebesenergien Gottes, denn wir haben sie zu unserer Seligkeit erfahren. Aber wir glauben noch viel stärker an die Bosheitsenergie des menschlichen Willens und wissen, dass die bei den allermeisten Menschen den traurigen Sieg über jeden Liebeswillen Gottes zur Rettung davontragen wird. Das ist zwar entsetzlich, aber nun einmal nicht zu ändern.

Wenn ihr nicht wollt, dann kann Gott einfach nicht, denn all Sein Wollen reicht nicht aus zu dem, was Er sich vorgenommen und vor den Ewigkeiten vorbedacht hat!

O, wenn man doch einmal erzittern möchte vor einem solchen

»Evangelium«! Kann denn der heilige, wahrhaftige, unter allen Umständen aufrichtige Gott auch etwas *wollen*, von dem Er seit undenklichen Zeiten gewusst haben muss, dass Sein Liebeswalten es niemals erreichen werde? Welche Vorstellung von dem göttlichen Wollen hat man eigentlich? Macht man sich klar, in welches Licht man Ihn vor denkenden Geschöpfen stellt, wenn man Ihn feierliche Erklärungen abgeben lässt, Er wolle, dass alle gerettet werden, – aber! ?

Und wiederum, kann dann die Erkenntnis, dass am Ende eben doch nicht die Gnade, sondern die Sünde bei den meisten Geschöpfen triumphieren und der zweite Tod die reichste Ernte einheimsen wird, aus dem es für alle Ewigkeiten keine Errettung mehr gibt, – wenn sie gottgemäß ist, wenn sie wirklich, wie man lehrt, zu den geoffenbarten Wahrheiten gehört –, kann dann dieses göttliche Vorherwissen außerhalb Seines heiligen, vollkommenen Liebeswillens liegen, je gelegen haben?

Kann ein nie endendes Reich der Finsternis, der ohnmächtigen (?), wahnwitzigen Empörung und Auflehnung gegen Seinen heiligen Willen überhaupt Bestand haben ohne Seinen Willen? Muss dann nicht derselbe Gott, der von Ewigkeit her gewusst hat, dass Er ein endloses Regiment des Todes und des Verderbens in Seiner weiten Schöpfung etablieren und aufrechterhalten wird – denn »kürzer« könnte ein solches ja nicht dauern –, zu gleicher Zeit für alle das Leben und den Frieden und das Heil gewollt haben und daneben für die meisten den ewigen, endlosen, nie aufhörenden Tod?

Was ist das doch für ein grässlicher Dualismus, den man da in das Wesen des Heiligen hineinlegt! Welch ein Verlass ist denn dann noch auf einen solchen Gott, der das fertigbringt? Das bedeutete nicht mehr und nicht weniger die Selbstzerstörung Gottes!

Das alles aber sind legitime Ausgeburten der entsetzlichen philosophischen Vergötterung des eigenen, geschöpflichen Willens, dem man ohne jedes Bedenken das Vermögen zuspricht, den deutlich erklärten, vollkommenen, herrlichen Liebeswillen des allmächtigen Gottes endgültig vereiteln und zuschanden machen zu können.

O was ist das für eine Befreiung des bis dahin gebundenen Geistes, wenn man diese grauenhaften Verkettungen und Verirrungen einmal durchschaut und durch die Gnade Gottes innerlich überwunden hat; wenn man wieder ganz einfältig und kindlich gelernt hat, an den heiligen und herrlichen Liebeswillen Gottes zu glauben, wie er uns im Evangelium Gottes bezeugt und auf Golgatha besiegelt wurde.

Und was ist das für eine ungeahnte Ermutigung, nicht müde zu werden im gesegneten Werk des Herrn; nicht müde zu werden, Ihn allen anzupreisen, Sein Licht hineinleuchten zu lassen in alle Finsternisse der Erde, mit Seinem Evangelium hinauszugehen in alle Welt, weil man sich innerlich nun ganz und unlösbar eins weiß mit Seiner eigenen unbesiegbaren Liebesenergie, die äonenlang warten kann, tragen kann, da sie ihres letztendlichen völligen Triumphes über alle, auch die verzweifeltste Bosheit schlechthin, gewiss ist. Es ist unbeschreibliche Freude und wunderbare Stille des Herzens, wo man dann nicht mehr versucht ist, zu peitschen oder sich peitschen zu lassen, wo man ruhen lernt in dem Wort des Herrn. »Alles, was mir der Vater gibt, wird zu mir kommen, und wer zu mir kommt, den werde Ich nicht hinausstoßen« (Joh. 6, 37).

Wieder groß und weit denken zu lernen, wieder aus tiefstem Grunde der Seele ohne irgendwelche beengende, qualvolle Reservation einstimmen zu lernen in das Evangelium von dem Retter aller Menschen, das ist unsagbar kostbar. Da lernst man dann auch erst wieder zu danken für Tod, Hölle und Verderben, denn man hat erkannt, dass all das der Durchführung Seines heiligen Liebeswillens dienen muss. Da schwindet jedes bange Entsetzen vor den furchtbarsten Nachterscheinungen, die aus der grauenhaftesten Finsternis heraus geboren sind, weil man sich tief zu versenken gelernt hat und sich innerlich eins weiß mit dem göttlichen Liebeswillen, das Böse zu überwinden durch Gutes. Das ist Evangelium!

3. Die Machtfrage

Auch auf diesem Gebiet bedürfen wir sehr der Freiwerdung unseres Blickes für die wirkliche unbegrenzte Machtvollkommenheit unseres großen Gottes und Heilandes Jesu Christi. Wir haben Ihn uns beengen und beeinträchtigen lassen durch mancherlei Art philosophischer Erörterungen über das Willensvermögen des Menschen und noch höherstehender Wesen, des Teufels und seiner Engel, besonders über die Macht zum Bösen, zur Sünde, zum Verderben. Der einfältige Glaube an den schlechthin allmächtigen Gott ist uns abhanden gekommen.

Uns liegt nichts daran, geschöpfliches Vermögen irgendwie herabzusetzen unter das Maß dessen, was ihm nach der Schrift zukommt. Wir dürfen ganz getrost mit den größten, ungeheuerlichsten, schier unermesslichsten Möglichkeiten rechnen, ohne dass wir zu befürchten hätten, es könne dabei jemals das Maß der Machtvollkommenheit und des Kraftvermögens dessen erreicht oder gar überstiegen werden, dem die Schrift alle Gewalt im Himmel und auf Erden zuspricht. Wir haben daher gar nicht nötig, hier erst lange Auseinandersetzungen über den Bereich und die Grenzen des menschlichen oder satanischen Vermögens des Bösen zu führen. Wir lassen den menschlichen und satanischen Machenschaften in höchster Potenz und machtvollster Kombination allen erdenklichen Spielraum, wissend um das wundervolle Wort der Schrift, dass, wo die Sünde mächtig wurde, die Gnade weit überströmender geworden ist (Röm. 5, 20).

Es kann aber unter keinen Umständen schaden, wenn wir uns den Blick am festen prophetischen Wort unseres Gottes klären und schärfen lassen. Da betet Paulus für die Gläubigen in Ephesus, dass sie wissen sollen, »was die überschwängliche Größe Seiner Kraft an uns, den Glaubenden, ist, nach der Wirksamkeit der Macht Seiner Stärke. Die hat Er in Christus wirksam werden lassen, indem Er Ihn aus den Toten auferweckt und zu Seiner Rechten in der Himmelswelt gesetzt hat, hoch über jede Gewalt und Macht und Kraft und Herrschaft und jeden Namen, der nicht nur in diesem Zeitalter, sondern auch in dem zukünftigen genannt werden wird. Und alles hat Er Seinen Füßen unterworfen und Ihn als Haupt über alles der Gemeinde gegeben, die Sein Leib ist, die Fülle dessen, der alles in allen erfüllt« (Eph. 1, 19-23).

Sollte jemand geneigt sein hier einzuwenden, dass da ganz deutlich eine beschränkende Bestimmung in den Worten »an uns, den Glaubenden« liege, so möchten wir entgegnen, dass dies nur scheinbar eine Beschränkung ist, da in den Versen 20 und 21 gewiss keine Rede davon sein kann, dass Christus etwa nur auf unseren Glauben hin über jede Gewalt, Macht, Kraft und Herrschaft erhöht worden sei. Der Einwand ist also hinfällig.

Auch weiß jedes erleuchtete Gotteskind, dass sein Glaube das Werk Gottes in ihm ist, nicht sein eigenes oder das eines anderen Menschen oder Geschöpfes. Gott ist es, der in uns wirkt sowohl das Wollen als auch das Wirken zu Seinem Wohlgefallen (Phil. 2, 13). Gerade darin erweist sich die Größe göttlicher Macht, dass sie in uns so tief mit Unglauben und Misstrauen, mit Argwohn und Zweifel vergifteten Geschöpfen das Vermögen zu unbedingtem Glauben und Vertrauen in Gottes Wort wieder erzeugen kann.

Ein anderes herrliches Wort sagt uns derselbe Apostel in Eph. 3, 20.21: »Dem aber, der über alles hinaus zu tun vermag, über die Maßen mehr, als wir erbitten oder erdenken, gemäß der Kraft, die in uns wirkt, Ihm sei die Herrlichkeit in der Gemeinde und in Christus Jesus auf alle

Geschlechter hin in alle Ewigkeit! Amen.« Was immer wir durch treues, gründliches Forschen im Worte unseres Gottes erkannt und verstanden haben mögen von Tiefen und Höhen geschöpflichen Vermögens zum Bösen, so weit da unsere Einsicht auch reichen mag, Er vermag weit über die Maßen mehr zu tun als wir erbitten oder verstehen.

Kann sich da für ein gläubiges Kind Gottes noch die Frage stellen, ob dem Sohne Gottes, dem verklärten Haupt Seiner Gemeinde das Vermögen innewohne, mit irgendwelchen noch so entsetzlichen Wirkungen der Mächte der Sünde, des Todes und des Verderbens vollständig und restlos fertigzuwerden?

Uns scheint es, dass man sich da schwer, sehr schwer an der Ehre des herrlichen Herrn versündigt, wenn man an die bloße Möglichkeit denkt, geschweige sie nachdrücklich lehrt, es könne nicht nur vereinzelte Fälle (wie etwa einen Judas) geben, sondern ganze Massen, Millionen verlorener Geschöpfe, die der allmächtige Herr, den Gott von den Toten auferweckte, niemals mehr erreichen kann.

Ganz bestimmt ist es keineswegs die bewusste Überzeugung oder Absicht der teuren Brüder, die meinen, es gäbe dennoch eine solche Unmöglichkeit für den Heiland der Welt, dass das irgendwie auf Ihn reflektieren soll. Nein, man spricht wieder und wieder mit dem größten Nachdruck aus, das sei lediglich die Schuld eben der unverbesserlich ungläubigen und hartnäckigen Menschen, die nun einmal nicht wollten.

Dabei übersieht man jedoch völlig, dass es sich bei der Machtfrage hier genauso verhält wie bei der Rechtsfrage, die wir oben besprochen haben. Dort mussten wir erkennen, dass das Verhalten irgendeines Geschöpfes unter keinen Umständen das unveräußerliche Anrecht des Gekreuzigten und Auferstandenen an allen Seelen und Wesen im Himmel und auf Erden je beeinträchtigen oder infrage stellen kann.

Hier muss mit derselben Klarheit betont und erkannt werden, dass unter keinen Umständen daran zu denken ist, dass das göttliche Allvermögen zu retten durch irgendein kreatürliches Vermögen, sei es des Willens oder Könnens, jemals irgendwelche Einschränkung oder Kürzung erfahren kann.

Es gehört keineswegs zu den sehr seltenen Vorkommnissen des täglichen Lebens, dass Selbstmörder, hartnäckige, die wiederholt Hand an ihr eigenes Leben legten, durch andere wirksam daran gehindert wurden, ihr mörderisches Vorhaben auszuführen. Und der allmächtige Gott soll niemand retten können, ohne ihn oder sie vorher um Erlaubnis zu fragen? Wie sind denn viele von uns eigentlich gerettet worden? Wie lange haben wir noch sinnlos gezappelt und uns gewehrt, als unser allmächtiger Rettergott schon Seine starke Hand nach uns ausgestreckt und uns ergriffen hatte? Da dürfen wir schon ein wenig bescheidener auftreten. »Da ging Ich an dir vorüber und sah dich in deinem Blut zappeln; und zu dir in deinem Blut sprach Ich: Bleibe leben! Ja, zu dir in deinem Blut sprach Ich: Bleibe leben« (Hes. 16, 6).

Man findet sich verhältnismäßig leicht mit dem Gedanken ab, der jedoch ganz fürchterlich ist, dass Christus Sein Blutrecht an ungezählten, teuer erkauften Geschöpfen Seiner Macht drangebe und sie für immer dem Verderben überantworte, einfach weil sie nicht gewollt haben. Aber man hat anscheinend fast kein Verständnis dafür, was es für Ihn bedeuten würde, wenn Er, als der Allmächtige, sich dann selber als unvermögend erklären muss, mit solchen Tiefen bösen Willens, satanischen Vermögens, zu verderben und zu zerstören fertigzuwerden.

Und das angesichts Seines eigenen Wortes an den Vater: »... wie Du Ihm Vollmacht gegeben hast über alles Fleisch, dass Er allen, die Du ihm gegeben hast, ewiges Leben gebe« (Joh. 17, 2). Was hat dann eine Vollmacht zu bedeuten, wenn sie sich nachher Aufgaben gegenüber sieht, denen sie deshalb nicht gewachsen ist, weil eben das Fleisch, über das Gott die Vollmacht gab, mächtiger wurde als der Geist des Lebens, der Kraft, des Gerichts und der Herrlichkeit?

Aus diesen wenigen Erwägungen, die sich noch viel weiter ausdehnen ließen, erhellt sich zur Genüge, dass der allgemein eingenommene Standpunkt in der Beurteilung dieser ernsten Fragen ein verkehrter ist. Diese Dinge können nie und nimmer richtig erfasst werden, solange wir dabei nicht unter allen Umständen unseren Gott und Seinen Christus zum Ausgangspunkt all unseres gläubigen Denkens und Forschens machen. Die große Frage ist nicht, was aus all den verlorenen Geschöpfen, Menschen oder Engeln, sondern was aus dem Charakter, dem Wesen, den Eigenschaften unseres großen Schöpfer- und Rettergottes wird.

Das gibt dieser Frage auch eine sehr viel zentralere Bedeutung für das ganze christliche Glaubensleben, als ihr von den meisten Gläubigen zugestanden wird. Man ist gerne bereit, sie als eine durchaus nebensächliche zu betrachten und zu behandeln, als ein Stückchen Privatanschauung, das man dem einen oder anderen Bruder, der darin sein »Steckenpferd« sieht, nicht so sehr verargen dürfe, vorausgesetzt, er behalte es ganz still für sich.

Wenn irgendwo, dann kommt es hier zum Ausdruck und Entscheidung, was mir mein Gott und Sein ganzes ungebrochenes Wort wert ist und bedeutet. Es kann eben von einem wirklich allmächtigen Heiland, der eine völlig verlorene Welt vollständig und restlos wieder zurechtbringen, der Sein eigenes Wort »Siehe, Ich mache alles neu!« (Offb. 21, 5) ausführen kann, ehrlicherweise keine Rede sein, wenn dieser gleiche Heiland an Seinem großen Tag mit der Unmöglichkeit konfrontiert wird, einer ungeheuren Menge Seiner durch Sein Blut erkauften Geschöpfe aus dem zweiten Tod herauszuhelfen, in den Er selbst sie mit vollstem Bewusstsein und nach vollster Gerechtigkeit geworfen hat.

Man mag sich dabei noch so sehr zu beruhigen versuchen mit dem Hinweis auf den beharrlichen Unglauben und die selbstverschuldete Herzenshärte, man mag sehr kräftig davon reden, dass Gott eben niemals jemanden zur Seligkeit zwingen dürfe, wir seien eben »freie« Geschöpfe und dergleichen mehr, – es bleibt immer ein ungelöster Rest sehr bedenklicher Einschränkung des göttlichen Vermögens, auch mit den allerschlimmsten und hartnäckigsten Fällen geschöpflichen Verderbens fertigzuwerden, zurück. Und es wird stets darauf hinauslaufen, wenn man es auch nicht so offen und frei sagt: Ja, mit *uns* hatte es der Herr eben nicht so schwer, wir haben schneller und leichter geglaubt, wir waren nicht so arg verhärtet wie jene!

Das heißt, auch hier liegt für unser Denken und Vorstellen die sichere Wirksamkeit der göttlichen Gnade wieder bei uns, an einer minder schwierigen Beschaffenheit unseres sündigen Wesens. Schlimme Sünder waren wir auch, aber – doch nicht so unerreichbare, unverbesserliche, hoffnungslose wie jene, die nun einmal durchaus nicht wollten.

Hier muss man fragen: Wenn die Schrift uns tot in Übertretungen und Sünden nennt, kann es da verschiedene Grade des Totseins geben? Kann man noch schlimmer tot sein als einfach tot? Ist es nicht in jedem einzelnen Fall lediglich eine Erweisung der total überwältigenden Größe Seiner Kraft, dass wir aus dem Tod ins Leben gekommen sind? Oder hing die Größe Seiner Kraft im allertiefsten Grunde davon ab, dass unser Fall glücklicherweise nicht so hoffnungslos böse war wie der jener, die eben unrettbar verloren sein sollen?

Wir sind tief davon überzeugt, dass es sich bei sorgfältiger Prüfung herausstellen wird, dass uns die unbewusste Beschäftigung mit unseren eigenen Gedanken, Stimmungen und Beschaffenheiten da übel mitgespielt hat. Wir sind egozentrisch geworden und messen alles mit dem Maßstab des persönlichen Erfahrens oder Erkennens. Darüber sind uns der kindliche Glaube und das unbedingte Vertrauen in den allmächtigen Rettergott abhanden gekommen.

Nicht mit so vielen Worten, aber mit allerlei Verklausulierungen und Einschränkungen sprechen wir dem, welchem alle Gewalt gegeben ist im Himmel und auf Erden, die Macht ab, Sein klar gegebenes Wort ohne Abstriche einzulösen und wahrzumachen, ja noch weit mehr zu tun, als wir bitten oder verstehen können.

Man übersieht dabei auch gar zu leicht, dass es dem bösen Feind besonders darum geht, bei uns eine möglichst hohe Vorstellung von seinem Vermögen zu erwecken und aufrechtzuhalten. Er legt es stets darauf an, sich eine Bedeutung beizulegen, die ihm in keinster Weise zusteht.

Nach der Schrift aber ist er gerichtet, durch das Kreuz von Golgatha zur Schau, an den Pranger gestellt, ein Triumph geworden für den Gekreuzigten, als Gewalthaber über den Tod vollständig überwunden und zunichte gemacht. Dieses Wort gilt dem einfachsten Kinde Gottes: »Widersteht aber dem Teufel, und er wird von euch fliehen« (Jak. 4, 7). Die Waffenrüstung unseres Gottes, die wir tragen und gebrauchen dürfen, ist undurchdringlich, unbezwingbar, unfehlbar sicher.

Zu den erzieherischen Geheimnissen Gottes gehört ja, dass der Fürst dieser Welt sich allem Anschein nach gebaren darf, als hätte es für ihn nie eine völlige Niederlage auf Golgatha gegeben. Das darf uns allerdings niemals verleiten, in dem Sinne an seine Macht zu glauben, wie wir etwa an die Macht unseres herrlichen Herrn glauben, das heißt, wir dürfen nie die Besorgnis hegen, als könne es jemals ein anderes Ergebnis des großen, gewaltigen Konfliktes zischen Licht und Finsternis, Tod und Leben, Sünde und Gnade geben, als den totalen, unverkürzten Sieg des Lebensfürsten über alle Todesgewalten, die aus den tiefsten Tiefen des Verderbens der Kreatur hervorbrechen.

Was wir im Einzelkampf und als gläubige Kampfgemeinschaft durch den Glauben erfahren, ist doch nur Angeld und Unterpfand für den letztendlichen Sieg unseres wunderbaren Hauptes, des Urhebers unserer Rettung nicht nur in der gesamten Menschheit, sondern bis hinab zu den tiefsten Gründen, wo die Gefangenen des Starken liegen und in Banden des Todes und Verderbens schmachten. Sie liegen allesamt »auf Hoffnung gefangen« in der »Grube ohne Wasser« (Sach. 9, 11-12; Luk. 16, 24).

Dabei ist es unser höchstes Vorrecht, das wieder, ohne zu schauen, unserem allmächtigen Herrn felsenfest zuzutrauen. Er hat uns das allerdings nicht ganz leicht gemacht. Unser Glaube muss eben bewährt werden, wie das vergängliche Gold im Feuer. Darum dürfen uns alle jene

Mächte anlaufen, erschrecken, anfechten und auf harte Proben stellen. Aber der in uns ist, ist größer als der in der Welt ist. Er ist und bleibt der Sieger.

Es dient aber nicht Seiner Ehre oder Verherrlichung, wenn wir dabei unsere persönliche Erfahrung Seiner Lebenskräfte in uns zum Maß und zur Norm Seines Vermögens machen. So köstlich und wertvoll, so glaubensstärkend unsere gesegneten Erfahrungen auch sind, sie können niemals das umschreiben oder einschließen, was an Macht und Kraft in Ihm liegt. Hier darf uns nur Sein Wort gelten, das weit über jede Erfahrungsmöglichkeit hinausragt.

Beispielsweise kann kein noch so gläubiges Gotteskind jemals erfahrungsmäßig feststellen, welcher Erneuerungskräfte es bedarf, bis Gott Seinem ganzen Volk Israel einmal die Decke von den Herzen genommen, bis Er es vom tiefsten Grunde aus durch den Geist der Gnade und des Gebets erneuert hat, nach Seiner Verheißung. Welch einen Kraftaufwand wird es bedeuten, wenn sich Israels Wiederannahme und Wiedereinpfropfung als Leben aus den Toten erweisen wird! Das sind Dinge, die können nur und müssen einfach geglaubt werden, die liegen nicht auf dem Boden unseres noch so reichen Erfahrungsschatzes. Und so ist es mit der Erneuerung der gesamten verlorenen Welt, mit der Wiederherstellung alles dessen, wovon Gott durch den Mund Seiner heiligen Propheten von jeher geredet hat (Apg. 3, 21).

Und wenn man daran denkt, wie schwer es in unseren Tagen war, bis sich wirklich bekehrte, gläubige Christen erhoben, wieder einmal gemäß der Prophetenschriften von ganzem Herzen an die bloße Wiedergeburt Israels als Volk zu glauben, dann versteht man etwas besser, wieviel schwerer es Gläubigen fällt, noch über das hinaus zu glauben, kindlich, einfältig zu glauben an die großen, das ganze geschaffene All umfassenden Liebes- und Errettungsgedanken unseres herrlichen Rettergottes.

Das alles ist uns so klein geworden, weil die eigene Seligkeit in unseren Augen einen solch übermäßig großen Raum eingenommen hat. Man hat sich nur zu leicht bereden lassen, dass sich das, was über die Beschäftigung mit der Ausgestaltung des eigenen Heils hinausgeht, für einen ernsthaften, praktisch orientierten Christen zur weiteren Betrachtung und Beschäftigung nicht gezieme. So wurde unbemerkt und ungewollt die persönliche Erfahrung das letzte Maß aller göttlichen Dinge für uns. Daraus müssen wir wieder durch Umkehr befreit werden. Wir müssen den Blick und das Verständnis gewinnen für alles, was von Ihm geschrieben steht im Gesetz, in den Propheten und Psalmen. Seine Interessen, Seine klar gezeichneten Ziele müssen die unseren werden, nur so gelangen wir zur göttlichen Größe.

B. Die Erhöhung des Christus über alle Himmel

1. Christus das Ebenbild des unsichtbaren Gottes

Mit diesem vielsagenden Namen wird uns der Sohn Gottes in Kol. 1, 15 vorgeführt, wo Paulus im Begriff steht, die umfassendste Erklärung abzugeben über den göttlichen Ratschluss, in eben diesem Christus das gesamte geschaffene All mit Ihm selber zu versöhnen durch das Blut Seines Kreuzes. Wir werden später noch auf den reichen Inhalt dieses Kapitels zurückkommen. Hier wollen wir uns nun Aufschluss und Rechenschaft über den Inhalt dieser Bezeichnung unseres Herrn Jesu geben lassen.

Eine ergänzende Parallele zu diesem Wort findet sich im ersten Kapitel des Hebräerbriefes, in dem die überragende Herrlichkeit des Sohnes über die höchsten Himmelswesen dargestellt wird. Dort heißt es in Vers 3: »... Er (Jesus Christus), der Ausstrahlung Seiner (Gottes, des Vaters) Herrlichkeit und Abdruck Seines Wesens ist ...«

Damit wird gesagt, dass die denkbar höchste, Gott selbst vollkommen befriedigende Offenbarung Seines unsichtbaren Wesens in dem einen Menschen Jesus Christus gelungen ist. Das bezeugt ja auch der Vater dem Sohne des Menschen am Jordan, nicht nur durch die Sendung des Heiligen Geistes in Gestalt einer Taube, sondern vor allem durch die vernehmbare Stimme: »Dieser ist mein geliebter Sohn, an dem Ich Wohlgefallen gefunden habe« (Matth. 3, 17).

Und der Sohn spricht in diesem Bewusstsein zu Seinem Jünger Philippus: »Wer mich gesehen hat, hat den Vater gesehen« (Joh. 14, 9). Und eine andere Stelle sagt: »Alles ist mir übergeben von meinem Vater; und niemand erkennt den Sohn als nur der Vater, noch erkennt jemand den Vater als nur der Sohn, und wem der Sohn ihn offenbaren will« (Matth. 11, 27).

Das ist es, was der Hebräerbrief meint, wenn er den Sohn den »Abdruck Seines Wesens« nennt. Von hier aus versteht man auch besser, wieso Jesus vor Seinem Vater sagen konnte: »Dies aber ist das ewige Leben, dass sie Dich, den allein wahren Gott, und den Du gesandt hast,

Jesus Christus, erkennen« (Joh. 17, 3). In demselben wunderbaren Gebet erklärt der Sohn auch einmal: »Ich habe Deinen Namen den Menschen offenbart« (Vers 6); und ferner: »Und die Herrlichkeit, die Du mir gegeben hast, habe Ich ihnen gegeben, dass sie eins seien, wie Wir eins sind« (Vers 22). Im Sohne hat der Vater Seinen Namen und Sein Wesen geoffenbart und verherrlicht, weil Er der Abdruck, die Ausstrahlung Seines Wesens ist.

Vergleiche sind stets lehrreich, besonders solche, die uns im Worte Gottes selbst dargeboten werden. Da sagt z. B. Paulus in Röm. 1, 19.20 ein beachtenswertes Wort: »... weil das von Gott Erkennbare unter ihnen offenbar ist, denn Gott hat es ihnen geoffenbart. Denn Sein unsichtbares Wesen, sowohl Seine ewige Kraft als auch Seine Göttlichkeit, wird von Erschaffung der Welt an in dem Gemachten wahrgenommen und geschaut, damit sie (die Nationen ohne nähere Gottesoffenbarung) ohne Entschuldigung seien ...«

Was uns in diesem Zusammenhang an diesen Worten interessiert, ist nicht der Hinweis auf die Menschen und ihre Verantwortung bezüglich der durch Nachdenken aus den Werken der Schöpfung zu gewinnenden Gotteserkenntnis. Vielmehr ist es der so naheliegende Vergleich zwischen dem, was dort von den Werken der Schöpfung als einer Quelle der Erkenntnis des unsichtbaren Wesens Gottes gesagt ist und dem, was das uns beschäftigende Zeugnis über den Sohn meint, wenn es Ihn das Ebenbild des unsichtbaren Gottes nennt.

Ist der Sohn diesen Ebenbild – und zwar als vom Weibe geboren und im Fleische erschienen –, dann rückt Ihn das der ganzen übrigen Schöpfung ungemein nahe, weil die in ihr hervortretenden Werke des unsichtbaren Gottes auch einer Offenbarung Seines Wesens, Seiner ewigen Kraft und Gottheit gleichzuachten sind.

Ein ähnlicher Vergleich tritt uns in den Worten des 19. Psalms entgegen, wo der Sänger im ersten Teil lobpreist: »Die Himmel erzählen die Herrlichkeit Gottes, und das Himmelsgewölbe verkündet Seiner Hände Werk« (Vers 2). Dem stellt er dann im zweiten Teil die viel höhere und köstlichere Offenbarung eben desselben unsichtbaren Schöpfergottes gegenüber, Sein Wort: »Das Gesetz des Herrn ist vollkommen und erquickt die Seele; das Zeugnis des Herrn ist zuverlässig und macht den Einfältigen weise. Die Vorschriften des Herrn sind richtig und erfreuen das Herz; das Gebot des Herrn ist lauter und erleuchtet die Augen. Die Furcht des Herrn ist rein und besteht in Ewigkeit. Die Rechtsbestimmungen des Herrn sind Wahrheit, sie sind gerecht allesamt; sie, die köstlicher sind als Gold, ja viel gediegenes Gold, und süßer als Honig und Honigseim« (Verse 8-11).

Später ist es dann Johannes, der von diesem Wort bezeugt: »Im Anfang war das Wort, und das Wort war bei Gott, und das Wort war Gott. Dieses war im Anfang bei Gott. Alles wurde durch dasselbe, und ohne dasselbe wurde auch nicht eines, das geworden ist. ... Und das Wort wurde Fleisch und wohnte unter uns, und wir haben Seine Herrlichkeit angeschaut, eine Herrlichkeit als eines Eingeborenen vom Vater, voller Gnade und Wahrheit« (Joh. 1, 1-3.14).

So groß und gewaltig nun der wesenhafte Unterschied zwischen dem Wort, durch welches das ganze All geschaffen wurde, und der von Ihm, durch Ihn und zu Ihm ins Dasein gerufenen Schöpfung auch ist, so haben doch beide, das Wort Gottes und die gesamte Schöpfung, gemeinsam, dass aus ihnen und durch sie der Schöpfer erkannt werden will. Diese Erkenntnis aber bedeutet nach dem Zeugnis des Sohnes Gottes nichts Geringeres als das ewige Leben. Somit darf wohl gesagt werden, dass nicht allein der Sohn, das Wort, durch welches alles erschaffen wurde, sondern das ganze erschaffene All letztlich dem gleichen großen Ziel dient, dem ewigen Leben.

Was aber hat uns nun das Wort vom Ebenbild des unsichtbaren Gottes zu sagen? Es ruft uns sofort in Erinnerung, was im Anfang bei der Erschaffung des Menschen über den Plan und die Veranlagung desselben geschrieben steht: »Und Gott sprach: Lasst uns Menschen machen in unserm Bild, uns ähnlich! ... Und Gott schuf den Menschen nach Seinem Bild, nach dem Bild Gottes schuf Er ihn; als Mann und Frau schuf Er sie« (1. Mose 1, 26.27).

Wie ging Gott dabei zu Werke? Auch darüber gibt uns die Schrift sehr beachtenswerten Aufschluss: »... da bildete Gott, der Herr, den Menschen, aus Staub vom Erdboden und hauchte in seine Nase Atem des Lebens; so wurde der Mensch eine lebende Seele« (1. Mose 2, 7).

Nun war aber, wie wir schon in einem früheren Abschnitt ausführten, die Erde, von deren Staub Gott das Material zur Bildung des Menschen nahm, irgendwie bereits unter die Herrschaft der Finsternis und des Todes geraten. Denn es steht geschrieben: »Und die Erde war (wurde) wüst und leer, und Finsternis war über der Tiefe« (1. Mose 1, 2). Die Erde war nicht von Anfang an wüst und leer und in Gott ist auch keine Finsternis, diese muss also eine andere Ursache, einen anderen Ursprung gehabt haben. Welchen, darüber lässt uns die Schrift nicht im Zweifel. Sie kennt nur einen Urheber der Finsternis, der Lüge, des Todes und des Verderbens, nämlich den Teufel, den Fürsten und Gott dieses Weltlaufs.

Nimmt nun Gott zur Bildung des Menschen, der das Ebenbild Seines Wesens darstellen soll, den Staub dieser dem Tode verfallenen Erde, dann liegt darin die sichere Garantie, dass Gott in der Veranlagung des Menschen von vornherein mit vorhandenen Todeskräften gerechnet hat. Dieselben werden in einer uns unergründlichen, geheimnisvollen Weise mit hineingenommen und sieghaft verarbeitet schon in dem ersten Menschengebilde, das gut aus des Schöpfers Hand hervorging. Somit stellt der Mensch als Ebenbild Gottes bereits in seiner ursprünglichen Zusammensetzung und Veranlagung die ausgesprochene göttliche Absicht und das unbezweifelte göttliche Allvermögen dar, aller vorhandenen Todesmächte schöpferisch siegreich Herr zu werden und zu bleiben.

Dass diese Todesmächte später durch Verführung und Fall in einer äußerst schmerzlichen Weise die Oberhand gewinnen und den gefallenen Menschen zu einem Sklaven seiner Lüste und zu einer Beute des Todes machen durften, bedeutet aber erneut kein Aufgeben, noch weniger ein Versagen der göttlichen Absichten. Es bedeutet nur, dass Gott zu bestimmten erzieherischen Zwecken und im Hinblick auf die ganze beim Fall und Verderben der Menschheit tief interessierte, ja beteiligte Engelwelt, besonders die von Ihm abgefallene, deren Oberhaupt der Verführer und Verderber des Menschengeschlechtes ist, gerade in der Sein Ebenbild an sich tragenden Menschheit den Kräften des Todes und des Verderbens den weitesten Spielraum gestatten, dieselben sich ausleben lassen wollte, wie es wohl auf dem Boden der übrigen Schöpfung in solcher Intensität und Vielgestaltigkeit der Entwicklung nicht möglich gewesen wäre.

Vor allem ein solch gleichnishaftes, unermessliche Möglichkeiten in sich bergendes Geschlecht, wie die zu Gottes Bild geschaffene Menschenwelt, bot das vorzüglichste Angriffsfeld, auf dem die Werke des Teufels ihre entsetzlichste Auswirkung und Ausgestaltung finden konnten und sollten, um ausgerechnet dort auf das Wirksamste gerichtet zu werden.

Gibt es doch bekanntermaßen Scheußlichkeiten, Schändlichkeiten und Grausamkeiten, die ihrer Natur nach nur in der Menschheit möglich sind, sosehr wir auch dazu neigen, derartige Ausbrüche als »teuflisch« abzustempeln. In Wirklichkeit könnte kein Teufel oder Dämon solche begehen, weil ihm dazu die nötige Leiblichkeit, das Organ, fehlt.

Je höher, feiner, bildungsfähiger ein Organismus ist, umso entsetzlicher und abschreckender sind die Verheerungen, die Sünde und Tod in ihm anrichten können. Sollte daher die Sündhaftigkeit der Sünde, die abgrundtiefe Scheußlichkeit der Feindschaft gegen Gott zu ihrer vollendeten Darstellung gelangen, dann war das nirgendwo besser möglich als in der dem Staub der Erde entnommenen menschlichen Natur.

So war und ist sie bis heute der geeignetste Tummelplatz für die krassesten Ausgeburten satanischer Triebe, zerstörender und verheerender Todesmächte und finsterer Gewalten. Sollten diese endgültig gerichtet werden, so konnte es nirgendwo gründlicher und wirksamer geschehen als am und im Schoß der Menschheit. Und genau das ist nach Gottes wohlbedachtem Rat und Willen geschehen.

Und unter allen vom Weibe geboren, hat nie einer den Hass, die Feindschaft, die Bosheit, die Falschheit, die Gemeinheit in wirksamster Weise gegen sich erregt und herausgefordert als des Menschen Sohn, der vom Himmel kam, das Ebenbild des unsichtbaren Gottes. Genau darin liegt Seine tiefste Bewährung als der echte und wahrhaftige Sohn Gottes, als der Abglanz Seiner Herrlichkeit, der vollendete Ausdruck Seines Wesens, dass Er die Finsternismächte in den himmlischen, den irdischen und unterirdischen Regionen gegen sich aufbrachte, wie niemand sonst. Und indem Er das tat, hat Er sie für immer gerichtet, abgetan, zur Schau gestellt und aus ihnen einen öffentlichen Triumph gemacht (Kol. 2, 15).

So wurde erfüllt, was Johannes später von ihm bezeugt: »Hierzu ist der Sohn Gottes geoffenbart worden, damit Er die Werke des Teufels vernichte« (1. Joh. 3, 8).

So gewiss nun aber gemäß der Schrift der erste Adam nach dem Bilde und Gleichnis Gottes geschaffen war, jedoch durch teuflische Verführung nicht in der Wahrheit bestand, so gewiss ist durch das fleischgewordene Wort Gottes die ursächliche, unwiderrufliche Absicht des Schöpfers im vollsten Umfang zur höchsten Vollendung gebracht worden. Darum heißt Christus in der Schrift auch der zweite und damit der letzte Adam. Denn für einen dritten ist nun weder Raum noch Veranlassung noch Bedarf.

Dass Christus das erst dadurch wurde, dass Er, wie wir im vorigen Abschnitt ausführten, sich der ganzen Wucht, dem ganzen Anlauf, der ganzen Entladung satanischer Gewalten aussetze und sie durch Sein Leiden und Sterben endgültig überwand, wird von der gesamten Schrift einmütig bezeugt. Nicht als der von Mutterleibe an Unschuldige, Heilige und Reine hat Er die Bosheitsmächte der Finsternis besiegt, sondern nur als der Gekreuzigte und Auferstandene aus den Toten, der durch Seinen Tod den Gewalthaber des Todes zunichte machte, als Er aus Gottes Gnaden für jedermann (oder für alles) den Tod schmeckte (Hebr. 2, 9).

Das meint wohl auch Paulus, wenn er in Röm. 1, 4 von Ihm bezeugt, dass Er »als Sohn Gottes in Kraft eingesetzt (sei) dem Geiste der Heiligkeit nach aufgrund der Totenauferstehung«.

So hat Gott nun in Christus Seine schon bei der ursprünglichen Erschaffung des Menschen ausgesprochene Absicht zur vollsten eigenen Zufriedenheit erreicht. In Seinem Christus ist Ihm eine ganz neue, gottebenbildliche Menschheit auf jeden Fall garantiert, wie geschrieben steht: »Wie es nun durch eine Übertretung für alle Menschen zur Verdammnis kam, so auch durch eine Gerechtigkeit für alle Menschen zur Rechtfertigung des Lebens« (Röm. 5, 18). »Denn der Lohn der Sünde ist der Tod, die Gnadengabe Gottes aber ewiges Leben in Christus Jesus, unserem Herrn« (Röm. 6, 23).

Wie sich nun aber Seine Gottebenbildlichkeit in Jesu erst durch die Auferstehung aus den Toten bewährt und erwiesen hat, ebenso kann und wird es bei der ganzen übrigen Menschheit auf keinem anderen Weg zur vollendeten Erreichung des großen göttlichen Zieles kommen. Darum mussten nicht nur in Adam alle sterben, sondern müssen in Christus alle lebendig gemacht werden. (1. Kor. 15, 22).

Wie auch sonst sollte der lebendige Gott als der Urquell und Urgrund alles Lebens Sein volles Ebenbild in der Menschheit finden können, wenn sie nicht durch Christus in die ganze Lebensfülle hineingestellt und von derselben durchdrungen wird durch Auferstehung gleichwie Er. Darum heißt Jesus Christus auch nicht nur der »Erstgeborene unter vielen Brüdern« (Röm. 8, 29), sondern zugleich auch der »Erstgeborene aus den Toten« (Kol. 1, 18).

Damit wird ein Zweifaches festgestellt: Einmal, dass der Christus Gottes Haupt und Erstling, Anfang und Ende (Garantie) ist für eine Familie gottebenbildlicher, echter Söhne, teilhaftig der göttlichen Natur; und zum anderen, dass Seine Auferstehung gleich ist dem Durchbrechen des Mutterschoßes des himmlischen Jerusalems, das unsere Mutter ist, also dass nun der Weg offen ist, auf dem Gott unzählige Kinder geboren werden können und sollen, wie geschrieben steht: »Von Zion aber wird gesagt werden: Mann für Mann ist darin geboren. Und der Höchste, Er wird es befestigen. Der Herr wird schreiben beim Verzeichnen der Völker: Dieser ist dort geboren. Und singend und den Reigen tanzend werden sie sagen: Alle meine Quellen sind in Dir« (Ps. 87, 5-7).

Ein Mutterschoß, der nie unfruchtbar werden, verdorren, erlahmen oder versagen kann und wird, denn das Leben ist erschienen (1. Joh. 1, 2) und der Tod verschlungen in den Sieg (1. Kor. 15, 54). Nun gibt es für die Möglichkeiten der Erneuerung einer insgesamt dem Tod geweihten Menschenwelt keine Hindernisse oder Grenzen mehr. »... damit, wie die Sünde geherrscht hat im Tod, so auch die Gnade herrscht durch Gerechtigkeit zu ewigem Leben durch Jesus Christus, unseren Herrn« (Röm. 5, 21).

2. Christus der Erstgeborene aller Schöpfung

Mit dieser Bezeichnung unseres Herrn, die wir in unmittelbarem Gefolge und innerem Zusammenhang finden mit der soeben betrachteten von dem »Ebenbild des unsichtbaren Gottes«, zieht der Heilige Geist den Kreis Seiner zentralen und heilskräftigen Beziehungen noch bedeutsam weiter.

Jenes Wort von dem Ebenbild Gottes geht unverkennbar im Rahmen der geschaffenen Menschenwelt auf, wogegen das vom Erstgeborenen aller Kreatur bis an die äußersten Grenzen aller geschaffenen Wesen und Welten reicht. Denn so groß und bedeutungsvoll die Menschheit in Christus im gewaltigen Plan Gottes mit Seinem All auch ist, in ihr erschöpfen sich keineswegs die reichen, tiefen und hohen Gedanken unseres Gottes und Heilandes.

Die heilige Schrift selbst unterscheidet unverkennbar zwischen verschiedenen Klassen und Stufen bei den Geschöpfen und Wesen im All. So sagt sie beispielsweise: »Denn zu welchem der Engel hat Er jemals gesagt: Mein Sohn bist Du, Ich habe Dich heute gezeugt?« (Hebr. 1, 5). Und wiederum: »Er ist um so viel erhabener geworden als die Engel, wie Er einen vorzüglicheren Namen vor ihnen ererbt hat« (Vers 4). Auszeichnung und Unterscheidung sind jedoch nicht gleichbedeutend mit Ausschluss oder Ausscheidung.

So spricht ja auch der Apostel Paulus in jenem kostbaren Gebet in Eph. 3, 15 des Vater unseres Herrn Jesus Christus als den »Vater, von dem jede Vaterschaft in den Himmeln und auf Erden benannt wird«. Werden doch auch bereits im Alten Testament die Engel Gottes durchweg »Söhne Gottes« genannt. Und im Buch Hiob wird nicht einmal Satan von dieser hohen Bezeichnung ausgeschlossen, denn wir lesen hier: »Und es geschah eines Tages, da kamen die Söhne Gottes, um sich vor dem Herrn einzufinden. Und auch der Satan kam in ihrer Mitte« (Hiob 1, 6; 2, 1).

Am deutlichsten tritt uns dies entgegen in den erklärenden Worten, die in Kol. 1 der Bezeichnung »der Erstgeborene aller Schöpfung« (Vers 15) unmittelbar folgen: »Denn in Ihm ist alles in den Himmeln und auf der Erde geschaffen worden, das Sichtbare und das Unsichtbare, es seien Throne oder Herrschaften oder Gewalten oder Mächte: alles ist durch Ihn und für Ihn geschaffen; und Er vor allem, und alles besteht durch Ihn« (Verse 16 und 17).

Hier steht es uns ganz deutlich vor Augen, dass mit jenem Namen nicht nur auf die große Menschenwelt allein hingewiesen wird, so zentral deren Stellung im göttlichen Haushalt auch sein mag, sondern der göttliche Horizont umfasst die gesamte Schöpfung intelligenter Wesen, von welcher Beschaffenheit und Veranlagung sie auch sein mögen.

Es ist von großer Wichtigkeit, dass wir uns als Erlöste aus der Menschheit, als zur Gemeinschaft des Sohnes Seiner Liebe Berufene dafür den Blick schenken und weiten lassen, zumal sich ja in der Natur der Sache das uns gegebene Wort göttlicher Offenbarung in erster Linie an uns Menschen wendet, von uns Menschen handelt und auf die Erlösung und Vollendung einer gottebenbildlichen Menschheit hinzielt.

So wurde ja auch der erstgeborene Sohn Gottes nicht Engel, sondern Mensch und der Gestalt nach als Mensch erfunden (Phil. 2, 7). Wer daraus jedoch folgern wollte, dass die göttliche Offenbarung und die hinter derselben liegenden und in ihr waltenden und bestimmenden göttlichen Ratschlüsse zum Heil und zur Wiederherstellung ausschließlich dem menschlichen Geschlecht dienten, der würde sich einer sehr bedenklichen Fehleinschätzung schuldig machen.

Ein kurzer Überblick über die in der Schrift selbst enthaltenen Andeutungen und Hinweise betreffs des hohen Interesses der Engelwelt an den Geschicken und Zielen der Menschheit auf Erden wird genügen, uns das anschaulich zu machen.

Es herrschen wohl kaum Zweifel darüber, dass unser Erdball in früheren Äonen die Wohnstätte eines großen Teils der Engel war, besonders dessen, der heute noch aus der Schrift als der »Fürst und »Gott dieser Welt bekannt ist.

Dem Staube dieser einstmaligen Behausung gefallener Engel, durch deren Sturz sie unter das Regiment der Finsternis geriet, ist das Material zur Bildung des Menschen nach dem Bilde Gottes entnommen.

Der Lauf und die geschichtliche Entwicklung des Weltgeschehens unterliegen nach der Schrift den Einflüssen und Machenschaften der Finsternismächte, denen auch gute Engel entgegenwirken (Dan. 10; Eph. 2, 2; 6, 12).

Israel empfing das Gesetz durch Engeldienst. Bei allen bedeutungsvollen Ereignissen in der Entwicklung des messianischen Königreichs auf Erden treten Engel als davon tief in Anspruch genommene Boten, Zeugen, Vermittler und Bevollmächtigte auf.

Das Leben des Herrn Jesu ist ungemein reich an Beispielen dafür. Er muss in der Wüste von Satan versucht werden und wird dann von Engeln bedient. Von Seinem Verräter nimmt Satan selbst Besitz und erscheint als der eigentlich leitende Geist in der ganzen schaurigen Geschichte Seiner Verwerfung. In Gethsemane stärkt den kämpfenden Herrn ein Engel.

An Seinem leeren Grab erscheinen sie als Ehrenwachen und erste Boten der großen Gottestat den klagenden Weibern und den verzagten Jüngern. Eine spätere Schrift berichtet von den Engeln, dass sie mit großem Verlangen in das Geheimnis des Evangeliums hineinzuschauen begehren (1. Petr. 1, 12).

Paulus redet von einem Unterricht, den himmlische Fürstentümer und Gewalten an der Gemeinde über die mannigfaltige Weisheit Gottes erhalten (Eph. 3, 10). Und in 1. Tim. 3, 16 steht »gesehen von Engeln« zwischen »gerechtfertigt im Geist« und »gepredigt unter den Nationen«.

Und wollte man aus dem letzten Buch der Schrift, der Offenbarung an Johannes, alles streichen, was dort über den Anteil der Engel an der Entwicklung der großen Endziele unseres Gottes in Gericht und Gnade geschrieben steht, dann entständen Lücken, die uns sehr anschaulich machen würden, wir kurzsichtig und ungenügend eine Auffassung des göttlichen Heils- und Reichsplanes ist, die Seinen Gedanken mit der gesamten Engelwelt nicht gebührend Rechnung trägt.

Uns erscheint es fast schon berechtigt, der gläubigen Gemeinde die Warnung zukommen zu lassen, sie möge der verlorenen Engelwelt gegenüber doch bitte nicht die Rolle des älteren Bruders im Gleichnis vom verlorenen Sohn einnehmen.

Jedenfalls haben wir hier eine biblische Bezeichnung unseres herrlichen Herrn vor uns, die uns allen Anlass gibt, dem sorgfältig und gründlich nachzugehen und zu überdenken, was in ihr ausgesprochen liegt, wenn Er der »Erstgeborene aller Schöpfung« genannt wird.

Es ist unmöglich, hier detailliert alles hervorzuheben, was dieser Christusname beinhaltet. Der leitende Gedanke des Erstgeborenen soll uns aber doch noch etwas beschäftigen, weil er in der Schrift oft wiederkehrt und von uns am ehesten verstanden und gewürdigt werden wird.

Die diesem Ausdruck folgenden Aussagen der Schrift sind derart, dass sie jedem bedenklichen Versuch, unseren Herrn mit aller übrigen Schöpfung auf die gleiche Stufe herabzusetzen (wie das in der sogenannten Millenniumslehre geschieht) von vornherein das Wasser abgraben, da sie sagen, in Ihm ist alles geschaffen, was geschaffen wurde, Sichtbares und Unsichtbares. Damit ist und bleibt Er durch eine nie zu überbrückende Kluft von aller Kreatur geschieden, was Seine Hoheit, Majestät, göttliche Natur und schöpferische Würde betrifft.

Zugleich macht Ihn aber gerade die Tatsache, dass alles durch Ihn und zu Ihm geschaffen wurde, in einem höchste wesenhaften Sinne verantwortlich für eben diese Kreatur in all ihren Verzweigungen und Gliederungen. Denn es handelt sich dabei um Verbindlichkeiten, die in keinster Weise bedingt sind durch das sittliche Verhalten der Kreatur, sondern die lediglich darauf beruhen, dass eben alles durch Ihn und zu Ihm ins Dasein gerufen wurde.

Der Ausdruck »Erstgeborener« birgt jedoch auch einen ganz anderen Grund- und Leitgedanken in sich. Das ergibt sich uns schon bald aus der Erwägung der beiden weiteren uns geläufigen Verwendungen dieses Titels unseres Herrn.

Nur drei Verse weiter, im ersten Kapitel des Kolosserbriefes, begegnet uns der »Erstgeborene aus den Toten«. Und in Röm. 8, 29 finden wir den »Erstgeborenen unter vielen Brüdern«. In beiden Fällen stehen wir zweifelsfrei nicht auf Naturboden, d. h. nicht auf dem der alten Schöpfung, in die der Tod eingedrungen ist, sondern auf dem der neuen, auf Auferstehungsboden. Im ersteren Fall bedarf es wohl keines näheren Beweises. Und im anderen ist es gleichfalls für jeden, der aus dem Geist geboren ist, selbstverständlich, dass von einer Bruderschaft mit dem erhöhten Herrn, dem Christus Gottes, nur dort die Rede sein kann, wo man sich mit Ihm gekreuzigt und auferweckt weiß zu einer Neuheit des Lebens.

Damit ist uns der sichere und unfehlbare Schlüssel für die richtige Deutung auch des vorliegenden Wortes von dem Erstgebornen aller Schöpfung gegeben. Dem widerspricht auch nicht der Umstand, dass in den nachfolgenden Versen (16 und 17) der Hinweis auf die Tatsache erfolgt, dass alle Wesen im Himmel und auf Erden ihr kreatürliches Dasein überhaupt, d. h. auch auf dem Boden der alten, vom Tode getroffenen Schöpfung, Ihm verdanken, in welchem, durch welchen und zu welchem sie geschaffen wurden. Das Wort vom Erstgeborenen greift prophetisch (oder proleptisch) schon hinüber auf den im Folgenden erst ausführlich betonten Gedanken der Erstgeburt aus den Toten, der das Ganze beherrscht.

Ist der Auferstandene als solcher aber der Erstgeborene *aller* Schöpfung, dann ist damit der Weg gezeigt, auf welchem alle Kreatur zu Ihm zurückkehren und endlich doch in Ihm ihrem ursprünglichen Zweck entgegengeführt werden kann und wird.

Dann ist in Ihm, dem Auferstandenen, die sichere Gewähr gegeben, dass alles Todeswesen aus aller Kreatur sieghaft und restlos beseitigt und abgetan werden wird, so gewiss das bei Ihm und Seiner echt menschlichen Natur und Leiblichkeit wahr wurde, wie geschrieben steht: »Ich war tot, und siehe, Ich bin lebendig in alle Ewigkeit und habe die Schlüssel des Todes und des Hades« (Offb. 1, 18).

Denn das ist ja die Grundbedeutung des Ausdrucks »der Erstgeborene«, dass mit Ihm der Weg aufgetan wurde, auf dem alle folgenden Geburten ins Licht geschehen können und sollen. Demgemäß beansprucht Jahwe in Israel, dass alles an Mensch und Vieh, was die Mutter zuerst durchbricht, Ihm geheiligt sei.

Auf dieser Heiligung beruht die mit der Erstgeburt verknüpften priesterliche Würde, was dem Volk Israel an dem levitischen Priestertum veranschaulicht wurde, welches ja die Stelle aller Erstgeborenen im ganzen Volk einnahm.

Und damit hängt untrennbar die Aufgabe des Erstgeborenen zusammen, lösend und befreiend einzugreifen für irgendein verschuldetes oder in Knechtschaft geratenes Glied der Familie, also das Recht und die Pflicht der Wiederherstellung nach seinem Vermögen.

Nur dann wiederfährt dieser biblischen Bezeichnung volle Gerechtigkeit, wenn wir ihr gestatten, alles das bedeuten zu dürfen, was sich aus der Schrift über die Stellung des Erstgeborenen ergibt. Denn die Schrift kann auch darin nicht gebrochen werden. In der Wahl ihrer Ausdrücke will sie als ihr eigener, allein zuverlässiger Kommentar behandelt werden. Wir gehen niemals fehl, wenn wir uns diesem göttlichen Grundgesetz aller nüchternen und zuverlässigen Schriftdeutung unterwerfen. Die Schrift prägt keine Goldmünzen, um sich nachher zu weigern, sie zum vollen Nennwert gelten zu lassen.

So liegt in dem Wort vom Erstgeborenen aller Schöpfung nicht nur eine ausreichende, allumfassende Gewähr dafür, dass Gott mit der ganzen in Sein Bild zu verklärenden Menschheit zu diesem wunderbar hohen und herrlichen Ziel kommen wird, sondern dass nicht minder Christus alle Kreatur im Himmel und auf Erden, das Sichtbare und das Unsichtbare, Throne, Fürstentümer, Herrschaften, Gewalten unfehlbar ihrer ursprünglichen, gottgewollten Bestimmung zuführen, und sie vollständig mit Gott versöhnen wird – und zwar auf dem Wege der Auferweckung aus den Toten, d. h. der gänzlichen Beseitigung alles Todeswesens aus der gesamten Schöpfung.

3. *Die große Wartezeit*

Es ist für ein klares Verständnis der uns hier beschäftigenden Fragen von grundlegender Bedeutung, dass wir einen korrekten Einblick in die göttliche Ordnung der Zeitalter erhalten und wie sie sich einander in geregelter Folge seit unermesslichen Jahrtausenden ablösen. Dieselben sind, wie alles andere, durch den Sohn und für den Sohn geschaffen (Hebr. 1, 2; 11, 3).

Sie sind keine zufälligen und nebensächlichen Beigaben zur Geschichte des göttlichen Handelns. Sie bilden vielmehr den sorgfältig und mit Vorbedacht gespannten Rahmen, innerhalb dem die mannigfaltigen Gedanken und Ziele unseres Gottes in Christus Jesus nach und nach zur Ausführung gelangen.

Dabei stehen dieselben alle naturgemäß in einem lebensvollen geistigen und organischen Zusammenhang zueinander. Sie fließen nicht nur zeitlich eines aus dem anderen oder in das andere über, sondern jedes vorangegangene Zeitalter war und ist die Vorbereitung des folgenden, bis sie dereinst wie die Ströme der Erde ins große Weltmeer alle ausmünden werden in das, was die Schrift die Vollendung (Erfüllung) der Zeiten nennt (πληρώματος τῶν καιρῶν, Eph. 1, 10). Als Endergebnis steht an dieser Schriftstelle deutlich die Zusammenfassung alles dessen, was im Himmel und auf Erden ist, unter einem Haupte, Christus.

Diesem großen, weltumfassenden Ziel streben alle Ereignisse und Begebenheiten entgegen, die sich seit Jahrtausenden über die verschiedenen Zeitalter erstreckt und verteilt haben. Egal, wieviele und welche verschiedenartige Geschöpfe mitwirkten bei dem, was wir Geschichte nennen, die oberste und absolute Leitung des Ganzen lag und liegt beständig in den Händen dessen, der alle Dinge lenkt nach dem Rat Seines Willens.

Und es gehört zu den köstlichsten Erkenntnissen in unserem Bereich, dass wir einen immer klarer ausgebildeten Sinn und ein immer sichereres Gespür für eben dieses großartige, stille, sichere, zielbewusste Walten des großen Gottes und Weltenlenkers bekommen.

Das kann uns selbstverständlich wieder keine noch so intensive, aber beschränkte Beschäftigung mit unseren eigenen persönlichen Interessen, seien es auch die höchsten, geben. Wer sich in seiner Welt- und Geschichtsanschauung auf die Dinge beschränken will, die ihn selbst und die Ausgestaltung seines persönlichen Heils betreffen, der wird das Ziel weit verfehlen, das uns die ganze Anlage und Ordnung der göttlichen Schriftoffenbarung steckt und erreichbar macht.

Es gilt für uns, nicht nur einen weiten und umfassenden Überblick über den gesamten bisherigen Verlauf der Zeitalter zu bekommen, sondern uns auch klarzuwerden über die besondere Bedeutung und Aufgabe des uns naheliegendsten gegenwärtigen Äons, der der Sammlung und Zubereitung der aus allen Völkern berufenen und auserwählten Gemeinde des lebendigen Gottes, des »Leibes« unseres verherrlichten Herrn und Hauptes im Himmel gewidmet ist. Dass neben diesem einen großen Hauptziel göttlichen Waltens auch noch andere, unter- und nebengeordnete Ziele herlaufen, ist selbstverständlich.

So ist es z. B. ganz unverkennbar, dass eben unser Zeitalter, in welchem durch das Evangelium von der heilbringenden Gnade Gottes aus allen Nationen, Sprachen und Zungen die eine heilige Gemeinde der Gläubigen gesammelt wird, zur gleichen Zeit der Vollstreckung eines der furchtbarsten Gerichte dienen muss, das je über ein Volk als solches verhängt wurde, nämlich das der zeitweiligen Verstockung Israels, durch dessen gänzliches Versagen uns Heiden das Heil widerfuhr, das uns in die persönliche Lebens- und Herrlichkeitsgemeinschaft mit dem Christus Gottes selber bringt.

Das sind grundlegende Erkenntnisse, die unentbehrlich sind für ein richtiges Verständnis der Gedanken Gottes mit Seinem auserwählten Volk Israel nach dem Fleisch im Gegensatz zu der mit einem himmlischen Ruf gerufenen Gemeinde aus den Völkern, in der weder Jude noch Grieche, weder Sklave noch Freier, weder Mann noch Weib ist, sondern eine neue Schöpfung in Jesus Christus (Kol. 3, 11; Gal. 3, 28).

Nun trägt der gegenwärtige Äon nach der neutestamentlichen Offenbarung zusätzlich unter anderem auch dieses ganz eigenartige Gepräge, dass er mit Fug und Recht nicht nur für den auferstandenen und erhöhten Herrn im Himmel, sondern auch für Seine ganze teuer erkaufte Gemeinde auf Erden und daneben noch für Sein auserwähltes Volk Israel eine große, gewissermaßen parenthetische, d. h. eingeschaltete, eingeschobene, *Wartezeit* bedeutet.

Dass, um mit dem Letztgenannten zu beginnen, Israel als Volk während dieses gesamten jetzigen Zeitalters unter furchtbarem Leid, in entsetzlicher Umnachtung und Verstockung, in der äußersten Finsternis warten muss, bis Gott ihm das gnädige Wort erweckt, das Er zum ganzen Hause Juda und zum ganzen Hause Israel geredet hat, ist einem jeden sorgfältigen Bibelleser wohlbekannt. Röm. 11, 25 b bestätigt dies: »Verstockung ist Israel zum Teil widerfahren, bis die Vollzahl der Nationen (die Vollzahl der zur Gemeinde gesammelten Heiden) eingegangen sein wird.«

Nach der Schrift ist diese ausgedehnte Wartezeit allerdings keine hoffnungslose, obschon Israel selbst keinen Blick für die großen herrlichen Dinge hat, die ihm geweissagt wurden für die Zeit des Endes, so deutlich dieselben auch auf den Seiten seiner heiligen Schriften verzeichnet stehen.

Darüber dürfen wir uns nicht zu sehr verwundern, da es ja offenkundig ist, wieviele erleuchtete, unzweifelhaft neugezeugte Christen aus den Nationen für eben diese Dinge auch kein oder nur ein sehr mattes und geringes Verständnis haben.

Dass der Charakter der gläubigen Gemeinde während dieses gesamten Äons ebenfalls der von Wartenden ist, geht für jeden wahrhaft bekehrten Menschen deutlich aus dem Wort des Apostels Paulus an die Gemeinde in Thessalonich hervor: »Denn sie selbst erzählen von uns, welchen Eingang wir bei euch hatten und wie ihr euch von den Götzen zu Gott bekehrt habt, dem lebendigen und wahren Gott zu dienen und Seinen Sohn aus den Himmeln *zu erwarten*, den Er aus den Toten auferweckt hat – Jesus, der uns errettet von dem kommenden Zorn« (1. Thess. 1, 9.10). Und in Phil. 3, 20 steht geschrieben: »Denn unser Bürgerrecht ist in den Himmeln, von woher wir auch den Herrn Jesus Christus als Heiland *erwarten*.«

Und in solchem Warten weiß sich die gläubige Gemeinde in wunderbarer Weise eins mit ihrem bereits erhöhten Herrn und Haupt, der bei allem, das Ihm der Vater an ehemaliger Herrlichkeit wiedergab (nach Joh. 17, 5), dennoch nach dem Wohlgefallen Seines Vaters in ganz bestimmter Weise ein *Wartender* ist, wie geschrieben steht: »Dieser aber hat ein Schlachtopfer für Sünden dargebracht und sich für immer gesetzt zur Rechten Gottes. Fortan *wartet* Er, bis Seine Feinde hingelegt sind als Schemel Seiner Füße« (Hebr. 10, 12.13).

Damit deckt sich auch die durch den Geist gewirkte Bemerkung des

Apostels in demselben Brief, Kap. 2, 8: »... jetzt aber sehen wir Ihm noch nicht alles unterworfen.«

Auch der erste Brief an die Korinther spricht in Kapitel 15, 23 deutlich von der Auferweckung derer, die Christus angehören, bei Seiner Ankunft und rückt dann das eigentliche Ende in Vers 24 noch viel weiter hinaus in die Zeit, wenn Er das (Ihm bei Seiner Wiederkunft zur Aufrichtung und Verwaltung übergebene messianische) Königreich, den Gegenstand aller alttestamentlichen Verheißung, Seinem Vater übergibt, nachdem Er – weil sie nun nicht länger nötig sind – jede Herrschaft, Gewalt und Macht hinweggetan haben wird.

Schon aus dieser einen Bibelstelle kann man zur Genüge erkennen, dass der Sohn Gottes selbst mit und bei Seiner baldigen Wiederkunft noch längst nicht in den Besitz alles dessen gelangen wird, wovon Gott geredet hat durch den Mund aller Seiner heiligen Propheten von jeher.

Seine Wiederkunft bedeutet nach diesen und anderen göttlichen Verheißungen für Ihn *zunächst* die endgültige, völlige, organische Verbindung in Herrlichkeit mit Seiner heute auf Seine Ankunft harrenden und sie liebenden Gemeinde. Diesbezüglich bringt Seine Ankunft für Ihn und für sie einen Abschluss. Er ist dann am Ziel mit Seiner »Fülle«, wie die Gemeinde nach Eph. 1, 23 heißt.

Damit ist aber weder für Ihn noch für die Gemeinde alles gläubige und hoffende Warten abgeschlossen. Vielmehr wurde dadurch nur wieder ein neuer Anfang möglich für weitere große Ziele erstrebende Regierungs- und Verwaltungstätigkeit in Gericht und Gnade seitens des dann erst vollendeten Christus Gottes in Seiner von den Ewigkeiten her beschlossenen wunderbaren Vollendung und Einheit (1. Kor. 12, 12.13).

Und wenn es, wie wir glauben, berechtigt ist, hier das Wort von Eph. 2, 7 anzubringen, dann liegen vor dem vollendeten Herrn und Seiner dann mit Ihm verherrlichten Gemeinde von dort aus noch eine Vielzahl von Zeitaltern, in denen Er den überschwänglichen Reichtum Seiner Gnade in Güte an uns erweisen wird, die wir nun an Ihn glauben und Ihn erwarten aus dem Himmel.

Die Urschöpfung von 1. Mose 1, 1: »Im Anfang schuf Gott die Himmel und die Erde«, liegt, wie wir wohl annehmen dürfen, ungezählte Äonen vor dem ersten Eindringen des Bösen in die Schöpfung durch den Sturz Satans.

Zwischen diesem und der Erschaffung des Menschen nach dem Bilde Gottes aus dem Erdenstaub und dessen baldigen Fall unter der satanischen Versuchung mögen auch wieder Äonen vergangen sein, da es nicht anzunehmen ist, dass Gott der Engelwelt keinen ausgiebigen Raum gelassen haben sollte, sich für oder gegen Gott zu entscheiden. Das Böse und sein Oberhaupt werden eine lange inhaltsschwere Geschichte hinter sich gehabt haben, ehe es zu ihrem Anlauf gegen das erste Menschenpaar kam.

Für die allmähliche Zubereitung der gefallenen Menschheit auf die erste Ankunft des verheißenen Weibessamens hat Gott, wie wir aus der biblischen Offenbarung genau wissen, gut viertausend Jahre verwendet.

Seit Seiner Verwerfung durch die Seinen sind bereits wieder nahezu zweitausend Jahre verstrichen. Der positive Inhalt dieser gegenwärtigen langen Wartezeit ist, wie oben ausgeführt, vornehmlich die Sammlung und Zubereitung der Gemeinde der Gläubigen aus allen Nationen, Juden wie Heiden.

Damit ist ihr Erstlingscharakter unwiderlegbar ausgesprochen, das heißt, der Ertrag des gegenwärtigen Zeitalters ist wieder nichts anderes als die Bereitstellung von Material, von Organen, die erst in noch kommenden Äonen zur entsprechenden Verwendung kommen sollen.

Der Abschluss dieses Zeitalters kann für die Gemeinde also unter keinen Umständen etwas anderes bedeuten, als die Eröffnung einer ganz neuen, unabsehbaren Fülle von Betätigungs- und Dienstmöglichkeiten im großartigsten Stil und Maßstab im Lauf der künftigen Äonen. Denn es wäre eine ungebührliche Reflektion auf die göttliche Weisheit, wollte man annehmen, dass mit dem Ende des gegenwärtigen Weltlaufs das Weltende, das Ende der Menschheits- und Engelsgeschichte überhaupt gekommen wäre.

Vielmehr handelt es sich nach dem Zeugnis der Schrift um einen wesenhaft neuen Abschnitt des großen Weltgeschehens im Himmel und auf Erden und unter der Erde, welcher durch die zweite Ankunft des Herrn Jesus aus dem Himmel eingeleitet wird. Es ist nicht göttlich, nicht biblisch gedacht, wenn man aus der Wiederkunft des Herrn Jesus, wie es leider zumeist geschieht, nichts anderes als einen großartigen dramatischen Gerichtsakt macht, durch den das endgültige Geschick aller Geschöpfe innerhalb kürzester Zeit mit wenigen entscheidenden Sprüchen aus Seinem Munde erledigt würde.

Sicher nennt die Schrift den gegenwärtigen Äon deutlich »letzte Stunde« (1. Joh. 2, 18), aber es würde bedeuten, Schrift gegen Schrift zu stellen, wollte man dieses Wort im absoluten Sinne so verstehen, dass also nach diesem Äon überhaupt kein Äon mehr zu erwarten wäre. Dagegen spräche allein schon Eph. 2, 7.

Ebenso die zahlreichen Schriftstellen, in denen von einer Mehrzahl der Ewigkeiten, d. h. von Äonen, die Rede ist, wie beispielsweise Eph. 3, 21. Die Bezeichnung »letzte Stunde« kann nur relative Bedeutung haben, im Hinblick auf eine große Wende, auf die die bisherigen Zeitalter hinwiesen und mit der sich eine ganz neue Zeit einstellen, eine neue Ordnung von Äonen ihren Lauf beginnen wird.

Die »letzte Stunde« schlägt im Blick auf die große zentrale Tat Gottes, wenn Er den wiedersenden wird, der bis jetzt die Himmel eingenommen und sich zur Rechten des Vaters gesetzt hat, bis Ihm alle Seine Feinde vom Vater zum Schemel Seiner Füße gelegt werden.

»Letzte Stunde« ist es auch im Blick auf die eigenartige Ausgestaltung des widerchristlichen Wesens, welches das parallele Bestehen der Gemeinde Gottes voraussetzt und bedingt. Antichristentum kann es nur geben, solange wahres Christusleben in einer Gemeinde berufener Heiliger und Erwählter vorhanden ist.

Demgemäß bezeugt Johannes von den vielen Antichristen schon der apostolischen Zeit: »Sie sind von uns ausgegangen, aber sie waren nicht (in göttlicher Wesenhaftigkeit) von uns ...« (1. Joh. 2, 19).

Im zukünftigen Äon, in dem Satan gebunden sein wird, sodass er die Nationen nicht mehr verführen kann, wird das Böse gewiss noch nicht beseitigt, sondern in der Menschheit weiterhin machtvoll genug sein, aber zu einem »Menschen der Sünde« bringt es der Satan dann offenbar nicht.

So versteht man dann auch besser, wieso die ganze gegenwärtige Zeit als »letzte Stunde« eine große Wartezeit bedeutet. Warten nicht im Sinne untätigen Gewährenlassens, denn die Wirksamkeit des Heiligen Geistes war wohl in keinem früheren Zeitalter intensiver und umfassender als im jetzigen. »Mein Vater wirkt bis jetzt, und (auch) Ich wirke« (Joh. 5, 17).

Aber Gott hält noch zurück mit einer in Aussicht gestellten, von langer Zeit her vorbereiteten und vorausgesagten Offenbarung der königlichen und richterlichen Herrlichkeit des Sohnes. Der Sohn hält zurück mit der Kundgebung Seiner wahren Würde, Hoheit und Majestät und lässt es sich gefallen, in den Seinen immer noch verkannt, verachtet und gehasst zu werden von einer Welt, die im Bösen liegt.

Und der Heilige Geist, der doch ein Geist der Kraft und Herrlichkeit ist, beschränkt sich darauf, das Leben des Auferstandenen als ein verborgenes, von der Welt nicht verstandenes in den Gläubigen zu wirken und zu pflegen, ohne ihre sterbliche Leiblichkeit umzugestalten in die Gleichheit und Übereinstimmung mit dem Leibe Seiner (Jesu) Herrlichkeit.

Daneben darf sich das Böse, das Widergöttliche und Antichristliche, in der freiesten Weise ausgestalten und ausleben und die Söhne Gottes dürfen vom Feind angefochten, verhöhnt, der Welt zu Hass und Verfolgung überliefert werden, Verderbensmächte, Heuchelei, Schein und Unlauterkeit dürfen sich in den Haushalt des Glaubens einschleichen und einnisten, der geschichtliche Bestand der Gemeinde Gottes aller Zeiten darf fortwährend infrage gestellt werden.

Das Evangelium darf gefälscht, verwässert, zerfetzt, durch menschliche Satzungen zunichte gemacht, durch traditionelle Schutthaufen verschüttet, mit Feuer und Schwert, mit scharfer, ätzender Kritik angegriffen, zersetzt und den Hunden hingeworfen werden – kurz, es ist in scheinbarer Hilflosigkeit allen erdenklichen feindseligen und schädigenden Einflüssen preisgegeben, mit Verzicht auf obrigkeitliche, wissenschaftliche oder philosophische Beschirmung oder Verteidigung. Was immer es an raffinierter Bosheit, Hinterlist, Lüge, Schmähung und Verlästerung in der Menschen- und Geisterwelt gibt, darf sein Mütchen kühlen an Gottes Offenbarung im Wort und an Christi Gemeinde, Seinem Leib.

Das alles sind untrügliche Anzeichen zum einen für die unbeschreibliche Geduld und Langmut unseres großen Rettergottes (2. Petr. 3, 9.15) und zum anderen aber dafür, dass dies wirklich die »letzte Stunde« ist, das heißt, dass mit dem gegenwärtigen Äon die letzten vorbereitenden Schritte Gottes für die bevorstehende Offenbarung Seines Sohnes aus dem Himmel und die endgültige Inangriffnahme der Ihm gestellten gewaltigen, weltumfassenden Erlösungsaufgaben gegangen werden, sodass nun die Zeit zum Gericht, d. h. zur entscheidenden Lösung der großen Welt- und Reichsprobleme gekommen ist.

Zugleich bietet uns diese lange Wartezeit eine wirkliche Garantie dafür, dass das Endergebnis durchaus dem entsprechen wird, was nach den gegebenen Verheißungen zu erwarten ist. Was lange währt, wird endlich gut – das gilt auch hier. Handelt es sich doch nicht um reine Gewaltmaßregeln, die ja in verhältnismäßig kurzer Zeit erledigt werden könnten, sondern um die sittliche Ausreife sowohl des Guten wie auch des Bösen in der Menschen- und Engelwelt.

4. Die Ausbildung und Vollendung der künftigen Gerichtsvollstrecker

a) Israel für die Völker der Erde

Wir erkannten aus dem vorigen Abschnitt, wie die gegenwärtige Weltzeit einem doppelten, heilsökonomischen Zweck unseres Gottes dient. Während dieselbe unverkennbar eine Zeit wunderbarster Gnadenheimsuchung für die arme, bis dahin weit von Gott entfernte und entfremdete Völkerwelt (Eph. 2, 12) – der arme Lazarus, der von den Abfällen lebte, die für ihn von Israels reichgedecktem Tisch abfielen – bedeutet, war und ist sie zur selben Zeit ebenso unverkennbar die Zeit des furchtbarsten Strafgerichts, das je über ein Volk kommen kann, das Gericht der Verstockung, des Hinausgeworfenseins in die äußerste Finsternis für Israel (Röm. 11, 7-10.25).

Nun fragt aber gerade der Apostel, der in der deutlichsten Weise von eben dieser Verstockung seines eigenen Volkes spricht: »Sind sie etwa gestrauchelt, damit sie fallen sollten?« (Röm. 11, 11), das soll heißen: Erschöpfen sich Gottes Straf- und Gerichtswege mit Israel in dessen erschütterndem Verblendungsgericht? Enden Gottes Wege mit Seinem auserwählten Volk in dessen endgültiger und hoffnungsloser Verwerfung? Und er antwortet selbst durch den Geist der Weissagung mit einem entschiedenen »das sei ferne«! Daraufhin eröffnet er die wunderbare Perspektive, dass aus Israels nationaler, zeitweiliger Verwerfung für die übrige Völkerwelt eine ganz ungeahnte, großartige Heilserweisung Gottes angebrochen und möglich geworden ist.

Aber in diesen Ausführungen, die ungemein belehrend und reichhaltig sind, erschöpft sich längst nicht, was er über das Verfahren Gottes im Gericht mit Seinem Volk Israel zu sagen hat. Er lenkt unseren Blick weit hinaus und hinüber in eine Zeit, die jenseits des gegenwärtigen Äons liegt und in welcher eine offenbare Verschiebung der Rollen bei Israel und der christianisierten Völkerwelt stattfinden wird. Er stellt in Aussicht, dass eben diese jetzt so hochbegnadigte Völkerwelt auch nicht in der Güte Gottes bleiben, sondern dass sie unter ein ganz ähnliches und entsprechendes Gericht fallen wird, wie es heute Israel betrifft (Röm. 11, 21.22).

Das aber ist auch noch nicht das Ende der Wege Gottes zum Heil für die Gesamtmenschheit. Dies geht zunächst deutlich aus dem Hinweis hervor, dass Gott das heute ausgebrochene, dürr und unfruchtbar brachliegende Israel wieder einpfropfen kann und wird, ja dass ein solches Verfahren Gottes viel einleuchtender und wahrscheinlicher ist, als das für diesen Äon geltende widernatürliche Einpfropfen wilder heidnischer Zweige in den guten Ölbaum göttlicher Pflanzung (Vers 24).

Dieses bestimmt in Aussicht gestellte Wiedereinpfropfen Israels in seinen eigenen Ölbaum, d. h. den göttlichen Offenbarungsbaum, aus dem alles Heil für die ganze Welt erblühen soll und wird – denn das Heil kommt aus den Juden, sagt der Wahrhaftige (Joh. 4, 22) –, erschöpft sich aber wieder nicht in Israels Begnadigung zu seinem eigenen Heil und Segen. Vielmehr ruht die gesamte Argumentation des Apostels auf dem einen unerschütterlichen Grund: »Denn die Gnadengaben und die Berufung Gottes sind unbereubar« (Vers 29), sind also unwiderrufbar.

Israel ist und bleibt für alle kommenden Zeiten das Volk göttlicher Wahl, das auserwählte Gefäß und Werkzeug des Segens und des Heils für die ganze übrige Völkerwelt. Das wird schon aus dem einen Wort ersichtlich: »Wenn aber ihr Fall der Reichtum der Welt ist und ihr Verlust der Reichtum der Nationen – wie das im gegenwärtigen Äon der Fall ist –, wieviel mehr ihre Vollzahl!« (Vers 12). Das heißt: Wieviel mehr Segen und Reichtum wird es für die Völkerwelt bedeuten, wenn nicht nur ein kleiner Überrest, sondern die ganze Vollzahl des Volkes in die Hand Gottes kommt, Ihm ein brauchbares Gefäß und Organ des Segnens für die übrigen Nationen der Erde. Es steht geschrieben: »Und es wird geschehen: Wie ihr ein Fluch unter den Nationen gewesen seid, Haus Juda und Haus Israel, so werde Ich euch retten, und ihr werdet ein Segen sein« (Sach. 8, 13).

Das bedeutsamste und gehaltvollste Wort darüber spricht aber der Apostel aus, wenn er sagt: »Denn wenn ihre Verwerfung (im gegenwärtigen Äon) die Versöhnung der Welt ist, was wird die Annahme (im zukünftigen Äon) anders sein als Leben aus den Toten?« (Röm. 11, 15).

In diesem einen Vers ist uns ein sicherer Schlüssel gegeben für das Verständnis der wunderbaren Gedanken des Gottes, der nicht nur aus Israels erschütterndem Fall ein unbeschreibliches Heil für die Nationen erblühen lässt in der Darbietung des gegenwärtigen Evangeliums von der Sohnschaft für die, welche ehemals fern und fremd waren von den Testamenten der Verheißung, sondern der gerade das völlige Erstorbensein Seines auserwählten Volkes zu verwandeln versteht in eine Quelle ungeahnter Lebensfülle für sie selbst und die Völkerwelt.

Denn von Abraham steht geschrieben: »Deshalb sind auch von einem, und zwar Gestorbenen, so viele geboren worden wie die Sterne des

Himmels an Menge und wie der Sand am Ufer des Meeres, der unzählbar ist« (Hebr. 11, 12).

Diese Worte enthalten und offenbaren in großer Klarheit das wunderbare Grundgesetz des göttlichen Verfahrens, erst Seinen Auserwählten ersterben zu lassen, ehe Er aus seinem Tod unvergängliches Leben in unermesslichem Umfang erstehen lässt. Und was vom Vater aller Gläubigen galt und bis in die Ewigkeiten gilt, das gilt nicht minder von dem Volk, dessen Gnadengaben und Berufung Gott weder jemals zurückzog noch zurückziehen wird. Vielmehr wird sich an ihnen im völkischen Umfang verwirklichen, was von ihrem Vater Abraham bereits wahr wurde und noch beständig in die Wirklichkeit umgesetzt wird.

Daraus ergibt sich also erneut mit absoluter Deutlichkeit, dass der gegenwärtige Gerichtszustand dieses auserwählten Volkes nichts weiter ist als eine tiefgründliche gottgewollte Vorbereitung auf später zu erfolgende Erweisungen göttlicher Lebenskräfte, nicht nur in ihnen, sondern durch sie auch in die gesamte restliche Völkerwelt. Denn »so spricht der Herr: Mein erstgeborener Sohn ist Israel« (2. Mose 4, 22 b) – dabei bleibt es, dieses Wort besteht zu Recht.

Mithin sind all die an sich erschreckenden und für unser natürliches Empfinden schier unerträglichen Bekundungen des geistlichen und moralischen Elends und der schaurigsten Gottesferne nichts anderes als wohlbedachte Todeswirkungen, an denen auf der einen Seite der ganze erschütternde Ernst und die Strenge des göttlichen Gerichtes erkannt werden soll (Röm. 11, 22); auf der anderen Seite sind sie die beste Bürgschaft dafür, dass der Gott Abrahams, Isaaks und Jakobs aus solchen Tiefen des Todesgerichts mit umso überwältigenderer Macht Kräfte des unvergänglichen Lebens hervorströmen lassen wird, wenn Seine Zeit der Rettung gekommen ist.

In diesem Sinn schreibt auch der Prophet Hosea: »Kommt und lasst uns zum Herrn umkehren! Denn Er hat zerrissen, Er wird uns auch heilen; Er hat geschlagen, Er wird uns auch verbinden. Er wird uns nach zwei Tagen neu beleben, am dritten Tag uns aufrichten, dass wir vor Seinem Angesicht leben« (Hos. 6, 1.2).

So und nicht anders hat ja auch der Prophet Hesekiel den Ausgang geschaut, den es mit den Totengebeinen des ganzen Hauses Israel nehmen wird (Hes. 37). Auf die an ihn im Angesichte solches Erstorbenseins gerichtete Frage »Menschensohn, werden diese Gebeine wieder lebendig?«, weiß der göttliche Seher nicht besser zu antworten als: »Herr, Herr, Du weißt es« (Vers 3). Und damit hatte er es getroffen.

Gott wusste und weiß es sehr wohl und hat es nicht für sich behalten, sondern dem Propheten und uns mit größter Deutlichkeit gezeigt, was Er aus diesen erstorbenen Gebeinen Seines auserwählten Volkes zu machen gedenkt: »Siehe, Ich öffne eure Gräber und lasse euch aus euren Gräbern heraufkommen als mein Volk und bringe euch ins Land Israel. Und ihr werdet erkennen, dass Ich der Herr bin, wenn Ich eure Gräber öffne und euch aus euren Gräbern heraufkommen lasse als mein Volk. Und Ich gebe meinen Geist in euch, dass ihr lebt, und werde euch in euer Land setzen. Und ihr werdet erkennen, dass Ich, der Herr, geredet und es getan habe, spricht der Herr« (Verse 12-14).

Nun gehörte es aber unverkennbar zu der uranfänglichen Berufung Israels als Volk, das heilige Gericht Gottes an den von Gott dazu bestimmten Stämmen der Kanaaniter zu vollstrecken. Darauf weist schon das Wort Jahwes an Abraham hin: »... denn das Maß der Schuld des Amoriters ist bis jetzt noch nicht voll« (1. Mose 15, 16).

Auch die Befreiung des geknechteten Volkes aus Ägypten, aus dem Sklavenhaus, geschah nicht anders als durch schreckliche Gerichte, die Mose auf Jahwes Befehl über Pharao und sein Land und Volk heraufbeschwören musste. An diesen bekam das erlöste Volk also einen Vorgeschmack davon, dass sie auch zukünftig die Vollstreckung göttlichen Straf- und Vertilgungsgerichtes unter den Völkern ausüben würden, die sich auf dem Boden des verheißenen Landes eingenistet und das Land Jahwes mit ihren namenlosen Gräueln verunreinigt hatten.

Die zu diesem Zweck an Josua und die Ältesten Israels ergangenen Befehle lassen an Bestimmtheit nicht zu wünschen übrig. Sie konnten nicht missverstanden werden. Das bezeugen selbst die Gibeoniter, die sich durch eine List der Vertilgung entzogen hatten. Sie antworteten dem Josua auf dessen Frage »Warum habt ihr uns getäuscht und gesagt: Sehr weit sind wir von euch weg, da ihr doch mitten unter uns wohnt?«: »Weil deinen Knechten zuverlässig berichtet wurde, dass der Herr, dein Gott, seinem Knecht Mose geboten hat, euch das ganze Land zu geben und alle Einwohner des Landes vor euch auszurotten, darum fürchteten wir sehr um unser Leben, als wir von euch hörten, und haben das getan« (Jos. 9, 22.24).

Die meisten Schwierigkeiten, die dem Volk Israel im verheißenen Land begegneten, entsprangen ihrem offenen Ungehorsam gerade gegen dieses deutliche Gebot der völligen und restlosen Ausrottung all jener entsetzlich verseuchten kanaanitischen Völkerstämme, von denen sie dann selbst angesteckt und zum grausigsten Götzendienst auf allen Bergen und hohen Hügeln verführt wurden. Die missverstandene Schonung gereichte ihnen – und damit der übrigen Menschheit – zum furchtbaren Verderben, das ihre eigene sittliche und religiöse Entwicklung – und damit die der gesamten Menschheit, denn das Heil kommt aus den Juden – um viele Jahrhunderte zurückwarf. Es wäre vielmehr Barmherzigkeit gewesen, wenn die Kinder Israels damals das ihnen von Jahwe anvertraute Vertilgungsgericht mit absoluter Treue schonungslos durchgeführt hätten.

Es bekundet ein tiefes, grundsätzliches Missverständnis und Misstrauen seitens der heutigen, von falscher Humanität infizierten Theologie und Predigt, wenn man mit Abscheu und großer Geringschätzung vom »blutrünstigen Jahwe« der Juden redet, wenn man sich geradezu über die Psalmen ärgert, in denen Gottes Rache über die unverbesserlichen, hartnäckigen Feinde Gottes und Seines Volkes heraufbeschworen wird.

Man kann und mag nicht verstehen, dass eben dieser Jahwe des Alten Testaments kein anderer ist, als der Jesus des Neuen. Da wird man einmal gewaltig die Augen öffnen und umlernen, wenn dereinst der große Tag des grimmigen Zornes des Lammes anbrechen und es die Völker mit Gericht und Gerechtigkeit richten wird, wenn es sie zerschlagen wird wie Töpfergefäße und sie weiden mit eiserner Rute.

Man hat sich einen süßlichen, fast weibischen »lieben Heiland« zurechtphantasiert, der beileibe niemals böse wird und keinem Menschen auch nur ein Haar krümmt, bei dem von feurigem Zorneseifer keine Rede sein kann und der viel zu gut ist, um irgendjemand in das höllische Feuer zu werfen.

Eine solche Liebe Gottes in Christus wäre reine Gefühlsduselei und schlaffe Empfindsamkeit, anstatt, wie die Schrift erklärt, ein verzehrendes Feuer, das bis zum untersten Grund der Hölle brennt, eben weil sie heilige, schonungslose Liebe ist, die unter keinen Umständen das Böse in irgendeinem ihrer Geschöpfe dulden kann, sondern es mit Feuereifer verfolgt und vertilgt, bis es vollständig beseitigt ist.

Wir dürfen die gute Zuversicht hegen, dass in der zukünftigen Weltzeit, nachdem Israel aus seinem eigenen entsetzlichen Gericht geläutert und geklärt hervorgegangen sein wird, es alsdann seine eigentliche Berufung als Gottes Gerichtsvollstrecker an den Nationen der Erde mit anderer Treue und Gründlichkeit vollzieht, als es damals geschah. Dann wird nicht mehr geklagt werden: »Sie vertilgten die Völker nicht, die der Herr ihnen genannt hatte. Sie vermischten sich mit den Nationen und lernten ihre Werke. Sie dienten ihren Götzen, die wurden ihnen zum Fallstrick. Und sie opferten ihre Söhne und ihre Töchter den Dämonen, vergossen unschuldiges Blut, das Blut ihrer Söhne und Töchter, die sie den Götzen Kanaans opferten. So wurde das Land durch die Blutschuld entweiht« (Ps. 106, 34-38).

Statt dessen wird jenes große Grundgesetz alles göttlichen Waltens zu seinem Recht kommen, wonach alle ursprünglichen Absichten Gottes letztendlich doch einmal zur Erfüllung und Vollendung gelangen.

Über die göttliche Absicht und Bestimmung auf dieser Linie kann aber für den, der die Schrift nach ihrem gesamten Umfang als göttlich gelten lässt, kein ehrlicher Zweifel bleiben. So lesen wir bereits im 149. Psalm, Verse 5-9: »Die (natürlich alttestamentlichen) Frommen sollen jubeln in Herrlichkeit, jauchzen sollen sie auf ihren Lagern! Lobpreis Gottes sei in ihrer Kehle und ein zweischneidiges Schwert in ihrer Hand, um Rache zu vollziehen an den Nationen, Strafgerichte an den Völkerschaften, um ihre Könige zu binden mit Ketten, ihre Edlen mit eisernen Fesseln, um das schon aufgeschriebene Gericht an ihnen zu vollziehen! Das ist Ehre für alle Seine Frommen. Halleluja!«

Eine ebenso deutliche Sprache spricht der Prophet Jesaja: »Fürchte dich nicht, du Wurm Jakob, du Häuflein Israel! Ich, Ich helfe dir, spricht der Herr, und dein Erlöser ist der Heilige Israels. Siehe, Ich habe dich zu einem scharfen, neuen Dreschschlitten gemacht, mit Doppelschneiden versehen: du wirst Berge dreschen und zermalmen und Hügel der Spreu gleichmachen. Du wirst sie worfeln, und der Wind wird sie forttragen und der Sturm sie zerstreuen. Du aber, du wirst jubeln in dem Herrn und dich rühmen in dem Heiligen Israels« (Jes. 41, 14-16).

Und weiterhin redet der Herr durch den Propheten Sacharja: »An jenem Tag mache Ich die Fürsten von Juda einem Feuerbecken unter Holzstücken und einer Feuerfackel unter Garben gleich; und sie werden zur Rechten und zur Linken alle Völker ringsum verzehren. Und immer noch wird Jerusalem an seiner Stätte bleiben in Jerusalem« (Sach. 12, 6). Sowohl bei Jesaja als auch bei Sacharja zeigt der Gesamtkontext klar, dass dies Worte sind, die für die letzte Zeit prophezeit wurden, die also noch ihrer Erfüllung warten.

Angesichts solcher Worte steigt nun doch jedem nachdenkenden Leser sicher die große Frage auf: Wie reimt sich denn aber ein solch furchtbarer Strafvollzug, den Israel an den Völkern des zukünftigen

Äons ausüben soll, mit den unzweifelhaften, in großer Zahl und Fülle wiederkehrenden Verheißungen, dass Israel ein Segen sein soll, wie es zuvor ein Fluch war unter den Völkern? Lassen sich auch diese beiden Dinge miteinander in Einklang bringen? Kann beides ohne inneren Widerspruch nebeneinander bestehen?

Nach der herrschenden kirchlichen Auffassung und Vorstellung allerdings nicht. Das leuchtet jedem denkenden Gläubigen sofort ein. Denn dort wird gelehrt, dass mit dem Tod alles aus ist, und wer in diesem Leben nicht die dargebotene Gnade Gottes ergreift, für den gibt es niemals wieder eine Möglichkeit der Errettung.

Wenn man hier nun aber das apostolische Wort aus Röm. 11, 21.22 heranzieht, d. h. wenn man bedenkt, dass gerade die gegenwärtigen christianisierten Völker der Erde, die bei aller (oberflächlichen) Christlichkeit im tiefsten Grunde dennoch in ihrer angeborenen Gottesfeindschaft und Gottentfremdung verharren, die die Liebe zur Wahrheit nicht annahmen und der heilsamen Lehre nicht von Herzen gehorsam wurden, dass genau diese es sind, die in das Gericht kommen, welches durch das Israel der Zukunft an ihnen ausgeübt werden soll, dann tritt uns erst der ganze Ernst und die volle Tragweite solcher vom Worte Gottes verkündigten Gerichtswege mit ihnen entgegen.

Da geschieht, was wir weiter oben mit der Verschiebung der Rollen zwischen eben diesen Nationen und dem Volk göttlicher Wahl angedeutet haben.

Heute vollzieht sich vor den Augen aller Völker Gottes strenges, unbeugsames Gericht der Verblendung an Seinem auserwählten Volk, und die christianisierten Nationen sind in der Hand Gottes die Ruten, mit denen Israels Nacken blutig gepeitscht wird.

Sie sind die Hauptursache dafür, dass Israels Augen geschlossen bleiben, dass sie also die Liebe Gottes nicht erkennen, die in Jesus Christus ist, ihrem eigenen leiblichen Bruder. Die Christenheit ist heute das größte Hindernis für den Juden auf dem Weg des Glaubens an das Heil in Christus.

Dabei muss aber festgehalten werden, dass Gott den christianisierten Völkern keinerlei Auftrag oder Vollmacht gegeben hatte, ihr Mütchen an Seinem Volk zu kühlen, wie sie es aus eigenem Trieb taten und noch tun. Es verhält sich statt dessen so, wie schon der Prophet Sacharja klagt: »So spricht der Herr der Heerscharen: Ich eifere mit großem Eifer für Jerusalem und für Zion, und mit großem Zorn zürne Ich über die sicheren Nationen. Sie, nämlich als Ich nur wenig zürnte, da haben sie zum Unheil geholfen« (Sach. 1, 14.15).

Umso wuchtiger wird sie da das Vergeltungsgericht Gottes treffen, wenn die Rollen vertauscht werden, wenn Israel wieder in Gnaden angenommen wird, von Jahwe gesegnet und bewohnt, und wenn sich an den stolzen Nationen erfüllt, was geschrieben steht: »Darum sollen alle, die dich fressen, gefressen werden, und alle deine Bedränger sollen insgesamt in die Gefangenschaft gehen. Und deine Plünderer sollen der Plünderung anheimfallen, und alle, die dich beraubt haben, werde Ich dem Raub preisgeben« (Jer. 30, 16).

Und durch den Propheten Jesaja spricht Jahwe: »Denn die Nation und das Königreich, die dir nicht dienen wollen, werden zugrunde gehen. Diese Nationen werden verheert werden, ja verheert. Und gebeugt werden zu dir kommen die Söhne deiner Unterdrücker, und alle, die dich geschmäht haben, werden sich niederwerfen zu deinen Fußsohlen. Und sie werden dich nennen: Stadt des Herrn Zion des Heiligen Israels« (Jes. 60, 12.14).

Einem jeden, der einigermaßen mit der Geschichte Israels während des gegenwärtigen Äons vertraut ist, leuchtet auf den ersten Blick ein, dass es gerade die sogenannten christlichen Völker waren, unter die Gott ganz Israel zerstreute, damit sie beständig Zeugen dessen sein durften, was Gott an den Völkern tat – und jene, umgekehrt, Zeugen des furchtbar ernsten Gerichtes, das Gott vor ihren Augen an Seinem geliebten Volk vollzog.

Damit steht über zweifelsfrei fest, dass wir in erster Linie an die Nationen der heutigen Christenheit zu denken haben, wenn von diesen Strafvollziehungen durch Israel in der Zukunft die Rede ist.

Dies ist ja für die große, selbstsichere Völkerchristenheit ein solch ungewohnter Gedanke, dass man es gut verstehen kann, wenn demselben nicht leicht zustimmt wird.

Doch das war mit Israel seinerzeit genau das Gleiche. Sie fühlten sich so hoch erhaben über alle Heiden, dass es ihnen nicht von ferne in den Sinn kam, dass Gott ihren Tempel von den Heiden zerstören, die heilige Stadt dem Erdboden gleichmachen lassen und Sein ganzes Volk in die äußerste Finsternis hinausstoßen könnte, wo Heulen und Zähneklappern ist.

Sie wollten nicht wahrhaben, dass die Weissagung des Nazareners, die Er im Gleichnis aussprach, buchstäblich erfüllt werden sollte: »Er wird kommen und diese Weingärtner umbringen und den Weinberg anderen geben. Als sie aber das hörten, sprachen sie: Das sei fern!« (Luk.

20, 16). Oder jenes andere Wort: »Der König aber wurde zornig (über die Ablehnung seiner Einladung) und sandte seine Truppen aus, brachte jene Mörder um und steckte ihre Stadt in Brand« (Matth. 22, 7).

Und doch geschah dies alles geradeso. Warum sollte Gott die Völker verschonen, denen Er nicht nur Sein deutliches Wort gab, sondern daneben noch an dem gerichteten Israel den eindrücklichsten Anschauungsunterricht, wie Er Sein Wort einzulösen gedenkt.

Wo aber bleibt nun der verheißene Segen, der von diesem wiederhergestellten und begnadigten Israel auf alle Völker kommen soll? Die Antwort liegt nahe.

So gewiss die harten Gerichtswege, die Gott mit Seinem eigenen auserwählten Volk ging, nur Heil und Segen für dasselbe bedeuten und niemals etwas anderes bezweckten, als es durch zermalmendes, zermürbendes Gericht auf den zukünftigen Empfang überschwänglicher Gnade vorzubereiten, ebenso gewiss gibt es für die letztendliche Heilung der Nationen, die sich in ihrem Dünkel und Stolz, gleich Israel, dem Heil Gottes in Christus entzogen und sich des ewigen Lebens als unwert erachtet haben, keinen anderen Weg zur Besinnung, zum völligen Bankrott an sich selbst, vor Gott und aller Welt, als den schonungslosen Gerichtes und Dahingabe in die unterste Hölle göttlichen Zornesfeuers.

Halten wir treu an den deutlichen Grundlinien fest, die Gott selbst in Seinem Wort gezogen hat, dann gehen wir nicht fehl. Er sagte schließlich, dass Israel Sein erstgeborener Sohn unter den Völkern ist. Das besagt, dass es für alle nachgeborenen Söhne der großen Völkerfamilie keinen anderen Weg zur Neugeburt, zum Durchbruch aus dem alten Todeswesen in die völlige Erneuerung nach Gottes Willen geben kann, als nur durch eisernes Gericht und Verdammnis. Denn Gott ist nicht allein der Juden Gott, sondern auch der Heiden Gott.

Also wird sich die Vollstreckung des strengsten Urteils des allmächtigen, heiligen und gerechten Gottes, welches Israel mit größter Treue und Pünktlichkeit ausführen wird, wenn die Zeit dazu gekommen ist, für die davon betroffenen Nationen als der größte Segen erweisen, dessen sie je teilhaftig werden konnten. Nur durch den Tod führt Israels Weg zurück zu Gott und zum Leben. Und so wird ihre Annahme für die gesamte Völkerwelt nichts anderes bedeuten als »Leben aus den Toten«.

Eine Lehre aber, die hinter dem furchtbaren göttlichen Strafgericht nichts weiter sieht als eine endlose Fortsetzung des Todes und der Verdammnis, die lediglich Gottes Gerichtswerkzeuge sind, richtet sich selbst, weil sie die klarsten und einfachsten Linien göttlichen Waltens in

Gericht und Gnade umdeutet und in ihr Gegenteil verkehrt.

Denn nach ihrer Darstellung triumphiert nicht die Gnade, sondern eine unaufhörliche Sünde. Zudem bleibt alles Gericht vollständig ohne Ergebnis für die Erreichung der ausgesprochenen und wahrhaftigen Gedanken und Ziele Gottes, welcher doch will, dass alle gerettet werden und zur Erkenntnis der Wahrheit kommen. Dahingehend müsste sich Paulus ja korrigieren lassen und nun schreiben: Wo aber die Gnade gern geherrscht hätte, da hat sich die Sünde unendlich mächtiger erwiesen zur gründlichen Vereitelung der höchsten Ziele des allmächtigen Gottes!

b) Sein Leib, die Gemeinde, für die Engelwelt

So mancher Leser wird sich nun sicher fragen, ob es denn berechtigt ist, der Gemeinde der Gläubigen aus den Nationen für die kommenden Weltzeiten Aufgaben und Tätigkeiten zuzuschreiben, die denen, welche Israel an den Erdenvölkern auszuüben berufen ist, auf himmlischen Gebiet, d. h. an der gefallenen Engelwelt, entsprechen. Ist das nicht eine willkürliche Folgerung, nur um eine Parallele zu ziehen zwischen Israel und Gemeinde, zwischen irdischen und himmlischen Körpern?

Bei solchen Fragen müsste doch einem jeden ernsthaften Schriftforscher allein 1. Kor. 15, 40-42 zu denken geben, wo der Apostel selbst eine solche Parallele zwischen irdischen und himmlischen Körpern zieht und sie gegenüberstellt. Es muss damit also etwas auf sich haben, sonst wären seine Ausführungen kaum zu rechtfertigen. Sie gehen über reine Bildersprache oder Symbolik hinaus. Seine Schlussfolgerung »So ist auch die Auferstehung der Toten«, macht das deutlich.

Außerdem enthält das Neue Testament eine nicht geringe Anzahl von Stellen, in denen mit großem Nachdruck darauf hingewiesen wird, dass alles, was den Kindern Israels geschah, für uns vorbildliche Bedeutung hat. Und soweit jene Ereignisse noch unerfüllten Weissagungsgehalt in sich tragen, werden sie eine ebensolche Bedeutung auch für die Zukunft haben.

In der theologischen Behandlung des prophetischen Teiles der Schrift ist man weithin nicht zurückhaltend, schier alles, was Gott (namentlich Gutes und Schönes) für Sein Volk Israels in Aussicht stellt, bedenkenlos auf die neutestamentliche Gemeinde zu übertragen.

Und während dies zu einem sehr bedauerlichen Missbrauch der Schrift führt und große Unklarheit und Verwirrung schafft, muss und darf zugegeben werden, dass diese beiden großen Körperschaften des göttlichen Haushalts, Israel und die Nationengemeinde, nur dann richtig verstanden werden können, wenn man sowohl das sie Unterscheidende als auch das sie Verbindende und Gemeinsame zu seinem vollen Recht kommen lässt.

Aber die Sache liegt keineswegs so, als wenn wir zu ihrem rechten Verständnis lediglich auf Parallelen und Vergleiche angewiesen wären, die immerhin lehrhaften Sinn und Zweck haben. Vielmehr enthält das Neue Testament eine Fülle direkter Belehrungen und Offenbarungen bezüglich dieser gewaltigen himmlischen Zukunftsaufgaben und Berufungen der Gemeinde dieses Zeitlaufs und für die Lösung der großen Endaufgaben ihres herrlichen Herrn und Hauptes.

Wir gehen zunächst davon aus, dass die Gemeinde nach der Schrift nicht nur *ein Geist* mit Ihm, sondern auch *ein Leib*, d. h. ein großartiger, reich gegliederter, vielgestaltiger und dabei doch vollkommen einheitlicher Organismus ist, der größte, gewaltigste, umfassendste und herrlichste, der je aus Gottes Gedanken Form und Gestalt annahm. Das ist für jeden, der sich durch den einen Geist mit Christus zu diesem einen Leib getauft weiß, etwas ganz Selbstverständliches. Es kann einfach nicht anders sein.

Man braucht nur ein Wort des Apostels, wie das aus Eph. 1, 22, voll auf sich wirken zu lassen, um sofort zu erkennen, dass man da mit gewöhnlichen Sprachbegriffen und -gefäßen nicht mehr auskommt, das entsprechend zum Ausdruck und zur Darstellung zu bringen, was es sagen will und muss: Er hat Ihn, den Auferstandenen und über alles Erhöhten, in Seiner Eigenschaft als Haupt über das gesamte All der Gemeinde gegeben, welche Sein Leib, die Fülle dessen ist, der alles in allen erfüllt.

Unsere Gedanken versagen bei dem Versuch, solche Tiefen und Höhen auszumessen. Keine Sprache genügt, um das in gebührender Weise zum vollendeten Ausdruck zu bringen. Nur der uns gegebene Heilige Geist, der alle Dinge erforscht, auch die Tiefen Gottes, befähigt uns zu wissen, was uns darin von Gott gegeben ist (1. Kor. 2, 10).

Wie real und wesenhaft die Schrift die gegenseitigen Beziehungen von Haupt und Gliedern versteht, kommt wohl in 1. Kor. 12, 12 am deutlichsten zum Vorschein: »Denn wie der Leib einer ist und viele Glieder hat, alle Glieder des Leibes aber, obgleich viele, ein Leib sind: *so auch der Christus*.« Hier scheut sich der Apostel nicht, den Gesamtorganismus, Haupt und Glieder, als eine vollendete Einheit zu fassen und ihr den Gesamtnamen »der Christus« beizulegen. Es wäre eitles Bemühen, Sprachformen oder Bilder auszudenken, mit denen diese vollkommene Einheit des Wesens in wirksamerer und eindruckvollerer Weise dargestellt werden könnte.

Was daher von dem vollendeten, herrlichen Haupte gilt, das gilt in gleicher, unverkürzter Weise von Seinem ganzen vollendeten Leib, wie auch geschrieben steht: »Wenn der Christus, unser Leben, geoffenbart werden wird, dann werdet auch ihr mit Ihm geoffenbart werden in Herrlichkeit« (Kol. 3, 4). So wie von einer Offenbarung der Gläubigen in Herrlichkeit vor und abgesondert von der Offenbarung Christi selber keine Rede sein kann, so wird auch das Umgekehrte von der Schrift nicht in Aussicht gestellt.

Dasselbe bezeugen uns auch Worte wie Röm. 8, 17: »Wenn aber Kinder, so auch Erben, Erben Gottes und Miterben Christi, wenn wir wirklich mitleiden, damit wir auch mitverherrlicht werden.«

Nun gibt es aber nicht nur eine Reihe solch allgemeiner und umschließender Aussagen der Schrift, sondern viele, die mit großer Bestimmtheit auf die einzelnen Tätigkeiten der zu verherrlichenden Gemeinde unter und mit ihrem erhöhten Haupt eingehen. So z. B., wenn Paulus die junge Gemeinde in Thessalonich ermahnt, würdig des Gottes zu wandeln, der sie zu Seinem eigenen Königreich und zu Seiner eigenen Herrlichkeit berufen hat (1. Thess. 2, 12). Oder wenn der Apostel in 2. Tim. 2, 12 erklärt: »... wenn wir ausharren, werden wir auch mitherrschen ...«

Schon während Seiner Tage in Niedrigkeit des Fleisches verhieß Er Seinen Jüngern, dass sie bei der Wiedergeburt (ihres Volkes und Staates) mit Ihm auf Thronen sitzen und die zwölf Stämme Israels richten werden (Matth. 19, 28). Wir führen dieses Wort nicht an, weil wir es als an die gläubige Gemeinde aus den Nationen gerichtet sehen, sondern weil es charakteristisch ist für die klare Erfassung des wiederholt zum Ausdruck gebrachten Herrschens resp. Richtens, wie es auch der Gemeinde, und zwar auf den denkbar höchsten Gebieten und Stufen, in Aussicht gestellt ist.

Darauf weisen Aussprüche des Apostels hin, wie z. B. die an die Korinthergemeinde: »Oder wisst ihr nicht, dass die Heiligen die Welt (Kosmos) richten werden? ... Wisst ihr nicht, dass wir Engel richten werden ...?« (1. Kor. 6, 2.3). Wenn aber nach apostolischer Lehre Satan der Fürst und Gott dieser Welt ist und bestimmend einwirken darf auf ihren gegenwärtigen Lauf (nach Eph. 2, 2; Gal. 1, 4), die ja im Bösen liegt (1. Joh. 5, 19), dann ist doch an ein wirksames und durchgreifendes Richten der Welt gar nicht zu denken, ohne dass dabei die bisherigen Maßnahmen Satans und seiner Engel in der Beherrschung der Welt zur Sprache und Beurteilung kommen.

Und wenn der Apostel direkt erklärt, dass wir die Engel richten werden, dann besagt dies doch nichts anderes, als dass der Gemeinde in diesem großen Gerichtsverfahren die entscheidenden Fragen über das weitere Geschick genau dieser Engel vorgelegt werden, so wie etwa in einem Schwurgericht das Geschick der menschlichen Angeklagten den Geschworenen in die Hände gelegt wird.

Bei dieser Veranschaulichung gewinnen auch die verschiedenen Unterweisungen an Bedeutung, die uns die Schrift über die Machenschaften der Finsternismächte gibt. Aus denselben ist ersichtlich, dass sie uns zu dem ganz bestimmten Zweck gegeben wurden, fähig zu sein, alle Fragen, die uns dann vorgelegt werden, auch fachgemäß zu beantworten und zu entscheiden.

Hier liegt auch die Antwort auf die sicher oft erhobene Frage: Wenn wir Gläubige doch errettet sind aus der Obrigkeit und Gewalt der Finsternis, warum haben dann gerade jene besiegten Mächte noch so viel Freiheit, auch Kinder Gottes anzufechten und ihnen heiße Kämpfe zu liefern? Alle diese Begegnungen mit den bösen Geistern, den Weltbeherrschern dieser Finsternis, dienen nicht nur der persönlichen Erprobung und Bewährung jedes Gotteskindes – was gewiss auch der Fall ist –, sondern sie sind zugleich höchst erwünschte Gelegenheiten, den Feind aus eigener Erfahrung kennenzulernen, um ihn und die Seinigen dereinst mit besserem Verständnis richten zu können.

Hierher gehören denn auch Worte wie Eph. 3, 10: » ...damit jetzt den Gewalten und Mächten in der Himmelswelt durch die Gemeinde die mannigfaltige Weisheit Gottes kundgetan werde.« Gewiss haben wir ein gutes Recht, bei den genannten Gewalten und Mächten an die heiligen und gehorsamen Engel Gottes zu denken.

Es liegt aber kein Grund vor, den Gedanken an die gottfeindlichen Mächte und Herrschaften abzuweisen. Das Beispiel Hiobs sagt uns da viel, denn die Erweisungen Gottes an ihn erschöpften sich sicher nicht nur in ihrer beabsichtigten Wirkung zur Bewährung und Zurechtbringung Seines treuen Knechtes oder in der scharfen Korrektur, die seine Freunde und leidigen Tröster über sich ergehen lassen mussten. Das göttliche Verfahren mit Satan, dem Er großen, aber doch klar definierten und streng bemessenen Spielraum gegen Hiob ließ, kann wohl gar nicht anders gedeutet werden, als auch mitberechnet zur Lehre für Satan selbst.

Doch den großartigsten Anschauungsunterricht von der (vielleicht gerade von jenen hervorragend begabten, aber verfinsterten Engelgeistern beanstandeten und infrage gestellten) Weisheit Gottes erhalten eben jene Mächte und Gewalten, die sich für so klug und weise achten, wie die von ihnen inspirierten stolzen Menschenkinder, in denen sie ihr Wesen treiben dürfen. Aller menschliche Weisheitsdünkel ist ja doch nur die Reflexion des bestimmt nicht minder furchtbaren Geistesstolzes jener Machthaber des Reiches der Finsternis.

Und so gewiss es wahr ist, dass Gott die Weisheit dieser Welt durch die Torheit Seines Evangeliums zur wirklichen Torheit machte, so gewiss gilt das nicht nur von den menschlichen Trägern und Vertretern dieser Weltweisheit, sondern geradezu in gesteigertem Grad von den Urhebern solchen Hochmuts und Wahnwitzes, der Gott richten zu dürfen glaubt und sich damit über Ihn überhebt. Genau das ist ja der Geist des Antichristen, der den Vater und den Sohn leugnet. Und die Inspiration dazu liefert eben Satan, der Gott dieser Welt.

Geschieht nun an der Gemeinde, die in Jesus Christus ihr Leben, ihre Weisheit, Gerechtigkeit, Heiligkeit und Erlösung gefunden zu haben glaubt und bekennt, dieser Anschauungsunterricht für diese stolzen Engelgeister, dann fällt er zweifellos als ein bedeutsames Gewicht in die Waagschale, wenn wir über die Engel richten werden, d. h. wenn wir ihnen den tatsächlichen Beweis erbringen und sie davon endgültig überführen dürfen, dass all ihr Hochmut eitle Torheit und all ihre stolze Höhe nichts als Schmach und Schande bedeuten und sie folglich mit vollster Gerechtigkeit zur Hölle und in das furchtbarste Feuergericht verwiesen werden, auf dass sie nie wieder lästern.

Ist es jedoch, woran wir nicht zweifeln, nach der Schrift rechtens, solchen Anschauungsunterricht auch für die gefallenen Engel bestimmt und verordnet zu achten, dann bedeutet das, dass sie noch ein gewisses Maß an sittlicher Verantwortung besitzen müssen. Das zeigt ja auch schon der Umstand, dass dieselben von uns gerichtet werden sollen. Richten aber hätte keinen Sinn, wenn es sich dabei um Wesen oder Persönlichkeiten handeln würde, die völlig jenseits irgendeines sittlichen Empfindens oder Urteilens ständen.

Zu dieser Folgerung kommt man nur, wenn man in Betracht zieht, dass Gott den Lauf der gegenwärtigen Weltordnung dem Fürsten dieser Welt gewiss nicht gedanken- und planlos unterstellt hat, sondern unter der selbstverständlichen Voraussetzung der sittlichen Verantwortlichkeit Satans für sein Weltregiment.

Es kann also wohl keine Rede davon sein, dass das letztendliche Geschick Satans bereits durch seinen vor unzähligen Äonen geschehenen Abfall von Gott unabänderlich fixiert worden ist, wie es gewöhnlich dargestellt wird. Vielmehr scheint uns aus diesen und manchen anderen biblischen Andeutungen deutlich hervorzugehen, dass Gott letzten Endes mit einer endgültigen, auf durchaus sittlicher Grundlage erfolgenden völligen Wiederunterwerfung des gesamten Reiches der Finsternis und des Verderbens unter das Joch des Gekreuzigten und Auferstandenen fest rechnet.

Die der Gemeinde als dem Leib Christi zugedachten und zugesprochenen richterlichen Funktionen sind schon ihrem Charakter, ihrer organischen Zusammengehörigkeit mit Christus entsprechend so überwältigend großartig und weitreichend für die ganze weitere Entwicklung des Königreiches Gottes, dass sich auch daraus kein anderer Rückschluss ergeben kann als der, dass der Gemeinde in letzter Konsequenz die denkbar höchste und herrlichste Aufgabe im gesamten Bereich göttlichen Waltens aufbewahrt ist, der vollendete Triumph des in ihr und ihrem Haupte verkörperten Guten über das in Satan gipfelnde Böse. Kein Triumph roher, physischer Gewalt, intellektueller Bezwingung und Meisterung oder gar gänzlicher Vernichtung und Auflösung des Daseins, sondern der Triumph der heiligen, wahrhaftigen, unerbittlich ernsten, aber unergründlich barmherzigen und langmütigen Liebe, die alles trägt, hofft, duldet und niemals aufhört.

Das scheint uns auch in den inhaltsreichen Worten des Apostels zu liegen, wo er in Verbindung mit unserem Mitauferwecktsein und samt Christus Jesus in die himmlischen Regionen Versetztsein verheißt, dass Gott in den zukünftigen Äonen den überschwänglichen Reichtum Seiner Gnade erweisen wird durch Seine Güte an uns in Christus Jesus (Eph. 2, 6.7). Das lässt zwanglos auf Kundgebungen göttlichen Gnadenwaltens durch Vermittlung des verherrlichten und erhöhten Leibes Christi schließen, wie sie bis dahin noch kein Zeitalter gesehen hat.

Denn von allen bisherigen Erweisungen göttlicher Gnade gegen Seine gefallenen Geschöpfe sind doch die Berufung und Auserwählung einer Gemeinde aus allen Nationen die höchsten und wunderbarsten. An ihnen soll und wird das Ebenbild des Sohnes Seiner Liebe voll und ganz wiederhergestellt werden, sie werden aus allen grausigen Sündentiefen heraus in Sein eigenes Bild umgestaltet.

Das bereitet sie vor, einmal auf das Verständnis für eine überschwängliche Offenbarung göttlichen Erbarmens gegen die denkbar ärgsten und erbittertsten Feinde, ehemalige echte »Söhne Gottes« des Allerhöchsten, und zum anderen für die Übernahme einer besonderen richterlichen, d. h. auf Zurechtbringung bedachten und angelegten Offenbarung und Betätigung der Gerechtigkeit Gottes, die sie selbst geworden sind durch den, der von keiner Sünde wusste (2. Kor. 5, 21).

Denn niemand sonst kann die Breite, Länge, Tiefe und Höhe göttlichen Liebens und Erbarmens ermessen, als nur die aus den Tiefen des Verderbens und der Obrigkeit der Finsternis errettete Gemeinde Seiner Heiligen und Gläubigen. Sie darf und wird sich in alle Ewigkeiten immer wieder vergegenwärtigen: wenn Gott das mit uns vollbrachte, dann gibt es für Ihn keine Unmöglichkeiten auf dem Wege des Errettens und Befreiens aus Sünde, Finsternis, Verderben und Verdammnis. Wer sich so selbst zu richten lernte, darf und wird Engel richten.

C. Der Lohn für die Mühsal Seiner Seele

Das ist ein großes Wort in jenem herrlichen Kapitel von den Leiden des Gesalbten Gottes: »Um der Mühsal Seiner Seele willen wird er Frucht sehen, Er wird sich sättigen« (Jes. 53, 11 a). Das heißt, Er wird durchaus und tief befriedigt sein von dem endlichen Ergebnis dessen, was an Leiden und unsagbarem Todesweh durch Seine Seele ging. Und der Prophet fährt fort: »Darum werde ich Ihm Anteil geben unter den Großen, und mit Gewaltigen wird Er die Beute teilen: dafür, dass Er Seine Seele ausgeschüttet hat in den Tod und sich zu den Verbrechern zählen ließ. Er aber hat die Sünde vieler getragen und für die Verbrecher Fürbitte getan« (Vers 12).

Wer sind diese Großen und Gewaltigen? Können damit nur schwache, sterbliche Menschenkinder gemeint sein? Sind es nicht vielmehr mit Gewissheit dieselben, von denen der 103. Psalm singt: »Preist den Herrn, ihr Seine Engel, ihr Gewaltigen an Kraft, Täter Seines Wortes, dass man höre auf die Stimme Seines Wortes!« (Vers 20)? Sind es nicht gerade die Fürstentümer, die Gewalten, die Weltbeherrscher, von denen wir im vorigen Abschnitt sprachen, als wir redeten vom Gericht, das Seine Gemeinde an ihnen üben wird? Wer möchte das bestreiten, bezweifeln?

Denn es steht ja geschrieben: »Fallt vor Ihm nieder, alle Götter (Elohim = Engel, Söhne Gottes)! – Und alle Engel Gottes sollen Ihn anbeten!« (Ps. 97, 7 b; Hebr. 1, 6 b). Auch diese Schrift kann nicht gebrochen werden. Vielmehr muss sich alles erfüllen, was von Ihm geschrieben steht im Gesetz Mose, in den Propheten und in den Psalmen (Luk. 24, 44).

Die Schrift bringt das in zwei bestimmten Erklärungen über die Hoffnung Seiner Berufung fassbar und genügend zu Ausdruck, indem sie sagt, dass Gott Ihn eingesetzt hat

1. *zum Erben über alles*, und
2. *zum Haupt über alles.*

1. Der Erbe über alles

Dieses Wort begegnet uns im ersten Kapitel des Hebräerbriefes, gleich zu Beginn der großartigen Auseinandersetzungen des Verfassers über die überragenden Vorzüge, Machtvollkommenheiten und Erhabenheiten des Sohnes über die Engel aller Ordnungen.

Der Kern seiner gesamten Beweisführung ist der Hinweis auf die unbestrittene, einzigartige Sohnschaft dessen, der für eine kurze Zeit unter die Engel erniedrigt war (Hebr. 2, 7.9) und dennoch die »Ausstrahlung Seiner Herrlichkeit und Abdruck Seines Wesens ist und alle Dinge (auch das gestörte und von Todesmächten durchsetzte Weltall) durch das Wort Seiner Macht trägt. Er hat sich zur Rechten der Majestät in der Höhe gesetzt, nachdem Er die Reinigung von den Sünden bewirkt hat; und Er ist um so viel erhabener geworden als die Engel, wie Er einen vorzüglicheren Namen vor ihnen ererbt hat« (Hebr. 1, 3.4).

Diese Sohnschaft begründet in rechtlich unerschütterlicher Weise die unantastbare Erbberechtigung, d. h. das künftige unbeschränkte Verfügungs- und Verwaltungsrecht über das gesamte All, Himmelreich, Erdreich, Luftreich, Totenreich, Höllenreich.

Jeder Gedanke an einen anderen, der Ihm unter irgendeinem Titel Sein Erbe über das All oder auch nur über irgendein noch so geringes und bescheidenes Gebiet desselben streitig machen könnte, ist von vornherein ausgeschlossen und unerträglich.

Ebenso ausgeschlossen ist aber auch der etwaige Gedanke, dass der Sohn nicht imstande wäre, Sein gutes Recht auf das ganze All in wirksamster Weise durchzusetzen. Das wäre ein wirklich klägliches Fiasko, welches Ihm eine einfältige, gläubige Schriftdeutung niemals zugemutet hätte, wäre sie nicht in knechtische Gebundenheiten geraten durch die

Philosophie der Menschen und leere Verführung, eitles Spiel mit biblischen Begriffen, denen man philosophische unterschob, von denen die Schrift allerdings nichts weiß.

Wir behandelten diese Rechtsfrage eingehend bereits oben in einem besonderen Abschnitt. Aber es wird kaum schaden, uns diese noch einmal kurz zu vergegenwärtigen, denn sie wird viel zu gering eingeschätzt von einer Theologie, die dem geschöpflichen Willen eine übermäßige Bedeutung zugesteht.

In dem Begriff eines Erben und Erbteils liegt, dass Letzteres noch kein gegenwärtiger Besitz, sondern Gegenstand hoffenden, aber zuversichtlichen Erwartens ist. So bestätigt es ja auch die Schrift: »Jetzt aber sehen wir Ihm noch nicht alles unterworfen« (Hebr. 2, 8). Daraus ergibt sich, dass dies eine Frage des einfältigen, kindlichen Glaubens gegenüber den bündigen, klaren Aussagen des göttlichen Wortes ist. Wie denn auch vom Sohne gesagt ist: »Er vertraute auf Gott« (Matth. 27, 43).

Das bedeutet, dass wir es hier mit göttlichen Wirklichkeiten zu tun haben, die sich jeder Möglichkeit rein wissenschaftlicher Beweisführung so vollständig entziehen, wie das Wesen Gottes selbst. Sie wollen und müssen geglaubt sein.

Daher dienen sie vorzüglich als Prüfstein unseres Glaubensvermögens. Es geht uns da ganz ähnlich wie seinerzeit dem gläubigen Abraham, als Gott ihm befahl, vor die Tür seiner Hütte zu treten und die Sterne zu zählen und ihm dann kühn verhieß: »So zahlreich wird deine Nachkommenschaft sein!« (1. Mose 15, 5). Da folgte nur das eine Wort: »Und er glaubte dem Herrn; und Er rechnete es ihm als Gerechtigkeit an« (Vers 6).

Es waren keine sogenannten Heilswahrheiten, keine dogmatischen Sätze von Buße und Bekehrung, die Gott dem Abraham vorhielt; es waren einfach große, unermesslich große Zusagen im Angesicht des gegenteiligen Augenscheins, da Abraham noch gar keinen Sohn hatte, die Gott ihm zu glauben gab.

Doch Gott war Seiner Sache sicher bei Seinem Freund Abraham, den Er selbst ja mit immer größeren Verheißungen zu immer mächtigerem Glauben erzogen hatte. Der Glaube wächst und erstarkt an sich immer reicher steigernden Zusagen des wahrhaftigen Gottes.

Darum gibt es für die gläubige Gemeinde keine größere Ehre, als dass sie Gott das scheinbar Unmögliche, allem vernünftigen Denken sich Entziehende zutraut, allein auf Sein Wort hin. Und es ist unserem Gott die höchste Freude, wenn Er sich von uns beim Wort genommen sieht und wahrnimmt, dass Er uns immer mehr und tiefere Wahrheiten offenbaren kann, ohne dass wir es ablehnen oder Ihn mit unseren kümmerlichen »Wenn« und »Aber« einschränken.

So steht in großer Schlichtheit und doch unbegrenzter Ausdehnung das Wort vor uns von dem *Erben über alles*. Der echte Glaube jauchzt, dass er das ohne Abstriche erfassen, in sich aufnehmen, bei sich erwägen und bewegen und darin ruhen kann angesichts aller noch so gewaltigen Anstrengungen des Fürsten der Finsternis, des Vaters der Lüge, dahinter allerlei philosophische und theologische Fragezeichen anzuhängen.

Schwierigkeiten und Fragen? Gewiss gibt es deren genug. Die gab es auch für den kinderlosen Abraham, der glauben sollte, seine Nachkommenschaft werde zahlreich sein wie die Sterne des Himmels. Alle medizinischen Fakultäten der Welt hätten, wenn nach ihrer Ansicht befragt, das Gutachten abgegeben: Vollständig ausgeschlossen, einfach unmöglich!

So mag sich die gesamte wissenschaftliche Theologie mit der größten Ernsthaftigkeit anschicken, das Gutachten abzugeben: Ganz ausgeschlossen! Das ist nur auf einen kleinen Prozentsatz, nur auf die Gläubigen zu beschränken! Der kindliche Glaube lässt sich dadurch nicht aus der Fassung bringen. Gott hat gesagt: Zum Erben über alles! Dabei bleibt es! Punkt.

Wie unser Gott das fertigbringen will, ist Seine, nicht unsere Sache. Aber wenn dabei unser Glaube Ihm irgendwie dienen kann, dann soll es daran nicht fehlen. Und es wird nicht daran fehlen. Dafür wird Er selbst, der treue Gott, der den Glauben zeugt durch das Wort der Verheißung, schon sorgen.

Der Lügner von Anfang, der Feind Gottes, der Böse, hat das größte Interesse daran, dass das die Gemeinde Gottes seinem ganzen Umfang nach nicht glauben und fest ins Auge fassen kann. Dass ihm alles daran liegt, den Sohn nach jeder Richtung hin zu beeinträchtigen, Seinen Ansprüchen auf unbedingten Glauben und unweigerlichen Gehorsam möglichst Abbruch zu tun, ist einleuchtend.

Ebenfalls, dass er sich nach Kräften bemüht, nur ja nicht für völlig überwunden und zunichte gemacht zu gelten, sondern auch den Gläubigen noch als bedeutender Machthaber zu imponieren, der den Plan des allmächtigen Gott in höchst wirksam zu verderben versteht und den Sohn in ebenso erfolgreicher Weise um einen sehr großen, wenn nicht gar, wie in den meisten Dogmatiken zu lesen ist, um den allergrößten Teil des Lohnes bringt, für den Seine Seele sich mühte.

Auf diesem Gebiet hat Satan jedenfalls sehr bedeutende Erfolge aufzuweisen, was die Gläubigkeit der herkömmlichen Theologie und Orthodoxie an die sicherlich zu seiner größten Genugtuung ausgearbeiteten dogmatischen Lehrsätze über die endlose Verdammnis der weitaus größten Maße der Menschen betrifft. Denn dieselben bedeuten eine direkte Leugnung der einfachen göttlichen Erklärung, dass Gott Seinen Christus zum Erben über alles einsetzt hat.

Damit hat man sich aber seit Jahrhunderten irgendwie ganz gut abzufinden verstanden. Gottlob hat nicht die Theologie das letzte Wort darüber zu sagen. Der Glaube lässt sich von ihr nicht beherrschen und beirren. Er vertraut allein dem klaren, unverkürzten Wort des allmächtigen Gottes, des Vaters Christi Jesu. Und darin wird er ebensowenig zuschanden werden wie Abraham, als er Gott glaubte.

In welcher Weise man sich die letztliche Besitzergreifung des gesamten Alls durch den berechtigten Erben über alles zu denken hat, ist gewiss keine müßige Frage. Hier mag uns ein apostolisches Wort dienen, das wir in Eph. 1, 14 finden, wo von dem heiligen Geist der Verheißung die Rede ist, »der ist das Unterpfand unseres Erbes, auf die Erlösung Seines (Christi) Eigentums zum Preise Seiner Herrlichkeit.«

Die Verbindung dieser Worte untereinander macht deutlich, dass der Apostel von etwas redet, das noch in unabsehbarer Zukunft liegt, uns aber durch den heiligen Geist der Verheißung als Pfand unseres Erbteils gewährleistet ist.

Selbstverständlich besagt dies nicht, dass wir alsdann etwas erben würden, an welchem unser großes herrliches Haupt als der Erbe über alles nicht den ersten Anteil hätte. Somit kann es als ganz sicher angenommen werden, dass die für jene Zukunft in Aussicht gestellte Erlösung oder Einlösung des Eigentums eben auf den Gegenstand zu deuten ist, der uns hier beschäftigt.

Was haben wir uns unter diesem »Eigentum« zu denken? Und was unter der verheißenen Erlösung oder Einlösung? Gibt uns die Schrift auf diese beiden Fragen irgendeine greifbare Antwort? Wir glauben schon.

Was zunächst das erste Wort »Eigentum« betrifft, so begegnet uns dasselbe zwar nicht sehr häufig im Neuen Testament, aber doch häufig genug, dass wir uns ein deutliches Bild machen können, was darunter zu verstehen ist.

Paulus gebraucht es in 2. Thess. 2, 14: »... wozu Er euch auch berufen hat durch unser Evangelium, zur *Erlangung* (zum Besitz) der Herrlichkeit unseres Herrn Jesus Christus.« Da finden wir uns auf naheverwandtem Boden. Denn wir haben es ja nicht mit rein äußerlichen Glanz- und Lichterscheinungen unseres herrlichen Herrn zu tun, sondern mit der Offenbarung Seiner Herrlichkeit bei der Erlangung oder Besitznahme dessen, worüber Er zum Erben gesetzt ist.

Damit berührt sich sehr nahe der Sinn, in welchem Petrus dasselbe Wort (περιποίησις) gebraucht: »Ihr aber seid ein auserwähltes Geschlecht, ein königliches Priestertum, eine heilige Nation, ein Volk zum *Besitztum* (oder Eigentum)« (1. Petr. 2, 9). Mag man nun bei dieser petrinischen Bezeichnung nur an die gläubige Auswahl aus Israel denken oder es auf die ganze auserwählte Gemeinde der Heiligen deuten, in jedem Fall geht das Wort vom Besitz oder Eigentum auf Persönlichkeiten und nicht auf Sachen oder leblose Gegenstände.

Eine weitere Stelle, in der das Wort vorkommt, Hebr. 10, 39, bezieht dasselbe auf die ebenfalls persönliche Seele und stimmt daher den anderen Verwendungen des Wortes durchaus zu.

Das zweite Wort, das hier mit »Erlösung« richtig übersetzt ist, kommt in derselben Bedeutung so oft vor, dass über dessen richtige Auslegung kein wirklicher Zweifel bestehen kann. Man vergleiche dazu die Stellen Luk. 21, 28; Röm. 3, 24; 8, 23; 1. Kor. 1, 30; Eph. 1, 7; 4, 30; Kol. 1, 14; Hebr. 9, 15; 11, 35.

Wir gehen wohl nicht fehl, wenn wir annehmen, dass namentlich in Luk. 21, 28; Röm. 8, 23; 1. Kor. 1, 30 und Eph. 4, 30 in besonderer Weise von der noch zukünftigen Erlösung unseres Leibes aus dem Tode und der Sterblichkeit die Rede ist.

Damit stände es dann recht deutlich vor unserem geistigen Auge, dass wir bei der Erlösung des erworbenen (und zwar durch Christi Blut rechtskräftig erworbenen) Besitzes in erster Linie wohl an die Auferstehung aus den Toten zu denken haben.

Das wird auch klar bestätigt durch 2. Kor. 5, 5, wo der Apostel die Verwandlung unserer sterblichen in eine unsterbliche Leiblichkeit dadurch begründet, dass er sagt: »Der uns aber eben hierzu bereitet hat, ist Gott, der uns das Unterpfand des Geistes gegeben hat.« Im selben Sinn redet er vom gleichen Gegenstand auch in Röm. 8, 11: »Wenn aber der Geist dessen, der Jesus aus den Toten auferweckt hat, in euch wohnt, so wird Er, der Christus Jesus aus den Toten auferweckt hat, auch eure sterblichen Leiber lebendig machen wegen Seines in euch wohnenden

Geistes.«

Aus all diesen Worten ergibt sich mit großer Übereinstimmung, dass das von Gott verordnete und von Seinem Christus dereinst zu gebrauchende vornehmliche Mittel zur Erlösung resp. Einlösung Seines rechtlichen Besitzes das der Auferweckung aus den Toten sein wird.

Und gerade die ist es, die von Paulus als der eigentliche Moment, als der große offizielle Akt unserer Einsetzung in die Sohnesstellung mit Ihm, dem Erstgeborenen unter viele Brüdern, bezeichnet wird (Röm. 8, 23), ein Wort, das wieder hinweist auf die Erstlingsgabe des Geistes, die wir nun bereits als Garantie, als Gewähr für die Erlösung unseres Leibes haben und in welcher sich die Sohnschaft erfüllt.

Diese Besitzergreifung seitens des Erben über alles wird sich ja erstrangig an Seinem eigenen Leib, an der Gemeinde, welche Seine »Fülle« ist, vollziehen. Das geht aus den bisher angeführten apostolischen Worten unwiderleglich hervor. Damit ist aber erst der Anfang gemacht.

Von da aus wird und muss es weitergehen, und zwar, wie uns oben aus Eph. 2, 7 deutlich wurde, mittels eben der durch Auferweckung in Sein eigenes Bild der Herrlichkeit umgewandelten, vollendeten Gemeinde dieses Zeitlaufs.

Das nächste Gebiet für eine solche formelle und wirksame Besitzergreifung des erworbenen Eigentums wird Israel sein, nachdem geschrieben steht: »Verstockung ist Israel zum Teil widerfahren, bis die Vollzahl der Nationen eingegangen sein wird; und so wird ganz Israel errettet werden« (Röm. 11, 25.26). Und Israels bestimmt verheißene Annahme wird von demselben Apostel im gleichen Kapitel und Zusammenhang als Leben aus den Toten bezeichnet. So hat es ja auch schon der Prophet Hosea geschaut, als er schrieb: »Er wird uns nach zwei Tagen neu beleben, am dritten Tag uns aufrichten, dass wir vor Seinem Angesicht leben« (Hos. 6, 2). Der dritte Tag hat es in der Prophetie stets mit Auferstehungswahrheit zu tun.

Auf dasselbe geht auch jenes großartige Gesicht von den Totengebeinen des ganzen Hauses Israel, wie es Hesekiel zu scheuen bekam und wozu Gott selbst ihm die einzig zuverlässige Deutung lieferte: »Siehe, Ich öffne eure Gräber und lasse euch aus euren Gräbern heraufkommen als mein Volk und bringe euch ins Land Israel. Und ihr werdet erkennen, dass Ich der Herr bin, wenn Ich eure Gräber öffne und euch aus euren Gräbern heraufkommen lasse als mein Volk« (Hes. 37, 12.13).

Oft wird hier der Einwand laut, dass dies bildhafte Rede sei. Das geben wir natürlich gerne zu, geben aber zugleich zu bedenken, dass derselbe Gott, der sich eines solchen Bildes bedienen darf, wohl auch imstande sein wird, der bildhaften die buchstäbliche Ausführung folgen zu lassen. Wo blieben sonst die Kraft und Bedeutung eines solchen großartigen Bildes?

Kann Gott ein über die ganze Erde zerstreutes Volk wieder sammeln, so wie der Prophet jene zerstreuten und versprengten Gebeine zusammenkommen sah und gewahrte, wie sie mit Sehnen, Fleisch und Haut überzogen wurden, aber noch ohne Geist waren; und kann Gott einem folglich erst rein äußerlich neuorganisierten Volkskörper Seinen Geist einhauchen, damit es zu neuem, gesegneten, nationalen Leben ersteht, ein großes Heer für Jahwe, – sollte Er dann nicht einmal vermögen, auch die tatsächlich vermoderten, zu Staub zerfallenen und in alle Welt zerstreuten Gebeine Seines geliebten Volkes wieder zu sammeln und zu neuem, unvergänglichen Leben zu erwecken?

Da möchte man eine daran zweifelnde Christenheit wie einst Paulus wirklich fragen: »Warum wird es bei euch für etwas Unglaubliches gehalten, wenn (dass) Gott Tote auferweckt?« (Apg. 26, 8).

Unter den kräftigen Erweisungen Seiner göttlichen Gesandtschaft, Seiner echten Messianität, stehen die uns von Jesu berichteten Totenauferweckungen doch wahrlich nicht schwach bezeugt in letzter Reihe. Hat es uns nichts zu sagen, dass der Messias eben auf jüdischem Volksboden das Töchterlein des Jairus, den Jüngling von Nain und den schon in Verwesung übergegangenen Lazarus aus den Toten zurückrief?

Das waren ja noch keine Auferstehungen zur Unsterblichkeit, gleich der Seinen. An diesem Unterschied müssen wir festhalten. Aber sie haben darum erst recht die Bedeutung, uns zu zeigen, wie es so ganz und gar zur eigentlichen Aufgabe des Erlösers Israels gehört, Sein Volk aus den Banden des Grabes und des Todes in das Leben zurückzuholen.

Dass Jesus solches bei und nach Seiner Wiederkunft im ausgedehnten Maßstab, ganz besonders auf israelitischem Volksboden, tun und durch Seine berufenen Jünger und Apostel veranlassen wird, kann wohl keinem Zweifel unterliegen. Es selbst gab ihnen schon in jenen Tagen den ausdrücklichen Auftrag, Tote aufzuerwecken und stellte ihnen zugleich in Aussicht, sie würden mit der Ausführung dieses Auftrages in den Städten Israels nicht fertig werden vor Seiner Rückkehr aus dem Himmel (Matth. 10, 8.23).

Man muss sich hüten, diesen Wundertaten des Herrn und der Seinigen dadurch ihre eigentliche Bedeutung und Tragweite zu mindern oder gar ganz zu nehmen, dass man sie allein auf das geistliche Gebiet anwendet. Eine solche Analogie hat gewiss ihre Berechtigung, aber sie darf nicht den Anspruch erheben, die alleinige Erklärung für die geschehenen Dinge zu sein.

Vielmehr bedeuten sie in erster Linie genau das, was sie darstellen, nämlich eine tatsächliche Befreiung der unter des Banden der Not, des Hungers, der Krankheit, des Todes seufzenden Menschenwelt und Schöpfung. Der reiche Gehalt an köstlicher Anwendbarkeit auf das geistliche Leben wird wahrlich nicht dadurch geschmälert, dass man jenen Taten der Herrn zunächst ihre natürlichste Bedeutung lässt.

Und wieviel Gewicht der Herr selbst darauf legte, dass Ihm der Vater die Vollmacht über alles Fleisch gegeben hat, damit Er ewiges Leben all denen geben kann, die Ihm der Vater gab, geht zur Genüge hervor aus der Häufigkeit, mit welcher Er die Verheißungen gebraucht: »Denn dies ist der Wille meines Vaters, dass jeder, der den Sohn sieht und an Ihn glaubt, ewiges Leben habe; und Ich werde ihn auferwecken am letzten Tag« (Joh. 6, 40); »Ich bin die Auferstehung und das Leben; wer an mich glaubt, wird leben, auch wenn er gestorben ist; und jeder, der da lebt und an mich glaubt, wird nicht sterben in Ewigkeit (für den Äon). Glaubst du das?« (Joh. 11, 25.26); »Ich gebe ihnen ewiges (äonisches) Leben, und sie gehen nicht verloren in Ewigkeit (für den Äon)« (Joh. 10, 28).

Israel ist aber nur Gottes erstgeborener Sohn unter den Nationen der Erde. Darum steht geschrieben durch den Propheten Jesaja: »Und der Herr der Heerscharen wird auf diesem Berg allen Völkern ein Mahl von fetten Speisen bereiten, ein Mahl von alten Weinen, von markigen fetten Speisen, geläuterten alten Weinen. Dann wird Er auf diesem Berg die Hülle verschlingen, die das Gesicht aller Völker verhüllt, und die Decke, die über alle Nationen gedeckt ist. *Den Tod verschlingt Er auf ewig*, und der Herr Herr wird die Tränen abwischen von jedem Gesicht, und die Schmach Seines Volkes wird Er von der ganzen Erde hinwegtun. Denn der Herr hat geredet« (Jes. 25, 6-8).

Was ist das für eine Hülle, was für eine Decke, mit der die Nationen verdeckt und verhüllt sind? Die Antwort darauf gibt klar und unzweideutig das Wort des Apostels Paulus: »Wenn aber unser Evangelium doch verdeckt ist, so ist es nur bei denen verdeckt, die verlorengehen, den Ungläubigen, bei denen der Gott dieser Welt den Sinn verblendet (verhüllt, verdeckt) hat, damit sie den Lichtglanz des Evangeliums von der

Herrlichkeit des Christus, der Gottes Bild ist, nicht sehen« (2. Kor. 4, 3.4).

Eine andere Stelle erklärt: »Aber die Schrift (resp. Gott) hat alles unter die Sünde (und damit unter den Tod, der ja der Sünde Lohn ist) eingeschlossen« (Gal. 3, 22). Und wiederum sagt Paulus: »Denn Gott hat alle (Juden und Heiden) zusammen in den Ungehorsam eingeschlossen, damit Er alle begnadige« (Röm. 11, 32).

Was bedeutet es nun angesichts solcher biblischer Zeugnisse, dass die Decke von den Gesichtern aller Völker genommen werden soll? Es kann nicht weniger bedeuten als das gleiche wunderbare Verfahren des Gottes Israels mit Seinem eigenen auserwählten Volk, wenn dessen Verstockungsgericht ein Ende gefunden und die Zeit seiner gnädigen Annahme gekommen sein wird. Und wenn dies Leben aus den Toten sein wird, dann kann als Ergebnis einer solchen Entschleierung der Nationen, wie sie das Wort der Weissagung verheißt, nichts Geringeres erwartet werden. Denn Gott ist nicht allein der Juden Gott, Er ist auch der Heiden Gott.

Wer aber vermag es auszudenken, wenn wirklich einmal die Hüllen fallen werden, die seit Jahrtausenden über den Völkern lagen und die der Vater der Lüge weben durfte, um zu verhindern, dass den Völkern der Erde schon längst die Augen aufgingen über die Wahrheit, die in dem Christus Gottes ist! Was wird das für ein Erwachen sein, wie aus wüsten Träumen, wenn aller Welt Enden das Heil Gottes sehen werden! Auch die kühnste Phantasie bleibt zurück hinter dem, was dann Realität wird.

Und im Mittelpunkt der ganzen herrlichen Weissagung ragt das gewaltige Wort empor: »Den Tod verschlingt Er auf ewig«! Und der des Todes Macht hatte, war ja der Teufel (Hebr. 2, 14). Was bleibt dann noch von dessen erträumter und wirklicher Macht? Was bleibt noch von einem fest organisierten Reich der Finsternis, mit dem er der gesamten Menschheit die Augen verblenden und die Wahrheit Gottes verhüllen konnte?

Unser Gott hat sich das Jahrtausende lang gefallen lassen. Wie leicht hätte Er es verhindern können! Liegt darin nicht die sicherste Garantie dafür, dass, wenn es nun endlich dazu kommt, die Sache auch so gründlich und vollständig erledigt und mit allem Todeswesen restlos und für immer aufgeräumt werden wird?

Eine aus der Finsternis des Todes zum Licht des Lebens gebrachte, erneuerte Gesamtmenschheit! Wie werden die Himmel jauchzen, die Erde vor Freude erbeben, die ganze Schöpfung neu aufatmen ob solcher

Wandlung der Dinge. Dies wird zu Seiner Zeit der Herr der Heerscharen tun. Das ist einer der feierlichsten Akte in dem großen Drama der endgültigen Besitzergreifung des so teuer erworbenen Eigentums, nachdem geschrieben stand: »Fordere von mir, und Ich will Dir die Nationen zum Erbteil geben, zu Deinem Besitz die Enden der Erde« (Ps. 2, 8).

Was aber wird aus den Fürsten und Gewaltigen, den bisherigen Weltbeherrschern der Finsternis, den bösen Geistern unter dem Himmel? Die Schrift gibt deutlich Antwort: Ihr Los wird der Feuersee sein, welcher der zweite Tod ist. »Und wenn jemand nicht geschrieben gefunden wurde in dem Buch des Lebens, so wurde er in den Feuersee geworfen« (Offb. 20, 10.15).

Haben aber nach allem, was wir soeben aus der Schrift erkannten, die wunderbaren Wege Gottes mit Seiner Gemeinde, mit Israel, mit der gesamten Völkerwelt die gleiche Prägung, d. h. laufen alle großen Gottesgedanken mit Seiner gesamten Menschheit völlig unleugbar durch Sünde, Tod, Verderben und Verdammnis zur endlichen, restlosen Befreiung aus aller Gewalt der Finsternis, und ist in unseres Gottes Hand der Tod nur das wunderbare Werkzeug zum Zweck der Hervorbringung eines ganz neuen, von keinem Tode je wieder zu schädigenden Lebens, – warum sollte dann der Herr der Heerscharen, von dem, durch den und zu dem hin alle Dinge geschaffen sind, auf diesen so beträchtlichen Teil Seines rechtmäßigen Erbes verzichten, auf jene Scharen gefallener, verfinsterter, aufs Furchtbarste entfremdeter, ja feindseligster, ehemals herrlicher »Söhnen Gottes«?

Und wenn der Tod nach der Schrift unverkennbar nur der Durchgang zu neuem, unvergänglichem Leben ist, was berechtigt uns dann zu sagen, der zweite Tod bedeute das gerade Gegenteil davon? Ist es denn auch unseres Gottes Art, in dieser Weise mit der Sprache umzugehen, die Er selber geschaffen und den Menschen gegeben hat?

Oder sollte Gott Seinen eigenen Gedanken zum Leben eine für Ihn selbst in alle Ewigkeiten unüberwindbare Schranke gesetzt haben? Gäbe es einen Tod, der auf keinem Weg und unter keinen Umständen jemals vom Leben verschlungen werden könnte, so wäre er ja zweifellos viel mächtiger als das Leben! Und wer hätte dann eines solchen Todes Gewalt? Der Teufel doch wahrlich nicht, denn der wird ja zu seinem Gericht eben jenem zweiten Tod, dem Feuersee, überliefert und muss ihn erleiden!

Der Einzige, der solche Gewalt hat, kann nur Gott sein. Hat Er sie aber, dann ist damit ganz selbstverständlich festgesetzt, dass auch der »zweite« Tod nur Sein Diener, niemals jedoch Sein Herr dein kann, d. h. dann muss sich Gott auch dieses zweiten Todes als Mittel und Werkzeug zu demselben Zweck bedienen können, zu dem Er sich des Todes überhaupt bediente, um die Herrlichkeiten Seines unvergänglichen Lebens in umso überwältigenderer Weise ans Licht zu bringen.

Das geht ja auch mit großer Deutlichkeit hervor aus dem schlichten, vielsagenden Wort des Herrn Jesu von dem Feuer, das bereitet ist dem Teufel und seinen Engeln (Matth. 25, 41). Dass dieses Feuer kein endloses, sondern nur ein für Äonen bestimmtes ist, haben wir wiederholt aus der Schrift erkannt. Dass es bestimmt, *bereitet* ist, sagt deutlich, dass es festen göttlichen Zwecken des Gerichtes, der furchtbarsten Züchtigung und Zurechtweisung dienen wird. Dass auch diese Zwecke durchaus aus der unendlichen Liebe und Weisheit Gottes geboren sind, versteht sich von selbst; denn Gott ist Liebe und ist Licht, keinerlei Finsternis ist in Ihm (1. Joh. 1, 5).

Also darf wohl auch das erschütternde Feuergericht, das an Satan und seinen Engeln ergehen wird, berechtigterweise mit einbegriffen werden in den großen Akt der Besitzergreifung des durch Sein Kreuz, durch Sein Blut unwiderruflich erworbenen Eigentums. An dieser Besitzergreifung hat die durch den heiligen Geist der Verheißung dazu versiegelte Gemeinde ein unleugbares Interesse, weil sie Sein Leib, Seine Fülle ist, den Gott gesetzt hat zum Erben über alles.

2. Das Haupt über alles

Es sind zwei parallele Linien, die uns in diesen beiden so bedeutungsvollen Worten über unseren herrlichen Herrn, den Christus Gottes, gezogen werden. Aber während es der Ausdruck vom »Erben über alles« mehr mit der Frage der rechtlichen Zugehörigkeit des gesamten Alls zu Ihm, der es zu Seinem unbestrittenen Eigentum erwarb, zu tun hat, liegt in dem anderen Wort von Seiner Hauptschaft über das All der Nachdruck auf der *inneren Harmonie und Wesenseinheit*, die zwischen Ihm und dem ganzen versöhnten All gedacht ist.

Wir haben bereits zu Beginn dieses Buches, als von dem göttlichen Plan der Ewigkeiten oder Zeitalter die Rede war, auf die erklärte Absicht unseres Gottes hingewiesen, »alles zusammenzufassen in dem Christus, das, was in den Himmeln, und das, was auf der Erde ist – in Ihm« (Eph. 1, 10). Wir wollen hier nun näher auf diesen kostbaren Gedanken unseres großen Gottes eingehen, zumal es gerade die gläubige Gemeinde ist, welcher Gott Seinen Christus in dieser besonderen Eigenschaft gegeben hat, wie das am Schluss des ersten Kapitels im Epheserbrief bezeugt wird: »Und alles hat Er Seinen Füßen unterworfen und Ihn als Haupt über alles der Gemeinde gegeben, die Sein Leib ist, die Fülle dessen, der alles in allen erfüllt« (Verse 22.23).

Hat Gott Ihn aber Seiner Gemeinde in dieser wunderbaren Eigenschaft gegeben oder zugewiesen, dann ist für sie damit der Weg klar gezeigt, wie sie sich Ihm gegenüber gerade hinsichtlich Seiner Hauptschaft über das All zu verhalten hat. Sie ist unter keinen Umständen in der Lage, sich des erklärten Willens ihres und Seines Gottes, ihres und Seines Vaters zu verweigern, ohne sich des ausgesprochenen Ungehorsams, der direkten Auflehnung schuldig zu machen.

Einem aufmerksamen und sorgfältigen Beobachter der tatsächlichen Haltung der gläubigen Kreise gegenüber dieser deutlichen göttlichen Willenserklärung kann es jedoch nicht entgehen, dass gerade an diesem Punkt ein sehr bedenklicher Fehlschlag der Gläubigen zu verzeichnen ist, allein was das Verständnis und das Verlangen nach tieferer Erkenntnis auf diesem Gebiet göttlicher Offenbarung in Christus anbetrifft.

Es darf wohl der Wahrheit gemäß angenommen werden, dass es in den Kreisen der ernsthaften und geheiligten Kinder Gottes nicht an Geneigtheit mangelt, sich auf allen Gebieten göttlicher Erkenntnis in Christo, die in direkter Beziehung zum persönlichen Heils- und Erfahrungsleben stehen, weiterführen und innerlich fördern zu lassen. Die ungemein reiche Heiligungsliteratur unserer Tage lagt dafür beredtes Zeugnis ab. Man darf sich darüber gewiss von Herzen freuen.

Es ist aber nicht zu leugnen, dass in dieser ganzen, ungemein umfangreichen Literatur unserer Tage der herrschende Gesichtspunkt der des subjektiven, d. h. des durchaus persönlichen Heilslebens ist. Das tiefe Graben, das reiche Schöpfen aus der Fülle des Christus geschieht zu dem ausgesprochenen Zweck, das Erfahrungsleben des einzelnen Gläubigen und das der gesamten Gemeinde dadurch zu bereichern.

Das ist an sich keineswegs verwerflich oder geringzuachten. Wir möchten nicht so verstanden werden, als ob wir alle diese aufrichtigen Bestrebungen, der gläubigen Gemeinde die ganze herrliche Fülle des Heils in Christus zu erschließen, nicht zu schätzen wüssten oder gar ablehnten. Im Gegenteil. Wir glauben aber, dass gerade bei diesem ausgesprochenen Suchen und Sichmühen um die Bereicherung des eigenen Heils- und Gemeindelebens der begehrte Zweck nicht erreicht, das Ziel nicht erlangt wird, weil man die göttlichen Linien dazu nicht beachtet.

Es offenbart und rächt sich hier ein ganz ähnlicher Fehler, wie man ihn seit Jahrhunderten auf einem anderen Gebiet der gläubigen Schriftauslegung für die Gemeinde Gottes begangen hat, als man meinte, sie damit zu bereichern, indem man sie lehrte, Israel aus seinem berechtigten Platz im göttlichen Haushalt herauszulesen und sich selbst dort hineinzudrängen.

Man nannte das eine »geistigere Deutung« der Weissagung als jene, welche die Worte der Propheten in ihren einfachen, verständlichen Aussagen an die Adresse Israels stehen ließ. Heute sieht man es in weiten Kreisen ein, dass man sich dabei nicht nur nicht wirklich bereichert hat, sondern dass man dabei den Kürzeren gezogen und sich selbst reicher Schätze göttlicher Weisheit und Erkenntnis beraubt hat, da man nicht Israel das Seine ließ und der Gemeinde besser ihre eigene himmlische Berufung in Christus Jesus nahebrachte.

Man erkennt, dass man das Niveau des Gemeindelebens herabdrückte, indem man aus der neutestamentlichen Gemeinde ein »geistiges Israel« zu prägen versuchte. Das geschah in der besten Absicht, hat sich aber nichtsdestoweniger empfindlich gerächt an dem inneren Leben der gläubigen Kreise, die man in solcher Vermischung aufzog.

Hier handelt es sich um dasselbe Prinzip; doch weil es auf einem noch höheren Boden geschieht, ist der Schaden umso bedenklicher.

Es wird jedem denkenden Christen sofort einleuchten, dass die Wahrheit von der Hauptschaft Christi über das All ihrem Wesen nach genauso jenseits der Möglichkeit persönlicher, subjektiver Erfahrung liegt, wie auch die von Gott Seinem Volk Israel verheißenen Großtaten niemals Gegenstand unserer persönlichen Heilserfahrung werden sollen und können.

Kein Gotteskind kann Christus als Haupt über das All jemals erfahrungsmäßig erfassen und begreifen. Einer solchen Offenbarungswahrheit gegenüber versagt der Maßstab der Erfahrungen vollständig.

Wer wollte aber behaupten, dass die gründliche und tiefe Erkenntnis dieser herrlichen Wahrheit für die Kinder Gottes deshalb ohne Wert und Bedeutung sei? Derjenige würde sich damit zum Richter und Kritiker des allmächtigen Gottes aufspielen, der doch in Seinem Wort erklären lässt, dass Er Seinen Christus der Gemeinde in eben dieser Eigenschaft gegeben, zugeteilt hat. Das sollte für das Gedeihen, die Vollendung und Ausreife der Gemeinde Gottes ohne praktischen Wert sein?

Wenn die Gemeinde aber Christus in dieser Eigenschaft zugewiesen bekam, dann muss sie Ihn doch zunächst in eben dieser Seiner Stellung als Haupt über das All zu erkennen trachten. Sie muss ihre vollste Aufmerksamkeit darauf legen, aus der Schrift, die von Ihm zeugt, einen nach allen Seiten klaren, vollen Blick für die ganze Tragweite einer solchen Bezeichnung zu erhalten.

Hat die gläubige Gemeinde das getan? Tut sie es heute, wo sie sich von allen Seiten getrieben sieht, die Möglichkeit Seiner baldigen Rückkehr aus dem Himmel ernsthaft ins Auge zu fassen und sich auf dieselbe vorzubereiten?

Kann sie wirklich glauben, ohne Beschämung vor Ihm erscheinen zu können, wenn sie an diesem Punkt befragt werden sollte, inwieweit sie bereit war, Ihn aus der Schrift als das ihr von Gott zugeteilte Haupt über das All zu erfassen? Wird sie sich damit entschuldigen können, wenn sie sagt, sie habe geglaubt, sich nur auf das beschränken zu dürfen, was zur erfahrungsmäßigen Pflege des persönlichen Heilslebens nötig war?

Wie oft kann man es hören, dass forschende und fragende Kinder Gottes geradezu gewarnt und abgeschreckt werden, sich mit solchen »spektakulären Dingen« zu befassen, die von keinerlei praktischer Bedeutung für die Auswirkung des eigenen Heils seien!

Das geht so weit, dass sich selbst teure Knechte Gottes, denen Gott die Augen auftat über die ganze, herrliche Fülle der Hauptschaft des Christus über das All, von der herrschenden, sich als alleingültig gebarenden Richtung so einschüchtern lassen, dass sie gar nicht wagen, mit der ihnen geschenkten Erkenntnis frei und offen herauszutreten, geschweige denn die Gemeinde Gottes auf ihre hochheilige Aufgabe hinzuweisen, sich eindringlichst mit eben diesen Dingen zu beschäftigen, damit sie doch im vollen Gehorsam der Wahrheit erfunden werde. Als stillen Privatbesitz kann die orthodoxe Kirchenlehre solche Erkenntnis gelten lassen, aber sie in der Gemeinde öffentlich zu verkünden und ihr nahezulegen, – nein, das könnte gefährlich werden! Kann es denn in der Gemeinde Gottes, die in Christus Jesus ist, Geheimlehren und Geheimerkenntnisse geben, an denen nicht alle Glieder des Leibes Christi gleichen, vollen Anteil haben dürften? Wir lernten aus der Schrift die Gemeinde Gottes nicht so anzusehen, als dass es in ihr eine Kaste besonderer »Eingeweihter« gäbe, denen die Unwissenden und Laien gegenüberständen.

Da ist man sich ohne Zweifel selbst, ja der ganzen Gemeinde Gottes im Licht gestanden, als man meinte, die kostbare Erkenntnis, dass Christus wirklich das von Gott bestimmte Haupt über alles ist, wie einen Raub für sich behalten und pflegen zu können. Denn nichts ist wirksamer, um der gläubigen Gemeinde aus dem unsäglich traurigen um sich selbst Kümmern und um sich selbst Bewegen herauszuhelfen, als der geklärte Blick auf den, der das Haupt über alles ist, der unendlich viel mehr als »mein persönlicher Heiland« ist, der die Versöhnung ist nicht allein für unsere Sünde, sondern für die der ganzen Welt.

Nichts hilft zu einem wirklich sieghaften Glaubensleben, als nur der Blick auf einen wirklich sieghaften Heiland, der über allen Mächten der Finsternis und des Todes triumphierte und sie öffentlich zur Schau stellte, der den Tod verschlungen hat in den Sieg, für den Tod, Verderben und Verdammnis niemals unüberwindliche Hindernisse, sondern nur Gelegenheiten sind, sich ihnen gegenüber unter allen Umständen als triumphierender Sieger zu erweisen.

Auch gibt nichts eine solche stille, von allen fleischlichen Unruhen und Umtrieben freie Zuversichtlichkeit in der Verkündigung des Heils in Christus an eine verlorene, verblendete Welt, als die Gewissheit, dass Gott in Christus war und die Welt mit sich selbst wirksam versöhnte und dass es Ihm, dem Haupt über alles, endgültig gelingen wird, alles zum völligen, willigen Gehorsam des Glaubens und der Liebe zu bringen.

Nur der Glaube an einen absolut unbezwingbaren Erlöser, der die Schlüssel des Todes und des Hades besitzt, der über Tote und Lebendige der unumschränkte Herr ist, gibt wahre Siegeszuversicht bei der Wortverkündigung in Seinem Namen.

Doch wir müssen uns noch eingehender mit dem beschäftigen, was uns jenes Wort des Apostels in Eph. 1, 22.23 zu sagen hat, damit sich die gläubige Gemeinde dasselbe auch erkenntnismäßig aneignen und für ihr inneres Leben verwerten kann.

Dieses Wort geschieht in einem bezeichnenden Zusammenhang. Es steht in engster Verbindung mit der vorangehenden Erklärung: »Die hat Er (Gott) in Christus wirksam werden lassen, indem Er Ihn aus den Toten auferweckt und zu Seiner Rechten in der Himmelswelt gesetzt hat, hoch über jede Gewalt und Macht und Kraft und Herrschaft und jeden Namen, der nicht nur in diesem Zeitalter, sondern auch in dem zukünftigen genannt werden wird. Und alles hat Er Seinen Füßen unterworfen und Ihn als Haupt über alles der Gemeinde gegeben, die Sein Leib ist, die Fülle dessen, der alles in allen erfüllt« (Eph. 1, 20-23).

Damit ist in deutlicher Weise der Umfang bezeichnet, in welchem die Hauptschaft Christi zu denken ist, d. h. in welchem sie zur endlichen wirksamen Darstellung kommen soll. Das von dem Apostel dabei Geschriebene ist so ausführlich, so umfassend, dass es unmöglich ist, sich irgendeinen Bereich der großen, weiten Schöpfung unseres Gottes vorzustellen, der von dieser Unterwerfung unter Christi Füße ausgenommen sein könnte.

Man mag noch so groß und noch so gewaltig von dem grausigen Reich der Finsternis, von den bösen Geistern unter dem Himmel, den Beherrschern des gegenwärtigen bösen Zeitlaufs denken, sie sind von der hier gegebenen Aufstellung nicht auszuschließen. Jeder Versuch, ein von der unbedingten Unterwerfung unter Christus ausgeschlossenes Reich des Bösen, der Sünde, der gottfeindlichen Macht in irgendeiner Form und Gestalt anzunehmen, muss an der Vollständigkeit dieser Angaben scheitern.

Innerhalb der Schöpfung Gottes kann es niemals ein Herrschergebiet in alle Ewigkeiten geben, über das der Sohn Gottes, Christus Jesus, nicht die allerhöchste Autorität, das alleinige Bestimmungsrecht, die unbedingte Kontrolle hätte. Was auch immer es an unermesslichen Zeiträumen, an Hölle, an furchtbaren Zerstörungsgewalten, an Verderbensmächten für Seele und Leib geben mag, alles ist in der unbeschränktesten Weise Seinem Oberbefehl unterstellt. Das muss für jeden, der dem Wort Gottes überhaupt Glauben schenkt, unauflösbar feststehen. Der einfache, ehrliche Wortlaut und Wortsinn dieser göttlichen Einsetzungsworte erlaubt keine andere Deutung.

Lassen wir für den Augenblick die Frage einmal ganz auf sich beruhen, ob und wann der Herr den bösen Willen aller gefallenen Engel, Teufel oder Dämonen in heilsamer Weise beeinflussen kann oder nicht, ob Er je imstande sein wird, ihn zu brechen und Seinem eigenen heiligen Liebeswillen gefügig zu machen, – soviel steht unerschütterlich fest: Über Seinem Willen steht in alle Ewigkeit kein anderer, über Seinem heiligen und herrlichen Namen nie ein höherer, gewaltigerer, mächtigerer.

Ihm allein ist gegeben alle Macht im Himmel und auf Erden (Matth. 28, 18). Daran ist nie und nimmer zu rütteln. Weniger können die hier vom Apostel gebrauchten Worte auch dem eifrigsten Vertreter der Lehre von der endlosen Verdammnis der Gottlosen, wenn ihm überhaupt Gottes Wort gilt, nicht bedeuten.

Man ist ja durchaus bereit, das nicht nur zuzugeben, sondern sich darauf sogar fest zu stützen, wenn es an die Frage nach der absoluten Sicherheit der durch Christus Erlösten geht. Da besteht man mit größter

Beharrlichkeit – und zwar mit vollstem Recht – darauf, dass sie in Ewigkeit niemand aus Seiner Hand reißen kann (Joh. 10, 28.29)!

Man kann da auch gar nicht anders, wenn man sich und alle Erlösten nicht der Unsicherheit aussetzen will. Man muss einen allmächtigen, über alle Fürsten und Gewaltigen, Mächte und Herrschaften absolut erhabenen Herrn und Retter haben, sonst ist es mit der ewigen Seligkeit und Sicherheit eine bedenkliche Sache.

Gäbe es eine Gewalt des Bösen, des Todes, des Verderbens, die der Seinigen irgendwie überlegen wäre, dann stände das gesamte Werk Christi in Gefahr, eines Tages von solchen übermächtigen Herrschaften doch wieder zerstört und zunichte gemacht zu werden.

Bei ganz genauer Untersuchung aber stellt sich deutlich heraus, dass im letzten Grunde dieses Vermögen des Herrn, uns zu bewahren, an unsere vorherige Gläubigkeit gebunden und nur durch dieselbe als wirksam angesehen wird. Es ist also wieder einmal der leidige Subjektivismus, der sich da hereindrängt und das letzte Wort hat.

Denn wer nicht glaubt, dem kann der allmächtige Herr unter keinen Umständen gegen die Finsternismächte der Bosheit helfen. Seine volle Zuverlässigkeit steht und fällt mit unserer Gläubigkeit, ist also bedingt durch Vorgänge in mir oder dir, durch Stellungnahme von dir oder mir. Dabei gerät man ganz selbstverständlich auf ein totes Geleis.

Das ist aber auch nicht minder der Fall bei der Annahme, wie sie von der herkömmlichen Lehre von der endlosen Verdammnis unabtrennbar ist, dass das Reich Satans, des Feindes und Widersachers Gottes und Seiner Heiligen ohne Ende bis in alle Ewigkeiten fortbestehen wird, ein Reich undurchdringlicher, hoffnungsloser, grausigster Finsternis, ein Reich bewusster, ebenso hoffnungsloser, aber ungebrochener Auflehnung, Lästerung, Wut, Empörung und nie endender Feindschaft gegen den Christus Gottes und die Seinigen, und darum natürlich ein Reich unsäglicher, verzweifelter, aber nie zu beseitigender, nicht einmal zu mildernder Qual.

Nun steht man doch, wenn man der ganzen Sache einmal ehrlich in das entsetzliche Gesicht schaut, vor einem völlig unerträglichen Dilemma: Entweder ist der, welchem alle Macht im Himmel und auf Erden gegeben ist, in welchem alle Fülle Gottes leibhaftig wohnt, der den Namen hat über alle Namen, die genannt werden mögen, nicht imstande, solchen ungeheuerlichen Zuständen in den Grenzen Seines Universums, das in Ihm, von Ihm und zu Ihm geschaffen wurde und das selbst im

Zustand der Empörung nur in Ihm Bestand hat, ein würdiges Ziel zu setzen – wo bleiben dann Seine Allgewalt, Seine unumschränkte Vollmacht über alles Fleisch, Seine unbestrittene Herrschaft über alle und jede Höhe, Gewalt, Fürstentum und Macht?

Oder aber – und es schaudert uns schier, das nur auszusprechen – *Er will* es nicht anders, *Er will* die endlose Herrschaft der Sünde, der frechen, maßlosen, trotzigen, ungebrochenen Auflehnung, der wahnwitzigen Feindschaft gegen Ihn und die Seinen.

Kein Wunder, dass man in vielen gläubigen Kreisen einen solchen Gedanken so unerträglich, so unsagbar scheußlich, so lästerlich fand, dass man zu der Ausflucht griff, die letztendliche völlige Vernichtung der hoffnungslos Gottlosen, des Teufels und all seiner Gefolgschaft in Engel- und Menschenwelt anzunehmen.

Denn es ist vollständig ausgeschlossen, dass irgendwo in Gottes Schöpfungsbereich etwas so Ungeheuerliches, wie es die Lehre der endlosen Höllenbosheit, Höllenpein und Höllenfeindschaft folgert und fordert, *ohne Seinen Willen* bestehen könnte. Ihn so etwas aber *wollen* zu lassen, das bringen doch wohl nur – – nein, das bringt bei ruhigem, nüchternen Denken kein echtes Kind Gottes fertig.

Damit kann man sich nur so abfinden, indem man blindlings nachbetet, was die herrschende Kirchen- oder Gemeinschafts- oder Versammlungsdogmatik dekretiert.

Doch der in der Vernichtungslehre gesuchte Ausweg führt zu keinem besseren Ziel als die schaurige Lehre, der man damit entrinnen möchte. Denn sie ist und bleibt im letzten, tiefsten Grunde die unzweifelhafte Verneinung des Allvermögens unseres herrlichen Herrn, mit allen feindseligen Mächten in durchaus vollkommener, sittlicher Weise, unter vollster Wahrung der persönlichen Freiheit eines jeden intelligenten Geschöpfes derart fertigzuwerden, dass alle Kreatur im Himmel und auf Erden und im Meer mit einstimmt in Lob, Preis und Anbetung unseres Gottes und des Lammes.

Die Vernichtungslehre erdreistet sich, dem Haupt über das All den Bankrott zuzusprechen, von Ihm zu behaupten, Er könne nur dadurch schließlich zur ungestörten Alleinherrschaft gelangen, indem Er Seine unverbesserlichen Gegner einfach um ihr Dasein bringe, sie in das Nichts schleudere. Und das mit Menschenkindern, die nach dem Bilde Gottes geschaffen waren, und mit »Söhnen Gottes« in der höchsten Engelwelt, von deren einstiger Herrlichkeit wir ja nur eine ganz schwache Vorstellung haben, die aber unter allen Umständen ihr Dasein Seiner unendlichen, unwandelbaren Liebe, gepaart mit nie fehlender, vollkommener Weisheit verdanken. Dabei steht doch geschrieben: »Denn in Ihm ist alles in den Himmeln und auf der Erde geschaffen worden, das Sichtbare und das Unsichtbare, es seien Throne oder Herrschaften oder Gewalten oder Mächte: alles ist durch Ihn und für Ihn geschaffen; und Er ist vor allem, und alles besteht durch Ihn« (Kol. 1, 16.17).

Und Er, der den Ausgang vom Anfang her gesehen und zuvorerkannt hat, Er, dem alle Seine Werke bewusst sind vom Anbeginn, Er sollte, Er könnte gewollt haben, dass diese Seine wunderbaren Geschöpfe niemals ihre wahre Bestimmung, nur zu Seiner Ehre dazusein, erreichten, sondern von Ihm selbst wieder gänzlich vernichtet werden sollten?! Für unser Denken eine ebenso große Ungeheuerlichkeit, wie die endloser, nutzloser, ziel- und zweckloser Qual und Marter.

Aber nicht unser Denken gibt in diesen Dingen den Ausschlag, sondern allein Sein untrügliches, wahrhaftiges Wort. Und wie schildert uns die Schrift den Ausgang, den es mit der vom Vater für den Sohn bestimmten Hauptschaft über das gesamte All nehmen wird?

Ihr Zeugnis ist schlicht, klar und unzweideutig: »Darum (weil Er gehorsam wurde bis zum Tod, ja, zum Tod am Kreuz; Vers 8) hat Gott Ihn auch hoch erhoben und Ihm den Namen verliehen, der über jeden Namen ist, damit in dem Namen Jesu jedes Knie sich beuge, der Himmlischen und Irdischen und Unterirdischen, und jede Zunge bekenne, dass Jesus Christus Herr ist, zur Ehre Gottes, des Vaters« (Phil. 2, 9-11).

Der Umfang dieser Verheißung ist zunächst wieder allumfassend. Es gibt keinen Bereich in der ganzen, weiten Schöpfung der Menschen-, Engel-, der oberen oder der unteren Welt, der hiervon ausgenommen wäre.

Denselben Ton schlägt auch Offb. 5, 13 an: »Und jedes Geschöpf, das im Himmel und auf der Erde und unter der Erde und auf dem Meer ist, und alles, was in ihnen ist, hörte ich sagen: Dem, der auf dem Thron sitzt, und dem Lamm den Lobpreis und die Ehre und die Herrlichkeit und die Macht in alle Ewigkeit!« Daran ist nichts zu verkürzen oder zu beschränken. Wenn Worte einen Sinn haben, dann haben diese keinen anderen, als dass jedes Geschöpf dahingebracht wird, Gott und dem Lamm die Ehre zu geben.

Es ist eine Anerkennung der unerbittlichen Bedeutung dieser das ganze All umschließenden Worte, dass man, um ihre Wucht abzuschwächen, auf den Gedanken verfiel zu lehren: Ja, sie werden Seinen Namen bekennen und die Knie vor Ihm beugen müssen, aber nur *gezwungenermaßen*, mit innerem Widerstreben, in ungebrochener, endloser Feindseligkeit! Wie ein solches Bekenntnis auch nur irgendwie zur »Ehre Gottes, des Vaters« dienen könnte, wird man ewig schuldig bleiben nachzuweisen. Aber das Zeugnis der Schrift, durch die Schrift selbst gedeutet, ist auch an diesem Punkt so licht und klar, dass Einfältige gar nicht irren können.

Die Quelle, aus welcher der Apostel Paulus durch den Geist den Inhalt seiner Aussage schöpfte, ist unverkennbar das Wort des Propheten Jesaja, wenn er (von Israel) weissagt: »Wendet euch zu mir und lasst euch retten, alle ihr Enden der Erde! Denn Ich bin Gott und keiner sonst. Ich habe bei mir selbst geschworen, aus meinem Mund ist Gerechtigkeit hervorgegangen, ein Wort, das nicht zurückkehrt: Ja, jedes Knie wird sich vor mir beugen, jede Zunge mir schwören und sagen: Nur in dem Herrn ist Gerechtigkeit und Stärke. Zu Ihm wird man kommen, und es werden alle beschämt werden, die gegen Ihn entbrannt waren. In dem Herrn werden gerecht sein und sich rühmen alle Nachkommen Israels« (Jes. 45, 22-25).

Zugegeben, der dortige Umkreis ist ein begrenzter, aber das ändert nichts an der Tatsache, dass die Worte vom Beugen der Knie und vom Schwören der Zunge nie und nimmer etwas von einem widerwilligen, erzwungenen Charakter an sich tragen.

Die, von denen das ausgesagt ist, rühmen sich der Gerechtigkeit und Stärke, die sie in dem Herrn gefunden haben. Wenn das Wort Gottes der einzig richtige Maßstab dafür ist, wie man ein Wort zu verstehen hat, dann ist allein mit diesem Hinweis die Frage erledigt.

Sie wird aber noch bedeutend verstärkt durch einen anderen Umstand, der sich von jedem sorgfältigen Schriftforscher leicht nachprüfen lässt. Um der Wichtigkeit des Gegenstandes willen geben wir hier gern wieder, was in Band VII (1913) der Monatsschrift »Das prophetische Wort« von C. F. Dallmus über Phil. 2, 9-11 geschrieben ist. Er sagt auf S. 156: »... Der stärkste Grund für die Annahme, dass das hier verheißene Bekenntnis ein williges, überzeugtes und Gott angenehmes sein wird, liegt für uns in der folgenden Tatsache: Der hier gebrauchte Ausdruck (ὁμολογεῖν) kommt an vielen anderen Stellen des Neuen Testaments vor, deren wir etliche hier anführen wollen, um nachzuweisen, in welchem Sinne dieses Bekennen (ὁμολογεῖν) verstanden sein will.

In Matth. 10, 32 (und Luk. 12, 8) verheißt Jesus dem, der Ihn vor den Menschen bekennt, dass auch Er ihn bekennen wird vor Seinem

Vater und den Engeln. Niemand kann zweifeln, was für ein Bekennen hier gemeint ist.

In Joh. 1, 20 bekennt Johannes der Täufer und leugnet nicht: Ich bin nicht der Christus! Von Widerwilligkeit und Zwang auch hier keine Spur.

In Joh 9, 22 kommen die Juden überein, wer Jesus anerkennen würde, der solle ausgestoßen werden aus der Synagoge. An Zwang bei solchem Bekennen haben sie gewiss nicht gedacht.

In Apg. 23, 8 wird den Pharisäern bezeugt, dass sie im Gegensatz zu den Sadduzäern beides, eine Auferstehung und auch das Dasein von Engeln bekannten.

In Apg. 24, 14 bekennt Paulus vor dem Landpfleger Felix seinen Glauben an den Nazarener mit großer Freimütigkeit, ohne allen Zwang.

In Röm. 10, 9.10 ist zweimal die Rede von einem Bekennen mit dem Munde, dass Jesus der Herr sei (also die gleiche Wendung wie Phil. 2), um gerettet zu werden. Die inhaltliche Übereinstimmung dieser Stelle mit der hier betrachteten ist sehr beachtenswert.

In 1. Tim. 6, 12 bezeugt Paulus seinem Sohn Timotheus, dass er bekannt habe ein gutes Bekenntnis, das jedenfalls kein widerwilliges war.

Der Leser vergleiche noch Matth. 7, 23; 14, 7; Joh. 12, 42; Apg. 7, 17 (wo ὁμολογεῖν mit »zugesagt hatte« übersetzt ist); Tit. 1, 16; Hebr. 11, 13; 13, 15; 1. Joh. 1, 9; 2, 23; 4, 2.3.15; 2. Joh. 7; Offb. 3, 5.

Für das Hauptwort (ὁμολογία) kommen noch in Betracht 2. Kor. 9, 13; 1. Tim. 6, 12.13; Hebr. 3, 1; 4, 14; 10, 23.

Für den des Griechischen unkundigen Leser sei bemerkt, dass das hier gebrauchte Wort ὁμολογεῖν sich zusammensetzt aus dem Worte ὁμός, welches soviel bedeutet wie »gleich, übereinstimmend«, und dem Zeitwort λέγειν = reden, sagen. Daraus ergibt sich dann die Bedeutung von »in Übereinstimmung (mit einem anderen) reden oder sprechen«, daher bekennen.

Nun kann jeder Leser sich selbst überzeugen, dass in all den angegebenen Stellen das Wort nur in dem Sinn eines durchaus ungezwungenen, freiwilligen, sogar freudigen Bekennens gebraucht wird.

Daneben gibt es aber noch eine verstärkte Form des Zeitwortes, nämlich ἐξομολογεῖν, oder in passiver (medialer) Form ἐξομολογεσθαι. So in Matth. 3, 6; Mark. 1, 5; Apg. 19, 18; Jak. 5, 16. Hier handelt es sich um Sündenbekenntnisse. Da wird nun dem gewöhnlichen ὁμολογεῖν noch die Präposition ἐξ vorgesetzt, um auszudrücken, dass diese Bekenntnisse so recht aus dem Herzen gekommen sind.

In dieser verstärkten Form erscheint das Wort z. B. auch zweimal in jener bekannten Anrede des Sohnes an Seinen himmlischen Vater, Matth. 11, 25; Luk. 10, 21. Da heißt es buchstäblich: Ich bekenne Dir aus tiefstem Herzen, Vater; was man durchaus sinngemäß übersetzt hat mit »Ich preise Dich, Vater.«

Die gleiche verstärkte Form kommt ebenfalls vor in Röm. 14, 11; 15, 9 (wo man auch übersetzt hat: Ich will Dich preisen unter den Heiden); Offb. 3, 5; und auch in der uns vorliegenden Philipperstelle.

Damit haben wir alle Stellen angeführt, in denen das Neue Testament sich dieses Wortes bedient. An keiner einzigen ist auch nur die fernste Andeutung von einer erzwungenen, widerwilligen Bekenntnisweise gegeben. Im Gegenteil, es liegen mehrere Beispiele vor, in denen dem Wort mit vollem Recht die Bedeutung des fröhlichen, danksagenden Lobpreises beigelegt wird.«

Soweit unser Einschub von C. F. Dallmus. Zur Bekräftigung des Gesagten sei noch darauf hingewiesen, dass in Matth. 7, 21-23 (vergl. Luk. 13, 25-27), wo Jesus weissagt, dass viele kommen und »Herr, Herr!« sagen werden, nicht das Zeitwort ὁμολογείν, sondern nur λέγειν (= sagen) gebraucht wird, womit deutlich unterschieden wird zwischen einem wirklich wahrhaftigen Herzensbekenntnis, dass Er der Herr ist, und einem bloßen Lippenbekenntnis, das unlauter und unwahrhaftig ist. Er selbst aber bekennt (ὁμολογείν) ihnen: »Ich habe euch nie gekannt.«

Wenn in über 35 Stellen des Neuen Testaments ein Wort nicht ein einziges Mal im Sinne eines widerwilligen, erzwungenen Bekennens vorkommt, dann ist der Beweis so eindeutig, dass das fragliche Wort die Bedeutung eines ungezwungenen, freiwilligen, aus dem Herzen kommenden Bekennens hat. Jeder Versuch, dem Wort an der vorliegenden Stelle einen durchaus verschiedenen, ja entgegengesetzten Sinn unterzuschieben, ist damit gerichtet.

Wohl ist es zu verstehen, dass man sich fragt, wie das zugehen soll, dass Wesen, die sich äonenlang in der verbissensten und verbittersten Feindschaft, in offener Empörung, in unbändigem Stolz und Trotz gegen die Majestät und Liebe des herrlichen Schöpfer- und Rettergottes verhärtet haben, dennoch letztlich zu Seinen Füßen anbeten und preisen werden. Sollte aber dem Herrn irgendetwas unmöglich sein?

Was wäre dagegen einzuwenden, wenn unserem herrlichen Haupt auch dieses krönende Meisterstück gelänge, alle jene äonenlange Feindschaft und Rebellion gegen Ihn schließlich vollkommen zu überwinden mit der Allgewalt Seiner triumphierenden, heiligen Liebe? Kann ein Mensch, der als ein bewusster Feind Gottes ein Freund, ja ein fröhliches, erlöstes Kind Gottes wurde, in der Tiefe seiner Seele etwas anderes als jauchzen bei dem bloßen Gedanken an ein solches Geschehen?

Und wer einmal wirklich nach allen Erweisungen göttlicher Liebe und Freundlichkeit durch die erleuchtende und herrliche Gnade Gottes in Christus Jesus hat Blicke tun dürfen in die unergründlichen Tiefen des eigenen Sündenverderbens, in die Möglichkeiten von Stolz und Trotz, Verzagtheit und Jämmerlichkeit, Lieblosigkeit, Gleichgültigkeit, Unbrüderlichkeit und Unversöhnlichkeit, heftiger, zäher, tiefwurzelnder, knechtender Vorurteile und tausend anderen Gebundenheiten des eigenen Ichs, der steht nicht mehr so ganz ungläubig vor solchen Wirkungen unbegreiflicher Liebe und unergründlichen Erbarmens selbst Geschöpfen gegenüber, die für uns die Verkörperung alles boshaften, schändlichen Wesens bedeuten.

Oder kann man in dem Gedanken an einen solchen Triumph der göttlichen Gnade wirklich etwas entdecken, das sich mit den hehrsten, geläutertsten biblischen Vorstellungen des göttlichem Wesens und göttlicher Eigenschaften niemals reimen oder versöhnen ließe? Wäre etwa durch äonenlange furchtbarste Strafe und Höllenpein der strengsten Gerechtigkeit und Heiligkeit Gottes nicht Genüge getan, auch in den denkbar schlimmsten Fällen teuflischer Verworfenheit, Bosheit, Lästerung und Tücke? Wir vermögen es nicht zu erkennen.

Doch wie gesagt, in dieser wie auch in anderen Dingen entscheidet nicht das menschliche Denk- oder Urteilsvermögen, sondern allein das feste prophetische Wort. Und das ist so unzweideutig und schlagkräftig, dass es gar nicht deutlicher ausgedrückt werden könnte, wollte man es auch versuchen.

Es ist lediglich die jahrhundertelange Entwöhnung unseres geistigen Auges, die uns zuerst schier unfähig macht, das in uns aufzunehmen und zu ertragen. Lässt man aber das volle, ungebrochene Licht wirken, dann durchfluten uns unbeschreibliche Wonnen ob solcher ungeahnten Herrlichkeit unseres großen Rettergottes.

D. Die Allversöhnung (1. Kor. 15, 24-28)

1. Die Aufhebung aller Herrschaft, Gewalt und Macht

Das Schriftwort, welchem wir die nun folgenden Offenbarungen entnehmen, gehört zu den weitreichendsten aller göttlichen Enthüllungen über die Zukunft. Es reicht weit hinaus über den Rahmen der Gesichte an die sieben Gemeinden, die dem Seher auf Patmos vom Herrn geschenkt wurden.

Es ist von großer Bedeutung, dass wir das deutlich verstehen und uns vergegenwärtigen, wenn wir die Schrift lesen, namentlich das letzte Buch der Offenbarung. Der Vermutung liegt nahe, dass dieses Buch, welches den Abschluss der neutestamentlichen Literatur bildet, deshalb auch den gläubigen Blick in die weitesten, die allerletzten Ziele göttlicher Gedanken mit Seiner Schöpfung eröffnet.

Wer aber die abschließenden Worte sorgfältig liest, die der Herr Seinem Knecht Johannes über den Charakter der ihm geoffenbarten Mitteilungen bezeugen lässt, der wird daraus unschwer erkennen, dass dieselben deutlich über sich selbst hinausweisen auf Ihn, der in Aussicht stellt: »Siehe, Ich komme bald und mein Lohn mit mir, um einem jeden zu vergelten, wie sein Werk ist. Ich bin das Alpha und das Omega, der Erste und der Letzte, der Anfang und das Ende« (Offb. 22, 12.13).

Damit gibt der Herr bereits zu verstehen, dass das bisher Gesagte und Geschaute noch nicht das letzte Ende dessen ist, was bevorsteht. Er selbst, das A und das Ω, ist immer noch zukünftig, d. h. birgt in Seiner Person und Seiner noch nicht abgeschlossenen Sendung die Vollendung der Gedanken und Wege Gottes mit der Schöpfung.

Noch deutlicher tritt das in den folgenden Worten hervor: »Glückselig, die ihre Kleider waschen, damit sie ein Anrecht am Baum des Lebens haben und durch die Tore in die Stadt hineingehen! Draußen sind die Hunde und die Zauberer und die Unzüchtigen und die Mörder und die Götzendiener und jeder, der die Lüge liebt und tut« (Verse 14.15).

Da ist zunächst die Rede von solchen, die erst noch ein Anrecht am Baum des Lebens erlangen sollen, deren Leben also noch keineswegs zur abschließenden Vollendung gekommen sein kann. Ferner wird auch auf solche hingewiesen, die draußen, d. h. offenbar außerhalb des gesegneten Einflusses der heiligen Stadt Gottes sind und die als Hunde (Unreine, Unzüchtige usw.) und Zauberer bezeichnet werden.

Man mag nun über den endlichen Ausgang des göttlichen Erlösungswerkes denken wie man will, soviel steht jedenfalls fest: Diese hier beschriebenen Zustände, die dann auf Erden noch vorhanden sein werden, lassen sich niemals in Einklang bringen mit dem einfachen, aber großartigen Zielwort für Gottes Werke und Wege, wie es in 1. Kor. 15, 28 aufgezeichnet ist: Gott alles in allem und allen. Ebenso undenkbar ist, dass dieses Ziel des göttlichen Programms erreicht werden könnte und dann draußen noch Hunde, Zauberer, Unzüchtige und dergl. sind.

Es darf also mit großer Zuversichtlichkeit angenommen werden, dass das Programm von 1. Kor. 15 einen ungleich größeren Kreis umschließt als die Schlussworte der Johannesoffenbarung, die nicht als das letzte Ende aller göttlichen Betätigungen zur Errettung einer verlorenen Welt angesehen werden können. Denn die Schrift kann sich weder jemals widersprechen noch kann ein Wort der Schrift ein anderes jemals aufheben oder für ungültig erklären.

Der Horizont von Offb. 22 ist also unverkennbar enger und begrenzter als der von 1. Kor. 15, 24-28.

Treten wir nun den Enthüllungen näher, welche uns der Apostel Paulus in den in der Kapitelüberschrift genannten Versen zu geben hat. Von der Ordnung bei der in geregelter Folge sich vollziehenden Auferstehung aller Toten war in Vers 23 die Rede. Zuvor schrieb er: »Denn wie in Adam alle sterben, so werden auch in Christus alle lebendig gemacht werden« (Vers 22). Aber nicht alle zur gleichen Zeit, sondern nach einer von Gott festgelegten Reihenfolge, die durch große, epochemachende Ereignisse gekennzeichnet ist. Drei Abstufungen nennt uns der Apostel:

1. Der Erstling Christus
2. Danach die Christus Gehörenden bei Seiner Wiederkunft
3. Dann das Ende (d. h. der Abschluss aller Auferstehungen)

Allein die Auferstehung des Christus, die als erste genannt wird (Kol. 1, 18) und die zugleich Anfang und Urgrund aller folgenden ist, kann der historischen Vergangenheit zugerechnet werden. Die beiden anderen Gruppen von Auferstehungen liegen unzweifelhaft noch in der Zukunft.

Die zeitliche Distanz zwischen der Auferstehung Christi und der Auferstehung derer, die Ihm gehören und die bei Seiner Wiederkunft geschehen soll, ist beträchtlich. Ein Zeitraum von bald neunzehn Jahrhunderten ist inzwischen verstrichen und Christus ist noch nicht wiedergekommen.

Wenn man den nüchternen Blick nun an solchen Zeiträumen orientiert, die der große Gott selbst verordnet und gebraucht, dann gewinnt man ein Verständnis für die Bemessung dessen, was noch aussteht.

Denn es liegt auf der Hand, dass zwischen der Auferstehung der Glieder des Leibes Christi, die ja doch nur einen sehr bescheidenen Teil aller Toten ausmachen, und dem »Ende«, das erst später kommen und womit die ganze herrliche Ernte der gesamten gestorbenen Menschheit in dem zweiten Adam Christus Jesus wieder zum Leben gebracht und eingefahren werden soll, doch wohl noch bedeutendere Zeiträume verstreichen werden als die neunzehn Jahrhunderte, die jetzt schon die Auferstehung des Erstlings scheiden von der Seiner teuer erkauften Gemeinde der Erstlinge aus allen Nationen, Juden und Heiden.

Wir geben ja gerne zu und erwarten es sogar, dass die Erweisungen des auferstandenen Herrn bei und nach Seiner Wiederkunft mittels der in Sein eigenes Herrlichkeitsbild verklärten Gemeinde dann sicher ein etwas rascheres Tempo einschlagen und eine erhöhte Wirksamkeit erreichen werden. Gleichwohl leuchtet ein, dass das noch zu bearbeitende Gebiet allein des Totenreiches von ganz ungeheurer Ausdehnung ist, besonders wenn man vorwegnimmt, was erst in Vers 26 hervortritt: Als letzter Feind wird der Tod abgetan.

Da müssen zuvor noch Ereignisse im Himmel und auf Erden und unter der Erde geschehen, zu deren gebührendem Vollzug nicht gering anzusetzende Äonen erforderlich sein dürften.

Darauf deuten ja auch Worte wie Eph. 2, 7 hin: »... damit Er in den kommenden Zeitaltern den überschwänglichen Reichtum Seiner Gnade in Güte an uns erwiese in Christus Jesus.« Wir dürfen uns das Blickfeld nicht durch die beliebte herkömmliche Zusammenschiebung der »letzten Dinge« in einen möglichst knappen Rahmen einengen lassen.

Man hat da fast ausschließlich mit dem beschränkten Maßstab des persönlichen Heils einer nur kleinen Auswahl von Gläubigen gemessen. Zur endlosen Verdammung aller Übrigen bedurfte es allerdings nur eines kurzen, grausigen Spruches. Da blieb an Gelegenheiten der Erweisung überschwänglicher Gottesgnade weiter nichts übrig. Damit war es ja, so wollte es die kirchliche Orthodoxie, für immer vorbei.

Kein Wunder, dass man keinen Blick für die weiten göttlichen Horizonte und keine Einsichten in die planmäßig aufeinanderfolgenden Äonen erlangen konnte. Man sieht nach oben nur die ganz enge Luke, durch welche man für sich den »schönen Himmel« erblickt, und nach unten einen schmalen Spalt, der einen schaudererfüllten Blick in die endlose Hölle aller Ungläubigen und Verdammten gewährt.

Anders die Schrift.

Wir haben es hier vornehmlich mit dem dritten Teil dieses großen göttlichen Planes zu tun, der uns die Aussicht in unermessene Fernen eröffnet: *Danach das Ende*.

Dieses »Ende« wird seinem wunderbaren Inhalt nach näher erläutert, indem der Apostel schreibt: 1. »wenn Er (Christus) das Reich dem Gott und Vater übergibt«, 2. »wenn Er alle Herrschaft und alle Gewalt und Macht weggetan hat« (Vers 24).

Damit ist als das eigentliche Ziel des königlichen Regimentes Christi Jesu, das mit Seiner baldigen Wiederkunft aus dem Himmel einsetzen wird, die endgültige Unterwerfung aller Seiner Feinde bezeichnet. Dieses Regiment ist erst dann als vollendet zu betrachten, wenn auch der letzte Feind, der Tod, endgültig aufgehoben sein wird. Vorher kann von einer Überantwortung Seines Reiches an den Vater, der Ihm alles unter die Füße gegeben hat, selbstverständlich keine Rede sein.

Dieser Gebrauch des Ausdrucks »Ende« hat uns mancherlei zu sagen. Vorab einmal, dass sich der göttliche Begriff des »Endes« wesentlich unterscheidet von dem, was wir Menschen weithin unter einem Ende verstehen.

In unserer Vorstellung überwiegt das Aufhören, der Abschluss der Tätigkeit oder des Zustandes, von dessen Ende hier gesprochen wird. Doch in diesem Fall verhält sich das offenbar anders. Es tun sich uns hier, wo von dem »Ende« die Rede ist, erst recht weite Blicke auf in ungeahnte Tiefen und Höhen göttlicher Betätigungen zur Erreichung Seiner in Seinem Sohne von den Ewigkeiten her beschlossenen Ziele mit dem ganzen geschaffenen All.

Natürlich ist der Gedanke an ein Aufhören gewisser Zustände und Verhältnisse nicht auszuschalten, jedoch ist er keineswegs der überwiegende, vorherrschende, maßgebliche. Die Bedeutung des Zieles, des letztlichen Ergebnisses, des großen Ertrages aller vorangegangener Zeiten beherrscht den Ausdruck sichtlich.

Zum anderen erkennt wohl auch der einfachste Leser der Schrift, dass dieses »Ende« nichts, aber auch gar nichts, mit der so beliebten und sehr bestimmend gewordenen Vorstellung vom »Ende der Welt« oder vom »Weltuntergang«, der gemeinhin mit der Wiederkunft des Herrn

Jesu zum Weltgericht gleichgesetzt wird, wie man es gern auszudrücken pflegt, zu tun hat.

Hier zeigt sich uns ganz klar, dass die Wiederkunft des Herrn einen unverkennbaren *Anfang* im großartigsten Stil markiert für das Einsetzen von Neubelebungskräften in der dem Tode verfallenen Menschheit, die sich zunächst an denen erweisen, die Ihm als Glieder Seines Leibes angehören. Danach erst – und zwar, wie wir noch deutlich erkennen werden, sehr lange danach – kommt das »Ende«, welches aber von seiner Bestimmung her erst recht wieder ein *neuer Anfang* ist.

»... wenn Er alle Herrschaft und alle Gewalt und Macht weggetan (abgetan, beendet) hat« (Vers 24, b). Das also ist der ausgesprochene Zweck Seiner Königsherrschaft, die mit Seiner Rückkehr aus dem Himmel einsetzt. Wie jetzt der gegenwärtige Äon dazu dient, Ihm aus allen Völkern der Erde – während Sein auserwähltes Volk Israel dem Verstockungsgericht anheimgegeben ist – eine Gemeinde zu sammeln und zuzubereiten, deren spezielle Berufung es ist, jetzt mit Ihm zu leiden und dann, wenn Er kommt, mit Ihm zu herrschen, so fügt sich ohne Bruch das kommende Zeitalter dem gegenwärtigen an und ein. Was heute vorbereitet wird, gelangt dann zur praktischen, weltweiten Ausführung.

Nun wissen aber alle erleuchteten und im Wort der Weissagung bewanderten Kinder Gottes, dass sich an die Sammlung und Vollendung der Gemeinde aus den Nationen zunächst die Wiederherstellung Israels als Gottes Eigentumsvolk und königliches Priestertum unter den Völkern der Erde anschließen wird.

Man sieht also gleich zu Beginn, wie unendlich weit sich der Horizont ausdehnt, der die Worte umschließt, die das »Ende« in Aussicht stellen. Denn es muss erst einmal alles erfüllt werden, was Gott durch den Mund aller Seiner heiligen Propheten von jeher geredet hat bezüglich Israels nationaler und geistlicher Wiedergeburt.

Davon gibt es aber so viel, dass schon mache ernsthafte, tiefgläubige und denkende Ausleger glaubten, die in der Offenbarung durch Johannes angegebenen tausend Jahre beschrieben wohl den Mindestumfang der großen Segens- und Friedenszeit, aber gewiss nicht das äußere Zeitmaß für das, was Gott Seinem Volk Israel und allen Völkern durch das erneuerte Israel zugesagt hat.

Wir schließen uns einer solchen Auffassung durchaus an, und zwar aufgrund der Tatsache, dass uns die Schrift hinsichtlich des Leidens und der Drangsale für Israel etwas ganz Ähnliches enthüllt.

Durch den Propheten Jeremia wurden sehr deutlich siebzig Jahre für die Dauer der Gefangenschaft in Babylon bestimmt. Und direkt im Anschluss daran heißt es: »... (dann) werde Ich mich euer annehmen und mein gutes Wort, euch an diesen Ort zurückzubringen, an euch erfüllen« (Jer. 29, 10).

Diesen Termin hat Gott damals genau und treu eingehalten, aber dennoch fand eine wiederholte Ausdehnung der Gerichte und Heimsuchungen über Sein ungläubiges, jedoch geliebtes Volk statt.

Dem Daniel wird geoffenbart, dass über sein Volk und seine heilige Stadt siebzig Jahrwochen bestimmt seien, dann werde die Übertretung getilgt und die ewige Gerechtigkeit hervorgebracht.

Auch von dieser Frist wurden zweifelsfrei neunundsechzig Wochen genau erfüllt; die siebzigste Jahrwoche steht, wie wir im 9. Kapitel der Schrift »Der Prophet Daniel oder Die Zeiten der Heiden« nachwiesen, erst noch aus in der Zeit der antichristlichen Drangsal.

Zwischen die neunundsechzigste und siebzigste Jahrwoche hat Gott einen Zeitlauf eingeschoben, dessen Maße niemand genau berechnen kann oder soll, wie der Meister den Jüngern auf ihre Frage nach der Wiederaufrichtung des Königreiches für Israel erklärte (Apg. 1, 6.7). Dieser zwischengeschaltete Zeitlauf dient, das wissen wir heute eindeutig, dem Zweck der Berufung, Sammlung und Zubereitung der gegenwärtigen gläubigen Gemeinde aus allen Nationen (Apg. 15, 14).

Das sind Aufschübe, die unser Gott vornahm, ohne Seine deutlich angegebenen Termine irgendwie zu verletzen oder zu missachten. Da darf man doch wohl sagen, wieviel mehr Gott es verstehen wird, die Israel verheißene Segenszeit hinauszudehnen, ohne dabei den Tausendjahrestermin auf irgendeine Weise zu verletzen.

So steht z. B. geschrieben: »Wie ihr ein Fluch unter den Nationen gewesen seid, Haus Juda und Haus Israel, so werde Ich euch retten, und ihr werdet ein Segen sein« (Sach. 8, 13). Hier legt Gott für sich selbst und Sein Tun in Gnaden den Maßstab fest, nach welchem Er sich verbindlich erweisen wird.

Und ein anderes Mal heißt es von dem Zeitmaß noch deutlicher: »Einen kleinen Augenblick habe Ich dich verlassen, aber mit großem Erbarmen werde Ich dich sammeln. Im aufwallenden Zorn habe Ich einen Augenblick mein Angesicht vor dir verborgen, aber mit ewiger (Äonen umfassender) Gnade werde Ich mich über dich erbarmen, spricht der Herr, dein Erlöser« (Jes. 54, 7.8).

Wenn Gott die langen, bangen, müden Jahrhunderte, nein Jahrtausende, in denen Er Sein Angesicht vor Israel verborgen hielt, einen »kleinen Augenblick« zu nennen vermag, wie wird Er dann in einem einzigen, kurzen Jahrtausend alles zu erschöpfen imstande sein, was Ihm an Gnade und Barmherzigkeit gegen Israel, das Er je und je liebte, auf dem Herzen liegt!

In diesen Zeitraum gehören auch Geschehnisse, allerdings sicher nicht gleich zu dessen Beginn, wie sie z. B. in Jes. 2 und Micha 4 in Aussicht gestellt sind, dass nämlich ganze Völker und große Nationen herzukommen, um sich in Jerusalem von dem Messias Israels belehren und unterweisen zu lassen, um von Ihm ganz neue Gesetze, Ordnungen und Schiedssprüche entgegenzunehmen, den Krieg abzuschaffen und eine völlig neue Staaten- und Völkerordnung anzunehmen und durchzuführen. Das alles sind Dinge, die man nur mit unnatürlichem Zwang in den Rahmen kurzer Zeitabschnitte hineindrängen kann, die zu ihrer Erprobung und Bewährung jedoch zweifelsfrei Jahrhunderte, wenn nicht sogar Jahrtausende erfordern.

Diese weltgeschichtlichen Bewegungen haben kein anderes Ziel, als das Reich und die Herrschaft und die Größe der Königreiche unter dem ganzen Himmel dem Volk der Heiligen des Höchsten in die Hände zu legen (Dan. 7, 27), damit die Schrift erfüllt wird: »Wenn wir ausharren, werden wir auch mitherrschen« (2. Tim. 2, 12), und: »sie herrschten mit dem Christus tausend Jahre« (Offb. 20, 4).

Daraus ergibt sich ohne Zweifel, dass als nächstes Ziel der Erweisungen göttlicher Macht und Herrlichkeit an den Seinen, sei es die Gemeinde, sei es das begnadigte und wiederhergestellte Israel, noch nicht die Beseitigung oder Aufhebung aller Herrschaft, Gewalt und Macht ansteht, sondern zuvor erst einmal die Aufrichtung der zerfallenen Hütte Davids, des messianischen Königreiches Jesu, der allein das Anrecht auf den Thron Seines Vaters David hat und der König sein wird über das Haus Jakobs für die dafür bestimmten Zeitalter, seien es tausend oder mehr Jahre (Apg. 15, 16; Luk. 1, 32.33),

Man darf hier keinesfalls verkürzen oder einschränken, da das ja die Zeiten sein werden, auf welche das Wort der Weissagung den Erben der Verheißung seit all dieser Zeit vertröstet hat, Zeiten, in denen Er, weil Er des Menschen Sohn ist, alles Gericht in Seinen Händen halten und die Völker der Erde mit eiserner Rute weiden und sie wie Töpfergefäße zerschmeißen, ihnen aber auch durch das dann erlöste und geheiligte Volk Seiner Wahl die schon dem Abraham verheißenen Segnungen zuwenden soll und wird. Zeiten des Menschensohnes, wie sie zu Recht genannt werden, in denen der Lauf der Weltgeschichte nicht mehr vom Geist aus dem Abgrund, vom Vater der Lüge, dem Mörder von Anfang an, bestimmt und beherrscht sein wird, sondern in denen sich die Völker dem Herrn verschreiben und sich mit dem Namen Jakobs nennen lassen werden (Jes. 44, 5; 60, 3.16).

Ist denn nicht, menschlich gesprochen – und doch göttlich gedacht und begründet –, der große Gott Seinem Gesalbten verpflichtet, dass dieser den Tatbeweis erbringt vor den Augen sämtlicher Völker der Erde, dass Er in Wahrheit der beste Gesetzgeber, Regent, Richter und Herr für ein gefallenes, verlorenes Geschlecht von sterblichen Menschen auf dieser Erde ist? Hat sich Gott nicht gebunden, nachdem alle Welt mit ihren eigenen Machenschaften bankrott ging, nun einmal zu beweisen, dass sich Sein Gesalbter auf die Leitung aller Weltgeschäfte besser versteht als alle bisherigen Großen und Gewaltigen der Erde, die benutzt und getrieben wurden von den Fürsten und Gewalthabern der Finsternis und der Bosheit?

Muss und wird es nicht dahin kommen, dass sich erfüllt, was geschrieben steht: »Denn der Herr ist unser Richter, der Herr unser Anführer, der Herr unser König. Er wird uns retten« (Jes. 33, 22)?

Alles Gerede, es sei des himmlischen Herrn unwürdig, dass man Ihn zu einem politischen Herrscher degradieren wolle, ist belanglos. Man überlasse es doch lieber dem großen Gott selbst, darüber zu entscheiden, was Seiner würdig ist.

Wer aber der Geschichte Israels, wie sie uns die Schrift zeigt, glaubt, der weiß, dass es Jahwe tatsächlich nicht für unter Seiner Würde hielt, Gesetzgeber, Richter und König eines sündigen, verkehrten und hartnäckigen Volkes sterblicher Menschen auf dieser Erde zu sein, und dass Er sehr ungehalten war, als Israel um einen König bat, wie ihn die anderen Völker hatten, da Er darauf bestand, Er sei als solcher allein genügend. Und das mit gutem Recht.

Dass es einen höheren Grad von Geistlichkeit bedeuten soll, wenn man es nicht wahrhaben will, dass unser Gott in Christus (der doch kein anderer ist als der Jahwe des Alten Bundes) das auch in zukünftigen Zeiten so halten will, vermögen wir nicht einzusehen. Wir halten es vielmehr für sehr ungeistlich, Gott auf Sein einfaches Wort hin nicht zu glauben, ohne daran herumzudeuteln.

Wie real und natürlich all diese Vorhaben Gottes sind, geht auch aus den Zusagen hervor, die Gott speziell Seinem Volk Israel für jene zukünftige große Zeit ihrer Wiederherstellung im verheißenen Land gegeben hat.

Da heißt es: »Und Ich werde euch ein neues Herz geben und einen neuen Geist in euer Inneres geben; und Ich werde das steinerne Herz aus eurem Fleisch wegnehmen und euch ein fleischernes Herz geben. Und Ich werde meinen Geist in euer Inneres geben; und Ich werde machen, dass ihr in meinen Ordnungen lebt und meine Rechtsbestimmungen bewahrt und tut. Und ihr werdet in dem Land wohnen, das Ich euren Vätern gegeben habe (und nicht im Himmel!), und ihr werdet mir zum Volk (auf dieser Erde, die das wahrlich brauchen kann), und Ich, Ich, werde euch zum Gott sein. Und Ich werde euch befreien von all euren Unreinheiten. Und Ich werde das Getreide herbeirufen und es vermehren und keine Hungersnot mehr auf euch bringen; und Ich werde die Frucht des Baumes und den Ertrag des Feldes vermehren, damit ihr nicht mehr das Höhnen wegen einer Hungersnot hinnehmen müsst unter den Nationen« (Hes. 36, 26-30).

Dass unser Gott Seine mit Christus auferweckte und samt Ihm in die himmlischen Regionen versetzte Gemeinde dort sehr herrlich und glücklich machen kann, bezweifeln wir deshalb nicht. Doch es bedeutet genauso verwerflichen Unglauben, jene Israel gegebenen Zusagen nicht in ihrem einfachen Wortsinn anzunehmen und zu glauben, wie zu leugnen, dass in Seines Vaters Hause viele Wohnungen sind und Er hinging, uns dort die Stätte zu bereiten. Beide Zusagen sind gleich göttlich, gleich zuverlässig.

Man lasse nur Israel als Volk aus dem Himmel heraus und wehre Gott nicht, ihnen das verheißene Land wiederzugeben, genau wie Er es gesagt hat! Das ist die rechte Weise des Heiligen Geistes, Gottes Wort zu nehmen und zu achten. Die beliebten »Vergeistigungen« dagegen sind geradezu ungeistlich.

Und alles, was Gott Seinem Volk Israel zugedachte, dient dem großen Zweck: »Und es soll mir zum Freudennamen sein, zum Ruhm und zum Schmuck bei allen Nationen der Erde, die all das Gute hören, das Ich ihnen tue. Und sie werden zittern und beben über all das Gute und über all den Frieden, den Ich ihm (Jerusalem) angedeihen lasse« (Jer. 33, 9).

Und abermals: »Siehe, zu jener Zeit werde Ich an denen handeln, die dich unterdrücken. Ich werde das Hinkende retten und das Vertriebene werde Ich zusammenbringen. Und Ich werde sie zum Lobpreis und zum Namen machen in jedem Land ihrer Schande. In jener Zeit werde Ich euch herbeiholen und zu jener Zeit euch sammeln. Denn Ich werde euch zum Namen und zum Lobpreis machen unter allen Völkern der Erde, wenn Ich euer Geschick vor euren Augen wenden werde, spricht der Herr« (Zeph. 3, 19.20).

Das sind die Dinge, welche die Heiligung Seines Namens bedeuten, den Israel unter den Heiden entweihte, und den Gott heiligen will, wenn Er an ihnen tut nach allem, was Er geredet hat (Hes. 36, 20 ff.). Das ist es, was Jesus Seine jüdischen Jünger beten lehrte: »Dein Königreich komme; Dein Wille geschehe, wie im Himmel so auch auf Erden« (Matth. 6, 10). Alles dies muss und wird geschehen, in geregelter Folge, ohne Übereilung und Überstürzung, ehe das »Ende« kommen kann, von welchem hier die Rede ist.

Denn dieses »Ende« bedeutet die Beseitigung, die Aufhebung jeder Herrschaft, Gewalt und Macht und nicht ihre Aufrichtung, ihre Erprobung, ihre Festigung, damit die Schrift erfüllt wird.

Nun dürfen wir aber einen deutlichen Hinweis, den uns das Wort Gottes gibt über den Charakter der Herrschaften, Gewalten und Mächte, deren Beseitigung zunächst ins Auge gefasst ist, nicht übersehen.

In erster Linie ist dabei jedenfalls an feindselige Mächte zu denken, wie sie im gegenwärtigen Zeitalter noch mitbeteiligt sind an der Verwaltung und Leitung der Weltgeschäfte, der Politik, der Geistesströmungen und -richtungen, die dem jetzigen Zeitlauf seinen bösen Charakter geben. Das tritt uns sehr klar aus Hebr. 2, 5 entgegen: »Denn nicht Engeln hat Er unterworfen den zukünftigen Erdkreis, von dem wir reden.«

Dass unter diesen Engeln vornehmlich gefallene, verfinsterte, gottfeindliche zu verstehen sind, geht deutlich aus Eph. 2, 2 und 6, 12 (zu vergl. mit Dan. 10, 20 bis 11, 1) hervor. Aus der letztgenannten Stelle, bei Daniel, geht allerdings auch hervor, dass gute Engelgeister ebenfalls gemeint sind.

Doch belegt die Schrift nur den Satan mit dem merkwürdigen und bezeichnenden Titel »Fürst (und Gott) dieser Welt«! Das ist nicht von ungefähr, sondern weist darauf hin, dass es sich bei der Beseitigung aller Herrschaft vorzüglich um die Beseitigung satanischer, gottfeindlicher Gewalt und Macht handelt.

Darauf weist ja auch unverkennbar das Wort aus Offb. 20, 1-3 hin: »Und ich sah einen Engel aus dem Himmel herabkommen, der den Schlüssel des Abgrundes und eine große Kette in seiner Hand hatte. Und er griff den Drachen, die alte Schlange, die der Teufel und der Satan ist;

und er band ihn tausend Jahre und warf ihn in den Abgrund und schloss zu und versiegelte über ihm, damit er nicht mehr die Nationen verführe, bis die tausend Jahre vollendet sind. Nach diesem muss er für kurze Zeit losgelassen werden.«

Mit diesen Worten ist allerdings noch nicht die endgültige und völlige Beseitigung dieser satanischen Verführungsmacht ausgesprochen, vielmehr steht in Aussicht, dass der Satan nach den tausend Jahren für kurze Zeit wieder losgelassen wird und es ihm gelingt, ganze Heeresmassen, Gog und Magog, zum Streit gegen das Heerlager der Heiligen und die geliebte Stadt Jerusalem aufzuwiegeln, worauf erst dann sein endgültiger Sturz in den Feuer- und Schwefelsee erfolgt (Offb. 20, 7-10).

Aus Hebr. 1 und 2 geht aber deutlich hervor, dass an die Stelle der Herrschaft und Leitung der Engel für die zukünftige Welt (d. i. die bewohnte Erde) das Regiment des Sohnes und damit Seiner Heiligen und Erlösten treten wird, von dem gesagt ist: »... jetzt aber sehen wir Ihm noch nicht alles unterworfen. Wir sehen aber (im Glauben) Jesus, der kurze Zeit unter die Engel erniedrigt war, wegen des Todesleidens mit Herrlichkeit und Ehre gekrönt, damit Er durch Gottes Gnade für jeden den Tod schmeckte« (Hebr. 2, 8.9). Weiterhin wird vom Sohne ausgesagt, dass Er durch den Tod den zunichte machte, der die Macht des Todes hat, das ist der Teufel (Vers 14). Das alles sind ganz klare Berührungspunkte mit den Ausführungen, die uns Paulus in 1. Kor. 15 gibt. Es sind die gleichen Grundzüge der großen Wandlung, welche mit der Wiederkunft des Auferstandenen aus dem Himmel hinsichtlich der Weltherrschaft vollzogen wird.

Somit ergibt sich, dass die Einsetzung des Sohnes und der berufenen und auserwählten Söhne Gottes in die Herrschaft gleichzeitig auch die Beseitigung aller anderen Gewalt und Macht bedeutet. Mit der einen geschieht das andere.

Es bedarf sicher keiner besonderen Beweisführung, um verständlich zu machen, dass alle diese großen, weltgeschichtlichen Vorgänge zu ihrer gebührenden Entfaltung und Ausgestaltung ganz bedeutende Zeiträume erfordern werden.

Warum sollte auch der große, ewige Gott, d. h. der Gott der Zeitalter oder, wie Er bei Daniel heißt, der Hochbetagte, in Eile sein und dem herrlichen Menschensohne die praktische Darstellung und Offenbarung Seiner Weisheit, Macht, Majestät und Liebe abkürzen? Hat Er doch die Zeitalter durch den Sohn und für den Sohn geschaffen.

So sollen sie denn ihren Zweck erfüllen und in ihrem geregelten

Verlauf der staunenden, jauchzenden, aus jahrhundertelanger Knechtschaft und Verblendung erwachenden Menschheit die Tugenden dessen verkünden, der der Schönste ist unter Zehntausenden, der die Hoffnung Israels und die Sehnsucht der Nationen in der langen, bangen Zeit der Obrigkeit der Finsternis war.

Sie sollen wie in einem breiten, tiefen und mächtigen Strom alles in sich fassen und bis an die Enden der Erde ausfluten lassen, was an Schätzen der Weisheit und Erkenntnis Gottes verborgen und verschlossen ist in Christus Jesus, unserem Herrn.

Haben schon der alte, der erste Adam, und mit ihm und durch ihn Satan, der Gott dieser Welt, ihren Jahrtausende währenden »Tag« gehabt, warum soll dann der Tag des Menschensohnes eine geringere Ausdehnung haben? Niemand braucht sich zu sorgen, dass die kommenden Zeitalter langweilig oder eintönig werden könnten. Denn in Christus Jesus wohnt die ganze Fülle Gottes leibhaftig (Kol. 2, 9).

Und wenn schon die alte Erde und der alte Himmel die Ehre Gottes verkündigen, wieviel mehr wird das gelten, wenn der, welcher auf dem Thron sitzen wird, nun darangeht, Sein Wort einzulösen: »Siehe, Ich mache alles neu« (Offb. 21, 5)! »Wir erwarten aber nach Seiner Verheißung neue Himmel und eine neue Erde, in denen Gerechtigkeit wohnt« (2. Petr. 3, 13)!

Doch welche besondere Bewandtnis hat es mit der endlichen und völligen Aufhebung *aller* Herrschaft, Gewalt und Macht, auch der guten, heiligen, vollkommenen, gesegneten Obrigkeiten und Ordnungen? Ist an eine solche Beseitigung jeder obrigkeitlichen Gestaltung des Lebens auf Erden und im Himmel wirklich ernsthaft zu denken? Kann das der Sinn der hier geschrieben Worte sein? Würde das nicht vielmehr einem Rückfall in chaotische, völlig ungeordnete Zustände, in uferlose Verwirrung und heilloses Durcheinander gleichkommen? Und steht denn nicht im Propheten Daniel deutlich geschrieben: »Sein Reich ist ein ewiges Reich, und alle Mächte werden Ihm dienen und gehorchen« (Dan. 7, 27 b)? Und in den Psalmen: »Dein Reich ist ein Reich aller künftigen Zeiten, Deine Herrschaft dauert durch alle Geschlechter hindurch« (Ps. 145, 13)?

Das sind sicher beachtenswerte Einwürfe, denen wir gebührend begegnen müssen und wollen.

Man könnte bei den beiden Versen 25 und 26 von 1. Kor. 15 gewiss auf den Gedanken kommen, dass es sich bei den Worten vom Abtun jeder Herrschaft, Gewalt und Macht lediglich um die Beseitigung der gottfeindlichen, gottwidrigen Herrschaften und Gewalten und Machthaber handelt, zumal als letzter Feind, der weggetan werden wird, der Tod besonders genannt wird.

Doch wir haben es hier zugleich mit zwei anderen sehr deutlichen Aussagen zu tun, die keinen Raum lassen für die Annahme, dass nur die feindlichen Herrschaften einmal ganz aufhören sollen. Denn in Vers 24 ist klar gesagt, dass Christus am »Ende« das Königreich oder die Königsherrschaft, die der Vater Ihm übergeben hatte, an den Vater zurückgeben wird. Und dasselbe wird nachher in Vers 28 dahingehend bestätigt: »Wenn Ihm aber alles unterworfen ist, dann wird auch der Sohn selbst dem unterworfen sein, der Ihm alles unterworfen hat, damit Gott alles in allem sei.«

Was auch immer wir uns unter der Rückgabe der Königsherrschaft seitens des Sohnes an Gott, Seinen Vater, vorzustellen haben, sie kommt dabei jedenfalls zu einem ganz bestimmten Abschluss oder Ziel und hört als solche auf zu bestehen. Dass das nicht etwa geschieht, weil sich der Sohn als Herrscher nicht bewährt hätte, bedarf keines Beweises. Geradezu das Gegenteil ist der Fall. Seine königliche Herrschaft in dem gesamten weiten Bereich ihres herrlichen Bestandes war so vollkommen, so zweckentsprechend, so erfolgreich, dass weiterhin für ein solches Regiment überhaupt keine Notwendigkeit mehr besteht.

Wir erachten dies als die einzig mögliche und würdige Deutung der hier geoffenbarten Tatsache von der Rückgabe der Königsherrschaft, des messianischen Reiches, an den, der es seit Jahrtausenden verheißen und in der Fülle der Zeiten dem Auserwählten wirksam übertragen hatte für das große, gewaltige Ziel der völligen Wiederherstellung der seit Jahrtausenden, ja seit Äonen gestörten Harmonie zwischen Schöpfer und Geschöpfen, und mehr als das, zur durchgreifenden Allversöhnung von Himmel und Erde. Mit dem Erreichen dieses Zieles wird der Fortbestand Seiner Herrschergewalt als solche gegenstandslos und darf aufhören. Das wird sich uns aus den folgenden Erwägungen noch deutlicher zeigen.

Fragen wir zunächst, wodurch denn überhaupt Obrigkeit, Herrschaft, Macht und Gewalt erforderlich und unentbehrlich wurden, so kann es darauf nur eine Antwort geben: durch die Sünde. Denn wenn z. B. alle Menschen in der Gesinnung Jesu Christi stünden, wozu bedürfte es da der Gesetze, der Polizei, der Herrscher, der Gewalthaber? »Denn die Regenten sind nicht ein Schrecken für das gute Werk, sondern für das böse« (Röm. 13, 3).

Und eine andere Stelle sagt: »Das Gesetz aber kam daneben hinzu, damit die Übertretung überströmend werde«, oder dass das Maß der Übertretungen voll werde (Röm. 5, 20). In einer sünd- und selbstlosen Menschheit, die nur von der Liebe Gottes getrieben und regiert wäre, die durch Seinen Geist erleuchtet eine vollkommene Erkenntnis Seines heiligen und guten Willens besäße, gäbe es für Obrigkeiten, Herrscher und Machthaber kein Betätigungsfeld.

Auf dieser Linie liegt ja auch der Schlüssel für die köstliche Anordnung Gottes mit der Gemeinde, die in Christus Jesus ist, dass dieselbe nämlich nicht unter Gesetz, sondern unter Gnade steht. Deshalb werden die Gläubigen strengstens gewarnt, ja nicht mehr mit Gesetz (Verordnungen, Vorschriften, Satzungen und dergl.) umzugehen, wodurch doch nur die Erkenntnis der Sünde geschieht (Röm. 3, 20) und nur Zorn bewirkt wird (Röm. 4, 15). Vielmehr sollen sie im Glauben der Tatsache Rechnung tragen, dass die allen Menschen heilbringende Gnade uns in die Zucht nimmt zur Verleugnung des ungöttlichen Wesens und der weltlichen Lüste und zur Verwirklichung eines besonnenen, gerechten und gottseligen Wandels.

In der ersten großen Weltperiode, vom Sündenfall bis zum Flutgericht, lebte die Menschheit ohne Regierungen und Obrigkeiten, ohne rechtliche und staatliche Ordnungen. Gewalttat und Gräuel erfüllten die Erde. Bis auf acht Seelen musste die ganze Menschheit vom Erdboden vertilgt werden.

Nach der Flut entstanden zuerst Selbstherrscher, Tyrannen, es kam zur Bildung von Reichen, Staaten und Nationen. Das organisierte, bewusste Heidentum bildete sich aus. Während Gott die Völker auf diesen Bahnen ihre eigenen Wege gehen ließ, nahm Er Sein auserwähltes Volk in die strenge Schule des Gesetzes, in der ganz herrliche, treue Knechte, aber keine Söhne erzogen und herangebildet wurden.

Die Sünde aber herrscht mit furchtbarer Macht und Tyrannei und gipfelt unter dem Gesetz in der Verwerfung des aus dem Himmel gesandten Sohnes Gottes durch die gesetzesfrommen Hohenpriester und Ältesten Israels. Der Beweis ist erbracht, dass sowohl die Menschheit ohne Gesetz und Obrigkeit als auch die unter dem Gesetz und unter göttlicher Ordnung gleichermaßen verdammungswürdig sind, ermangelnd des Ruhmes der Herrlichkeit Gottes.

Nun begann Gott ein völlig Neues, das Regiment der heilbringenden Gnade in der Erwählung, Sammlung und Zubereitung allein durch Gnade, ohne Zutun des Gesetzes, ohne stramme, statutengemäße Organisation, ohne Vorgesetzte und Untergebene, ohne Herrscher und Dienende, ohne Regenten und Untertanen – einer Gemeinde von Glaubenden, die durch einen Geist zu einem Leibe getauft, zur vollendeten Einheit in und mit Seinem Christus gebracht werden. Ein großartiges Schauspiel den Fürstentümern und Herrschaften in den himmlischen Regionen, die an eine solche Möglichkeit der mannigfaltigen Weisheit Gottes wohl nie gedacht hatten (Eph. 3, 10).

Dabei ist es die ausgesprochene, zielbewusste Absicht Gottes, Seine Berufenen und Auserwählten umzugestalten in das Ebenbild Seines Sohnes, damit Er der Erstgeborene sei unter vielen Brüdern. Zugleich ist Er aber auch der Erstgeborene vor allen Kreaturen und dabei der zweite und letzte Adam, d. h. das Haupt einer ganz neuen, in Sein eigenes Bild zu gestaltenden Menschheit.

Was Er zunächst an Seiner Gemeinde vollbringt, ist maßgebend und mustergültig für die letzten großen Endziele Gottes mit Seiner gesamten verlorenen Menschenwelt. »Denn wie in Adam alle sterben, so werden auch in Christus alle lebendig gemacht werden« (1. Kor. 15, 22). Was durch die Sünde des ersten Adams verdarb, wird durch die Gerechtigkeit des zweiten vollkommen aufgewogen und überwogen. »Wo aber die Sünde überströmend geworden, ist die Gnade noch überschwänglicher geworden« (Röm. 5, 20 b; siehe gesamtes Kapitel 5).

Sind nicht alle unseren wohlgemeinten Versuche, das Gesetz in der Gemeinde Gottes wieder aufzurichten, gründlich und verdienterweise fehlgeschlagen? Und wie hat man sich an dem Leibe Christi versündigt mit der Einführung hierarchischer Obrigkeitsstrukturen! Wie wenig hat man verstanden, was der Herr schon in den Tagen Seines Fleisches Seinen Jüngern sagte: »Ihr wisst, dass die, welche als Regenten der Nationen gelten, sie beherrschen und ihre Großen Gewalt gegen sie üben. So aber ist es nicht unter euch; sondern wer unter euch groß werden will, soll euer Diener sein; und wer von euch der Erste sein will, soll aller Sklave sein« (Mark. 10, 42-44).

Haben wir nicht unter dem gewiss aufrichtig gemeinten Wahn, bezüglich der Lehre und der Verwaltung Ordnung zu schaffen und zu sichern, die denkbar größte Verwirrung und Unordnung gestiftet und in dem Wahn, die Einheit zu fördern, die größte Zerrissenheit und Zerfahrenheit? Hat Gott denn unsere vermeintliche Weisheit nicht zur Torheit gemacht? Doch Er behält Recht und Sein Plan gelingt Ihm trotz aller menschlichen Verkehrtheit. Er verfolgt Sein Ziel mit souveräner Ruhe und Stetigkeit. Und der Sohn wird Seine Gemeinde verheißungsgemäß darstellen, herrlich und ohne Flecken oder Runzel oder etwas dergleichen (Eph. 5, 27).

Darin liegen zugleich Musterprobe und volle Gewähr für das Gelingen dessen, was Er sich letzten Endes mit der ganzen Menschheit, ja mit aller Schöpfung vorgenommen hat nach dem Wohlgefallen Seines Willens und nach dem Rat Gottes von den Ewigkeiten her, nämlich »alles zusammenzufassen (als unter ein Haupt) in dem Christus, das, was in den Himmeln, und das, was auf der Erde ist – in Ihm« (Eph. 1, 10).

Welch wunderbares Licht fällt von hier aus auf die Bedeutung und Stellung der Gemeinde, des Leibes Christi, in dem großen göttlichen Programm zur letztendlichen, völligen Versöhnung des ganzen Kosmos. Von hier aus wird es erst verständlich, weshalb die Gemeinde z. B. in Kol. 1, 18 ihren Platz an Seiner Seite angewiesen bekommt, gerade dort, wo ausgeführt wird, dass es nicht nur der ganzen Fülle gefiel, in Ihm zu wohnen, sondern auch durch Ihn alles mit sich zu versöhnen – indem Er Frieden gemacht hat durch das Blut Seines Kreuzes –, sei es, was auf der Erde oder was in den Himmeln ist (Verse 19.20), eben das gesamte All, von dem vorher ausgeführt wurde: »Denn in Ihm ist alles in den Himmeln und auf der Erde geschaffen worden, das Sichtbare und das Unsichtbare, es seien Throne oder Herrschaften oder Gewalten oder Mächte: alles ist durch Ihn und für Ihn geschaffen; und Er vor allem, und alles besteht durch Ihn« (Verse 16.17).

Da erscheint die Gemeinde neben Ihm nicht nur als ein prachtvolles Schmuckstück, als bloßer Zierrat, auch nicht nur als reichstes Beutestück und Triumphergebnis Seines Seelenkampfes von Gethsemane und Golgatha, sondern als das wunderbare, einheitliche, vollendete Organ des über alle Maßen herrlichen Hauptes, dem schließlich mittels Seines Leibes, der Gemeinde, das gesamte All unterworfen und eingegliedert werden soll und wird.

Und in der gleichen Weise, wie uns heute der Geist dessen, der Jesus aus den Toten auferweckte und durch den wir umgestaltet werden in Sein Bild von Klarheit zu Klarheit, das persönliche Unterpfand ist, die Gewähr für die Vollendung in Sein Ebenbild, für die Verklärung unserer Leiblichkeit in die Gleichgestalt des Leibes Seiner Herrlichkeit (Phil. 3, 21), also Geistleiblichkeit, so ist im weiteren Rahmen die mit Ihm und in Ihm verherrlichte Gemeinde, die Seines Geistes ist, das Unterpfand und die Gewähr dafür, dass Er alles, was in uns begonnen und verwirklicht wurde, hinausführen wird mit der ganzen großen Schöpfung, deren Erstlinge wir sind.

Die Gemeinde ist aber nicht nur errettet von der Obrigkeit und Gewalt der Sünde, der Finsternis und des Todes, unter welchen sie wie die übrigen Menschen von Natur aus stand, sondern ihr Leben und Gedeihen, ihr Wachstum und ihre Vollendung sind nach keiner Seite hin von Obrigkeit, Gewalt, Herrschaft oder Macht irgendwie abhängig.

Sie untersteht allein dem Gesetz des Geistes des Lebens in Christus Jesus, dem vollkommenen Gesetz der Freiheit, weil der völligen Liebe, die alle Furcht ausschließt. Daher werden die Glieder Seines Leibes auch niemals Seine Untertanen genannt, obgleich sie Ihn als ihren Herrn und Meister anerkennen und in willigem Gehorsam lieben, in der Zucht des Geistes der Gnade.

Gelingt es also unserem herrlichen Herrn und Haupt, aus der gesamten Menschheit und Engelwelt die Sünde, die Empörung, die Auflehnung und Feindschaft für immer zu beseitigen und aufzuheben, dann ist in dem großen, weiten Bereich der somit erlösten Schöpfung jede Notwendigkeit des Fortbestandes und der Verwendung von Herrschaft, Macht oder Gewalt zur Ordnung, Regelung und Aufrechterhaltung des gesamten Alls damit ebenso beseitigt und aufgehoben.

Um noch kurz auf den oben erwähnten Einwand zurückzukommen, dass doch geschrieben stehe, das Reich des Messias sei ein ewiges und für alle künftigen Zeiten bestimmt (Dan. 7, 27; Ps. 145, 13), so wird es genügen, darauf zu verweisen, dass wir eben unsere unbiblischen, rein philosophischen Vorstellungen von der Bedeutung der Ewigkeiten zu revidieren und zu korrigieren haben. Die Ewigkeiten (Äonen) sind nach der Schrift Schöpfungen durch den Sohn (Hebr. 1, 2; »Welten«, Elberfelder, oder »Welt«, Luther, sind traurige Fehlübersetzungen des dort vorkommenden Wortes αἰῶνας – »Äonen«!) und für den Sohn, die allesamt einen Anfang hatten und ein Ende haben werden. Was für eine Zeitenordnung dann eingeführt wird, können wir getrost dem überlassen, der die Äonen rief und zur Entfaltung der Herrlichkeiten des Sohnes benutzte.

Hat der Sohn, dem sie unterstehen, die Ihm von Seinem Vater gestellte Aufgabe zur Zufriedenheit gelöst, ist jede Gewalt, Herrschaft und Macht abgetan, jeder Feind unterworfen und auch der letzte Feind, der Tod, aufgehoben, dann werden auch die Ewigkeiten, die Äonen aufgehoben, weil sie ihren gewaltigen Dienst und Zweck erfüllt haben. Jenes Wort von dem ewigen Reich des Gesalbten bleibt also durchaus zu Recht bestehen, nur bekommt es eine andere als die herkömmliche, unverständliche, ungebührende Bedeutung. (Weiteren Aufschluss über diese grundlegende Frage kann der geneigte Leser in dem vom selben Autor verfassten Traktat »Was versteht die Schrift unter Ewigkeit?« finden.)

2. Der Tod als letzter Feind abgetan

Ein kurzes, knappes, aber ungemein inhaltsreiches Wort, bei dem zunächst anzumerken ist, dass dasselbe in erfrischender Deutlichkeit gründlich aufräumt mit der philosophischen Lüge, der Tod sei ein wahrer Freund der armen Menschheit.

Dass der leibliche Tod unter gewissen Umständen als eine Art Befreiung oder Erleichterung eines schweren, schier unerträglichen Loses voller furchtbarer Schmerzen, Gebundenheiten und dergl. angesehen werden kann, geben wir gerne zu. Aber das gilt auch nur unter gewissen Voraussetzungen, z. B. wenn Christus unser Leben wurde. Erst dann ist Sterben Gewinn. Natürlich nicht in dem Sinne, dass es uns wirkliche Erlösung brächte, sondern nur so, dass wir durch den Triumph dessen, der dem Tode die Macht genommen hat, auch imstande sind, über denselben zu triumphieren, insofern, als derselbe uns nur in die innigere, ungetrübte Gemeinschaft mit unserem Herrn, seinem Besieger, bringen kann.

Dabei steht aber immer noch die Erlösung unseres Leibes aus des Todes Banden durch Auferstehung aus. Daher betont Paulus, der Sterben als einen Gewinn bezeichnen durfte, auch mit großer Bestimmtheit: »Denn wir freilich, die in dem Zelt sind, seufzen beschwert, weil wir nicht entkleidet (leiblich sterben), sondern überkleidet werden möchten, damit das Sterbliche verschlungen werde vom Leben« (2. Kor. 5, 4).

Nein, die Schrift behält in jedem Fall Recht gegen allen Betrug der Finsternis und Philosophie. Der Tod ist ein *Feind* des Lebens. Somit kann von einem völligen Triumph des Lebensfürsten in der ganzen weiten Schöpfung erst dann die Rede sein, wenn der letzte Feind, der Tod, vollständig aufgehoben wurde. Und gerade das stellt uns dieses Wort zuversichtlich in Aussicht. Was will es uns sagen?

Man mag sich den Inhalt dieser Verheißung vorstellen wie man will, eines ist nicht von der Hand zu weisen: Sie kann niemals als erfüllt gelten, solange noch irgendwo im Herrschaftsbereich des Herrn Jesus irgendein anderer Feind als solcher existiert und sein Unwesen treibt.

Dies bedarf bei einem einfältigen Schriftleser auch keines besonderen Beweises. Es ist so selbstverständlich, dass *zuerst* alle und jede andere Feindschaft im Himmel und auf Erden oder unter der Erde, sei's bei Engeln, Menschen oder Dämonen oder irgendwelchen anderen sichtbaren oder unsichtbaren Geschöpfen, beseitigt sein muss, ehe diese Zusage als erfüllt angesehen werden kann.

Es steht also nach diesem einzigen Wort schon völlig fest, dass sämtliche Feindschaft gegen den Herrn und Seinen Gesalbten endgültig aus der Welt geschaffen wird, das heißt, es kommt die Zeit, in der es weder einen Teufel, Widersacher Satan, Drachen als solchen mehr geben wird noch irgendein anderes Wesen, in dem auch nur eine Spur von Feindseligkeit gegen Gott und Christus übriggeblieben wäre. Sonst könnte es nie heißen, der Tod sei der *letzte* Feind, der weggetan werde.

Das wird auch entscheidend erhärtet durch jenes deutliche letzte Wort der Schrift, das uns über das Geschick und Gericht Satans informiert: »Und der Teufel, der sie verführte, wurde in den Feuer- und Schwefelsee geworfen, wo sowohl das Tier als auch der falsche Prophet ist; und sie werden Tag und Nacht gepeinigt werden in alle Ewigkeit« (Offb. 20, 10).

Dies ist die abschließende Auskunft, die uns die Schrift über den Verbleib des Teufels nach seiner letzten Verführungstat unter den Menschen des nächsten, tausendjährigen Äons, gibt. Da finden wir ihn ganz deutlich in der Gewalt des Todes, dessen Macht und Kräfte er bisher innehatte, denn von dem Feuer- und Schwefelsee wird ausdrücklich gesagt, er sei der zweite Tod (Offb. 20, 14).

Damit hat nun ihn selbst, den Mörder von Anfang an, das gerechte Gericht Gottes erreicht, er ist nun eine Beute des Todes, der ehemals in seiner Gewalt war und durch den er in der zweiten Schöpfung Gottes unermessliches Weh, Jammer und Leid angerichtet hat. Den muss er jetzt auskosten, und zwar in seiner bittersten, schärfsten Gestalt.

Was auch immer man sich unter dem zweiten Tod vorzustellen hat, soviel ist sicher: er bedeutet für Satan zumindest die furchtbarste Demütigung und Zerschmetterung, die ihm widerfahren konnte. Durch ihn wird unzweifelhaft sein völliger Bankrott, die ganze Hohlheit seines wahnsinnigen Hochmuts und Stolzes gegen den allmächtigen Gott und Seinen Gesalbten samt Seinen Heiligen offenbar.

Es ist nun für immer zu Ende mit seiner List, seiner Lüge, seinen tückischen Anschlägen, er ist ein Sterblicher, ein Gestorbener, ein Ohnmächtiger und Hilfloser geworden.

Damit ist selbstverständlich jede Möglichkeit eines Fortbestehens seines auf Lüge und Verfinsterung beruhenden Regimentes über andere Geister, hohe und niedere, endgültig abgetan. Es wurde vor allen Intelligenzen aller Stufen und Grade offenbar, dass die Herrschaft der Lüge und Finsternis nun unwiderruflich beendet ist, sie ist gerichtet, ihre innere Nichtigkeit wurde schonungslos bloßgelegt und ins Licht gestellt.

Ferner ist damit alle Unwahrheit, die in ihm ihren Ursprung nahm, für immer schadlos gemacht – der Vater der Lüge ist eine Beute des zweiten Todes! Der die Menschheit mit dem frevelhaften »Keineswegs werdet ihr sterben!« (1. Mose 3, 4) verführte, findet sich nun selbst als Opfer des grimmigen, unerbittlichen letzten Feindes, der sich unter dem unbeschreiblichen Triumph aller Wahrheitsmächte und Lichtskräfte auf den stürzt, den für immer unschädlich macht, der sich seiner in unbegrenzter, unersättlicher Mordlust durch Äonen hindurch bedient hatte, um Gottes Geschöpfe zu verderben. Das ist göttliche, heilige Gerechtigkeit, über die der Himmel jauchzen und die ganze Erde frohlocken werden.

Was aber bedeutet das nun? Kann jetzt auch noch von einer fortdauernden Herrschaft der Finsternis, der Lüge, des Hasses, der wahnwitzigen, rasenden Auflehnung gegen Gott und Seinen Christus die Rede sein? Ist es denkbar, dass, nachdem die Lüge, die Feindschaft in ihrem höchsten, ursächlichen Träger und Vertreter so entscheidend und durchschlagend gerichtet ist, sie irgendwo noch irgendwelchen Halt oder Bestand haben könnte?

Ist es biblisch fundiert, wenn man jetzt noch von einem organisierten, festgefügten, unvergänglichen, unerschütterlichen Höllen- und Finsternisreich denkt und redet, das niemals untergehen, sondern endlos fortbestehen soll und in dem alle unverbesserlichen Gottlosen, Menschen und Engel, ebenso ohne Ende unter der Tyrannei und der grausamen Herrschaft des Satans leiden werden?

Wo bleiben denn da Worte Gottes wie beispielsweise das von Eph. 5, 13.14: »Alles aber, was bloßgestellt wird, das wird durchs Licht offenbar; denn alles, was offenbar wird, ist Licht«? Wenn das göttliche Grundsätze in Seinem Verfahren mit den Werken der Finsternis sind, kann Er dann andere Maßstäbe verfolgen in Seiner Vorgehensweise mit der Obrigkeit, dem Fürsten der Finsternis, wenn dessen Stunde gekommen ist, vom Licht unbestechlicher, heiliger Wahrheit gerichtet und schonungslos vor die Augen der Öffentlichkeit gezogen zu werden? Und kann das Ergebnis hier ein anderes sein, als es dort der Heilige Geist durch den Apostel so deutlich ausspricht?

Welche Erfahrungen machen denn alle Gläubigen und Heiligen auf diesem Gebiet? Wie geschieht denn uns Kindern des Zorns von Natur, uns Untertanen der Finsternis, uns Verblendeten, uns Verführten und Verführern, wenn wir in das Licht und Gericht der göttlichen Wahrheit kommen mit allen unseren Gebundenheiten in Sünde, Lüge, Schande, Bosheit, Gemeinheit, Grausamkeit, Trotz, Hochmut, Selbstüberhebung, Mord, kurz mit all den Werken des Teufels in uns?

Macht dann der treue und gerechte Gott nicht Sein Wort wahr? Werden wir dann nicht frei, los und ledig, überwältigt und hingerissen von der Allgewalt Seiner erlösenden und befreienden Gnade und Liebe?

Und macht es irgendeinen Unterschied, wie lange wir uns in solcher schnöden Gebundenheit befanden oder wie oft wir die suchende, werbende Gnade Gottes geringschätzig abgewiesen hatten, wenn wir nun doch endlich an das Licht, d. h. in das Gericht kamen?

Hat es sich da nicht jedes Mal bestätigt, was der meister schon jenem Pharisäer entgegnete: »Ihre vielen Sünden sind vergeben, denn sie hat viel geliebt; wem aber wenig vergeben wird, der liebt wenig« (Luk. 7, 47)? Stets aber hat es sich köstlich bewährt: was bei uns offenbar wurde, das wurde Licht, d. h. unsere tiefsten Bindungen wurden zu unbeschreiblichen inneren Freiheiten, aus traurigster, verächtlichster Versklavung gingen wir ein in die Herrlichkeit der Freiheit der Söhne Gottes.

Hat denn unser Gott zweierlei Maß und Gewicht, zweierlei Maßstab im Gericht, wenn die Stunde dafür gekommen ist?

Bedeutet nicht vielleicht, so fragen viele Gläubige unserer Tage, der zweite Tod, der Feuer- und Schwefelsee, in welchen der Teufel geworfen wird, seine und seiner unverbesserlichen Genossen und Kinder endgültige Vernichtung? Wir können gut verstehen, dass man eher einer solchen Auffassung Raum geben möchte, als der völlig unerträglichen, weil absolut unbegründeten, auf Grundirrtum aufgebauten Theorie eines endlosen Höllenreiches der Finsternis unter Satans Zepter, einer nie endenden offenen Rebellion gegen das Reich des Lichtes.

Auch darf zugegeben werden, dass mit der endgültigen Vernichtung jedenfalls der Weg weiter offenstände für eine wenn auch nur begrenzte Versöhnung des ganzen noch übrigen Alls, als das bei der herrschenden Kirchenlehre vom endlosen Höllenreich möglich ist.

Wie wir aber in diesem Buch bereits wiederholt mitteilten, können wir diese Annahme nicht als eine solche erkennen, die der ganzen Schrift volle Gerechtigkeit widerfahren lässt. Sie bringt unlösbare Schwierigkeiten mit sich und bedeutet letzten Endes ein bedenkliches Versagen entweder der göttlichen Allweisheit oder der göttlichen Allmacht oder des heiligen Liebeswillens Gottes gegen alle Seine Werke. Sie setzt einen völlig unerträglichen Dualismus, einen unlösbaren inneren Gegensatz in dem Wesen Gottes selbst voraus.

Denn die Schrift bezeugt, dass Gott alle Seine Werke bewusst sind von Anbeginn (Apg. 15, 18; Luther 1545); also muss Gott mit allen Möglichkeiten gerechnet haben, die sich aus der Entstehung und Entwicklung des Bösen in Seiner Welt herausstellen würden.

Ferner bezeugt sie, das alles im Himmel und auf Erden, Sichtbares und Unsichtbares, Throne, Fürstentümer, Herrschaften oder Gewalten nicht nur *in* dem Sohne geschaffen wurden, sondern auch *durch* Ihn und *für* Ihn (Kol. 1, 16). Gelingt es nun der Allmacht und Liebe Gottes nicht, wirklich alles Geschaffene restlos und vollständig dem Sohne auszuliefern, dann ist ein Fehlschlagen des göttlichen Urgedankens, alles für den Sohn zu bestimmen, nicht zu umgehen.

Das wäre unerträglich und mit einer harmonischen Vorstellung des Gottes der Schrift unverträglich. Dabei ist es, genau besehen, durchaus einerlei, ob das göttliche Unternehmen misslingt, weil die große Menge letztlich eine Beute des Teufels und der orthodoxen, endlosen Hölle wird oder weil sie der endgültigen Vernichtung anheimfällt. Das Fiasko Gottes, Seinen vor den Ewigkeiten gefassten Plan nicht ausführen zu können, bleibt in beiden Fällen das gleiche.

Das Evangelium von der restlosen Allversöhnung bietet den einzigen Ausweg aus allen diesen Schwierigkeiten, wobei die ganze Schrift auch mit ihren ernstesten Stellen von Tod, Verderben, Hölle und Verdammnis zu ihrem vollen Recht kommt, dass also Gottes Heiligkeit und strafende Gerechtigkeit im Gesamtumfang der biblischen Aussagen darüber unangetastet bleibt und dennoch, oder besser gerade dadurch, die allgewaltige Liebe Gottes ihre vollkommenen Triumphe über jede Feindschaft, Lüge, Tod und Finsternis feiert.

Wenn der zweite Tod aber nicht Vernichtung bedeutet, was ist darunter dann wohl zu verstehen?

Wir begegnen dem Ausdruck nur in der Offenbarung an Johannes, und zwar ohne dortigen Versuch einer Definition oder Erklärung, sondern lediglich mit einem Vergleich zum Feuersee (Offb. 20, 14). Zuerst im Sendschreiben an die Gemeinde in Smyrna: »Wer überwindet, wird keinen Schaden erleiden von dem zweiten Tod« (2, 11). Dies besagt, dass der zweite Tod Leid bringt oder bedeutet. In diesem Vers wird zwar nicht offen ausgesprochen, dafür aber angedeutet, dass dieses Leid schwerer sein dürfte als das des ersten Todes. Doch das ist nur eine erlaubte Schlussfolgerung, keine direkte Schriftaussage.

Dann begegnet er uns wieder in Kap. 20, 6: »Glückselig und heilig, wer teilhat an der ersten Auferstehung! Über diese hat der zweite Tod keine Macht, sondern sie werden Priester Gottes und des Christus sein und mit Ihm herrschen tausend Jahre.« Daraus scheint hervorzugehen, dass der zweite Tod Macht über diejenigen hat oder denen zu drohen vermag, die nicht an der ersten, wohl aber an den späteren Auferstehungen teilhaben werden, wie sie in der Schrift in Aussicht gestellt werden.

So wird z. B. den Sodomitern deutlich verheißen, sie sollen wieder in ihren vorigen Stand zurückkehren; ebenso den Bewohnern von Samaria, wie auch denen von Jerusalem (Hes. 16, 55). Wenn diese Worte ihrem einfachen Sinn nach zu nehmen sind, können sie nur eine Wiederkehr in das natürliche, irdische Leben bedeuten, wie sie z. B. ja auch einem Lazarus, einem Jüngling zu Nain und der Tochter des Jairus widerfuhr. Diese sind unzweifelhaft wieder, d. h. zum zweiten Mal gestorben. Ein solches zweites Sterben soll damit aber nicht gleichgesetzt werden mit dem, was die Schrift den zweiten Tod nennt, obgleich eine gewisse Übereinstimmung sicher nicht zu leugnen ist.

In jedem Fall dürfen wir wohl versichert sein, dass große Teile der Menschen, ähnlich wie Sodom und Gomorrha, aus dem ersten Tode zu einem zweiten, fortgesetzten Leben im Fleische auferweckt werden, denn jene Totenauferweckungen durch den Herrn und Seine Jünger haben gewiss messianische Vorbedeutung, sind Proben und Musterexemplare dessen, was im großartigsten Maßstab geschehen wird bei und nach der Wiederkunft des Herrn.

Da liegt es denn ganz nahe, dass ein zweites Sterben wohl als Verschärfung der Strafe bei solchen zur Anwendung kommen mag, auf die auch ihre Wiederherstellung aus dem ersten Tode nicht die erhoffte Wirkung zeigte.

Dadurch wäre z. B. auch leichter erklärbar, was der Herr meinte, als Er zu den Städten am See Genezareth sprach: »Tyrus und Sidon wird es erträglicher ergehen am Tag des Gerichts als euch (Chorazin und Bethsaida). Dem Sodomer Land wird es erträglicher ergehen am Tag des Gerichts als dir (Kapernaum)« (Matth. 11, 22.24).

Eine volle Gerechtigkeit würde ja auch erfordern, dass alle jenen unzähligen Geschlechter, denen Gott bei Leibesleben, d. h. vor ihrem ersten Tod, Sein Heil nie zeigte oder zeigen ließ, durch Totenauferweckung dennoch in die gleiche Lage und Möglichkeit versetzt würden, sich im Leibe für oder gegen Christus zu entscheiden wir alle anderen Sterblichen.

Die nächste Erwähnung des zweiten Todes finden wir in Kap. 20, 10, wo der Ausdruck selbst zwar nicht gebraucht wird, die Sache an sich aber unter einem anderen Namen erscheint: »Und der Teufel, der sie verführte, wurde in den Feuer- und Schwefelsee geworfen, wo sowohl das Tier als auch der falsche Prophet ist; und sie werden Tag und Nacht gepeinigt werden in alle Ewigkeit.«

Da in der nun folgenden Stelle der zweite Tod zugleich Feuersee genannt wird (Vers 14), fassen wir die beiden Worte hier am besten gemeinsam ins Auge.

Da erkennen wir zunächst, dass der zweite Tod, der Feuersee, nicht als Vernichtung anzusehen ist, denn auch nach tausendjährigem Aufenthalt in ihm sind das Tier und der falsche Prophet noch in demselben und werden samt dem Teufel, der ihnen nun beigesellt ist, äonenlang dem Gericht furchtbarer Pein unterworfen.

Zugleich leuchtet sofort ein, dass wir es hier mit dem Feuer zu tun haben, von dem Jesus in Matth. 25, 41 redet: »Geht von mir, Verfluchte, in das ewige (d. h. äonenlange) Feuer, das bereitet ist dem Teufel und seinen Engeln!«

Daneben stellen wir noch die apostolischen Aussagen von des »ewigen Feuers« Pein, welche in Jud. 7 und 2. Petr. 2, 6 vorkommen und in denen das Feuergericht, das Sodom und Gomorrha traf, als biblisches Exempel dargestellt wird für das, was wir unter diesem Feuer zu verstehen haben.

Aus dieser Zusammenstellung, die auf innerer Übereinstimmung der infrage stehenden Bezeichnungen beruht, ergibt sich zwanglos folgendes:

1. Aus dem Vergleich von Jud. 7 und 2. Petr. 2, 6 mit Hes. 16, 55 geht deutlich hervor, dass des ewigen Feuers Pein keineswegs als endlos anzusehen ist. Denn Sodom und Gomorrha sollen aus demselben wiederhergestellt werden in ihren früheren Stand. Kann das mit ihnen geschehen, dann kann es auch mit anderen Geschöpfen Gottes, die in das gleiche Gericht des »ewigen Feuers« gerieten, geschehen, zumal nachdrücklich erklärt wird, jene Städte seien beispielhaft für andere.

2. Aus Matth. 25, 46 geht ebenso deutlich hervor, dass das dem Teufel und seinen Engeln bereitete Feuer, die ewige Pein, keineswegs ein

zweck- und zielloses, frucht- und ergebnisloses pures Quälen und Peinigen bedeuten kann, denn das dort mit »Pein« übersetzte Wort bedeutet in Wirklichkeit scharfe, schwere, schmerzliche, aber zweckmäßige und auf Erfolg und Besserung berechnete Züchtigung (κόλασις). In dem Wort liegt weder der Begriff der Vernichtung noch der der Hoffnungslosigkeit, sondern offenkundig der einer letztlichen, wenn auch ungemein schmerzvollen Zurechtbringung.

Somit sind alle herkömmlichen Vorstellungen über den Charakter und die Bedeutung des ewigen Feuers, und damit des zweiten Todes, der demselben gleichgestellt ist, als ebenso haltlos abzulehnen, wie die Vorstellung von einer endgültigen Vernichtung der Gottlosen, des Teufels und seiner Engel.

Es bleibt noch eine Stelle zu betrachten, die von dem Feuersee etwas sehr Merkwürdiges aussagt und die wir oben bereits heranzogen, weil in derselben der Feuersee als der zweite Tode bezeichnet wird. Wir meinen das Wort in Kap. 20, 14: »Und der Tod und der Hades wurden in den Feuersee geworfen. Dies ist der zweite Tod, der Feuersee.« Unmittelbar vorher wurde gesagt: »Und das Meer gab die Toten, die in ihm waren, und der Tod und der Hades gaben die Toten, die in ihnen waren, und sie wurden gerichtet, ein jeder nach seinen Werken« (Vers 13).

Da findet also eine, wie es scheint, vollständige Entleerung aller Totenbehältnisse, des Meeres und der Unterwelt, d. h. des eigentlichen biblischen Hades (hebr. scheol), statt. Mit anderen Worten: Alle Gräber werden aufgetan, alle Toten werden aus denselben gerufen, d. h. dem natürlichen Leben, in welchem sie gut oder böse handelten, wiedergegeben. Und sodann werden alle, die sich des Eingangs zum Leben nicht würdig erwiesen, dem zweiten Tod, dem Feuersee überantwortet.

Das ist der in seiner Ganzheit einfache, anschaulich geschilderte Sachverhalt. Der gesamte Vorgang ist wohl nicht anderes, als was der Herr in Joh. 5, 28.29 weissagte: »Wundert euch darüber nicht, denn es kommt die Stunde, in der alle, die in den Gräbern sind, Seine Stimme hören und hervorkommen werden: die das Gute getan haben, zur Auferstehung des Lebens, die aber das Böse verübt haben, zur Auferstehung des Gerichts.«

So ist es wohl auch dasselbe, was Paulus im Auge hatte, als er vor dem Landpfleger Felix bezeugte: »... indem ich allem glaube, was in dem Gesetz und in den Propheten geschrieben steht, und die Hoffnung zu Gott habe, die auch selbst diese hegen, dass eine Auferstehung der Gerechten wie der Ungerechten sein wird« (Apg. 24, 14.15). Bei diesem apostolischen Wort ist beachtenswert, dass nicht nur die Auferstehung der Gerechten, sondern auch die der Ungerechten für den Apostel *Hoffnung zu Gott* bedeutet, während nach der herkömmlichen Auffassung und Lehre die Auferstehung der Ungerechten pure Hoffnungslosigkeit bedeuten müsste. So will es ja auch gar nicht einleuchten, weshalb Gott die Gottlosen überhaupt auferwecken sollte, wenn sie doch bereits durch ihren ersten Tod am Ort der Qual, in der endlosen Feuerhölle sind.

Ebenfalls ist nicht zu erkennen, wieso es den Bewohnern von Tyrus und Sidon, von Sodom und Gomorrha, wie wir schon oben andeuteten, an jenem Tage, dem Tage des Menschensohnes, erträglicher gehen sollte als denen von Chorazin, Bethsaida und Kapernaum, wenn das Los aller im Unglauben und in der Gottlosigkeit Verstorbenen die endlose Höllenpein ist.

Dabei bleiben wir eingedenk, dass alle jene Städte Israels samt ihren ungläubigen Bewohnern, die das Heil Gottes vergeblich unter sich haben erscheinen sehen, nur einen Teil eben des Volkes ausmachen, das von den Propheten wiederholt mit Sodom und Gomorrha verglichen wird (Jes. 1, 10; Jer. 23, 14; Klagel. 4, 6; Offb. 11, 8), dem aber die göttliche Verheißung zusteht: »Und so wird ganz Israel errettet werden, denn Gott hat alle zusammen in den Ungehorsam eingeschlossen, damit Er alle begnadige« (Röm. 11, 26.32).

Auch gedenken wir, dass Israels größter Prophet eben den Töchtern Jerusalems, über die er weinte und klagte, die zuversichtliche Verheißung gab: »Ihr werdet mich von jetzt an nicht sehen, bis ihr sprecht: Gepriesen sei, der da kommt im Namen des Herrn« (Matth. 23, 39).

Das bestätigt auch das letzte Buch den Neuen Testaments, wo wir lesen: »Siehe, Er kommt mit den Wolken, und jedes Auge wird Ihn sehen, auch die, welche Ihn durchstochen haben, und wehklagen werden Seinetwegen alle Stämme des Landes (ebensowohl alle Geschlechter der Erde). Ja, Amen« (Offb. 1, 7).

Das können sie aber nur, wenn sie, wie wir oben sahen, nach dem Wort des Herrn Jesu aus ihren Gräbern kommen und Ihn anschauen werden, wovon auch Sach. 12, 10-14 spricht.

Aus diesem letztgenannten prophetischen Wort, das offenbar in Offb. 1, 7 kurz zusammengefasst ist, geht zur Genüge hervor, dass die in Aussicht gestellte Wehklage nicht etwa die der Verzweiflung und Hoffnungslosigkeit ist, sondern sie geschieht infolge der Ausgießung des Geistes der Gnade und des Gebets über das Haus Davids und die Bürger Jerusalems.

Das sind Zusammenhänge biblischer Ausführungen über diesen großen, ernsten Gegenstand, die keinen Bruch, keine Lücke aufweisen und aus denen sich deutlich ergibt, wenn man die Schrift allein mit der Schrift vergleicht und erläutert, dass auch die Auferstehung zum Gericht nie und nimmer den hoffnungslosen Charakter tragen kann, den ihr die orthodoxe Kirchenlehre seit den Tagen Augustins aufzudrücken versucht.

Das letzte Wort vom zweiten Tod in Offb. 21, 8 kann mit Recht unbesprochen bleiben, da es keine neuen Gesichtspunkte enthält, die für unsere Untersuchung in Betracht kommen.

Greifen wir nun noch einmal auf die bereits oben kurz besprochene Schriftaussage zurück, nach welcher als *letzter* Feind der Tod aufgehoben und weggetan werden soll, so ergibt sich, dass jede andere Feindschaft der sichtbaren und unsichtbaren Geschöpfe und Wesen, der Throne, Herrschaften, Fürstentümer und Gewalten im gesamten All zuvor beseitigt und aufgehoben sein muss, ehe der Tod an die Reihe kommen kann.

Nun ist aber klar erwiesen, dass die Häupter aller Feindseligkeit, die Anführer aller Rebellion und Empörung gegen Gott und Christus ihr Gericht im anderen Tode, im Feuersee, gefunden haben. Dieser Feuersee trägt aber in ganz unverkennbarer Weise das Prädikat »Tod«, »zweiter Tod«.

Weiterhin ist uns klar geworden, dass alle menschlichen Gräber nach dem Wort des Herrn ihre vollständige Entleerung gefunden haben und dass keine anderen Toten mehr vorhanden waren als diejenigen, die eben in den zweiten Tod, den Feuersee, geworfen wurden, der die schärfste Form des Gerichtes darstellt und der ursächlich dem Teufel und seinen Engeln bereitet wurde.

Daraus kann auch der einfachste Leser der Schrift deutlich erkennen, dass jene Entleerung des Totenreiches, des Meeres und der Gräber, deren Inhalt zum (vielleicht größten) Teil dem Feuersee anheimfiel, unmöglich als Aufhebung des Todes, der in der Schrift der letzte Feind genannt wird, angesehen werden kann. Denn die Wirksamkeit gerade dieses zweiten Todes erfährt erst durch die Entleerung der Gräber (durch Auferweckung, wie wir sahen) eine bedeutende Erweiterung und Ausdehnung.

Ebensowenig kann davon die Rede sein, dass bei allen, die dem zweiten Tode verfallen, die feindselige Gesinnung und Stellungnahme gegen Gott bereits durch ihren Eintritt in den Zustand des anderen Todes aufgehoben oder beseitigt worden wäre. Im Falle des Tieres und des falschen Propheten, die bereits tausend Jahre im Feuersee waren, als Satan zu ihnen hineingeworfen wurde, ist wohl hinreichend zum Ausdruck gebracht, dass eine solche Annahme irrig wäre.

Auch wird von Satan (und seinen Engeln, vielleicht auch den beiden ebengenannten Genossen und Werkzeugen satanischen Verderbens auf Erden) deutlich ausgesagt, dass sie Tag und Nacht gepeinigt werden von Ewigkeit zu Ewigkeit, also unzweifelhaft durch mehrere Äonen hindurch. (Allerdings ist hierbei darauf zu achten, dass der Ausdruck »Äon« in der Schrift mitunter für verhältnismäßig kurze Zeiträume gebraucht wird. So betet z. B. Jonas aus dem Bauch des Seeungeheuers: »Zu den Gründen der Berge sank ich hinab. Der Erde Riegel waren hinter mir auf ewig (hier steht das hebräische Wort für Äon = olam) geschlossen« (Jona 2, 7). In Wirklichkeit dauerte seine Gefangenschaft im Tode nur drei Tage und Nächte. Und will man geltend machen, dass er an seinen endgültigen Ausgang aus diesem Leben gedacht habe, dann bleibt immer noch bestehen, dass der gläubige Prophet nicht weiter als bis zur Auferweckung aus den Toten gedacht haben kann. Die unmittelbar folgenden Worte seines Gebetes aber geben der Annahme mehr Recht, dass er dennoch mit einer baldigen Errettung gerechnet hat, wenn er spricht: »Da führtest Du mein Leben aus der Grube herauf, Herr, mein Gott« (Vers 7 b).

Auch in unserem gewöhnlichen Sprachgebrauch ist die Redewendung ganz geläufig: das kam mir ewig lang vor, und dergl. mehr.

Die Grundbedeutung des hier gebrauchten Wortes scheint eben die des Unabsehbaren zu sein, einerlei, wie lang oder kurz der wirkliche Zeitraum ist, der damit umschrieben wird. Näheres hierzu findet man in dem bereits vorhin erwähnten Traktat »Was versteht die Schrift unter Ewigkeit?«)

Somit steht fest, dass die Unterwerfung Satans und seiner Engel, d. h. die endgültige Aufhebung seines feindseligen, rebellischen Regimentes über Engel und Menschen im Himmel und auf Erden dadurch eine vollendete Tatsache ist, dass er mit all seinem Anhang in den zweiten Tod kommt, als ein vollständig Gerichteter, Abgetaner, Überwundener, hinfort durchaus Unschädlicher, als eine ohnmächtige Beute des Todes. Damit ist allerdings noch nichts festgestellt über seine innere Umwandlung von einem Feind Gottes und Christi zu einem willigen Anbeter und wiederhergestellten »Sohn Gottes«, wie er es im Anfang gewesen war (Hes. 28, 12-14).

Bevor wir uns mit dieser Frage weiter befassen, sei an dieser Stelle kurz auf ein prophetisches Wort in den Psalmen hingewiesen, in dem wir höchst wichtige Züge göttlicher Gerichts- und Gnadengedanken zu erkennen glauben, die hier zur Anwendung kommen. Wir meinen Ps. 82, 6.7, das Urteil Gottes über die, zu welchen jenes Wort geschah: »Ich sagte zwar: Ihr seid Götter (elohim), Söhne des Höchsten seid ihr alle! Doch wie ein Mensch werdet ihr sterben, wie einer der Obersten werdet ihr fallen.«

Die entscheidende Hauptfrage ist, wer unter den als »Elohim« Angeredeten zu verstehen ist, ob nur Menschen oder höhere Wesen, also Engel, oder, wie wir annehmen, beide.

Mit anderen Worten: Ist es statthaft, hinter den in diesem Psalm von Gott so ernst bedrohten menschlichen Richtern, die unrecht richteten und die Gottlosen begünstigten, sodass die Grundfesten der Erde ins Wanken gerieten, andere Wesen zu erblicken, denen in Weltangelegenheiten eine hohe obrigkeitliche Gewalt und Verantwortung von Gott selbst zugewiesen wurde und die dafür auch vor Gott Rechenschaft abzulegen haben?

Beispiele dafür, dass in der Schrift hinter menschlichen Persönlichkeiten höhere und höchste Wesen aus der Engelwelt geschaut und verstanden werden, finden sich in ausreichender Zahl, um eine solche Auffassung zu rechtfertigen. Wir weisen beispielsweise auf Jes. 14, 3 ff. hin, wo im prophetischen Gesichtsfeld hinter dem König von Babel unzweifelhaft die Gestalt des vom Himmel gefallenen Luzifer zu erkennen ist, denn was von ihm in den Versen 12-14 ausgesagt wird, passt auf keinen rein menschlichen Monarchen.

Dasselbe gilt von der ergreifenden Schilderung über den Sturz des gesalbten, schirmenden Cherub in Hes. 28, 12 ff., unter dem wohl auch nicht nur der König von Tyrus verstanden werden kann, sondern der, welchen die Schrift an anderen Stellen den Fürsten und Gott dieser Welt nennt.

Einen ganz ähnlichen Sachverhalt beobachtet der Geist der Weissagung auch bei einer Reihe anderer typischer Persönlichkeiten, die sowohl auf Christus als auch auf den Antichristen hinweisen. Somit hat die für dieses Psalmwort angenommene Doppeldeutigkeit ebenfalls guten biblischen Grund.

Auch aus Dan. 10 fällt Licht auf diese Auffassung, weil uns dort sehr anschaulich dargestellt wird, wie Engelfürsten hervorragenden Anteil an der Verwaltung der Weltpolitik haben.

Darf man also diesen Psalm auch so lesen, dass sich Gott damit nicht nur an menschliche Richter wendet, sondern zugleich an die höheren Gewalten, welchen nach Eph. 2, 2 das Getriebe des gegenwärtigen Weltsystems untersteht, dann erhalten seine Worte, namentlich sein Urteilsspruch, eine sehr merkwürdige Bedeutung, die wir hier nicht außer Acht lassen dürfen, zumal sich das Ergebnis wieder deckt mit der Sprache der Propheten Jesaja und Hesekiel in den beiden obengenannten Stellen.

Dieses Urteil lautet: »Ich sagte zwar: Ihr seid Götter, Söhne des Höchsten seid ihr alle! Doch wie ein Mensch werdet ihr sterben, wie einer der Obersten werdet ihr fallen.« Ein solcher Spruch, allein über Menschen gefällt, ergäbe kaum Sinn.

Richtet er sich jedoch gegen den, der die Gewalt des Todes hatte und von ihr jahrtausendelang Gebrauch machte, dann bekommt er ein ganz anderes Gesicht und Gewicht.

Nun wendet sich das Wort des Herrn aber auch beim Propheten Jesaja mit Spott und Hohn an den vermessenen Morgenstern (d. h. Engelfürsten), der sich vorgenommen hatte: »Zum Himmel will ich hinaufsteigen, hoch über den Sternen Gottes meinen Thron aufrichten und mich niedersetzen auf den Versammlungsberg im äußersten Norden. Ich will hinaufsteigen auf Wolkenhöhen, dem Höchsten mich gleich machen« (Jes. 14, 13.14) – und spricht zu ihm: »Doch in den Scheol wirst du hinabgestürzt, in die tiefste Grube« (Vers 15)!

Und bei Hesekiel ergeht der Spruch an den König von Tyrus: »Dein Herz wollte hoch hinaus wegen deiner Schönheit, du hast deine Weisheit zunichte gemacht um deines Glanzes willen. Ich habe dich zu Boden geworfen (vergl. Offb. 12, 9), habe dich vor Königen dahingegeben, damit sie ihre Lust an dir sehen. Durch die Menge deiner Sünden, in der Unredlichkeit deines Handels, hast du deine Heiligtümer entweiht. Darum habe Ich aus deiner Mitte ein Feuer ausgehen lassen, das hat dich verzehrt, und Ich habe dich zu Asche auf der Erde gemacht vor den Augen aller, die dich sehen. Alle, die dich kennen unter den Völkern, entsetzen sich über dich; ein Schrecken bist du geworden und bist dahin auf ewig!« (Hes. 28, 17-19).

Unsere dogmatischen Schwierigkeiten, die aus philosophischen Folgerungen entstehen, als ob Satan doch nie sterben könne, haben angesichts solcher bestimmten Erklärungen der Schrift nichts zu bedeuten. Wie viele es auch sind, sie wiegen weniger als nichts. Wenn das Wort des Herrn erklärt, dass auch der Mörder von Anfang eine Beute des Todes und zu Asche werden soll, dann geschieht es auch – mögen die Menschen denken und sagen, was sie wollen.

Und weshalb sollte Satan nicht sterben können? Vermag er doch ohne Zweifel nach der Schrift nicht nur, sich der Leiblichkeit und Gestalt eines niederen Geschöpfes Gottes, der Schlange, für seine Verführungszwecke zu bedienen, sondern es steht von ihm geschrieben, dass er auch leibhaftig Besitz von der Person des Verräters, des Kindes des Verderbens, ergriffen hat: »Und nach dem Bissen fuhr dann der Satan (nicht ein untergeordneter Engel oder Dämon) in ihn« (Joh. 13, 27).

Es bleibt eine offene Frage, ob er aus Judas wieder ausgefahren ist, bevor dieser hinging und sich erhängte. Geschah das nicht, dann bekam Satan damals schon etwas von des Todes Bitterkeit zu schmecken, den er selbst verursacht und verschuldet hatte.

Weiterhin erklärt uns die Schrift, dass später noch ein anderer »Sohn des Verderbens« erscheinen wird, dem Satan seine Kraft und seinen Thron und große Macht geben wird (Offb. 13, 2). Und mit diesem wird er dasselbe Los teilen, nämlich in den Feuersee, den zweiten Tod, geworfen zu werden.

Können aber Satan und seine Engel mit ihm sterben wie Menschen, dann können sie auch aus dem Tode auferweckt werden wie Menschen. Gegen eine solche Schlussfolgerung wird sich aus der Schrift wohl kein stichhaltiger Einwand erheben lassen.

Doch nun die wichtige Frage: Wozu dient dieser zweite Tod, der Feuersee, im göttlichen Heilswirken?

Denn es steht von vornherein fest, dass er ebensowenig zweck- und bedeutungslos ist wie der erste, d. h. wie der Tod überhaupt. Das geht allein schon aus der Tatsache hervor, dass er eben »zweiter Tod« heißt, d. h. dass ihm das Wort Gottes dasselbe Prädikat verleiht wie dem, womit der Sünde Lohn bezeichnet wurde.

Die Schrift ist jedoch im Vergeben von Namen keuscher und zutreffender als wir Menschen. In ihr bedeutet ein Name stets das wahre Wesen. Wollen wir also aus dem Namen auf das wahre Wesen und die gottgewollte Bedeutung des zweiten Todes schließen, dann ergibt sich für uns kein besserer oder nur halb so sicherer Weg, als die Erwägung, welchen Dienst der Tod überhaupt im göttlichen Walten mit der Menschheit zu leisten hat.

Es ist völlig überflüssig und nutzlos, uns aus irgendeiner anderen

Quelle des Erkennens oder Wissens, wenn es eine gäbe, darüber Rat einholen zu wollen. Denn was wissen schon die ganzen menschlichen Wissenschaften und Philosophien bis heute über Wesen und Bedeutung des Todes? Er ist und bleibt dem erschaffenen Geiste ein undurchdringliches Geheimnis. Allein der Geist der Wahrheit kann uns aus der untrüglichen Offenbarung des geschriebenen Wortes darüber informieren.

So stehen nun vor unserem erleuchteten Auge zwei widerspruchslose Tatsachen, die uns die Schrift erhärtet:

1. Dass Tod und Sünde unzertrennlich zusammengehören, wie Ursache und Wirkung. Nur durch die Sünde ist der Tod in die Welt gekommen. Die Sünde aber ist, auch das bezeugt die Schrift, unzweifelhaft Satans Werk. Er ist der Lügner von Anfang und damit der Mörder von Anfang.

2. Dass der Sohn Gottes gekommen ist, die Werke des Teufels zu zerstören. Das wird dadurch bekräftigt und erklärt, dass Er von Gott zur Sünde gemacht wurde und somit durch Seinen Tod, den Er für die Sünde der ganzen Welt schmeckte, den zunichte gemacht hat, der des Todes Gewalt hat, den Teufel. Er ist die Sühne, d. h. das Sühnopfer für unsere Sünden, nicht allein aber für die unseren, sondern auch für die ganze Welt (1. Joh. 2, 2), d. h. für sämtliche Sünden aller, die je gesündigt haben, ohne irgendeine Ausnahme. »Denn es gefiel der ganzen Fülle, in Ihm zu wohnen und durch Ihn alles mit sich zu versöhnen – indem Er Frieden gemacht hat durch das Blut Seines Kreuzes –, durch Ihn, sei es, was auf der Erde oder was in den Himmeln ist« (Kol. 1, 19.20).

Daneben aber steht die andere biblische Tatsache, dass die Schrift (will sagen Gott) alles unter die Sünde eingeschlossen hat, und damit unter den Tod (Gal. 3, 22). Denn allein dadurch ist es nun möglich geworden, dass der Sohn Gottes mittels Seines Todes, den Er um der Sünde willen erlitt, den völlig zunichte machen konnte, der des Todes Gewalt hat, den Teufel; oder, wie es Paulus sehr drastisch und anschaulich formuliert, die Gewalten und die Mächte völlig entwaffnet und sie öffentlich zur Schau gestellt hat und über sie am Kreuz triumphierte (Kol. 2, 15). Demgemäß erklärt auch der Hebräerbrief: »Wir sehen aber Jesus, der kurze Zeit unter die Engel erniedrigt war, wegen des Todesleidens mit Herrlichkeit und Ehre gekrönt, damit Er durch Gottes Gnade für jeden den Tod schmeckte« (Hebr. 2, 9).

Nun ist es aber offenkundig, dass trotzdem selbst Seinen Gläubigen und Heiligen das Sterben nicht nur nicht erspart bleibt, sondern die Schrift redet deutlich von einer Gemeinschaft Seiner Leiden, von einem

Gleichgestaltetwerden Seinem Tode für die Auserwählten (Phil. 3, 10).

Und in Phil. 1 spricht Paulus ebenso deutlich davon, dass ihm, für den Christus das Leben wurde, auch das Sterben Gewinn bedeute (Vers 21).

Es kann also keinem Zweifel unterliegen, dass in der Pädagogik Gottes unter gewissen Umständen sogar der Tod, dieser ausgesprochene und erklärte Feind, berufen ist, sehr wichtige und wertvolle Dienste zu leisten. Und zwar nicht nur auf sanft erzieherischem, sondern auf äußerst streng richterlichem Gebiet.

Wir erinnern nur an das erschütternde Gericht über Ananias und Sapphira, sowie über das vom Apostel Paulus verhängte scharfe Gericht über jenen Bruder in Korinth: »einen solchen im Namen unseres Herrn Jesus dem Satan zu überliefern zum Verderben des Fleisches, damit der Geist errettet werde am Tage des Herrn« (1. Kor. 5, 5).

Ganz ähnlich waren wohl auch die Gerichte über Hymenäus und Alexander, die er dem Satan übergab, damit sie zurechtgewiesen würden, nicht zu lästern (1. Tim. 1, 20).

Ist es nun völlig unberechtigt und unbegründet, hieraus den Schluss zu ziehen, dass in unseres Gottes Erziehungsmethodik auch dem *zweiten Tod* eine ähnlich züchtigende und zurechtbringende Bedeutung zugesprochen werden kann? Wir denken nicht. Denn Gegenteiliges kann aus der Schrift nicht bewiesen werden.

Alles, was man von der entweder vernichtenden oder end- und hoffnungslos quälenden, absolut sinnlos strafenden Bedeutung des zweiten Todes lehrt, beruht auf vorgefassten dogmatischen Meinungen, die aus der Schrift in keinster Weise belegbar sind. Es handelt sich lediglich um dogmatische Behauptungen, dass der zweite Tod niemals aufgehoben werden und es aus demselben niemals eine Errettung geben könne.

Demgegenüber halten wir die Annahme für durchaus berechtigt, dass auch der zweite Tod keine Ausnahme von irgendwelchen anderen Straf- und Züchtigungsmitteln Gottes darstellt, sondern dass auch er den Heils-, Zurechtbringungs- und Wiederherstellungsplänen und -gedanken Gottes dient und niemals ein unüberwindbares Hindernis für Seine Liebesgedanken bedeuten kann.

Dabei wird jedermann erkennen, dass dadurch den Schrecken dieses zweiten Todes an sich nichts weiter genommen ist, als nur die ihm von Menschen angedichtete Unendlichkeit, die ihn zu einer Höhe der Macht und Bedeutung erhebt, die sich sogar dem heiligen und vollkommenen Liebeswillen Gottes in Christus Jesus wirksam entgegenstellt und die die geoffenbarte Absicht, dass alle Menschen gerettet werden sollen, endgültig hintertreibt.

Es ist und bleibt schrecklich, in die Hände des lebendigen Gottes zu fallen, denn weil Gott die Liebe ist, ist Er auch ein verzehrendes Feuer. Darum stellt auch die Feuerhölle den letzten Beweis dar für die unergründliche Liebe Gottes, die mit Seinen Geschöpfen lieber bis an die äußersten Grenzen von Tod, Verderben und Verdammnis geht, als dass Er sie in Sünde, Feindschaft und Gottesferne beließe.

Man erwäge doch ruhig und nüchtern, dass der Teufel nach der Schrift des Todes Gewalt hat. Aber dieselbe Schrift zeigt unmissverständlich, dass es auch für ihn einen Tod geben wird, der all seiner gerühmten, falschen Hoheit und angemaßten Herrschermacht ein Ende setzt, wie wir oben anhand der Propheten Jesaja und Hesekiel ausführten.

Der zweite Tod ist ganz offensichtlich nicht nur nicht in seiner Gewalt, sondern wir finden ihn in dessen Gewalt, von ihm überwunden, in ihn geworfen, von ihm gepeinigt. Wer hat denn nun des zweiten Todes Gewalt? Wer verfügt und bestimmt über ihn, wer bedient sich seiner?

Ist es denn denkbar, dass der zweite Tod aus sich selber oder in sich selbst eine gottfeindliche Macht bedeuten könnte, gegenüber der sich Gottes eigene Liebesgedanken als unausführbar erwiesen? Oder ist es denkbar, dass irgendein Wesen, das Gott in Seiner heiligen Liebe den Schrecken und Qualen des zweiten Todes überantworten muss, damit ganz und gar und für immer Seinem Einflussbereich entzogen würde? Einem solchen Wesen sollte der allmächtige Gott nie mehr beikommen können?

Und ausgerechnet Er selbst hat, nach der Aussage Seines geliebten Sohnes, dieses Feuer dem Teufel und dessen Engeln bereitet! Diese Vor- und Zubereitung sollte jemals aus anderen Motiven entstanden sein als aus denen vollkommener Weisheit, gepaart mit heiliger Liebe und makelloser Gerechtigkeit?

Bedeutet sie, dass Gott Seinem Heils- und Liebeswirken mit vollem Bewusstsein eine für immer unüberwindbare Grenze gesetzt hat? Gott, der da will, dass alle Menschen gerettet werden und zur Erkenntnis der Wahrheit kommen (1. Tim. 2, 4), soll gleichzeitig gewollt haben, dass die Ausführung eben dieses Seines eigenen, unabänderlichen, wohlbedachten Liebeswillens für große Massen von Geschöpfen niemals möglich wird?! Kann Gott denn zwei dermaßen einander entgegengesetzte Willen haben? Was würde da aus dem einigen, heiligen, reinen und wahrhaftigen Gott?

Man rede nicht davon, dies sei nicht Gottes Schuld, sondern nur die Seiner unwilligen, widerspenstigen, unverbesserlichen Geschöpfe, die die Ausführung Seines Willens wirksam verhindern. Das ändert nichts an dem furchtbaren Dilemma, hebt den unerträglichen, zerreißenden Dualismus im Wesen Gottes nie auf.

Denn wenn Gott mit Vorbedacht Geschöpfe hervorrief, die das vermochten, und zuvor schon sah, dass sie das auch tatsächlich fertig bringen würden, dessen Möglichkeit wir selbstverständlich einräumen, dann war es immerhin unmöglich, dass Gott zu gleicher Zeit *wollen* und offen mit deutlichen Worten verkünden konnte, dass alle Menschen gerettet werden sollen. Sonst hätte der starrste, schauderhafteste Calvinismus Recht, dass Gott von aller Ewigkeit her den größten Teil Seiner gefallenen Schöpfung zur unabänderlichen endlosen Verdammnis und Qual zuvorbestimmt habe. Dann ist es durchaus konsequent zu lehren, dass es in der Hölle kleine Kinder gebe!

Dann sei man aber auch konsequent und ganz ehrlich, wie es der starre Calvinismus früher war, und höre auf, die Universalität der göttlichen Liebesgedanken mit einer verlorenen Welt zu verkündigen. Denn beides zugleich kann niemals wahr, niemals möglich sein.

Dahingegen bedeutet das von uns vertretene Evangelium Gottes von der endlichen Versöhnung des gesamten Alls unter einem Haupt, Christus, zugleich die Versöhnung der beiden großen Hauptschulen der gläubigen, evangelischen Theologie. Wir halten mit dem Calvinismus die Lehre von der gratia irresistibilis fest. Nur dehnen wir auf alle aus, was er inkonsequenterweise auf die Auserwählten beschränkt. Und auf der anderen Seite halten wir es ebenso aufrichtig mit der gratia universalis, die wir dem Calvinismus aber nicht feindselig entgegenhalten, sondern die wir mit der calvinistischen gratia irrestibilis glücklich vermählen zu einem harmonischen, fruchtbaren Bund, zur Ehre Gottes, des Vaters.

Es sei auch noch auf das Wort des Petrus von dem Feuergericht hingewiesen, das an jenem Tage die ganze gegenwärtige Erde und den gegenwärtigen Himmel erfassen wird, sodass die Himmelskörper mit einem gewaltigen Geräusch vergehen, die Elemente von der Hitze aufgelöst und die Erde samt ihren Werken verbrennen werden (2. Petr. 3, 10).

Das ist, soweit wir die Schrift kennen, der umfassendste und großartigste Gebrauch Seines »verzehrenden Feuers«, den Gott am Tage des Herrn machen wird. Kein wahrhaft gläubiger Bibelleser wird auch nur einen Augenblick überlegen müssen, wenn man ihm die Frage vorlegt: Welchem Zweck dient dieser kolossale Weltenbrand? Er wird sofort die biblische Antwort desselben Petrus parat haben: »Wir erwarten aber nach Seiner Verheißung neue Himmel und eine neue Erde, in denen Gerechtigkeit wohnt« (Vers 13).

Dass dieses verzehrende Feuer erneuernden, wiederherstellenden göttlichen Zwecken dient, wird niemand in Abrede stellen, dem das Worte der Wahrheit und nicht Phantastereien sind.

Kann und wird Gott aber ein solch umfassendes, furchtbares Feuergericht Seinen erlösenden, befreienden, verklärenden Liebesabsichten mit einer durch Sünde, Tod und Finsternis gerichtsreifen Schöpfung dienstbar machen, sodass als Endergebnis ein neuer Himmel und eine neue Erde daraus hervorgehen, was steht dann noch im Wege zu glauben, dass Gott in derselben großartigen, umfassenden Weise auch das dem Teufel und seinen Engeln bereitete Feuer ebenfalls mit demselben durchgreifenden Erfolg Seinen herrlichen Wiederherstellungszwecken dienstbar machen wird?

Aber noch haben wir nicht die letzte Antwort gegeben auf die uns so tief bewegende Frage: Wie und wodurch wird der letzte Feind, der Tod, aufgehoben, beseitigt, weggetan? Andeutungen und Hinweise, auf welcher Linie das liegt, bekamen wir bereits nicht wenige.

Eines trat uns ganz klar entgegen, dass nämlich nicht mehr der Teufel, der Mörder von Anfang, des Todes Gewalt haben wird, da er ja selbst das hilflose Opfer, die willkommene Beute des zweiten Todes ist. Somit bleibt nur noch der lebendige Gott selbst übrig, der dann zu fürchten ist, weil Er Leib und Seele zu verderben vermag in der Hölle (Matth. 10, 28).

Ist aber der zweite Tod, der Feuersee, keine selbständige, unabhängige Macht, die zu beherrschen oder einzuschränken oder völlig aufzuheben auch der allmächtige Herr keine Möglichkeit sähe, dann wird es eben doch dabei bleiben, was bereits sehr früh geschrieben steht: »Der Herr tötet und macht lebendig; Er führt in den Scheol hinab und wieder herauf« (1. Sam. 2, 6). Und abermals: »Du lässt den Menschen zum Staub zurückkehren und sprichst: Kehrt zurück, ihr Menschenkinder« (Ps. 90, 3).

Es ist schier unbegreiflich, wie in der Vorstellung wirklich schriftgläubiger Menschen der Gedanke eine solche Vorherrschaft gewinnen konnte, dass es eine Form des Todes geben könne, gegen welche auch der Fürst des Lebens selbst machtlos ist; dass Gott ein Feuer bereitet habe, das Er selbst niemals zu löschen vermag. Eine Berufung darauf, dass die Schrift selber jenes höllische Feuer als »unauslöschlich« bezeichnet, hat ebenso wenig Sinn und Halt wie eine Berufung auf ihre Aussage, dass die Sterne am Himmel und der Sand am Meer unzählbar sind, um damit zu beweisen, Gott selbst könne die Sterne oder den Sand nicht zählen und das Feuer nicht löschen! Oder vermag selbst Er nicht, Seine Gedanken, Gerichte und Wege zu verstehen, weil die Schrift sie unausforschlich und unergründlich nennt?!

Die Lösung der ganzen Frage ist von solcher Einfachheit und Selbstverständlichkeit, dass man fast versucht sein könnte, vom Ei des Kolumbus zu reden. Denn anhand der göttlichen Offenbarung ist an keine andere Methode zur endgültigen Aufhebung des letzten Feindes, des Todes auch in seiner ärgsten und schlimmsten Gestalt, zu denken, als an die der gewaltigen Zentraltat des herrlichen Gottes, die Auferweckung aller Toten. Wie denn auch geschrieben steht: »Denn dieses Verwesliche muss Unverweslichkeit anziehen und dieses Sterbliche Unsterblichkeit anziehen. Wenn aber dieses Verwesliche Unverweslichkeit anziehen und dieses Sterbliche Unsterblichkeit anziehen wird, dann wird das Wort erfüllt werden, das geschrieben steht: Verschlungen ist der Tod in Sieg. Wo ist, o Tod, dein Sieg? Wo ist, o Tod, dein Stachel?« (1. Kor. 15, 53-55).

Gewiss wird man hier den Einwand anbringen, dass wir ohne weiteres Hades und Hölle auf dieselbe Stufe gestellt haben, während die kirchliche Dogmatik sehr bestimmt und deutlich zwischen den beiden unterscheidet. Das geben wir natürlich gerne zu, bitten aber zu bedenken, dass zwischen beiden kein anderer als nur ein gradmäßiger Unterschied festgestellt werden kann, niemals jedoch ein wesenhafter, als ob der zweite Tod nicht auch das Wesen des Todes teile, da er doch seinen Namen trägt in der Schrift.

Man mag sich den zweiten Tod noch so gewaltig, gefährlich, verderblich, feindselig, furchtbar, schrecklich oder scheußlich vorstellen, man wird ihm dadurch nie einen anderen Charakter verleihen können, als den ihm von der Schrift gegebenen, wenn sie ihn ruhig als »Tod« bezeichnet. Darin liegt für immer klar ausgesprochen, dass sein Grundwesen den direkten Gegensatz zum Leben bildet. Und damit ist ebenso unwiderlegbar festgestellt, dass, wenn er überhaupt als Feind weggetan werden kann, dann nur dadurch, indem er verschlungen wird vom Sieg des unvergänglichen Lebens in Christus Jesus, dem Erstgeborenen aller

Kreatur, dem Erstgeborenen aus den Toten (Kol. 1, 15.18).

Nun erkannten wir, dass der zweite Tod keineswegs Vernichtung bedeuten kann. Ebenso zeigten wir, dass alle anderen Feinde Gottes und Seines Christus *vor ihm* (dem zweiten Tod) weggetan sein müssen, weil er sonst natürlich nicht als *letzter* aufzuhebender Feind dastehen könnte.

Somit bleibt einmal im ganzen weiten All unseres Gottes nur dieser letzte Feind, der Feuersee, der zweite Tod, zu beseitigen. Nun hat Gott aber *alle Seine Feinde*, also auch diesen letzten, dem herrlichen Sohne unter die Füße gelegt, der bis dahin mit allen übrigen Feinden vollständig fertigwurde, indem Er sogar des Satan, den Mörder von Anfang, den Gewalthaber des Todes, in den Feuersee werfen ließ und damit aller organisierten, seit Jahrtausenden wütenden Feindschaft im gesamten All das satanische Drachenhaupt endgültig zertreten hat.

Alle bisherigen Möglichkeiten der Verblendung, der Verführung, der Verfinsterung sind vollständig und für immer beseitigt, weil ja der Teufel selbst im Feuersee ist, ein ohnmächtiger, entthronter und völlig zunichte gemachter Tyrann, offenbar geworden, gerichtet, unschädlich gemacht, entkräftet in dem ihm bereiteten Feuer.

So gewiss er aber eine Beute des Todes werden konnte, aller philosophischen Dogmatik zum Trotz, so gewiss kann er auch, nach äonenlangem Feuergericht gedemütigt, zermürbt und zerschlagen, eine Beute des unvergänglichen, unzerstörbaren Lebens werden, das ans Licht gebracht wurde im Evangelium Gottes. Denn das Leben ist erschienen. Und das Leben ist mächtiger als der Tod. Jesus ist Sieger, denn Er gebietet und verfügt auch über den zweiten Tod, den Feuersee. Auch dieses Werkzeug muss Ihm und Seinen großen erneuernden, befreienden Zwecken dienen. Ihn werden alle Engel Gottes anbeten. Denn der Tod wird verschlungen in den Sieg!

3. Der Sohn dem Vater unterworfen

»Wenn es aber heißt, dass alles unterworfen sei, so ist klar, dass der ausgenommen ist, der Ihm alles unterworfen hat. Wenn Ihm aber alles unterworfen ist, dann wird auch der Sohn selbst dem unterworfen sein, der Ihm alles unterworfen hat« (1. Kor. 15, 27.28).

Hier handelt es sich um Ausblicke in Tiefen und Höhen göttlichen Wirkens und Waltens, die uns zu staunender Anbetung treiben. Jeder Versuch unseres natürlichen Verstehens, alle die sich durch Äonen hindurchziehenden Vorgänge und Wandlungen zu erklären, die zu einem solchen Ziele führen, muss misslingen. Wir stehen hier vor unfassbaren Wahrheiten, von denen es heißt: »Was kein Auge gesehen und kein Ohr gehört hat und in keines Menschen Herz gekommen ist, hat Gott denen bereitet, die Ihn lieben. Uns aber hat Gott es geoffenbart durch den Geist, denn der Geist erforscht alles, auch die Tiefen Gottes« (1. Kor. 2, 9.10).

Sie gehören zweifelsfrei zu dem, was Paulus in dem großartigen Wort zusammenschließt: »... es sei Welt oder Leben oder Tod, es sei Gegenwärtiges oder Zukünftiges: alles ist euer, ihr aber seid Christi, Christus aber ist Gottes« (1. Kor. 3, 22.23).Darum kann sich auch kein Gotteskind ohne innerlich Schaden zu nehmen der gläubigen, kindlichen Versenkung in diese »Tiefen Gottes« entziehen, die allein der Geist Gottes durchforscht und unserem anbetenden Geist erschließt.

Ebenso dürfen auch wir, die wir geistlich sind, mit ruhiger Zuversicht den kühnen Folgerungen nachgehen, welche der Apostel hier aus den Worten des achten Psalms zieht. Es ist offenkundig, dass er getrieben durch den Heiligen Geist jenem umfassenden Psalmwort durch bloße Folgerung einen wertvollen und durchaus einleuchtenden Sinn entnimmt, den der Heilige Geist dem Psalmisten damals noch nicht aufschloss. Dies ist ein Beispiel unter vielen hundert, wie sich die Schriftoffenbarung wachstümlich entfaltet und ausgestaltet und dass die Schrift dabei ihre eigene, beste Auslegerin ist.

In dem lebendigen Wort Gottes gibt es offenbar eine Fülle von Erkenntnissen, die sich zuerst als unscheinbare Knötchen oder Knöpfchen zeigen und kaum beachtet werden, weil sie noch fast ganz unter der Rinde stecken. Kommt aber die rechte Zeit, brechen sie hervor und entfalten dem staunenden Geiste ihre Schönheit und ihren Duft.

So gibt es auch, wie uns dieses Beispiel zeigt, eine durch den Geist Gottes selbst gewirkte Weise, auf dem Wege einfacher, geheiligter Schlussfolgerung aus den bereits vorliegenden Gottesworten Wahrheiten herzuleiten und weiterzugeben, die nirgendwo sonst in besonderer Form oder Fassung als Lehre oder Unterweisung niedergelegt sind. Mit anderen Worten, es gibt eine intime, vom Geist der Weisheit und Erkenntnis gewirkte, aus stetigem, keuschen Umgang mit der Schrift erwachsende Vertrautheit mit göttlichen Gedankengängen, die befähigt, aus Offenbarungsworten mit Sicherheit Folgerungen abzuleiten, für deren Inhalt in der Schrift nicht immer der feste, formale Ausdruck gegeben zu sein braucht. Dies liegt ja wohl mit inbegriffen in der großen Zusicherung, die der Herr den Seinen bezüglich der besonderen Wirksamkeit des Heiligen Geistes gab, dass Er uns in alle, in die ganze Wahrheit (man darf sagen, »in das Ganze«, d. h. in den organischen, lebensvollen Zusammenhang aller Schriftoffenbarung) leiten wird. Dazu wollen allerdings die Sinne durch Gewohntheit geübt sein (Hebr. 5, 14).

Worin besteht hier nun die vom Apostel aus dem Psalm hergeleitete Folgerung? Sie besteht in nichts anderem als darin, dass es eine einzige Ausnahme von alldem gibt, was der Vater dem Sohne unterworfen hat: Den Vater selbst. Das ist beachtenswert und gibt zu denken.

Denn was hat den Apostel wohl dazu veranlasst, hier überhaupt von einer Ausnahme zu reden? Dafür gibt es nur eine einleuchtende Erklärung oder Begründung, dass es nämlich dem Geiste Gottes darum ging, jeden Gedanken an irgendwelche anderen möglichen Ausnahmen von vornherein explizit auszuschließen.

Denn der Apostel sagt ja selbst von der einen Ausnahme, die er erwähnt, dass dieselbe »klar«, d. h. selbstverständlich ist. War und ist sie das aber, dann will nicht einleuchten, wozu auf dieselbe noch besonders hingewiesen werden muss, wenn doch für niemanden Gefahr droht zu denken, der Vater sei gleichfalls dem Sohne unterworfen.

Sollte aber mit großem Nachdruck hervorgehoben werden, dass dem Sohne das ganze geschaffene All, Sichtbares und Unsichtbares, restlos, ohne jeden Abstrich, vom Vater unterworfen ist, dann konnte das wirksamer nicht geschehen als eben durch den Hinweis auf diese eine »klare«, selbstverständliche Ausnahme.

Denn falls es doch noch irgendjemand oder irgendetwas gäbe – den Vater ausgenommen –, der oder das sich schließlich und endgültig der völligen, gesegneten, herrlichen Oberhoheit und Hauptschaft des Sohnes verweigern oder entziehen würde, so konnte und durfte das hier nie und nimmer verschwiegen bleiben, wo von einer »klaren« Ausnahme die Rede ist.

Nun ist es allerdings bekannt und offenbar, dass nach der herkömmlichen und herrschenden christlichen Lehre eine nicht geringe Anzahl von »klaren« Ausnahmen angenommen werden müssen, wenn es stimmen soll, dass der Teufel und seine Engel, das Tier und der falsche Prophet und alle, die in bewusster und beharrlicher Feindschaft gegen Gott und Seinen Christus dem Tod, Verderben und Verdammnis übergeben wurden, niemals – in alle Ewigkeit hinaus – ihre bewusste, wütende, verzweifelte, wenn auch fruchtlose Feindschaft und Empörung aufgeben und das Zepter des Sohnes küssen werden.

Die logische, dogmatische Folgerichtigkeit der Lehre von der endlosen Verdammnis, d. h. von bewusstem Verharren zahlloser Geschöpfe in offener, frecher Gottentfremdung und entsprechender, nie endender Höllenpein lässt sich von gewissen philosophischen und theologischen Annahmen aus begreifen. Aber biblisch rechtfertigen, d. h. in vollen, ungetrübten Einklang bringen mit dem Ganzen der Schriftoffenbarung lässt sie sich niemals.

Nun wird aber der Einwurf kommen, dass sowohl die Vertreter der Lehre von der endlosen Verdammnis als auch die von der letztlichen Vernichtung der unverbesserlich und beharrlich Gottlosen durchaus daran festhalten, dass das Endergebnis der gesamten Weltentwicklung kein anderes sein werde, als die völlige Unterwerfung alles Bestehenden unter die unbedingte Herrschaft und Gewalt des Sohnes Gottes. Die endgültige, durch nichts zu erschütternde Oberhoheit Christi soll auch in jenen beiden Lagern durchaus unangetastet bleiben.

Für die, die der schließlichen Vernichtung Satans und seiner Anhänger und Opfer das Wort reden, ist das natürlich nur dadurch möglich, dass der Sohn Gottes von Seiner unbesiegbaren Allgewalt nicht einen »richtenden und rettenden«, sondern einen richtenden und endgültig verderbenden, das von Gott selbst gewollte und geschenkte Dasein für immer aufhebenden Gebrauch macht. Der Sohn Gottes wäre dann erschienen, nicht nur die Werke des Teufels, sondern auch diesen selbst zu zerstören, d. h. zu vernichten. Dabei bliebe es unverständlich, warum Er das nicht bereits *vor* Erschaffung des Menschen getan hat.

Zugegebenermaßen ist ein solcher Abschluss, was das Los der von der Vernichtung betroffenen Wesen betrifft, für das christliche und menschliche Denken und Empfinden weniger abstoßend und grausam als der orthodoxe Lehrsatz, nach welchem sich die unbezwingliche Allmacht des erhöhten Herrn in unerschöpflicher, endloser, unabsehbarer Vielgestaltigkeit gegen die Mehrzahl der von Ihm, durch Ihn und für Ihn geschaffenen Wesen wendet zu unausdenkbarer, bewusster, durch nichts zu mildernder, keinem Wandel zur Besserung dienender Marter des Leibes und der Seele!

Da wird, falls nicht mit der Zeit in der erlösten Menschheit eine ganz unvorstellbare Gewöhnung mit anschließender Empfindungslosigkeit, um nicht zu sagen Abstumpfung, eintritt, der Schrei des Herzens nie verstummen können, dass es doch nach dieser Seite hin Maß und Schranke für eine solche Kraftwirkung gibt, mit welcher Er sich alle Dinge zu unterwerfen vermag (Phil. 3, 21). Es wäre wohl denkbar, dass

Millionen namenlos mitleidender Herzen der Schrei entspringt: dann lieber – wenn es sein kann –Vernichtung, Vater!

Was aber sagt das vorliegende Wort zu diesem Einwurf? Das Wort »unterworfen« wird in diesem kurzen Abschnitt zweier Verse nicht weniger als fünfmal gebraucht, in verschiedenen Wendungen und Verbindungen. Es fragt sich uns nur, ob auch in unterschiedlichem Sinn, in schier gegensätzlicher Bedeutung?

Es ist zunächst der Vater, der das All dem Sohne *unterwirft*; derselbe Vater wird dann ausdrücklich ausgenommen von einer solchen Unterwerfung unter den Sohn.

Dann wird in zuversichtliche Aussicht gestellt, dass mit dieser einzigen Ausnahme alles einmal dem Sohne *unterworfen* sein wird.

Und dann wird vom Sohne ausgesagt, dass Er Sich selbst dem *unterwerfen* wird, der Ihm alles *unterworfen* hat.

Bei einer solchen Anwendungshäufigkeit desselben Zeitwortes, die offenbar nicht unbeabsichtigt ist und die sich leicht hätte umgehen lassen, sollte es nicht schwer fallen festzustellen, ob dieses Zeitwort nur einen ungeteilten, in allen fünf Fällen gleichermaßen zutreffenden Sinn hat, oder ob es bei zwei Wendungen eine – wie wir gleich sehen werden einzig denkbare – Bedeutung hat, und bei den drei anderen (aber gleichartigen) eine davon abweichende.

Wir sind sicher, dass jeder Gedanke daran, dass bei der (nur als denkbar angesetzten) Unterwerfung des Vaters unter den Sohn, sowie bei der bestimmt geweissagten Unterwerfung des Sohnes unter den Vater auch nur ansatzweise Widerwilligkeit oder Zwang im Spiel sein könnten, von jedem Gotteskind, ja von jedem einigermaßen klar denkenden Menschen mit tiefer Abscheu verworfen wird. Es kann also gar keinem Zweifel unterliegen, dass in zwei von fünf Fällen das *Unterwerfen* nur in einer durchaus freiwilligen, aus innerer Harmonie und völligster Übereinstimmung geborenen Hingabe bestehen kann. Eine anderer Beweggrund wäre einfach unvorstellbar.

Nun lässt aber der Apostel die Aussage von der endlichen Unterwerfung des gesamten Alls unter den Sohn derjenigen vorausgehen, welche die dann erfolgende Unterwerfung des Sohnes unter den Vater verkündigt. Er macht damit offenbar jenes dann vollendete Unterworfensein des ganzen Alls unter dem Sohn zur Grundlage und Voraussetzung für die wunderbare Selbstunterwerfung des Sohnes unter den Vater.

Angesichts dieser Tatsache darf man doch wohl fragen, was denn hier für eine Berechtigung vorliegt, dem apostolischen Wunderbau einer nur in vollendeter innerer Harmonie und Liebesgemeinschaft denkbaren Selbstunterwerfung des herrlichen Sohnes unter den Vater der Herrlichkeit einen Unterbau zu geben, dessen Gründe für alle Ewigkeiten zerspalten sind und im klaffendsten, himmelschreiendsten Widerspruch zueinander stehen und stehen mussten?

Denn das Unstimmige und Ungereimte der herrschenden orthodoxen Deutung dieses Wortes ist, dass dasselbe nicht einmal für alle, die darunter verstanden werden müssen, die gleiche Bedeutung haben kann.

Es ist offenkundig, dass nach dieser Lehre ja nur ein kleiner, ein *sehr* kleiner Teil des gesamten Alls dem Sohne schließlich in demselben seligen, freien, willigen, harmonischen Sinne unterworfen sein soll, wie es der Sohn dem Vater sein wird.

Der weitaus größte Teil der Menschheit und die gesamte gefallene Engelwelt bleiben in einem entsetzlichen, qualvollen Zwangsverhältnis zum Sohne, das sich von dem Unterworfensein der Erlösten grundsätzlich und in alle Ewigkeiten unterscheiden wird wie Himmel und Hölle, wie Licht und Finsternis, wie Leben und Tod.

Diese zwiespältige, nie zu versöhnende Bedeutung muss die hergebrachte Lehre von der endlosen Verdammnis diesem einen Wort hier notgedrungen geben. Das ist (rein sprachlich gesehen) eine unerträgliche Behandlung eines biblischen Ausdrucks, die sich nur aus der Verlegenheit eines großen Mangels an Stützen erklären lässt, in welcher sich die orthodoxe Behauptung endlosen Widerstreits zwischen Schöpfer und Geschöpf im Angesicht so schlichter, in ihrem einfachen Wortsinn unwiderleglicher Aussagen der Schrift findet.

Solange aber kein zwingender Grund angegeben werden kann, weshalb dem Wort »unterwerfen« in diesem geschlossenen Satzgefüge zweierlei grundsätzlich verschiedene Bedeutung zugeschrieben werden müsse, verbleiben wir besser dabei, dass mit der Unterwerfung des ganzen Alls unter den Sohn nichts anderes gemeint ist, als was mit der Unterwerfung des Sohnes unter den Vater ausgesagt werden will.

Dass der Apostel, der dies schrieb, an keine andere Bedeutung dachte, wird sich uns nun noch mit überwältigender Beweiskraft aus dem kurzen Schlußsatz ergeben, dessen Betrachtung wir uns nun zuwenden.

4. Gott alles in allen(m) – 1. Kor. 15, 28

Wenn in der ganzen Heiligen Schrift kein weiteres Wort geschrieben wäre über den abschließenden, endgültigen Ausgang alles göttlichen

Wirkens und Waltens in Schöpfung, Geschichte, Gericht und Heil – es wäre an diesem einen vollauf genug, um alles zu rechtfertigen und zu verbürgen, was der kühnste Flug schriftgläubiger Gedanken mit unaussprechlich freudigem Herzensjubel aus den reichen Schatzkammern göttlicher Offenbarung zusammentragen mag als den eigentlichen Vollgehalt des Evangeliums Gottes. Das war es je und je, das ist es, das wird es bleiben bis in die Ewigkeiten der Ewigkeiten: Gott alles in allen!

Darüberhinaus kann es selbst für den Allerhöchsten, der Himmel und Erde besitzt, keine höheren Ziele geben. Hier liegt die Lösung aller Fragen, die Versöhnung von Himmel und Erde, die sättigende Befriedigung alles bis dahin ungestillten göttlichen und geschöpflichen Sehnens: Gott alles in Seinen Geschöpfen!

Es gehört fürwahr viel Wagemut dazu, an einem solch königlichen, majestätischen, unseres großen herrlichen Rettergottes allein würdigen Wort zu deuteln, zu kürzen, zu beschneiden. Wie eine unwiderstehliche Flut ergießt sich diese Fülle Gottes über all die erbärmlichen, kleinlichen Wenn und Aber, die wir in unserer jammervollen Selbstverherrlichung zu Dämmen, Wällen und Mauern auftürmten, damit sie für die Allgewalt göttlicher, heiliger, verzehrender, befreiender Liebe unüberwindbare Schranken, unbezwingbare Hindernisse seien, – die Flut verschlingt sie alle

Und niemand wird lauter jubeln und fröhlicher aufjauchzen als eben wir törichten, dogmatisierenden »Schipper«, die wir wähnten, wir könnten die Überfülle göttlicher Liebes- und Herrlichkeitsgedanken fein säuberlich eindämmen und ihre Fluten als kleine Wässerlein still und schimmernd über unsere frommen Äckerlein rieseln lassen.

Wie wird es brausen, tosen, tönen, dröhnen, – wenn einst alle Abgrundstiefen ausgefüllt sind und überströmen werden von den lebendigen Wassern, die vom Throne Gottes ausgehen, – wenn unter all den zahllosen Milliarden denkender, fühlender, erkennender Geschöpfe nicht ein einziges mehr in der Gottesferne ist, – wenn aller Gedanken zu allen Zeiten nur einen Inhalt, ein Ziel, eine Fülle haben – Ihn, den Vater aller Geister!

Höchst bedeutsam ist ja der Umstand, dass dieser unbeschreiblich kühne, die höchsten Höhen überragende Anspruch des Apostels der Gemeinde als der erstrebte und nun erreichte Abschluss einer sorgfältig und umfassend angelegten und zielbewusst durchgeführten Beweislegung vor uns steht.

Er taucht nicht unvermittelt und überraschend aus den Tiefen der apostolischen Gedanken hervor. Auch bewegen sich die Gedankengänge des berufenen Verwalters göttlicher Geheimnisse weder in dunklen, rätselhaften Gleichnisreden noch in Nachtgesichten oder Traumgebilden.

In meisterhafter Kürze und Klarheit wurde uns der großartige Heilsplan des Allmächtigen gegen alle feindseligen, hindernden, widrigen Mächte und Gewalten enthüllt: alles, alles wird dem treuen und wahrhaftigen Sohne, dem Ursprung der ganzen Schöpfung, dem Erben des Alls, dem Erstgeborenen aus den Toten, dem Haupt nicht nur Seines Leibes, der Gemeinde, sondern jeder Herrschaft und Gewalt unterworfen.

Als einzige Ausnahme wird mit größter Deutlichkeit der Vater genannt, der dem Sohne alles andere unterworfen hat.

Und als letztes Glied dieser gewaltigen Beweiskette wird sich auch der Sohn, der zweite und letzte Adam, das Haupt über das gesamte Ihm nun unterworfene All dem Vater unterwerfen, *auf dass* Gott sei alles in allen!

Damit ist die Zielrichtung aller göttlichen Schöpfungs-, Bewahrungs-, Rettungs- und Triebkräfte, die jemals wirksam waren, deutlich und präzise ausgesprochen. Hier liegt der sichere, untrügliche Schlüssel für das Verständnis alles Geschehens im Himmel und auf Erden und unter der Erde.

In einfacher, göttlicher Erhabenheit enthüllt sich da unserem anbetenden Geist der tiefe, klare Urgrund jedes göttlichen Waltens in Weisheit, Allmacht, Heiligkeit und Liebe. Nie wollte oder erstrebte Gott etwas anderes, um sich selbst gerecht zu werden, als dass Er alles werde in allen Seinen Geschöpfen. Nie konnte Er – das versteht man dann – zur Ruhe kommen, bis dieses Ziel erreicht sei!

In unabsehbarer Vielgestaltigkeit und Mannigfaltigkeit reihen sich Scharen an Scharen von Geschöpfen aller erdenklichen Stufen der Veranlagung, der Aufnahmefähigkeit, und für sie alle gilt: In uns allen ist Gott allein alles.

Da erfüllt sich das Wort des Sehers von Patmos: »Und jedes Geschöpf, das im Himmel und auf der Erde und unter der Erde und auf dem Meer ist, und alles, was in ihnen ist, hörte ich sagen: Dem, der auf dem Thron sitzt, und dem Lamm den Lobpreis und die Ehre und die Herrlichkeit und die Macht in alle Ewigkeit« (Offb. 5, 13)!

Und auch jenes andere Wort: »Und wenn die lebendigen Wesen Herrlichkeit und Ehre und Danksagung geben werden dem, der auf dem Thron sitzt, der da lebt in alle Ewigkeit, so werden die vierundzwanzig

Ältesten niederfallen vor dem, der auf dem Thron sitzt, und den anbeten, der in alle Ewigkeit lebt, und werden ihre Siegeskränze niederwerfen vor dem Thron und sagen: Du bist würdig, unser Herr und Gott, die Herrlichkeit und die Ehre und die Macht zu nehmen, denn Du hast alle Dinge erschaffen, und Deines Willens wegen waren sie und sind sie erschaffen worden« (Offb. 4, 9-11).

Die Angebeteten sind der Herr und Gott, der Vater, der auf dem Throne sitzt und der da lebt von Ewigkeit zu Ewigkeit. Und die Cherubim samt den Ältesten huldigen Ihm wegen Seines nun vollendeten Schöpfungswerkes. Das lässt sich anders nicht deuten, als dass nun vor ihrem erleuchteten Auge die großen Ziele des Schöpfers in der Hervorbringung aller Dinge, die durch Seinen Willen (im Sohn und für den Sohn) geschaffen wurden und ihr Dasein fanden, auch erreicht sind, indem Gottes Schöpferweisheit gerechtfertigt und verherrlicht ist dadurch, dass Er alles in allen wurde.

Kann von hier aus auch nur der leiseste Schatten eines Zweifels übrigbleiben, in welchem Sinne man das Unterworfensein des ganzen geschaffenen Alls unter den Sohn zu verstehen hat? Wir denken nicht.

Man versuche doch nur einmal gleichzeitig den Vollgehalt dieses einfachen Wortes »Gott alles in allen« ungestört und ungemindert auf sich wirken zu lassen und daneben die Vorstellung von einer endlosen, qualvollen Feindschaft und nie zu behebender Gottesferne zahlloser Geschöpfe höchster Art, zum Bilde Gottes veranlagt, festzuhalten, und man wird die Unmöglichkeit einer solchen Verbindung bald genug einsehen. Da ist eine Versöhnung, ein Ausgleich undenkbar. Entweder muss das Dogma endloser Höllenqualen für immer weichen oder dieses Wort Gottes aufgegeben werden.

Vertreter sowohl der orthodoxen Kirchenlehre von einer ewigen, endlosen Verdammnis als auch von der Vernichtung der unverbesserlich Gottlosen schreckten nicht vor Versuchen zurück, Worte wie Phil. 2, 9-11 und das im vorigen Abschnitt besprochene von der Unterwerfung des Alls unter den Sohn irgendwie in Einklang zu bringen mit den Vorstellungen von einer nie endenden, quälenden Gottesfeindschaft oder von allmählichem, völligen Untergang und Erlöschen des Daseins. Aber an der majestätischen Größe und Hoheit, an der einfachen, überwältigenden Unbegrenztheit des Wortes »Gott alles in allen« wird jede Bemühung, irgendwo eine Einschränkung, Minderung oder Verkürzung des restlosen Triumphes der göttlichen Allmacht, Weisheit, Heiligkeit und Liebe anzubringen, als vollständig aussichtslos abgleiten und zuschanden werden.

Gott kann und wird solange nie alles in allen werden, bis zuvor Christus alles in allen wurde, so wie es Paulus in Kol. 3, 11 als das eigentliche Ziel und Wesen göttlichen Wirkens in der Gemeinde bezeichnet. Da haben wir, denen dieses kostbare Lebensgeheimnis durch den Glauben erschlossen wurde, beides, Beispiel und Maßstab für das, was nach 1. Kor. 15, 28 das abschließende, vollendete Ziel alles göttlichen Wollens und Wirkens in allen Seinen Geschöpfen ausmacht.

Einerlei, wie lange noch der Weg und Werdegang dauert – der endliche, Gott selbst aufs Tiefste befriedigende Ausgang ist gesichert.

Das beleuchtet uns wieder die wunderbar hohe, göttliche Berufung der Gemeinde echter »Gottessöhne« aus allen Nationen, Völkern, Stämmen und Zungen, die in ihrem ehemaligen Zusammenschluss unter den ersten Adam und dessen Sünde in die Gemeinschaft und unter die Herrschaft der früher abgefallenen »Söhne Gottes« (Satans und seiner Engel) gerieten, zusammen mit der Gesamtmenschheit.

Diese Gemeinde von Brüdern des großen Erstgeborenen ist die vom Vater dem Sohne zugedachte »Fülle«, d. h. das Vollmaß Seines eigenen göttlichen Wuchses zur Erreichung aller jener gewaltigen Ziele, die der Vater von den Ewigkeiten her in Ihm beschloss. Und zugleich ist sie Maß und Norm für das, was der herrliche Sohn aus einer in unergründlichen Tiefen von Finsternis, Tod, Verderben und Verdammnis geratenen Schöpfung machen kann und will. Ist Christus einmal in den Gliedern Seines Leibes alles geworden, dann ist es nur eine Frage der Zeit, bis wann dasselbe große, herrliche Ziel in und mit der ganzen übrigen gefallenen Schöpfung erreicht ist, die ja mit sehnsüchtigem Harren der Offenbarung der Söhne Gottes entgegenblickt (Röm. 8, 19).

Hier darf nochmals darauf aufmerksam gemacht werden, dass der Horizont dieser apostolischen Worte den der Prophetie im letzten Buch der Bibel (der Offenbarung Jesu Christi durch Johannes an die Gemeinden) an Weite und Ausdehnung bedeutend überragt.

Das festzuhalten ist zur Klärung unseres Verständnisses wichtig, damit uns nicht die in den Schlusskapiteln der Apokalypse enthaltenen Hinweise auf die Feiglinge, Ungläubigen, Gräulichen, Mörder, Unzüchtigen, Zauberer, Götzendiener, Lügner, die dort in dem Feuer- und Schwefelsee, dem zweiten Tode, liegen, den klaren Blick trüben in die schattenlose, lichte Ferne, die sich uns in dem vorliegenden Wort auftut: Gott alles in allen.

Dieses Ziel ist offenbar in den letzten Kapiteln der Offenbarung noch nicht erreicht. Vielmehr dienen die Gesichte, die jenes Buch enthält, ganz deutlich dem einen großen Zweck, nämlich das gesamte All zunächst dem Sohne zu unterwerfen. Noch am Ende der Offenbarung ist nicht alle Gewalt und Obrigkeit und Herrschaft aufgehoben oder unnötig geworden, wie aus 22, 5 klar hervorgeht.

Nach 1. Kor. 15, 24 tritt aber das Ende der richterlichen und zurechtbringenden Herrschaft des Sohnes erst dann ein, nachdem Er jede Obrigkeit, Macht und Gewalt abgetan hat. Dann wird als letzter Feind auch der Tod weggetan (Vers 26). Und erst wenn der Fürst des Lebens jede letzte Spur von Todeswesen im Bereich der Schöpfung verschlungen hat in den Sieg – was am Ende der Offenbarung durch Johannes noch nicht der Fall ist –, wird auch der Sohn selbst sich dem Vater unterwerfen. Und damit ist das letzte und höchste göttliche Ziel erreicht.

Wir sind am Ende unserer Untersuchungen. Bedarf es noch eines besonderen Hinweises auf die erlösende, befreiende, erhebende Macht der – wenn auch nur sehr unvollkommenen und stückweise erfassten – herrlichen Erkenntnis von dem wahren, vollen Evangelium Gottes, der Frohbotschaft von dem, der aller Menschen Retter ist, dem Vater aller Geister, dem Gott und Vater unseres Herrn Jesus Christus? Kann es eine würdigere, beglückendere Vorstellung von dem allein wahren und lebendigen Gott geben, dem Himmel und Erde gehören, als die, die sich uns ohne jeden Zwang darbietet, sofern wir nur *jedem* Wort der ganzen Schriftoffenbarung unverkürzt Recht geben und für voll nehmen?

Seine *Allmacht*, der alles dienen muss, für die es keine Unmöglichkeiten gibt, die mit allen Feinden und Hassern fertig wird, ohne ihre erhabene Würde und sittliche Hoheit zu schädigen – sie steht vor unserem staunenden Geist in unverletzter Majestät, in unwiderstehlicher, überwältigender Schönheit, weil sie nur den Zwecken und Zielen der Liebe dient, die Gott selber ist.

Seine *Weisheit*, die mit unfehlbarerer Sicherheit alles zuvor ersah, erwog, bedachte, die durch keine noch so tiefen und verworrenen Anschläge satanischer und menschlicher Listen, Ränke, Tücken und Bosheiten je aus der Fassung oder in Verlegenheiten zu bringen war, die nie auch nur ein einziges Wort göttlicher Offenbarung zurückzunehmen, zu korrigieren oder außer Kraft zu setzen braucht, die in himmlischer Einfalt alle stolzen Höhen geschöpflichen Denkens überwindet – nicht in kalter, erstarrender Reflexion, sondern in allgewaltiger, tragender, hingegebener Liebe –, wie steht sie da so keusch, so lauter, so schlicht bei aller unergründlichen Tiefe, dass selbst der Unmündige sie erfassen und sich von ihr zur Gottesfülle führen lassen kann.

Und das unnahbare, alles ungöttliche Wesen mit heiligem Feuereifer verzehrende, schonungslos richtende Paar *Heiligkeit* und *Gerechtigkeit*, das nicht davor zurückschreckt, Gottes Auserwählte, sei es das Volk Israel, sei es den erstgeborenen Sohn, sei es Seine teuer erkaufte Gemeinde, in die schärfsten Gerichte, Züchtigungen, Drangsale und Leiden zu führen, Jahre, Jahrzehnte, Jahrhunderte, Jahrtausende – unversehrt, unerschüttert geht es hervor, aber durchglüht vom Feuer der göttlichen Liebe, die allem Tode den Tod geschworen hatte und diesen Schwur hielt und die alles überwindet, weil sie sich hat überwinden lassen von dem unsagbaren Elend und Jammer einer verlorenen Welt.

Und der Sammel- und Brennpunkt aller göttlichen Liebe, Weisheit, Heiligkeit, Gerechtigkeit und Allmacht ist das *Kreuz von Golgatha*. Wie groß, wie überwältigend ist sein Triumph, seine Macht und seine Herrlichkeit! Darum sei Ihm, dem erwürgten Lamm, Ihm, der alles mit sich selbst versöhnt, damit Er all das, was im Himmel und auf der Erde und unter Erde ist, zum Frieden bringt durch das Blut, durch das Kreuz, durch sich selbst – die Ehre in der Gemeinde für die Ewigkeit der Ewigkeiten! Amen.

Schlusswort

»Ein persönliches Wort zum Schluss, aus Liebe und Dankbarkeit. Im Anfang der neunziger Jahre (des neunzehnten Jahrhunderts, Anm. Bearb.) stand ich in ernsten inneren Kämpfen hinsichtlich mancher biblischer Dinge. Ich stand im Nebel und sah nicht hinaus und hindurch und schüttete Prof. Ströter vertrauensvoll mein Herz aus. Er aber, der Überbeschäftigte und allerorts Begehrte, nahm sich einen Nachmittag, einen Abend und eine halbe Nacht Zeit für mich. Er hörte mich an, betete mit mir und redete mit mir von irdischen und himmlischen Dingen, bis mir das Herz brannte vom Feuer einer großen, neuen Freude. Von den Türmen der Stadt ertönte der Schlag der zweiten Stunde der Nacht. Am Himmel leuchtete der Mond. Ich aber war wie einer, dem auf nebliger Höhe die Sonne durchgebrochen war; ich sah große Zusammenhänge, Beziehungen, Perspektiven und die Bibel als Ganzes in ganz neuem Licht. (Ein gelehrter Theologe sagte mir Ähnliches: er hätte bei Prof. Ströter in wenigen Stunden die Bibel besser verstehen gelernt als in zwölf Semestern auf der Universität.)

Freilich, dem Adlerflug seines Geistes kam ich nicht in allem nach. In Manchem glaubte ich ihm ein 'Aber' und ein 'Wiederum stehet geschrieben' entgegensetzen zu müssen; mir blieben Fragezeichen stehen, die er nicht mehr kannte. Aber mit vielen Tausenden anderen danke ich Gott mit inbrünstigem Herzen für diesen auserwählten Lehrer und Forscher und Freund. Nicht eine Zisterne war er, sondern eine Quelle, ein Mensch und Christ und Gottesgelehrter, wie sie leider selten geboren werden und auf den wir wohl das Wort anwenden dürfen: 'Gedenket eurer Lehrer, welche euch das Wort Gottes gesagt haben; ihr Ende schauet an und folget ihrem Glauben nach!'«

(Aus der Würdigung von Dr. A. J. Bucher)

Anhang

Weitere empfehlenswerte Bücher und Internetseiten:

1. Bücher:

Heinz Schumacher:
»Versöhnung des Alls – Gottes Wille«
Das biblische Zeugnis vom Heil für alle und vom ewigen Gericht
Paperback, 112 S., ISBN 3-87618-092-9
Paulus-Verlag Karl Geyer KG • Goethestr. 38 • 74076 Heilbronn

Heinz Schumacher:
»... und Gott wird sein alles in allen«
Dialog über letzte Fragen
Paperback, 96 S., ISBN 3-87618-057-0
Paulus-Verlag Karl Geyer KG • Goethestr. 38 • 74076 Heilbronn

Karl Geyer:
Ewiges Gericht und Allversöhnung
Paperback, 80 S., ISBN 3-87618-052-X
Paulus-Verlag Karl Geyer KG • Goethestr. 38 • 74076 Heilbronn

Internet: www.paulus-verlag.de

Paul Petry:
Allversöhnung, Tod und letzte Dinge
Kartoniert, 181 S.
Konkordanter Verlag • Leipziger Str. 11 • 75217 Birkenfeld

Internet: www.konkordanterverlag.de

2. Internetseiten:

Schriften von Prof. E. F. Ströter und anderen Autoren:

www.come2god.de
www.kahal.de